판세를 읽는 승부사
조조

曹操的启示(Cao Cao De Qi Shi)by 赵玉平ZHAO YU PING
Copyright 2013 ⓒ 电子工业出版社(Publishing House of Electronics Industry)

All rights reserved
Korean copyright ⓒ 2014 by WISDOMHOUSE PUBLISHING CO., LTD
Korean language edition arranged with 电子工业出版社
through Eric Yang Agency Inc.

이 책의 한국어판 저작권은 EYA(Eric Yang Agency)를 통해
Publishing House of Electronics Industry와 독점계약한 ㈜위즈덤하우스에 있습니다.
저작권법에 의해 한국 내에서 보호를 받는 저작물이므로 무단 전재 및 복제를 금합니다.

판세를 읽는 승부사
조조

초판 1쇄 발행 2014년 8월 8일
초판 21쇄 발행 2024년 10월 21일

지은이 자오위핑
옮긴이 박찬철
펴낸이 최순영

출판2 본부장 박태근
지식교양 팀장 송두나

펴낸곳 ㈜위즈덤하우스 **출판등록** 2000년 5월 23일 제13-1071호
주소 서울특별시 마포구 양화로 19 합정오피스빌딩 17층
전화 02) 2179-5600 **홈페이지** www.wisdomhouse.co.kr

ISBN 978-89-6086-699-7 13320

- 이 책의 전부 또는 일부 내용을 재사용하려면 반드시 사전에 저작권자와 ㈜위즈 덤하우스의 동의를 받아야 합니다.
- 인쇄·제작 및 유통상의 파본 도서는 구입하신 서점에서 바꿔드립니다.
- 책값은 뒤표지에 있습니다.

판세를 읽는 승부사
조조

 자오위핑 지음 | 박찬철 옮김

우세와 열세를 아는 자가 이긴다

위즈덤하우스

| 일러두기

- 이 책은 중국 국영방송 CCTV가 '고급지식의 대중화'를 모토로 기획한 인기 교양 프로그램 〈백가강단百家講壇〉에서 자오위핑 박사가 강의한 내용을 엮은 것이다. 같은 기획으로 《자기통제의 승부사 사마의》, 《마음을 움직이는 승부사 제갈량》이 출간되었다.
- 본문에 인용된 번역은 원문에 충실하되, 독자의 이해를 돕기 위해 풀어 썼다.
- 인명을 포함한 외국어표기는 국립국어원 외국어표기법과 용례에 따라 표기했으며 최초 1회 병기를 원칙으로 했다. 단, 본문의 이해를 돕기 위해 필요한 경우 다시 병기했다.
- 본문에 전집이나 총서, 단행본 등은 《 》로, 개별 작품이나 편명 등은 〈 〉로 표기했다.

글을 시작하며

 나는 《삼국지三國志》 이야기, 대중은 익히 한마디씩 하고, 사회 지도자들이 수시로 언급하고, 전문가들은 이미 훤하게 알고 있으며, 매체에서는 반복해서 방송된 삼국이라는 주제에 대해 내가 무엇을 이야기할 수 있을지 줄곧 생각해보았다. 상투적인 말, 내용도 모르고 덩달아 따라하는 글, 남의 관점을 도용하는 내용들은 예외 없이 한밤중에 나를 깨웠다. 시간이 흐른 후 나는 자신만의 출구를 찾아냈다. 바로 관리학의 관점으로 역사 인물을 해석하는 것이었고, 인물 이야기의 배후에 있는 필연성을 찾아내는 데 가치를 두었다.
 역사의 진행과정이나 인물의 운명에는 반드시 따를 만한 규율이 있다. 이런 필연성은 과거와 미래를 이해하는 실마리다. 역사인물 또는 사건의 배후에 있는 규율과 필연성을 분석한 후 오늘날에 초점을 맞추고 이런 필연성의 의의를 탐구해야 하는 것이다.

필연성이 있으면 가치가 있고, 정곡을 찌르는 바가 있으면 특색이 있을 것이다. 역사와 현실 사이에 다리를 놓고 필연성을 발견해 드러내고 분석하는 것이 바로 나의 해결책이었다. 반복된 숙고와 연마를 거쳐 마침내 세 가지 기본원칙을 확정했다. 필연성, 에피소드(세부묘사) 복구, 현실과 연계. 이것이 내가 조조를 해석하는 과정의 주요한 원칙이었다. 예를 들어 본문에서 조조의 창업과 오늘날 현실은 다음처럼 연관지어 설명했다.

오늘 우리가 이야기하려는 주인공 조조는 어려서 전형적인 불량소년(문제아)이었습니다. 하지만 훗날 이 사람은 화려하게 변신해 성공한 인물이 되었고 중국역사에 중요한 영향을 끼쳤습니다. 불량소년과 영웅 사이에는 어떤 내재적인 연결고리가 있었고, 조조라는 사람은 어떻게 성공한 인물로 변신할 수 있었으며, 어떤 요소가 그의 변신에 영향을 주었을까요? 그리고, 이런 변신에서 오늘날 우리의 가정교육 내지는 전 사회의 발전에 본보기로 삼을 만한 의미로는 무엇이 있을까요?

또 조조 임종시 후계자를 선정하는 문제와 관련해서는 다음처럼 공통성을 강조했다.

삼국지에서 내가 탄복하는 사람은 세 사람입니다. 첫 번째는 손견 孫堅입니다. 손견은 영웅이었고 그의 아들 손권孫權과 손책孫策도 영웅이었습니다. 두 번째는 사마의司馬懿입니다. 사마의는 비범했고 아들 사마사司馬師와 사마소司馬昭도 매우 뛰어났습니다. 세 번째 탄복하는 사람이 바로 조조입니다. 그는 바쁘고 업무 스트레스가 크며, 매일 전장에 나가 싸우면서도 때와 장소를 가리지 않고 자녀교육을 잊지 않았습니다. 조조의 자식들의 면면을 보십시오. 문文에는 다재다능한 조식曹植이 있었고, 무武에는 당대 최고의 무공을 지닌 조창曹彰이 있었습니다. 관리에는 사람을 잘 알아보고 그 재능을 적재적소에 쓰는 데에 뛰어난[知人善任] 조비曹丕가 있었고, 수학에는 총명하기가 보통을 넘어 어떤 문제도 다 풀어내는 조충曹沖이 있었습니다. 그래서 조조가 뛰어나다고 하는 것입니다.

우수하다거나 탁월하다는 것은 무엇을 말하는 것일까요? 그것은 주위 사람들보다 우월하다는 것을 말합니다. 집안[基業]이 전도양양前途洋洋하다는 것은 무엇을 이르는 것일까요? 그것은 자식들이 다른 사람의 자식보다 뛰어난 것을 말합니다. 조조의 자녀교육은 상당히 뛰어났습니다. 하지만 그것은 번뇌를 동반한 것이었습니다. '이렇게 우수한 아들이 많은데 누구를 후계자로 삼아야 하는가'에 대한 번민이었습니다. 오늘 강의는 조조가 후계자를 선정할 때

마주했던 번민과 해결방법에 대한 것입니다.

그리고 관우關羽가 칠군七軍을 물로 수장시킨 전투에서는 '어떻게 세勢를 빌릴 것인가'에 대해 파고들었다.

옛말에 "때를 기다리느니 승세를 타는 것이 낫다"라는 말이 있습니다. 물이 흐르는 대로 따르고 세에 따라 행하는 것은 언제나 가장 빠르고 가장 효과적인 방법입니다. 해결하기 매우 어려운 수많은 일도 일단 기세를 타고 오르면 물 흐르듯 순조롭고 신속하게 성공에 이르게 됩니다. 이런 국면을 옛 사람들은 "좋은 바람 불면 바람 타고 곧장 푸른 구름에 오르리라[好風憑借力, 助我上靑雲]", 또는 "양쪽 언덕 원숭이 우는 소리 그치지 않는데, 가벼운 배는 어느덧 만 겹의 산을 지나왔네[兩岸猿聲啼不住, 輕舟已過萬重山]"라고 읊었습니다. 그래서 중국인들은 일을 할 때 '세勢' 자를 특별히 강조했습니다. 성어 가운데 파죽지세破竹之勢 · 대세소추大勢所趨 · 승세이상乘勢而上 · 인세이도引勢利導 등이 있는데, 여기서 세란 무엇을 말하는 것일까요? 간단하게 말하면 그것은 일종의 외부 조건의 구비와 성숙을 말합니다. 《손자병법孫子兵法》〈세편勢篇〉에는 "전쟁을 잘하는 자는 전쟁의 승패를 세에서 구하지 일부 병사들에게 책임을 묻지 않는다[善戰者, 求

之於勢, 不責之於人"라는 유명한 명언이 있습니다. 세에 의지해 승리를 얻는 것이 진정으로 최고의 고수인 것입니다.

세勢 자에는 응당 네 가지 요점이 포함되어 있어야 합니다. 첫 번째는 형세形勢를 확실하게 이해할 수 있어야 합니다. 두 번째는 성세聲勢를 만들어낼 수 있어야 합니다. 세 번째는 국세局勢를 통제할 수 있어야 합니다. 네 번째는 추세趨勢를 이끌 수 있어야 합니다. 성공한 사람은 반드시 세를 따르고 세를 빌리며 세를 만들어내는 방면에 고수입니다. 조조가 바로 이런 사람이었습니다. 그는 결정적인 순간에 종종 다른 사람들보다 훨씬 빨리 형세를 파악하고 더욱 주도면밀하고도 원대하게 전체 국면을 기획했는데, 그에게는 특별한 방법이 아주 많았습니다.

칠군을 물로 수장시킨 전투 외에도 변수汴水에서의 대패, 허도許都로의 천도, 장수張繡의 항복을 받아낸 사건, 관도대전官渡大戰, 적벽대전赤壁大戰 등 중대한 역사적 사건을 모두 위와 같은 방식으로 서술했다. 동시에 인물과 역사적 사건을 묘사하는 과정에서 대중적으로 이해하기 쉬운 언어를 사용하려고 최대한 애를 썼는데, 동탁董卓에 관한 글은 사흘 밤을 갈고 다듬어 나온 것이다.

서기 189년 가을, 동한東漢의 도성 낙양洛陽은 자신을 파괴할 서량西涼 군벌 동탁을 맞아들였습니다. 사실 동탁은 청하지 않았는데 알아서 온 것이 아니라, 낙양 관리층의 열정적인 요청을 받은 후 온 것이었습니다. 낙양에 도착한 동탁은 자신의 게임 규칙에 따라 일을 처리했습니다. 규칙은 아주 간단했습니다. 한마디로 '살殺'이었습니다. 백성·대신·황제·태후 등을 죽이는 것이었지요. 동탁은 자신의 말을 듣지 않거나 눈에 거슬리거나 앞길을 막는 사람은 모두 죽였습니다.

동탁은 마치 서북에서 온 사냥꾼처럼 활과 창, 칼을 들고 수도로 들어왔습니다. 고위관료들의 온화한 교양, 예의상의 왕래, 서로 속이는 기만, 암투와 같은 것에 대해 동탁은 전혀 이해하지 못했습니다. 그의 명함에는 단지 "나는 북방에서 온 한 마리 늑대다"라고 씌어 있었습니다. 《삼국지》를 바탕으로 이야기하면 유비는 잘 우는 것이 특징이었습니다. 그가 관리에서 보여준 눈물은 예술이었습니다. 조조는 감독하고 조절하는 데 뛰어났는데 그가 관리에서 보여준 것은 기술이었습니다. 그런데 동탁은 아무것도 없이 오로지 무력만을 보여주었습니다.

"내 말에 동의하냐 동의하지 않느냐. 동의하지 않는 사람을 다 죽인다면 이 방안은 만장일치로 통과할 것이다."

온화하고 우아한 행동거지에 익숙해 있던 낙양성의 고위관리들은 여태껏 그러한 종류의 인간을 본 적이 없었습니다. 그들의 눈에 동탁이란 사람은 학문도 학력도 없으며, 배경은커녕 정치투쟁의 경험도 없이 단지 칼과 흉악한 마음만 있었던 것입니다. 동탁은 무력에 의지해 아주 짧은 시간 내에 그의 모든 정치적 이상과 인생의 소망을 실현했습니다. 반면 낙양성에서 과거에 높은 자리를 차지하고 있던 고위 관리전문가·대사·통치자·고인高人은 칼날 아래에 단지 고개를 숙이고 순순히 그를 따랐습니다. 진리는 굳세고 강하지만 서슬 퍼런 칼날 앞에서 사람의 목은 취약함을 드러냈습니다.

《판세를 읽는 승부사 조조》는 《삼국지》를 해독한 세 번째 작품이다. 앞서 쓴 제갈량諸葛亮·사마의와 같이 본서의 주요 관심도 조조라는 사람에게 향해 있다. 대변혁의 파란만장한 역사적 장면의 배후에서 나는 한 개인의 정신사에 더욱 주목했다. 세상의 모든 관리는 사람으로 비롯되어 사람을 관통하는, 사람을 위한 것이어야 하고, 기적이란 사람이 만들어낸다고 깊게 믿고 있기 때문이다. 역사적으로 살펴보면 위대한 성공은 결국 용인의 성공이고, 중대한 실패도 결국에는 용인의 실패임을 알 수 있다. 그러므로 인심·인성·인간관계를 분석하는 것이 관리를 다룬 책의 영원한 주제인 것이다. 이런 주제에 대중적인 언어를 더해 역사의 필연성을 탐구하는 양식을 기본적인 서술방식으로 잡았다.

〈백가강단〉에서 조조에 관한 프로그램을 쓰고 녹화한 것은 봄에 시작해 가장 더운 여름날에 끝을 맺었다. 하지만 책의 원고를 정리하고 이 책의 서문을 쓰는 지금은 12월 24일로 어느새 한겨울이 되어버렸다. 창밖은 잔설로 덮여 있고 날씨는 매서웠다. 내가 담요를 몸에 걸치고 베란다에 앉자 눈앞에는 그 여름날 만발하던 식물 가운데 어떤 것은 이미 시들었지만 여전히 푸른빛을 띠고 꽃을 피우거나 막 싹이 트고 있는 식물도 보였다. 마치 세상일의 변천과 역사의 과정을 다시 한 번 본 것처럼 상전벽해桑田碧海의 느낌을 금할 수 없었다.

나는 '인류가 자신의 흥망성쇠를 경험할 때 또 다른 눈이 어두운 밤하늘에서 우리를 주시하고 있는 것은 아닐까'라는 생각을 해본다. 지금 우리가 조조를 보는 것처럼 후세 사람들도 우리를 볼 것이라고 생각한다. 사실 역사의 필연성에 직면하게 되면 설령 위대한 인물도 한낱 보잘것없는 것처럼 보인다. 조물주가 한 개인에게 흥망성쇠와 굴곡을 만든 이유는 마치 그가 나무 하나 혹은 꽃 한 송이를 창조한 이유와 흡사한 것 같다.

책을 다 쓰고 나니 감개가 무량하다. 마지막으로 CCTV 〈백가강단) 팀과 출판사 선생들이 제작과 출판을 위해 쏟은 노력에 감사의 말씀을 전하고 싶다. 그리고 나의 스승, 나의 학생과 가족이 보여준 이해와 지지, 인내에 감사한다. 마지막으로 관중과 독자의 뜨거운 사랑에 감사한다. 나는 계속 노력할 것이다.

베이징에서
자오위펑

차례

글을 시작하며   005

| 제1강 |
권위자의 한마디가 판세를 바꾼다

- 벼랑 끝 위기에도 열린 문은 있다   023
- 승자는 누구도 생각지 못한 판을 벌인다   026
- 억압과 낙인이 영웅의 성장을 방해한다   027
- 조조의 책략 | 정확한 판단과 뛰어난 지략으로 판을 키우는 지혜   029

| 제2강 |
과도한 의욕이 판의 흐름을 끊는다

- 판을 흐리는 자는 처단한다   047
- 보상이 지나치면 정세가 흔들린다   049
- 아래로는 사람을 얻고 위로는 권위를 세운다   051
- 조조의 책략 | 새로 부임한 리더가 판의 흐름을 장악하는 법   053

| 제3강 |
판을 읽기 힘들 때는 다른 각도로 본다

- 지나친 긴장은 판단을 흐리게 만든다   073
- 전세가 다급할수록 익숙함에 의존한다   077
- 조조의 책략 | 사람도 적고 세도 약한 상황을 돌파하는 지혜   079

| 제4강 |
한 걸음 물러서면 형세가 보인다

- 토끼는 감히 굴 주변의 풀을 먹지 않는다　　　　　　　　　111
- 친밀함은 유지하되 거리를 둔다　　　　　　　　　　　　　114
- 친분과 지지가 동맹보다 우선이다　　　　　　　　　　　　116
- **조조의 책략** | 일을 새로 도모하는 자가 형세를 움켜쥐는 비결　119

| 제5강 |
감정이 개입하면 위세가 흔들린다

- 리더의 잔혹함이 조직을 열세로 몰아넣는다　　　　　　　　138
- 조절하지 못한 화는 재난으로 돌아온다　　　　　　　　　　143
- 분노의 감정마저 통제해야 한다　　　　　　　　　　　　　144
- **조조의 책략** | 부정적인 감정이 위세를 흔들 때 해결방안　　148

| 제6강 |
실패했다고 판이 전복되는 것은 아니다

- 적을 가벼이 여기면 수세에 몰린다　　　　　　　　　　　　161
- 조급증과 피로가 경솔함을 부른다　　　　　　　　　　　　164
- 조직의 사기 안정이 우선이다　　　　　　　　　　　　　　166
- **조조의 책략** | 위기 속에서 형세의 안정을 꾀하는 비책　　　168

제7강
다른 사람의 힘으로 적의 기세를 끊는다

- 쓸모없는 사람은 없다   189
- 사람들은 승리자를 좋아한다   192
- 한 번 도와준 사람이 계속 돕는다   197
- 조조의 책략 | 자원이 부족한 상황에서 기세를 얻는 전략   199

제8강
방심하는 자는 정세를 읽지 못한다

- 영웅은 주군을 위해 목숨도 버린다   221
- 위험에 대비할 수 없다면 자신을 단속해야 한다   223
- 엄격하게 감시하고 정확하게 인도한다   226
- 조조의 책략 | 성장하는 판의 정세를 발전적인 방향으로 끌고 갈 방책   227

제9강
기회는 판세를 지켜본 자만 움켜쥘 수 있다

- 기회가 왔을 때 반드시 움켜쥔다   246
- 재능에서 매력이 나온다   248
- 다스림의 관건은 이해에 있다   252
- 조조의 책략 | 적수를 우군으로 끌어당겨 판세를 주도하는 비술   254

제10강
경청은 불확실한 판세를 뒤집는 유일한 열쇠다

- 위험은 사소한 방심에서 싹튼다 270
- 확실한 사람으로 불확실한 일을 대비한다 273
- 비밀은 들추고 맹점은 제거한다 275
- **조조의 책략** | 뛰어난 의견을 수렴해 판을 뒤집는 비결 280

제11강
적절한 안배로 승세를 다진다

- 둘이 모여 셋이 되게 한다 299
- 애벌레가 움츠리는 것은 다시 펴기 위함이다 302
- 닭의 배를 갈라 달걀을 꺼내지 않는다 304
- **조조의 책략** | 나설 때와 굽힐 때를 판단해 판의 승세를 다지는 지혜 305

제12강
위기를 통제해 권세를 세운다

- 순조로울 때 방심은 금물이다 322
- 순간의 이익에 취해 눈을 감지 않는다 323
- 자만심이 판세를 흔든다 326
- **조조의 책략** | 현명한 의사결정으로 판의 위기를 통제하는 자세 329

| 제13강 |
승세보다 사람의 마음을 잡는 것이 먼저다

- 때로는 아랫사람을 위해 위험을 자처한다   **346**
- 군주의 태도가 부하의 태도를 결정한다   **348**
- 스스로 선택하게끔 격려로써 도와야 한다   **350**
- **조조의 책략** | 마음을 사로잡아 승세를 얻는 기술   **353**

| 제14강 |
그 어떤 판세도 뒤집을 여지가 있다

- 알맞은 인재를 알맞은 자리에 쓴다   **370**
- 안배가 적절해야 열세에서도 승리를 이끌어낸다   **374**
- 정성 들여 이해하고 신뢰로써 등용한다   **376**
- **조조의 책략** | 앞을 내다보면서도 뒤를 고려해 판세를 읽는 방안   **378**

| 제15강 |
위세를 만들고, 따르며, 끝내 장악한다

- 적을 이기기 위해 또 다른 적과 손을 잡는다   396
- 강 건너 불구경을 즐긴다   401
- 적당할 때 기꺼이 멈춘다   403
- 조조의 책략 | 세를 만들어 세를 빌리는 장악술   406

| 제16강 |
후임에게는 판 자체를 넘긴다

- 자애롭고 현명한 자를 아낀다   424
- 만인 앞에서 승낙을 유도한다   426
- 칭찬은 공개적으로 한다   428
- 조조의 책략 | 현명한 후계자를 골라 판을 넘기는 방안   430

| 부록 | 조조연보   445

제1강

권위자의 한마디가
판세를 바꾼다

'불량소년을 어떻게 교육할 것인가'는 사회와 부모의 지속적이고 보편적인 관심을 끄는 화제다. 만약 가정에 이런 아이가 있다면 대체 어떻게 해야 할까? 어린 시절에 조조는 사냥을 좋아하던 불량소년이었다. 그에게는 방금 결혼한 신부를 재미 삼아 납치할 정도로 황당하고도 아무 생각 없이 살던 시절이 있었다. 그런데 보통 사람의 눈으로 보면 무뢰한이던 그가 훗날 인생에서 연이어 귀인을 만나면서 화려하게 변신해 결국에는 천하를 종횡하는 시대의 영웅으로 성장했다. 도대체 어떤 요인이 조조에게서 거대한 변화를 이끌어냈을까? 그의 경험에서 아랫사람을 인도하는 어떤 방안을 배울 수 있을까?

영웅이 된 불량소년

"치세에는 능신能臣이요, 난세에는 간웅奸雄이다."

이는 동한 말년(169)의 인재전문가 허소許紹가 조조에게 했던 절묘한 평가입니다. 그가 능신인지 간웅인지에 대해서는 역사에서 나름의 공론이 있지만, 조조의 일생을 쭉 훑어보면 확실히 장점과 결점이 공존하고 뛰어남과 흠집이 병존함을 알 수 있습니다. 조조의 성장과정을 살펴보면 오늘날 생활에 지침이 될 만한 많은 것을 배울 수 있는데, 이것이 바로 "과거를 돌아보면 미래를 알 수 있다"고 하는 것입니다.

조조는 성공한 인물이라 할 수 있습니다. 하지만 이런 인물도 방탕하고 제멋대로 세상을 살던 때가 있었습니다. "방탕한 자식이 개과천선하는 것은 금을 주고도 바꾸지 않는다"는 말이 있습니다. 한때 불량소년이었던 사람이 어떻게 성장해 영웅이 되었을까요? 관건은 어디에 있었을까요? 한 명의 권위 있는 전문가의 평가는 어떻게 한 젊은이의 성장에 중요한 영향을 끼쳤을까요? 이 모든 것에 대해 알아보기 위해 조조가 벌인 최초의 유별난 행위에서 이야기를 시작하려고 합니다.

벼랑 끝 위기에도
열린 문은 있다

동한 환제桓帝 말년 가을의 한 길일, 구름 한 점 없이 맑고 화창한 날, 대 한나라의 도성 낙양성은 사람들로 분주하고 평온하며 번창한 모습이었습니다. 특히 성 남쪽 모퉁이는 사람들로 북적거렸고, 여기저기서 폭죽이 울리고 흥겨운 음악 소리가 사방에 가득했습니다. 알고 보니 어떤 집에서 신부를 맞이하기 위한 행사가 한창 진행 중이었습니다. 거리는 신부를 따르는 행렬이 구경꾼·잡상인과 뒤섞여 발을 디딜 틈이 없을 정도로 붐볐습니다. 모두들 흥겨움에 들뜬 모습이었습니다.

그때 멀지 않은 한 모퉁이에서 불현듯 두 젊은이가 모습을 드러냈습니다. 앞선 사람은 키가 7척에 얼굴은 희고 깨끗했으며, 가늘고 긴 눈에 눈빛이 예리했습니다. 뒤따르는 사람은 앞선 이보다 머리의 절반 정도가 더 크고 체격이 장대했으며, 넓은 눈썹에 각진 얼굴로 행동거지가 씩씩하고 힘차 보였습니다. 두 사람은 신부를 맞이하는 행렬의 뒤쪽에서 멀리 떨어져 사람들의 움직임을 관찰하며 낮은 목소리로 말을 주고받고 있었는데, 그 모습이 마치 무슨 말하지 못할 일을 꾸미는 듯했습니다.

두 사람은 누구일까요? 그들은 이름만 들어도 유명한 이들이었습니다. 앞에 있는 얼굴이 희고 깨끗한 사람은 성은 조曹요 이름은 조操, 자는 맹덕孟德이었고, 뒤에 있는 건장한 체격의 사람의 성은 원袁이고 이름은 소紹, 자는 본초本初였습니다. 이 두 청년은 아직 스무 살도

허소(150~195)
자는 자장子將이며, 여남女南 평여平輿 사람이다. 동한 말년의 저명한 인물 평론가다.

되지 않았지만 아주 든든한 배경이 있었습니다. 조조는 원래 태위太尉 조숭曹嵩의 아들로, 조부인 조등曹騰은 4대에 걸쳐 황제의 측근을 지낸 원로였고, 원소는 중랑장中郎長 원성袁成의 아들로 원씨 가문은 4대에 걸쳐 삼공三公을 지낸 명문가로 이름이 만천하에 알려진 가문이었습니다. 이 두 소년은 낙양에서 쟁쟁한 인물이었습니다. 지금 이 쟁쟁한 인물들이 재미 삼아 꾸미고 있는 일은 결코 해서는 안 되는 파렴치한 짓이었습니다.

청년 시절, 조조와 원소는 사이가 좋았고 성격도 서로 맞았습니다. 두 사람은 사방의 건달·호걸과 무리를 지어 황하黃河 양변의 이름난 술이란 술은 모두 마시며 온종일 함께 놀았습니다. 아침부터 저녁까지 뭔가 재미있고 자극적인 일을 찾아 헤매는 게 그들의 하루 일과였습니다.

그렇게 자극적인 일이 얼마나 많이 있겠습니까? 이미 볼 만한 것은 다 보았고, 놀 만한 일은 다 놀아서 지겹고 따분해하던 두 사람은 이날 하는 일 없이 거리를 거닐다가 성 남쪽에서 혼례가 치러지는 것을 발견하고는 마침 기발한 생각을 떠올렸던 것입니다. 이 둘은 이를 '백만 대군 속에서 상장군上將軍의 수급 취하기 놀이'라고 명명했습니다. 적진을 기습해서 적의 대장을 사로잡는 것처럼 꽃과 같은 남의 신부를 납치하기로 한 것이었습니다. 그 얼마나 자극적인 놀이였겠습니까!

두 사람은 서로 상의를 마친 후 시종들을 돌려보내고는 온몸을 말끔하게 차려입고 신랑 집 부근에 몰래 숨어 날이 어두워지면 손을 쓰려고 기다리고 있었던 것입니다.

이윽고 날이 어두워지자 두 사람은 먼저 호랑이를 유인해 산에서 내려오게 한 후에 잡는 계책[調虎離山]을 사용해 주인 집 담장 밖에서 큰소리로 "도둑이야, 도둑!"이라고 소리쳤습니다. 집 안에 있던 사람들이 그 소리를 듣고 모두 도둑을 잡으러 밖으로 나섰습니다. 조조는 그 틈을 이용해 집안에 들어가 칼로 신부를 위협한 뒤 납치했습니다. 그런 다음 원소가 앞장서서 길을 안내하고, 조조는 뒤에서 신부를 업고 따라갔습니다.

두 사람은 너무 당황한데다 날이 어둡고 길 또한 익숙하지 않아서 그만 길을 잃고 말았습니다. 뒤쪽에서 주인집 사람들의 "도둑 잡아라!"라는 소리가 점점 가까워지자 당황한 원소가 그만 '콰당' 하고 길가 가시나무 덤불 안으로 빠져버렸습니다. 원소는 발버둥을 쳤지만 가시에 찔려 빠져나오지 못하고 연신 "맹덕, 좀 도와주게. 맹덕, 좀 도와주게"라고 소리쳤습니다. 당시 조조는 납치한 신부를 등에 업고 있었는데, 원소가 도움을 요청하는 소리를 듣고는 보통 사람은 생각할 수 없는 수단을 썼습니다. 그는 신부를 내려놓고 뒤에서 신부를 찾아 헤매는 사람들을 향해 목청껏 소리쳤습니다.

"잡아라! 잡아라! 도둑이 여기 있다!"

이 소리를 들은 원소는 등에 식은땀이 흘렀습니다. 다급한 마음에 이를 악물고 마음을 다잡아 탁 하고 땅을 박차며 가시덤불에서 빠져나왔습니다. 조조는 아무런 해명도 하지 않고 곧장 원소의 손을 잡고 줄행랑을 쳤습니다. 이렇게 두 사람은 어둠 덕택에 위험에서 벗어날 수 있었습니다.

승자는 누구도 생각지 못한 판을 벌인다

이 고사를 통해 조조가 어린 시절부터 관도대전을 치를 때까지 원소를 꿰뚫고 있었고, 원소는 결국 조조의 손아귀에서 벗어나지 못했음을 알 수 있습니다. 덤불에 빠진 원소를 구하기 위해 조조는 원소에게 심리적인 책략을 사용했던 것입니다.

사람이 긴급한 상황에 처하면 내재된 거대한 잠재력이 폭발하게 된다는 연구결과가 있습니다. 예를 들면 한나라 때 명장 이광李廣은 화살로 바위를 뚫었고, 《수호지水湖志》의 무송武松은 맨주먹으로 호랑이를 때려잡았습니다. 평범한 엄마가 바퀴에 깔린 아이를 구하기 위해 차를 들어올리기도 합니다. 이처럼 긴급한 상황에 마주하면 사람은 종종 힘이 배가됩니다. 이 갑작스럽게 폭발하는 거대한 역량은 어디서 비롯된 것일까요?

현대과학은 이런 사례들이 신비한 현상이 아니라 아드레날린의 공로임을 밝혀냈습니다. 인간은 급박한 상황에 처하면 아드레날린이 증가합니다. 그것은 인체의 혈압을 올리고 심장박동을 빠르게 하며 신진대사를 활발하게 하고, 내장혈관을 수축시켜 더 많은 혈액을 대뇌와 근육에 집중시킵니다. 그래서 자연스럽게 평소보다 힘은 훨씬 커지고 피로감과 통증은 깨닫지 못합니다. 이는 모두 긴급한 상황에 처하면 신체내부가 적응해 반응하는 변화로, 흔히 '응급반응'이라 부릅니다.

조조는 응급반응을 이용해 원소를 격려했던 것입니다. 개도 급하면 담장을 넘고 토끼도 급하면 사람을 뭅니다. 조조는 사람의 심리를 아주 잘 이해하고 있었습니다. 그는 가시덤불에 빠진 원소가 전혀 움직이지 못하자 어쩔 수 없이 원소 스스로 위험에서 빨리 벗어나도록 하기 위해 가장 효과적인 방법으로 그의 내재된 잠재능력을 폭발하게 했던 것입니다. 조조는 큰소리로 "도둑이 여기 있다!"고 소리쳤고 다급해진 원소는 순간적인 힘을 발휘해 단숨에 위험에서 뛰쳐나올 수 있었습니다.

원소가 구조를 요청했을 때 조조는 보통의 방식이 아닌 생각지도 못한 방법으로 그를 도왔습니다. 이런 비정상적인 행위양식을 생활 속에서는 "통념에 따라 패를 내지 않는다"라고 하고, 관리용어로는 '역발상 사유'라고 부릅니다. 일반적으로 역발상으로 사유하는 사람은 혁신적인 생각으로 대담하게 문제를 돌파하고, 항상 예상을 뛰어넘는 행동으로 다른 사람이 생각하지 못한 방법을 사용해 일을 성공시킵니다. 조조는 그리 간단한 인물이 아니었습니다. 10대에 이미 심기가 깊고 지혜와 계략에 뛰어났을 뿐 아니라 역발상 사유를 할 수 있었던 것입니다.

억압과 낙인이 영웅의 성장을 방해한다

조조가 신부를 납치한 사건은 유의경劉義慶이 쓴 《세설신어世說新語》에 기록되어 있습니다. 이 고사로 조조가 당시 불량소년 가운데 한 사람이었음을 알 수 있습니다. 《삼국지》도 조조가 소년 시절에 유협을 좋아하고 방탕했다고 이야기하는데, 유협에 대해서는 알 수 없지만 방탕하고 법을 무시하며 겁 없이 제멋대로 행동했던 것은 확실합니다.

이렇게 법을 무시하면서도 아무 거리낌 없이 대담하게 행동하는 어린 시절의 경험은 이후 조조의 의사결정 방식에 중대한 영향을 끼치게 됩니다.

탐색은 모든 청소년이 거쳐야 하는 성장의 한 단계입니다. 흔히 부모들은 "자식이 너무 말을 듣지 않고, 귀여운 구석이라고는 하나도 없으며 늘 사고만 친다"고 이야기하곤 합니다. 사실 아이들에게는 두 가지 특성이 있음에 주목해야 합니다. 하나는 탐색과 시도를 좋아하는 것입니다. 다른 하나는 규율의식이 없어 쉽게 규범을 어긴다는 것입니다. 어린 시절에 대부분은 상식을 벗어난 특별한 행동을 좋아합니다. 누구나 무단결근에 사고를 치며, 수업이 끝나면 선생님 서랍에 개구리를 넣는 등 못된 장난을 치는 말썽꾸러기 동창을 하나쯤은 기억할 것입니다.

많은 사람들은 이렇게 규율을 어기는 행위를 도덕문제나 성격문제로 귀결시키고 이런 아이를 '못된 아이' 혹은 '말썽꾸러기'라고 낙인을 찍습니다. 그러나 이런 행위의 본질은 탐색과 시도를 통해 자신의 방식으로 세계를 인식하는 것이라 할 수 있습니다.

이렇게 규칙을 위반하며 탐색활동을 하는 배후에는 종종 총명하고 예민하며 열정이 가득한 마음을 숨기고 있습니다. 과도한 탐색 행위를 합리적으로 인도해야지 냉정하게 꾸짖고 공격만 해서는 안 됩니다.

부모와 선생은 아이에게 분명하게 규칙을 이야기해 합리적인 방식으로 세계를 탐색하도록 도와야지, 그의 행위를 억압하고 열정을 공격해서는 안 됩니다. 과도하게 탐색하는 아이는 응원과 지지로 능력을 키워주고 열정을 보호해주어야 합니다.

조조의 지혜

과도하게 탐색을 하는 사람은 응원과 지지로 능력을 키워주고 열정을 보호해주어야 한다.

조조의 성장과정 중에는 많은 과도한 탐색행위가 있었습니다. 다행스러운 것은 그가 받은 억압과 공격이 비교적 적었다는 사실입니다. 그의 이런 탐색행위는 그의 사유방식의 형성과 발전에 결정적인 작용을 했습니다. 조조의 뛰어난 지략, 정확한 판단, 분석을 좋아하고 진부한 규정과 속박을 과감하게 돌파하는 자세 등은 모두 이를 기초로 형성된 장점이라 할 수 있습니다.

소년 시절 조조의 성장과정은 우리에게 시사하는 바가 아주 많습니다. 그중에는 세 가지의 매우 중요한 경험이 있는데 정리해볼 만한 가치가 있습니다.

조조의 책략
정확한 판단과 뛰어난 지략으로 판을 키우는 지혜

첫 번째 책략 | 판을 뛰어들기 전에 호감부터 산다

조조의 출신 내력을 이야기하자면 한마디로 "보일 듯 말 듯하다"라고 형용할 수 있습니다. "안개 속에서 꽃을 보고 물속에서 달을 보는 것처럼 흐릿하다"는 어떤 시의 한 구절은 이를 뜻하는 것이라 할 수 있지요.

《삼국지》에 근거하면 조조의 자는 맹덕, 패국 초현譙縣 사람으로 조부인 조등은 동한 환제 때 중상시中常侍 대장추大長秋를 역임해 비정후費亭侯로 봉해졌고, 부친 조숭은 조등의 양자로 관직은 태위에 이르렀다고 기록되어 있습니다. 그러나 조조에 관한 핵심 구절은 "그 출신의 본말을 자세히 알 수 없다[莫能審其生出本末]"는 기록입니다. 이 구절에 주목해야 합니다. 이 구절의 의미는 아무도 조조가 어떤 출신인지 알지 못한다는 뜻입니다.

《삼국지연의三國志演義》는 비교적 분명하게 설명하고 있습니다. 조조의 본성은 하후씨夏侯氏였는데, 아버지 조숭이 조등의 양자가 된 관계로 조씨 성을 쓰게 되었다는 것입니다. 어린 시절 그의 이름은 아만阿瞞, 일명 길리吉利였습니다. 《삼국지연의》의 이런 관점은 나름대로 근거가 있습니다. 《삼국지주三國志注》에 있는 오吳나라 사람이 쓴 《조만전曹瞞傳》과 곽반郭頒의 《위진세어魏晉世語》에는 "숭은 하후씨의 아들이고, 하후돈夏侯惇의 숙부다. 태조에게 돈은 사촌형제였다"라고 기록되어 있습니다. 이 기록과 《삼국지연의》의 내용은 일치합니다. 삼국의 역사에서 조조 주변에 왜 성이 하후씨인 측근 장수들이 많은지는 이를 통해 알 수 있는데, 이른바 한집안끼리 일심단결해 싸웠던 것이라 할 수 있습니다.

왜 정사 《삼국지》에는 이 부분을 애매하게 기록했을까요? 첫째, 이 출신 내력의 수수께끼는 작게는 사적인 비밀이며 크게는 추문이었다고 할 수 있습니다. 둘째, 만일 누군가가 혈연을 거론하며 글을 썼다면 아마도 정치적인 파란을 일으켰을 것입니다. 셋째, 이 출신 내력의 배후에는 회피할 수 없는 사실이 포함되어 있는데, 바로 조조의 조부가 태감, 즉 환관宦官이었다는 것입니다. 당시의 정치환경에서 환관집안 출신은 사람들의 멸시와 반감을 불러일으켰고, 조조는 이를 거론하는 것을 매우 못마땅하게 여겼습니다. 후에 원소 휘하의 진림陳琳이 조조를 토벌하는 격문을 쓸 때 그의 신분을 들추어 조조의 분노를 샀는데, 이 일은 또 다른 각도에서 본다면 조조가 자신의 출신 내력을 언급하는 것을 기피했음을 설명하는 사건입니다.

친부모의 내력조차 숨기려 한 것이 바로 조조의 어린 시절이었습니다. 조조의 아명인 아만이라는 이름에서 우리는 또 다른 정보 하나를 감지할 수 있는데, 바로 조조가 어렸을 때부터 거짓말과 기만 속에서 살았고, 주변 사람일수록 더욱 방비했다는 것입니다. 조씨네 사람을 보면 조씨네 말을 사용하고 하후씨네 사람을 보면 하후씨네 말을 쓸 만큼 주변 사람들까지 속여야 했다는 사실입니다. 이렇게 기교만 있고 진정성이 없는 성장배경이 조조의 의심 많고 교활한 성격을 만들어냈던 것이라 할 수 있습니다.

유치원에서 일어나는 일 가운데 작은 일이란 없습니다. 어린 시절의 경험은 한 개인의 성격을 만들어낼 수 있고, 나아가 개인의 성격은 한 사람 인생의 운명을 만들어낼 수 있기 때문입니다. 조조의 성격 형성과정을 가장 잘 설명할 수 있는 한 가지 사례는 조조가 아버지를 속인 고사입니다.

기록에 따르면 어린 시절 조조는 온종일 사냥하고 절도 없이 빈둥거리며 방탕한 생활을 즐겼습니다[好飛鷹走狗, 遊蕩無度]. 이런 조조의 행동을 못마땅하게 여긴 숙부가 조숭에게 알리자 조조는 술책을 꾸몄습니다. 어느 날 숙부를 길에서 우연히 만난 조조는 인사를 나눈 후 머리를 땅에 묻고 입에 거품을 토하며 사지를 버둥거렸습니다. 숙부가 놀라 무슨 영문인지를 물었습니다. 이에 조조는 말했습니다.

"갑자기 중풍에 걸린 듯합니다."

그의 말을 믿은 숙부는 이 사실을 황급히 조숭에게 알렸습니다. 소식을 들은 조숭은 서둘러 조조를 불렀습니다. 그런데 조조는 멀쩡했습니다. 조숭이 궁금해 조조에게 말했습니다.

"숙부가 네가 중풍에 걸렸다고 하던데 많이 좋아졌느냐?"

그러자 조조가 불만스럽게 말했습니다.

"저는 애초에 중풍에 걸린 적이 없습니다. 숙부가 저를 싫어해 아버지에게 저에 대한 좋지 않은 말을 한 것 같습니다."

그 이후 숙부는 더는 조숭에게 조조의 일을 거론하지 않았고, 조숭도 숙부의 말을 믿지 않게 되었다는 이야기입니다.

왜 조숭은 그렇게 쉽게 아들의 사기극을 믿을 수 있었을까요? 그 원리는 아주 간단합니다. 하나의 기본규율을 이야기해보겠습니다. 한 아이가 익살맞은 표정을 지을 때 귀여운지 미운지는 표정에 달려 있는 것이 아니라, 그 아이가 본인의 아이인지 이웃집의 아이인지에 달려 있습니다. 이는 자신이 애정을 느끼는 사람에게는 맹목적으로 잘못 대하기가 쉽다는 것을 말해줍니다.

조조의 부친은 어리석게도 조조의 속임수에 너무 쉽게 넘어갔습니다. 이는 한 아이의 건강한 성장에 재난과 같은 일이었습니다. 심리학에는 하나의 기본규율이 있습니다. "행위는 강화된 결과"라는 것입니다. 한 행위가 이익을 얻고 격려를 받으면 곧 유지·강화되고, 한 행위가 징벌을 받고 비판을 받게 되면 약화되어 사라진다는 것입니다.

아이의 잘못된 행동을 발견하면 부모는 적시에 평가를 내리고 교정을 해야 합니다. 조조의 부친은 응당 해야 할 책임을 다하지 않았습니다. 이것이 이른바 《삼자경三字經》의 "아이를 기르며 가르치지 못한 것은 부모의 잘못이다[養不敎, 父之過]"에 해당합니다. 부모의 부주의함은 종종 아이의 인격형성에 문제를 야기하곤 합니다.

그래서 아이는 부모의 거울이고, 아랫사람은 윗사람의 그림자라고 말하는 것입니다. 부모가 생긴 대로 아이가 닮고, 윗사람의 태도에 따라 조직의 문화가 만들어지게 마련입니다. 조조의 교활한 성격은 이렇게 어린 시절부터 자신도 모르게 형성되었던 것이라 할 수 있습니다. 부모의 인정만 있으면 아이에게 발전은 없습니다.

동한 연간 국가의 인재 선발제도는 효렴孝廉, 즉 효성스럽고 청렴한 인재를 추천하는 제도였습니다. 반드시 명성이 좋아야 했고 유명인사의 추천이 있어야 관리로서 발전할 기회를 얻을 수 있었습니다. 소년 조조는 환관의 후손으로 출신이 의심스럽고 배경이 복잡했으며 제멋대로 행동하고 술수가 뛰어났는데, 이런 요소들은 그가 성장하고 이름을 얻는 데 문제를 야기했습니다. 이런 소년을 누가 수용하고 인정할 수 있었겠습니까?

사람이 큰일을 하려면 반드시 광범한 인정을 받아야 하고, 기업을 운영하려면 이름을 홍보해야 하며, 출세를 하려면 이름을 널리 알려야 합니다. 이렇게 이름이 널리 알려져야 영향력과 호소력이 생기기 때문입니다. 홍보에서는 호감도가 먼저고 지명도가 나중이라는 점이 중요합니다. 이 순서가 뒤바뀌면 안 됩니다. 먼저 지명도가 있고, 뒤에 호감도가 생기면 안 됩니다. 예를 들면 제가 무언가 잘못된 일로 인터넷상에서 지명도를 높인 후에 방송계로 입문하면 되겠습니까? 안될 일이지요. 아마도 방송계에 먹칠을 할 것입니다.

조조의 지혜

홍보에서 중요한 것은 먼저 호감도가 생긴 뒤에 지명도가 생긴다는 점이다.

조조가 발전하기 위해서는 단지 부친의 칭찬뿐 아니라 반드시 사회로부터의 인정이 필요했습니다. 좋은 평판을 널리 전파하기 위해서는 오피니언 리더opinion leader가 결정적인 작용을 한다는 연구가 있습니다. 사람들은 어떠한 선택을 하지 못하고 있을 때 오피니언 리더의 생각을 통해 의견을 구하려 하고, 그의 주장을 알려고 합니다. 일단 그들에게 인정을 얻기만 하면 곧바로 대중의 인정을 얻을 수 있습니다.

만약 여러분이 지금 하고 있는 일에 대해 다른 사람들의 지지를 얻고자 하거나 신상품을 시장에 내놓고 대중의 인정을 얻고자 한다면 가장 간단한 방법은 오피니언 리더가 공개된 장소에서 자신의 입장을 표하도록 설득하는 것입니다. 조조가 도움을 빌린 이 오피니언 리더는 바로 교현橋玄이었습니다.

두 번째 책략 | 전문가가 인정해야 대세를 장악할 수 있다

소년 조조는 부모를 속이고, 신부를 납치하고, 주색에 빠져 방탕한 생활을 하면서 본분에 힘쓰지 않았으니 그야말로 소년원에 갈 수도 있었습니다. 그런데 조조가 이렇게 말썽꾸러기였다 해도 그를 높이 평가하는 사람이 있었습니다. 그것도 평범한 사람이 아니라 당시 그 이름도 유명한 교현이라는 사람이었습니다. 그가 바로 후한後漢 말년에 영향력이 큰 오피니언 리더였습니다.

《후한서後漢書》에 기재된 바에 따르면 교현의 자는 공조公祖이고 양나라 수양睢陽 사람으로 청렴결백하고 공정해, 후에 지방관에서 승진해 중앙정부의 사공司空·태위가 되었습니다. 집이 가난해 죽을 때 관을 묻을 땅이 없을 정도로 청렴했고 백성의 사랑을 받는 사람이었습니다. 그뿐 아니라 그는 군대를 이끌고 변방을 지키는 도료장군度遼將軍에 임명되어 전공을 세우기도 했습니다. 그런데 교현은 관료사회가 부패해 간신들이 정권을 장악하자 결국에는 관직을 사직하고 은거했습니다. 이른바 "산에 있는 샘물은 맑지만 산을 떠난 샘물은 탁하다[在山泉水淸, 出山泉水濁]"는 말처럼 더는 천하를 구제할 수 없다고 생각하고는 부득불 자신의 몸만 깨끗이 유지하고자 한 것이었습니다.

아들을 버리고 법을 지킨 이야기[舍子護法]는 교현의 성격을 가장 잘 보여주는 고사입니다. 교현의 아들이 열 살이 되던 해였습니다. 어느 날 갑자기 몽둥이를 든 세 사람이 나타나 아들을 납치하고는 교현의 부중에 들어와 돈을 주면 그를 풀어주겠다고 했습니다. 하지만 교현은 그들의 요구에 결코 응하지 않았습니다. 결국 관병들이 강도들을 공격해 죽일 때 교현의 아들도 죽고 말았습니다. 아들을 잃은 교현은 황제의 면전에서 다음과 같은 칙령을 내릴 것을 청했습니다.

"대체로 인질을 납치하는 자들은 예외를 두지 않고 때려죽여야 합니다. 돈으로 인질을 석방해 범죄자들이 이득을 도모하게 해서는 안 됩니다."

황제가 교현의 청을 받아들여 조서를 발표했습니다. 애초에 한나라 안제安帝 이후 법률이 점점 효력을 잃기 시작해 수도 내에서는 부귀한 사람이든 고관이든 상관없이 인질로 납치당하는 사건이 자주 일어났습니다. 그런데 교현의 이 사건 이후 더는 그런 일이 발생하지 않았다고 합니다.

교현을 묘사하는 상징은 청렴, 반反부정부패, 무예를 높이 받듦[尙武], 대담함 등일 것입니다. 그렇다면 이렇게 명성이 자자한 교현이 어째서 조조에게 관심을 보였던 것일까요? 그는 관심을 보인 데에서 그친 것이 아니라 여러 차례 조조를 주목하고 그의 가능성을 높이 샀습니다. 이는 또 무슨 이유 때문이었을까요? 먼저 조조에 대한 교현의 평가를 살펴봅시다.

> 교현은 태조에게 다음과 같이 말했다.
> "천하가 장차 어지러워질 것인데, 세상을 구할 재주[命世之才]가 아니면 천하를 구제할 수 없네. 이를 능히 안정시킬 사람은 바로 자네이네!"

세상을 구할 재주, 즉 명세지재는 무엇을 말하는 것일까요? 대중을 끌어내 복종시키고 천하를 호령하는 사람이 세상을 구할 재주가 있는 사람입니다. 명세지재의 명命이라는 글자는 어떻게 생겼습니까? 위에는 대인[人]이 입을 놀리고 있고[口], 아래에는 귀를 기울이고 있습니다[耳]. 명세지재의 특징은 능력이 있고, 개성도 강하며, 활동무대가 있고, 변통도 있는 사람입니다. 그들은 치세에는 원칙·규칙[方]을 쓰고, 난세에는 변통[圓]을 쓰며, 말세에는 원칙과 변통을 함께 씁니다. 그들은 군자는 관용으로, 소인은 엄격함으로, 보통 사람은 관용과 엄격함을 결합해 대하는 사람입니다. 교현은 조조를 한 번 보고는 정말 후한 점수를 주었습니다.

조조의 지혜

'세상을 구할 재주가 있는 자'는 능력이 있고, 개성도 강하며, 활동무대가 있고, 변통도 있는 사람이다. 그들은 치세에는 원칙·규칙을 쓰고, 난세에는 변통을 쓰며, 말세에는 원칙과 변통을 함께 쓴다. 그들은 군자는 관용으로, 소인은 엄격함으로, 보통 사람은 관용과 엄격함을 결합해 대하는 사람이다.

교현은 왜 탁류 출신에 행동거지가 단정치 못한 소년 조조를 높이 평가했을까요? 여기에는 아마도 두 가지 주요한 원인이 있었을 것입니다. 사람을 볼 때는 주로 두 가지 점을 봐야 합니다. 하나는 겉으로 드러난 요소, 즉 그가 가진 자원이나 배경을 보는 것이고, 두 번째는 내재된 성격과 능력을 봐야 합니다.

첫 번째로 조조의 배경을 살펴보겠습니다. 동한 말년은 환관이 권력을 잡고 있어 지식인 사대부들의 강력한 불만을 샀습니다. 불만을 품은 지식인은 주로 강직한 관료와 재야의 명사, 그리고 경사의 태학생이었는데, 그들이 당을 형성해 청류淸流(맑은 물)라 자처하고, 권력을 가진 외척과 환관을 탁류濁流(무뢰배)라고 여겼습니다. 동한 환제와 영제靈帝 시기, 각각 두 차례에 걸쳐 환관과 당인黨人의 투쟁이 일어났는데 결국 당인의 패배로 끝났습니다. 그래서 환관을 주축으로 하는 탁류는 사대부들 가운데 잡을 사람은 잡고, 죽일 사람은 죽였으며, 나머지는 영원히 관직에 오르는 것을 금지했습니다. 역사에서는 이를 당고의 화[黨錮之禍]라고 부릅니다.

그런 까닭에 한말의 정치무대에서는 청류 지식인들이 연기를 했지만 무대는 장기간 환관들이 장악했던 것입니다. 청류는 능력이 있지만 무대가 없었고, 탁류는 무대는 있지만 능력이 없었습니다. 조조는 어떠했을까요? 조조는 특별한 경우였습니다. 그는 진정으로 무대도 있고 능력도 있는 쪽에 속했습니다. 혁혁한 환관 출신이었고, 청류의 가치관과 행위방식을 가진 한 떨기 진기한 꽃이었습니다. 마음에 품은 뜻은 청류를 따르고, 처세에서는 환관의 이기심과 교활함을 품고 있었던 것입니다. 조조는 청류와 환관의 결합체였습니다. 이것이 바로 조조의 특별함이었습니다. 연기파이면서 무대에 오를 기회가 있었던 것이지요!

두 번째로 성격을 살펴보겠습니다. 소년 조조는 행동이 대담하고 기민하며 과단성이 있었습니다. 조조는 병법을 이해하고 군대를 부리는 재주가 있었습니다. 이 두 가지를 교현이 좋아하고 중시했습니다. 교현 자신도 이 두 가지 장점이 있었기 때문입니다. 이른바 "닮으면 곧 끌리게 되고 서로 보완하며 오래간다"는 것이지요. 교현은 한편으로는 조조의 성격과 가치관을 마음에 들어 하고, 다른 한편으로는 조조의 자원과 배경을 인정했습니다. 교현이 보기에 눈앞의 현실은 난세여서 반드시 개성이 강하고 자원과 배경을 갖춘 인재여야 천하를 안정시킬 수 있다고 여겼던 것입니다. 교현이 조조를 마음에 들어 했던 이유는 바로 여기에 있습니다.

이어 경험이 풍부한 교현은 소년 조조에게 일생을 바꾸기에 충분한 충고를 했습니다. 그 충고는 무엇이었을까요? 바로 인력전문가 허소를 찾아가 그의 월단평月旦評 가운데 한자리를 차지하라고 한 것이었습니다. 요즘 말로 하면 권위 있는 인력전문가 허소의 인재품평 목록의 위쪽에 이름을 올리라는 뜻이었습니다. 이 목록에 이름이 오르면 곧 길이 열린다는 것이었습니다. 여기서 성장과 관련된 세 번째 경험을 끌어낼 수 있습니다.

세 번째 책략 | 평판의 결과가 그 사람의 판을 결정한다

왜 허소와 같은 전문가의 권위 있는 평가가 있어야 할까요? 여기에는 '권위효과'라는 기본규율이 있습니다. 《전국책戰國策》〈초책楚策〉에 손양孫陽이라는 천리마를 잘 감별하는 전문가 이야기가 나옵니다. 그가 바로 백락伯樂이라 불리던 사람입니다. 그는 특히 말의 외모를 보고 우열을 감별하는 데 뛰어났습니다. 그의 눈에 든 말은 반드시 천리마였습니다.

일찍이 어떤 사람이 거리에서 말을 파는데 사흘이 지나도 묻는 사람이 없었습니다. 그래서 이 사람은 백락을 찾아가 자신의 말 주위를 몇 차례 돌아볼 것을 청했습니다. 그가 말 주위를 배회하자 곧바로 놀랄 만한 일이 벌어졌습니다. 말의 가격이 열 배로 뛰었던 것입니다. 이것이 바로 권위효과입니다. 사람들은 특별한 전문지식을 갖추지 않은 영역에서는 전문가의 권위를 그대로 따르는 경향이 있습니다. 권위 있는 의견만 있으면 종종 무조건적으로 그 의견을 따른다는 것이지요.

교현은 이런 권위효과를 빌려 백락인 허소의 인정을 받는 것이 매우 중요하다는 사실을 조조에게 말했던 것입니다. 교현의 충고에 따라 조조는 곧장 허소를 찾아갔습니다.

허소의 자는 자장으로 여남 평여 사람입니다. 어려서부터 명절名節로 이름이 높았고 인륜을 좋아해 여러 사람으로부터 높은 평가를 받은 명사였습니다. 허소는 형 허정許靖과 함께 향당의 인물을 평가하는 것을 좋아해, 매월 초에 몇몇 사람에 대한 간략한 인물평가를 발표했는데, 사람들은 이를 월단평이라 불렀습니다. 월단평은 당시 출세를 꿈꾸는 사대부 사이에 상당한 영향력이 있었다고 합니다.

> **허정**(?~222)
> 자는 문휴文休이며, 여남 평여 사람이다. 삼국 시기 저명한 인물로 젊은 시절부터 세상에 알려졌다. 유익劉翊이 효렴으로 추천해 상서랑尚書郞을 역임했다. 후에 익주목益州牧 유장劉璋의 부름을 받고 파군巴郡 광한태수廣漢太守가 되었다. 유비가 촉에 들어온 후 요직을 맡아 삼공의 반열에 올랐다.

이는 오늘날 기업가 순위목록과 유사한 면이 있었습니다. 오늘날에도 자동차·가전·부자·미녀 등의 순위가 목록화되어 있듯이, 사실 사람들은 순위 목록 보기를 좋아합니다. 이유는 무엇일까요? 목록은 사람들이 생각을 단순화하는 데 도움을 줍니다. 자신이 직접 많은 정보를 조사할 필요 없이 한번에 간단하게 결론을 볼 수 있어 번거로운 일을 많이 줄여줍니다. 특히 권위가 높은 순위는 인지에 미치는 영향력이 아주 큽니다. 권위가 높은 순위에서 한자리를 차지할 수 있다면, 개인이든, 제품이든, 기업이든 발전하는 데 훌륭한 홍보효과를 보게 될 것입니다.

동한 연간 허소는 영향력이 큰 인재의 순위목록을 만들어 인재들에 대한 기본적인 평가를 실었습니다. 교현은 풍부한 사회경험을 빌려 허소의 이런 권위 있는 평가가 조조의 발전과 개인의 이미지에 크게 작용하리라는 것을 알아보았습니다. 그래서 조조에게 허소를 찾아가라고 적극 권했던 것입니다.

하지만 청류에 속한 허소는 환관 출신인 조조에 대한 편견이 있어서 선뜻 조조를 평가하려 하지 않았습니다.《삼국지》에는 다음과 같이 기록되어 있습니다.

> 조조는 여러 차례 겸손한 말과 선물로 자신에 대해 평가를 구했다. 허소는 조조의 사람됨을 무시해 상대하려 하지 않았는데, 조조가 칼로 위협하자 허소가 어쩔 수 없이 말했다.
> "그대는 태평성대에는 간적이고, 난세에는 영웅이네[君淸平之奸賊 亂世之英雄]."
> 이에 조조는 크게 기뻐하며 떠났다.

여기서 주의할 것이 있습니다. 허소의 조조에 대한 평가는 두 개의 판본이 있습니다. 하나는《후한서》〈허소전許邵傳〉에 기재된 "태평성대에는 간적이고, 난세에는 영웅이다"이고, 하나는《삼국지연의》에 기재된 "치세에는 능신이요, 난세에는 간웅이다"가 그것입니다.

분석해보면 난세의 '간웅'보다는 '영웅'이 훨씬 더 적절합니다. 또한 천하가 장차 어지러워 태평성대는 다시 돌아올 수 없는 현실에서 난세의 영웅이라 칭하는 것은 조조에게 진정으로 커다란 격려였을 것입니다. 의심할 여지 없이 허소의 평가는 불량소년이었던 조조의 인생에 큰 영향을 끼치게 되었습니다.

심리학에는 '레테르 효과'라는 현상이 있습니다. 학생에게 좋은 꼬리표를 달아주면 좋은 효과를 만들어내고, 반대로 나쁜 꼬리표를 달면 나쁜 효과를 만들어낸다는 것입니다. 이를 가정에서 한번 활용해봅시다. 아이에게 일을 시키면서 먼저 좋은 꼬리표를 붙여줍니다. "우리 아기, 철들었네. 매번 엄마를 도와주니 우리 아기는 최고야!"라고 말하면서, "그럼 이번에 한 번 더 도와주렴"이라고 하면 분명 아이는 신바람이 나서 도와줄 것입니다.

반대로 "분명하게 이야기하지만 공부를 하지 않는 학생은 다 쓰레기 바보다"라는 좋지 않은 꼬리표를 붙여주고는, 이어서 "자, 이리 와서 빨리 숙제해라!"고 한다면 아이는 분명 눈을 부라리며 마음속으로 '숙제하기 싫어'라고 생각할 것입니다.

이런 현상의 본질은 바로 사람에게 주어진 꼬리표는 아주 강력한 심리적 암시로서 좋은 꼬리표는 좋은 행위를 이끌어내고 나쁜 꼬리표는 나쁜 행위를 이끌어낸다는 것입니다. 전문가의 권위 있는 평가는 진정 한 사람의 행위에 커다란 영향을 끼칠 수 있습니다. 교현의 격려, 허소의 인정은 조조에게 큰 영향을 미쳤고 그의 성장에 긍정적인 방향으로 적극적인 힘을 불어넣어 주었습니다.

조조의 지혜

평가로 부여받은 꼬리표는 아주 강한 심리적 암시로 작용한다. 좋은 꼬리표는 좋은 행위를 이끌어내고 나쁜 꼬리표는 나쁜 행위를 이끌어낸다.

의미심장한 심리학 실험 하나를 소개해보겠습니다. 한 전문가가 산만하고 규율을 잘 지키지 않는 사람을 모아 일을 시키면서 개개인에게 매월 편지 한 통을 쓰도록 했습니다. 편지 내용은 주로 규율을 잘 준수하고 어떻게 열심히 일하는지를 묘사하도록 사전에 정해주었습니다. 반년이 지난 후 기적과 같은 일이 일어났습니다. 원래 산만하기만 하던 사람들이 하나하나 모두 편지에서 말한 대로 규율을 잘 준수하며 열심히 일하는 사람으로 변한 것이었습니다. 무엇이 그들을 변화하도록 만들었을까요? 바로 편지에서 그들이 스스로에게 붙였던 적극적인 꼬리표가 그들의 행동을 좋은 방향으로 암시하고 인도했던 것입니다.

그래서 리더나 선생, 가장으로서 우리 모두는 아랫사람에게 말을 할 때에 언제나 긍정적인 격려를 잊어서는 안 된다는 사실을 기억해야 합니다. 사실 뒤떨어진 아이들에게 개발할 수 있는 장점이 훨씬 많습니다. 만약 그들에게 무책임하게 악성 꼬리표를 붙인다면 정말로 자포자기를 할 수도 있습니다. 이는 아이를 망가뜨릴 수 있는 행위입니다. 반대로 장점을 긍정하고 방법을 가르쳐주며 자주 격려하는 등 적극적으로 인도하고, 특히 그들에게 암암리에 좋은 꼬리표를 붙여주면, 그들은 은연중에 적극적인 방향으로 발전하려고 노력할 것입니다.

잘 분발하게끔 유도하는 리더는 징벌이나 악성 비평을 가장 적게 사용하는 사람입니다. 조조는 경고나 징계 없이 전문가의 지지와 격려를 받았습니다. 이런 가치 있는 평가가 가장 결정적인 시기인 소년기에 조조의 자산이 되어 이후 성공의 길로 나아가도록 이끌었던 것입니다.

조조의 지혜

잘 분발하게끔 유도하는 리더는 징벌이나 악성 비평을 가장 적게 사용하는 사람이다.

부패한 집단은 스스로 자신의 무덤을 파는 사람을 키우곤 하는데, 조조가 바로 그런 사람이었습니다. 조조는 환관집안 출신이었지만 칼끝을 돌려 그를 대표하는 집단을 향해 휘둘렀습니다. 조조는 청류와 환관의 결합이었습니다. 이런 결합은 한편으로는 기형적인 형태 혹은 괴물처럼 보였지만, 다른 한편으로는 일종의 완벽한 조합이기도 했습니다. 앞서 말했듯이 탁류는 자원은 있어도 방향이 없었고, 청류는 방향은 있지만 자원이 없었는데, 조조는 이 두 가지를 함께 갖추고 있었습니다. 탁류의 자원에 청류의 태도를 더한 특수한 배경하에 그의 과감하고 기민하며 책략에 뛰어난 성격은 사회 저명인사의 긍정과 권위 있는 전문가의 인정을 얻게 되었고, 나아가 각 방면의 광범위한 관심을 불러일으켰습니다. 스무 살이 되던 해에 조조는 마침내 추천을 통해 벼슬길에 올라 자신의 사업을 시작했습니다.

"관리가 새로 부임하면 세 개의 햇불처럼 기세등등하다"라는 속담이 있습니다. 이제 막 벼슬길로 나선 조조는 어떻게 처세하며 자신의 재주를 펼쳤을까요? 그는 또 어떤 예상치 못한 곤란을 맞이했을까요?

제2강

과도한 의욕이
판의 흐름을 끊는다

"새로 부임한 관리는 세 개의 횃불처럼 기세등등하다"는 말이 있다. 새로 임명된 조직의 장은 종종 단기간에 성과를 내 자신의 업무능력을 증명하고 싶은 의욕이 앞서곤 한다. 하지만 대부분은 경험부족으로 맡은 일을 제대로 하기는커녕, 오히려 골치 아픈 일들만 만들어내 위아래 모두의 불만만 초래하기 십상이다. 조조도 마찬가지였다. 젊은 나이에 처음 벼슬길에 오른 조조는 지나치게 의욕이 앞서 적지 않은 사람들에게 죄를 지었고, 이 과정에서 하마터면 벼슬길이 막힐 위기에 처하기도 했다.

관리사회의 첫발을 내딛은 조조는 자신의 능력을 증명하기 위해 어떤 일을 했고, 그의 과도한 의욕은 어떤 골치 아픈 일을 초래했을까? 또 위기의 순간에 그는 어떤 방법으로 문제를 해결했을까? 그는 어떻게 조급증을 극복하고 관리사회의 뜨거운 불을 피할 수 있었을까?

권위를 세우는 법

스무 살의 조조는 권위자의 추천과 가문의 배경에 의지해 한 조직의 장이 되었습니다. 속담에 "일단 권력을 잡기만 하면 바로 위풍을 떨친다"는 말이 있는데, 젊은이의 경우가 특히 그렇습니다. 별 볼일 없던 평범한 서생이 한순간에 권력을 쥔 간부가 되면, 권위를 세우고자 의욕적으로 일을 추진하는 것은 인지상정입니다. 하지만 권위를 세우는 과정에서 냉정하지 못하고 발끈하거나, 허세를 부리면서 위풍을 떨면 아무리 좋은 의도로 행동했다 해도 점차 재앙으로 변할 수 있습니다.

관리사회에 들어가 처음 간부의 역할을 수행할 때 어떻게 권위를 세우고 개인의 이미지를 만들어가는 것이 좋을까요? 나아가 징벌을 사용할 때에는 어떤 문제에 주의할 필요가 있을까요?

판을 흐리는 자는
처단한다

174년 초가을, 낙양성 북부위北部尉의 관청 안은 사람들로 분주했습니다. 사실 북부위의 아문衙門은 그리 떠들썩할 필요가 없는 곳이었습니다. 낙양성 북쪽의 치안을 담당하는 북부위라는 관직은 그리 높은 자리가 아니었습니다. 오늘날로 치면 수도의 한 지역을 담당하는 경찰서장 정도에 해당되는, 고관대작들이 운집해 있던 수도 낙양에서 그다지 눈에 띄는 자리는 아니었습니다. 하지만 그날은 예외였습니다. 북부위의 아문이 평소와는 다르게 분주했습니다. 자세히 보니 어떤 사람은 기와와 목재를 나르고, 어떤 사람은 모래흙과 쓰레기를 운반하고 있었습니다. 또 높은 곳에서 보니 미장공은 분주하게 외벽과 대문을 수선하는 중이었습니다.

바쁘게 오가는 사람들 틈에서 문득 한 젊은이가 특별히 눈길을 끌었습니다. 그는 중간쯤 되는 체격에 얼굴은 하얗고, 눈빛은 예리했으며, 목소리는 그리 크지 않았지만 마음을 움직이게 하는 힘이 있었습니다. 그는 새 관복을 입고 위엄 있게 손으로 허리에 찬 검을 받쳐 들고 일하는 사람들에게 수시로 명령을 내리고 있었습니다. 이 사람이 바로 새로 낙양성 북부위에 부임한 조조였습니다.

당시 조조는 스무 살이었습니다. 패기만만한 조조는 부임하자마자 낡고 초라한 관청의 대문부터 수리하는 일을 챙기는 중이었습니다. 왜 그랬을까요?

사회에서 한 조직이 좋은 인상을 주는 데 가장 중요한 것은 첫째가 브랜드 이미지, 둘째는 조직구성원의 이미지, 셋째는 외관 이미지입니다. 내부가 너저분하고 대문은 쓰러질 듯하고, 드나드는 사람들이 이러쿵저러쿵 떠들고 활기라고는 전혀 없다면, 대낮에는 마당에서 개가 변이나 보고 있고, 저녁에는 네온사인 간판에 불이 들어오지 않는다면, 이런 조직은 분명 사람들에게 좋은 인상을 주지 않을 것입니다. 그래서 조조가 새로 부임하자마자 부리나케 맨 먼저 진행한 일이 바로 관청의 외관 이미지를 개선하는 것이었습니다.

이어 조조는 10여 개의 커다란 몽둥이를 맞춤 제작해 위에서부터 오행의 순서에 따라 다섯 가지 색을 칠해놓고 이를 '오색봉'이라 칭했습니다. 그는 오색봉을 관청 좌우에 걸어놓고, "금령을 어기는 자는 다 이 봉으로 죽일 것이다"라고 공표했습니다. 비록 일개 부처급 간부라 해도, 손에 오색봉을 들고 생사대권을 이야기하는 조조의 모습은 가히 위풍당당했습니다.

하지만 빈 수레가 요란한 법입니다. 조조가 이렇게 젊은 패기에 위세를 떨친 배후에는 '자신감 부족'이라는 본질이 숨어 있음을 알 수 있습니다. 외모로만 보면 조조는 중간 정도의 키에 관우처럼 위엄와 무력이 있는 것도 아니고 주유周瑜처럼 잘생긴 것도 아닌 평범한 외모에 속했습니다. 집안 배경으로 보면 조조는 유비처럼 황실의 친척도 아니었고, 원소처럼 사세삼공四世三公(4대가 모두 삼공에 임명된 집안)으로 이름난 가문도 아니었습니다. 오히려 환관집안으로, 사람들이 멸시하는 탁류에 속해 있었습니다. 바로 이런 열등감이 조조를 조급하게 했던 것입니다.

보상이 지나치면
정세가 흔들린다

권위가 부족한 사람이 승진해 새로운 직책을 맡으면 권위를 내세우기 위해 평소와는 다르게 여러모로 힘을 쓰곤 합니다. 종종 조심성 없이 탁자를 내리치며 눈을 사납게 굴리거나 별것 아닌 일에도 아주 냉정한 수단을 써서 일을 처리하는 것이 바로 그것입니다. 이는 상대적으로 권위 있는 사람이 직책을 맡은 후 종종 직원들을 살피고 스스럼없이 형제를 칭하며 지내는 것과 유사합니다. 이런 규율은 무언가 부족하면 그것을 보상하려는 행동으로 관리학에서는 '보상효과'라고 부릅니다.

학교에서 수업하는 경우에도 마찬가지입니다. 권위가 있는 선생은 학생과 나이 차를 아랑곳하지 않고 학생을 친구라고 자랑합니다. 반면 권위가 부족한 선생은 호랑이 같은 얼굴로 탁자를 치며 이름을 부르고, 엄격하고 공평무사함을 보여주려고 합니다. 이러한 행동들은 다 보상효과에 속하는 것입니다. 여러분, 주의하십시오. 보상은 좋습니다만 지나쳐서는 안 됩니다. 성급하게 개인의 이미지를 세우려다 왕왕 과도한 보상행동으로 왜곡이 발생해 오히려 기대한 것과 정반대의 결과를 초래하기 십상입니다. 그러니 권위를 세우려 할 때는 불의 세기를 조절하는 것이 매우 중요합니다.

조조는 관청을 새로 단장하고 오색봉을 만들어 권위를 세우려 했지만 여전히 불의 세기가 충분하지 않다고 생각해 세 번째 불을 지폈습니다. 바로 규율을 위반한 사람을 죽여 권위를 세우는 것이었습니다. 태평성대에는 예교를 중시하지만 천하 대란이 일어나면 잔인한 수단을 쓰기도 합니다. '난세를 다스리려면 잔인한 수단을 쓸 수밖에 없다'라는 생각이 어린 조조의 마음속에 일찍부터 뿌리를 내리고 있었던 것입니다.

당시 낙양성은 야간 통금을 실시해 밤에는 마음대로 돌아다니지 못하게 되어 있었습니다. 어느 날 저녁, 조조가 오색봉을 든 부하들을 이끌고 거리를 순찰하고 있을 때 홀연히 멀지 않은 곳에서 사람의 그림자가 순찰대 쪽을 향해 오고 있는 것을 보았습니다. 자세히 보니 흐트러진 옷차림에 신체 건강한 건달이 술 냄새를 풍기며 비틀거리고 있었습니다. 조조는 큰소리로 외쳤습니다.

"도대체 누가 통금을 위반한 것이냐? 국법이 무섭지 않느냐?"

보통 사람이 이 말을 들었다면 놀라서 바로 달아났을 것입니다. 그런데 뜻밖에도 그는 달아나지도 않고 오히려 멈추어 도발적인 자세로 조조를 향해 말했습니다.

"네가 뭐길래 상관하느냐?"

조조는 화가 머리끝까지 올라 곧바로 그를 체포하고는 "이놈에게 몽둥이맛을 좀 보여주어라"고 명령했습니다. 그러나 상대가 큰 소리로 한마디 하자 막 오색봉으로 내려치려던 수하들이 모두 오색봉을 다시 내려놓고는 아무도 감히 손을 쓰려고 하지 않았습니다. 그가 했던 말은 무엇이었을까요? 그는 "멈추어라. 나는 건석蹇碩의 숙부 되는 사람이다"라고 소리쳤습니다.

사람들은 건석이라는 이름을 듣자마자 곤혹스러워했습니다. 건석은 당시 낙양에 사는 사람이라면 모르는 자가 없을 정도로 유명한 황제의 측근이었습니다. 본래 환관의 세력이 크기도 했지만 건석은 그 환관 가운데에서도 가장 세력이 큰 인물이었습니다. 황제는 그의 말이라면 다 따를 정도로 총애했습니다. 그런 그에게 죄를 짓게 되면 죽는 것이나 다름없었습니다. 게다가 모두 알고 있듯이 조조 또한 환관집안 출신으로 조조의 조부인 조등은 다섯 명의 황제를 모신 대환관이었습니다. 자기편끼리는 싸우지 않는 것이 불문율이라 모두들 손을 멈추었던 것입니다.

아래로는 사람을 얻고
위로는 권위를 세운다

이 젊은 도령이 바로 자기편과 싸움을 할 것이라고는 아무도 예상치 못했습니다. 그러나 조조가 가장 싫어했던 것이 바로 '환관'이라는 두 글자로 자신과 친한 척하는 것이었습니다. 그는 처음부터 조조에게 관계를 앞세워 "듣자 하니 당신의 할아버지가 태감이라더군. 이건 비밀인데, 내 조카도 마찬가지네!"라고 말한 것이었습니다. 사건은 여기서 시작되었습니다.

   인간관계의 기본원칙은 '서로 허물없이 지내는 것은 좋지만 결코 단점을 드러내며 다가가서는 안 된다'는 것입니다. 앞서 언급했듯이 조조는 청류라고 자처하고 있었습니다. 그래서 누군가 그의 출신을 언급하는 것을 가장 싫어했습니다. 공교롭게도 건석의 숙부가 환관의 신분을 들먹이며 거드름을 피우자 조조의 모질고 고집스러운 성미가 폭발했습니다. 횃불에 비친 조조의 눈동자에 순간 섬뜩한 빛이 어리더니 입에서 "죽어라!"라는 한마디가 터져 나왔습니다. 커다란 몽둥이로 한 번 내리치자 건숙의 숙부는 피범벅

이 되어 일순간에 황천길로 가고 말았습니다.

새로 부임한 리더가 권위를 세우는 기본기교는 "아랫사람은 친하게 대해 사람을 얻고, 윗사람은 벌해 권위를 세우는 것[親下得人, 罰上立威]"입니다. 말단의 직원들과 친밀하게 지내면서 인심을 얻고, 권력을 쥐고 있는 사람을 향해서는 탁자를 내리치며 엄격하게 대하면 영향력을 증가시킬 수 있습니다. 새로 부임한 리더가 첫날 수위 아저씨와 맥주를 마시며 한가한 잡담을 나누다 둘째 날 회의가 시작되자 중간 간부를 꾸짖는 경우가 있습니다. 이렇게 하면 한순간에 권위가 생길 것입니다.

조조의 지혜

새로 부임한 리더가 권위를 세우는 기본기교는, 아래로는 친하게 대해 사람을 얻고, 위로는 벌해 권위를 세우는 것이다.

조조가 선택한 길은 바로 이런 노선이었습니다. 이 사건은 다음 날 낙양성 전체를 시끌벅적하게 만들었습니다. 환관의 손자가 환관의 숙부를 때려 죽인 사건은 어린 강아지가 큰 개를 물어 죽인 것과 다름없었습니다. 이상하게 생각한 사람도 있었고 재미있다고 생각한 사람도 있었습니다. 그러나 대부분은 잘했다며 갈채를 보냈습니다. "환관 끄나풀들은 평소 백성을 억압하고 온갖 못된 짓을 저질렀는데 정말 속이 시원하다!", "사람이 하는 일은 하늘이 보고 있어 악행에는 대가가 있게 마련이다", "술을 마시며 부정한 돈을 쓰면 종국에는 병이 난다"는 등 수많은 말이 돌아다녔습니다.

이렇게 환호하는 사람도 있었지만 곤혹스러워하는 사람도 있었습니다. 바로 조조의 아버지였습니다. 조숭은 아들이 그렇게 무모할 줄은 생각지도 못했습니다. 뜻밖에도 자기 진영의 사람을 때려죽였으니 앞으로 어떻게 자신의 울타리에 있는 사람들에게 설명하고 교류할 것인지에 대한 고민이 깊어졌습니다.

조숭은 '사적인 이익'이라는 작은 울타리만 생각했습니다. 하지만 조조의 머릿속에는 애초부터 그러한 생각이 없었습니다. 조조가 생각한 것은 원대한 정치적 포부였습니다. 건석의 숙부를 때려죽인 것은 세상 사람들에게 일종의 정치적 선언을 한 것이었습니다. 그는 불의한 집단과 명백한 선을 긋고 권위를 세웠던 것입니다. 자신의 출신과 작은 울타리에 속박받지 않고 멀리 내다보며 이상을 추구하는 것이야말로 조조가 새로 부임하며 기세등등하게 보여준 영웅적 기개였던 것입니다.

새로 부임한 관리가 묵은 폐단을 일소하는 것은 꼭 해야 하는 일이지만 반드시 적절한 방법과 기교가 함께해야 합니다. 그렇지 않으면 자신의 기세에 자신이 당할 수도 있습니다. 그렇다면 어떤 문제를 주의해야 할까요? 조조가 새로 부임하면서 치른 경험을 종합해 세 가지 요점을 강조하고자 합니다.

조조의 책략
새로 부임한 리더가 판의 흐름을 장악하는 법

첫 번째 책략 | 형세를 판단한 후 대담하게 돌파한다

환관집안이 보기에 조조의 영웅적 기개는, 작게는 세상 물정을 모르는 철부지의 지각없는 행동이었고, 크게는 내부인의 공공연한 도발이었습니다. 이 일로 사회는 떠들썩했고 관료사회는 충격을 받고 어수선했습니다. 조조는 유명세를 탄 대가를 치러야 했습니다. 이름을 날리고자 하는 조조의 목적은 달성되었으나 이로 인해 어떤 대가를 치러야 하는지에 대해 조조는 알지 못했습니다. 자신도 모르는 사이에 위험한 상황에 발을 내디뎠던 것입니다.

낙양 북부위는 쉽지 않은 직책이었습니다. 낙양은 당시 제국의 한 현이었지만 수도였습니다. 한의 제도에서 현에는 최고관리자 한 명과 승丞·위尉 두 명의 조수를 두었는데, 승은 민정과 재정을, 위는 군사와 치안을 책임졌습니다. 조조는 낙양의 위 가운데 하나인 북부지역의 치안을 책임지는 역할을 맡았던 것입니다. 낙양은 한나라의 심장에 해당되는 수도로, 함부로 건드릴 수 없는 고위관리와 권문세족으로 가득한 곳이었습니다. 그렇기 때문에 수도지역의 치안을 유지하기 위해 특별한 사람이 필요했던 것입니다. 근본이 깊고 배경이 든든하며 요령이 있어 머리가 빨리 돌아가고, 냉혹하면서도 그릇된 것을 믿지 않는 사람이어야 낙양의 질서를 바로잡을 수 있었습니다. 이는 재주보다는 자격이 필요한 직위로, 이런 점에서 조조에게 딱 알맞은 직책이었습니다.

처음 조조는 뛰어난 재주를 발휘해 착실하게 관리업무를 수행해 냈습니다. 직을 맡자마자 바로 금령을 공표하고 기율을 엄숙히 했으며 관청 밖에 오색봉을 진열해 사전에 미리 경고를 했던 것입니다.

관리자가 냉정하게 법을 집행하기 위해서는 네 가지 기본원칙이 필요합니다. 미리 경고하고, 시기적절하게 집행하며, 누구에게나 평등하게 적용하고, 법과 관련성 있는 일만 처리하는 것이 그것입니다. 관리학에는 이와 관련된 '스토브 원리'라는 유명한 비유가 있습니다.

조조의 지혜
관리자가 냉정하게 법을 집행하려면 미리 경고하고, 시기적절하게 집행하며, 누구에게나 평등하게 적용하고, 법과 관련성 있는 일만 처리하는 것이 원칙이다.

징벌 시스템을 구축하는 것은 집안에 아주 뜨거운 난로를 놓는 것과 흡사합니다. 난로는 사람에게 화상을 입힐 수 있습니다. 난로가 화상을 입히려면 몇 가지 원칙에 부합해야 합니다. 첫 번째는 '경보원칙'입니다. 난로가 화상을 입히기 전에 가장 먼저 사람들에게 뜨거운 곳에 가지 말라고 경고하는 것입니다. 조조가 오색봉을 관청 앞에 걸어놓았던 이유는 미리 경고를 하기 위한 것이었습니다. 두 번째는 '평등원칙'입니다. 난로를 만지는 사람은 누구나, 부자든 권력자든 차별하지 않고 화상을 입게 하는 것입니다. 이 징벌체제는 아무도 차별하지 않아야 합니다. 세 번째는 '적시원칙'입니다. 난로를 만진 지 반년이 지난 후 물집이 생긴다면 그 난로는 요술난로일 것입니다. 일을 처리할 때 "사흘 안에 상황을 정리하고, 일주일 안에 결과를 낸다"고 하는 것처럼 적시에 법을 적용하는 것이 원칙입니다. 마지막으로 '상관원칙'은 불을 쬐러 난로에 온 사람만 데게 하는 것입니다. 이는 잘못된 행위를 저지른 사람이 책임을 지는 것을 뜻합니다.

조조는 이 네 가지 사항을 모두 실행했습니다. 법에 따라 행하고 이치와 근거를 따져 빈틈없이 꼼꼼하게 처리한 것은 모두 본분에

속하는 것이었습니다. 이는 효과도 좋았습니다.《삼국지》에 "수도에 근신하고 감히 법을 어기는 자가 없었다"고 기록되어 있는 것을 보아 수도의 치안상황을 개선하는 데 확실한 역할을 했던 것입니다. 이런 상황이니 조조를 몹시 미워하는 사람들마저 일시적으로 조조를 모함할 근거를 찾지 못했습니다.

조조의 능력을 분석했으니 이제 조조의 밑천을 분석해보겠습니다. 첫째, 큰 나무에 기대야 서늘한 바람을 쐴 수 있듯이 조조에게는 든든한 배경이 있었습니다. 조등은 황제가 신임하던 환관으로 장장 30여 년 동안 대대로 안제·순제順帝·충제冲帝·질제質帝·환제 등 다섯 명의 황제를 모셨습니다. 황제의 신임과 총애를 듬뿍 받아 음식상사飮食賞賜(황제가 내리는 하사품) 모두 뭇사람과 달랐습니다. 특히 환제가 황위에 오른 것은 조등의 기획에 의한 것이었습니다. 조조의 부친 조숭 또한 태위와 같은 높은 관직을 역임했으니 조조는 일반인이 감히 마주할 수 없을 정도로 배경이 든든했습니다.

둘째, 당시 조정에는 조씨집안에 호의적인 사람이 많았습니다. 조등은 일반 환관과 다른 점이 있었습니다. 그는 다른 환관들처럼 관료와 선비를 모조리 배척하는 태도를 취하지 않고, 오히려 조심스럽게 재덕을 겸비한 인사들을 추천했습니다. 그래서 조씨집안은 자신을 지지해줄 울타리를 얻게 되었던 것입니다. 물론 그중에는 은혜에 감사하는 사람도 있었고, 조씨의 권력에 빌붙어 아부하는 사람도 있었으며, 공동의 이익을 추구하는 사람도 있었을 것입니다. 아무튼 이 조직이 아주 방대해져 조정에서 하나의 세력을 형성하게 되었습니다. 조조는 앞장서서 혼자 고군분투한 것만은 아니었습니다. 그는 여러 사람에게 지원을 받아 골대를 향해 마지막으로 숯을 날리는 사람이었던 것입니다. 예를 들면 조조를 낙양 북부위로 추천한 사람은 당시 낙양령 사마방司馬防이었습니다. 사마방은 하남 온현 사람으로 사마의의 부친이었습니다. 권력이란 세력에 기대어 지탱되는 것입니다. 당시 조씨는 세력이 크고 영향력 또한 넓었습니다.

> **사마방**(149~219)
> 자는 건공建公이며, 하남河南 온현溫縣 사람이다. 그의 부친 사마준司馬儁은 동한 영천潁川의 태수였다. 동한 환제 건화 3년(139)에 태어나 동한 헌제獻帝 건안建安 24년(219)에 일흔하나의 나이로 세상을 떠났다. 슬하에는 여덟 명의 아들을 두었는데, 그들이 유명한 사마팔달司馬八達로 사마의는 그 가운데 둘째 아들이었다.

이런 점에서 보면 조조는 낙양 북부위로 임명되기 전에 자신을 둘러싼 형세를 기본적으로 판단하고 있었음을 알 수 있습니다. 준비되지 않은 싸움은 하지 않는 것이 그의 특성이었습니다. 그래서 오색봉 살인은 어린 조조가 경솔하게 저지른 것이 아니라 형세를 판단한 후에 자신의 앞길을 향해 대담하게 돌파했던 행동이라 할 수 있습니다.

형세를 변화·발전시키려면 선뜻 나서서 위급한 상황을 전환해야 할 때가 필요합니다. 담이 큰 사람은 관망하고 담이 작은 사람은 위축되어 물러나게 마련인데, 과감하게 선뜻 나선 조조의 용기와 기백은 정말 탄복할 만합니다.

하지만 조조는 아직 젊었고, 그는 정치투쟁의 복잡성을 충분히 예측하지 못했습니다.《삼국지》에 따르면, 오색봉으로 세도가를 죽인 조조에게 아무런 꼬투리를 잡지 못한 총신들은, 오히려 조조의 재능을 칭찬하며 그를 돈구령頓丘令으로 승진시켰습니다. 이는 겉으로는 승진한 것처럼 보이나 실제로는 좌천이었습니다. 조조가 우쭐거리며 정신을 차리기도 전에 수도 밖으로 나가라는 전출명령이 떨어졌던 것입니다.

조조의 첫 번째 꿈은 '청렴한 관리'가 되어 백성을 위해 천하의 간적을 제거하는 것이었지만 얼마 지나지 않아 그 꿈은 도중에 요절하고 말았습니다. 돈구로 가는 길에서 조조는 자신을 위로하며 다시 활기를 찾았습니다. 그는 실현하지 못한 꿈을 돈구에서 현실로 만들 결심을 했습니다.

'누군가를 행복하게 하는 관리가 되기 위해서는 재능을 펼칠 천지만 있으면 된 것 아니냐! 낙양에서 하지 못했다면 돈구에서 백성을 위해 일해보자!'

하지만 그의 처음 생각과는 다르게 더 큰 정치적 폭풍이 조용하지만 가깝게 다가오기 시작했습니다.

두 번째 책략 | 비평은 조직을 성세로 이끈다

광화 원년(178), 조정에서는 엄청난 일이 발생했습니다. 한 영제의 부인이던 송황후宋皇后가 당시 권력을 잡고 있던 환관 왕보王甫의 무함을 받아 냉궁에서 죽은 것이었습니다. 황실의 가노家奴인 환관이 황제와 황후 부부 사이를 이간했을 뿐 아니라 황제를 종용해 황후를 외롭게 죽게 한, 생각할 수 없는 일이 일어났던 것입니다. 오늘날 관점에서 보면 가정에 침입한 외부인의 이간질로 남편이 아내를 죽이게 된 것입니다. 사실 이런 사건이 발생하면 이간질한 사람이 아니라 멍청한 남편을 가장 미워해야 합니다. 조직이나 국가는 간사한 소인배의 출현이 두려운 것이 아니라 우둔한 지도자가 출현하는 것이 두려운 법입니다. "병사는 한곳만을 불태우지만 장수는 굴 전체를 불태운다"는 말은 바로 이를 두고 한 말입니다.

우둔한 한 영제는 자기편을 고통스럽게 해 적을 기쁘게 만드는 일을 저질렀습니다. 간사한 참언만을 듣고 자신의 부인을 죽였던 것입니다. 동시에 황후의 가족들을 연루시켜 황후의 부친 송풍宋酆, 오빠 송기宋奇도 함께 살해되었습니다. 한집안이 모두 죽임을 당해 시신을 수습할 사람이 없자, 송씨 일가가 무고하게 죽은 일에 대한 양심과 정의감, 연민을 느낀 후궁의 태감들이 황후 일가를 고향에 보내 장사를 지내게 할 정도였습니다.

이번 사건은 직접적으로 조조가 경력을 쌓아가는 데 큰 영향을 끼쳤습니다. 사촌누이가 송기에게 시집을 갔기 때문에 조조와 송 황후는 친척이었습니다. 결국 조조는 이 사건과 연루되어 돈구령의 관직에서 면직되고 고향으로 돌아가야 했습니다.

조조의 첫 관직생활은 떠들썩하게 시작했으나 아주 쓸쓸하게 끝나고 말았습니다. 그는 풀이 죽은 상태로 고향인 초군譙郡으로 돌아와 문을 걸어 잠그고 독서로 시간을 보냈습니다. 무정하고도 잔혹한 현실이 막 스무 살이 된 조조의 기를 꺾었던 것입니다. 이 일은 조조로 하여금 눈앞의 국가와 정부를 다시 한 번 생각하게 하고, 자신이 나가야 할 길을 돌아보게 했습니다. 이상은 뜨거웠지만 현실은 차디찼습니다.

젊은 사람이라면 모두 환상이 사라졌다가 다시 돌아오는 성장의 과정을 겪곤 합니다. 어린 시절에는 많은 동화와 아름다운 이야기를 듣고는 좋은 사람과 나쁜 사람이라는 이분법으로 세상을 대합니다. 그러다가 사회에 발을 내딛게 되면 현실은 근본적으로 동화 속에서 말한 것처럼 아름답지 않고 세상에는 수많은 불만족과 어찌할 수 없는 것이 있음을 깨닫게 됩니다. 그리하여 환상은 모두 사리지고 기가 꺾이게 됩니다. 하지만 이렇게 상처를 받으면서 점점 세상을 배우고 하나하나 경험을 축적하면 어린 시절의 동화를 버리고 다시 한 번 세상을 새롭게 인식하고 건실한 신념으로 이상을 추구하게 됩니다. 이런 과정이 가능한 일찍 완성될수록 개인의 성취도 더욱 커질 수 있는 것입니다.

　스무 살의 조조가 겪은 일이 바로 이런 고통스러운 변화의 과정이었습니다. 고향에서 칩거하던 시간 동안 조조는 국가대사를 주시하는 것 외에 또 다른 중요한 일을 했는데, 그것은 바로 변씨卞氏(변왕후)에게 장가간 것이었습니다. 변씨는 조조의 일생에서 두 번째 여자였습니다. 그녀는 노래하는 여자[歌女]로 용모가 뛰어났을 뿐 아니라 똑똑하기까지 했습니다. 청년 조조가 가장 번민하며 방황하던 시절에 변씨의 출현은 한줄기 따뜻한 햇살처럼 무한한 온기를 가져다주었습니다. 그뿐 아니라 변씨는 자신의 방식으로 조위曹魏 정권 내지 중국역사의 발전에 영향을 끼쳤습니다. 조비·조창·조식이라는 세 명의 특출한 아들을 낳았던 것입니다.

　조조가 고향에서 한가로이 지내는 것도 오래가지 않았습니다. 그는 다시 한 번 의랑議郞으로 제수되었습니다. 이 직책은 일종의 고문에 해당하는 관직으로, 구체적인 일은 없고 전문적으로 황제에게 상소를 올리는 책임과 권한이 주어지는 것이었습니다. 청렴한 관리가 될 수 없는 현실을 겪고 난 그는 자신의 두 번째 직업적 이상을 품기 시작했습니다. 바로 정의의 화신이 되어 사냥개처럼 사악함과 불공정을 향해

변왕후(160~230)

낭야琅邪 개양開陽 사람이며 조비·조창·조식·조웅曹熊의 모친이다. 한나라 때 전문적으로 음악과 가무에 종사한 집안의 출신이다. 스무 살 때 조조의 첩이 되었고, 건안 원년(196), 조조의 본처인 정부인이 쫓겨나자 본처가 되었다. 용모가 출중하고 성격이 온화했으며 개인수양이 잘되어 있었다. 사료에 따르면 변왕후는 군을 따라 원정을 나갈 때 백발이 성성한 노인을 만나면 반드시 멈추어 안부를 묻고는 비단을 하사한 뒤 부모를 생각하며 "아, 내 부모가 이 세상에 없는 것이 한이구나!"라며 눈물을 흘렸다고 한다.

조식(192~232)

자는 자건子建이고, 조조의 아들이다. 일찍부터 조숙했고 문재文才가 있었다. 시인이며 문학가로 건안문학을 대표하는 인물이다. 후인들은 그의 문학상의 성취를 기려 그와 조조·조비를 '삼조三曹'로 불렀다.

미친 듯이 짖어대는 것이었습니다.

《삼국지》에 기재된 바에 따르면, 당시 조정에서 기층 간부의 심사를 주관하던 삼공이 환관과 결탁해 권력으로 사리사욕을 채우고 현량賢良들을 공격했습니다. 환관의 배경이 있는 사람들에게 일률적으로 높은 고과점수를 주어 파격적인 발탁을 했지만, 환관의 배경이 없던 사람에게는 벌금을 부과하고 벌금을 내지 않는 자는 모두 그만두게 했습니다. 오늘날의 관점에서 보면 당시는 암흑의 시대였습니다. 상급 심사위원 앞에서 하는 "우리 사촌이 태감입니다"라는 말 한마디에 즉시 우수한 점수를 받고 좋은 곳으로 발령이 났습니다. 만약 "우리 집안은 삼대가 농사꾼입니다"라고 한다면 바로 낙제를 당했습니다.

조조는 이런 추악한 행위를 극히 한스러워했습니다. 그는 즉시 황제에게 상소를 올려 문제를 제기했습니다. 상소를 올리자 천자는 느끼는 바가 있어 이를 삼부三府(한나라 때의 태위·사공·사도司徒의 관직에 설치된 부서)에 돌리고, 공경을 파직했으며, 누명을 쓴 관리들을 모두 복직시켰습니다. 이번 상소는 표면적으로 보면 그동안 인사에서 피해를 본 사람들을 안전하게 지키고 잘못을 바로잡아 정의가 신장된 것처럼 보였지만, 사정은 결코 간단하지 않았습니다.

여기서 한번 탐구해볼 필요가 있습니다. 조직에 정상적이지 않은 현상이 나타나면 어떻게 바로잡아야 할까요? 기업을 관리하다 보면 아랫사람이 잘못을 저지르는 경우가 종종 있는데, 그러한 잘못을 어떤 상황에서 진정으로 바로잡을 수 있을까요? 아주 간단합니다. 아무 때나 주요 책임자를 조사해 색출하고 주요 책임자가 책임을 지게 하면 진정으로 바로잡을 수 있습니다.

예를 들어보겠습니다. 현장에 필요한 설비가 때맞추어 도착하지 않았는데 대형행사가 시작되기 바로 전에 문제가 드러났습니다. 그때 제때에 설비를 도착하게끔 각 방면에서 공동으로 힘써 행사가 계획대로 진행되었다면 이것으로 문제가 해결되었다고 볼 수 있을까요, 그렇지 않다고 할 수 있을까요? 해결되었다고 할 수 없다는 것이 답입니다. 행사를 예정대로 진행하는 동시에 반드시 누구의 문제로 설비가 제때 도착하지 않았는지 분명히 하고 책임자가 책임을 지고 비판할 일은 비판해야 문제가 해결되었다고 할 수 있는 것입니다.

동한 정부의 관리능력이 어떠했는지 한번 살펴봅시다. 수많은 청렴한 지방관이 불공정한 대우를 받고 영문도 모르고 직무에서 물러났습니다. 이어 누군가가 문제를 지적한 비밀 보고서를 쓰자 또 영문도 모르고 복직되었습니다. 전체 사건은 중간에 흐지부지되고 아무도 책임을 지는 사람이 없다면 문제는 누구로부터 만들어진 것일까요? 어떤 원인이 문제를 만든 것일까요? 아무도 이를 따지지 않았던 것입니다. 이런 관리는 아이들 장난과 같은 것이었습니다!

문제가 생기면 사건의 시시비비를 가리는 관리태도가 바람직합니다. 담당자가 "미안합니다. 우리가 잘못했습니다. 머리를 숙이고 이번 이후 다시는 그런 일이 없을 것입니다"라고 하면 되는 것일까요? 그렇지 않습니다. 반드시 왜 잘못을 저질렀고, 어떤 원인으로 그렇게 되었는지, 누가 책임자인지를 분명히 하고, 책임자가 나서서 조사하고 다시는 잘못을 저지르지 않을 것을 보증해야 비로소 문제가 해결되었다고 할 수 있는 것입니다.

조조가 상소를 올린 이 사건에서 우리는 동한 정부의 부패와 무능을 분명하게 목격할 수 있습니다. 윗물이 흐리면 아랫물도 흐린 법입니다. 조조는 이런 현상을 눈으로 목격하자 마음속으로는 화가 났지만, 당시에는 자신이 응당 누구랑 싸워야 하고 어떤 방법으로 싸워야 할지를 분명하게 알지 못했습니다.

분명하게 문제를 목격하고도 해결방법을 찾지 못한 이번 일은 젊은 조조가 처음 조직에 들어가 겪었던 가장 괴로운 일이었습니다. 이렇게 조조가 괴로워할 때 다시 한 번 그의 신변에 위험이 닥쳐왔습니다. 조조와 함께 상소를 올려 부패를 파헤친 사도 진탐陳耽이 환관의 모함으로 옥중에서 사망했던 것입니다. 조조는 또 한 번 요행히 위험에서 벗어났지만 이후 더는 황제에게 어떤 새로운 의견이나 상소를 올리지 않았습니다.

왜 그랬을까요? 일을 완벽하게 처리해서 더는 제기할 문제점이 없어서였을까요? 당연히 그렇지 않았습니다. 세상에는 완전무결하고 아름답기만 한 일은 존재하지 않습니다. 항상 개선해야 할 곳이 있게 마련입니다.

만약 사업에 대해 아무도 문제점을 지적하지 않거나 지도자에게 아무도 의견을 내지 않는다면, 이런 상황은 실망과 절망일 뿐입니다. 리더에게는 실망이고 사업에 대해서는 절망일 뿐입니다. 진정한 애정은 의견을 내고 건의를 하는 것입니다. 진정 애정이 없는데 누가 쓸데없이 여러 말을 하겠습니까?

애정과 미움은 사실 동일한 것입니다. 만약 여자아이가 당신에게 "미워"라고 말한다면 그 말은 "사랑해"라는 말과 같은 뜻이라 할 수 있습니다. 애정이 있어야 절절하게 따지고 강직하게 의견을 제시할 수 있습니다. 기억해야 할 것은 강직하게 의견을 내고 건의하는 사람들에게 감사하고, 그들의 사업에 대한 충성에 감사하고, 그들의 애정에 감사해야 한다는 점입니다.

어떤 경우에 의견을 내는 사람이 없을까요? 모두가 실망하고, 사업에 대한 애정 없이 마음속으로 "애정? 그런 것은 나와 상관없어"라고 생각할 경우입니다. 그때는 어떤 의견이나 건의가 있을 수 없습니다. 당唐 태종太宗 이세민李世民은 다른 의견을 잘 듣는 능력으로 당나라의 성세를 이룰 수 있었고, 상商나라 주紂왕과 한 영제는 다른 의견을 듣지 못해 나라를 잃었던 것입니다.

만약 사장이 한 달 내내 아무런 의견이나 건의를 듣지 못하거나, 회의에서 아무도 다른 의견을 제기하지 않는다면 이는 정상이 아닙니다. 만장일치의 방안은 종종 속임수이거나 편견일 뿐이고 다른 목소리가 있어야 정상이라 할 수 있습니다. 믿을 수 있는 사업은 각 방면의 의견을 참고해야 하고, 뛰어난 리더는 다른 목소리를 경청해야 합니다.

조조의 지혜

만장일치는 속임수이거나 편견일 뿐이다. 다른 목소리가 있어야 정상이라 할 수 있다. 믿을 만한 사업은 각 방면의 의견을 참고해야 하고, 뛰어난 리더는 다른 목소리를 경청해야 한다.

여기서 다른 사람의 비평을 듣는 경지에 대해 이야기해보겠습니다. 먼저 비평을 들으면 기쁜 마음이 들고, 맞지 않은 말이라면 참고만 하고 맞는 말이라면 바로 개선하는 사람은 성인입니다. 두 번째,

비평을 들으면 기쁘지는 않지만 마음을 비우고 고치기 위해 노력하는 사람은 고인高人입니다. 세 번째, 비평을 듣고 마음이 불편해지고 듣고서도 아무런 개선도 하지 않으며 머리만 아픈 사람은 평범한 사람입니다. 네 번째, 비평을 듣자마자 화가 머리끝까지 치밀지만 웃음 속에 칼을 감추고 보복할 생각을 하는 사람은 악인입니다. 악인이 최종적으로 해를 끼치는 사람은 남이 아니라 바로 자기 자신과 자신의 사업입니다.

동한 말년, 악인과 간신이 정권을 장악하고 있어 좋은 의견을 내도 쳐다보기는커녕 오히려 화를 입을 수 있음을 깨달은 조조는 이후 수수방관하며 더는 발언하지 않기로 결심했습니다.

조직행동학에는 간단한 결론이 있습니다. 한 조직에서 사업의욕과 정의감에 넘치던 사람이 수수방관하며 회의에 참여하지 않거나 의견을 내놓지도 않고 실망에 절망을 더하는 지경에 이른다면 그런 조직이 망할 날은 멀지 않았다는 것입니다. 동한 말년이 바로 이런 상황이었습니다.

청렴한 관리가 되는 일을 이루지 못했고 간사한 무리를 향해 정의를 바로잡는 사냥개 또한 되지 못한 조조는 앞길이 막막했습니다. 조조가 방향을 찾지 못하고 당혹감에 빠져 있을 때 새로운 시험이 다시 다가왔습니다.

세 번째 책략 | 눈앞의 상황이 아닌 큰 흐름을 본다

중평中平 원년(184) 봄, 하남과 하북河北을 중심으로 격렬한 황건적黃巾賊의 난이 일어났습니다. 그때 다시 한 번 기용된 조조는 기도위騎都尉의 직무를 맡아 5,000명의 철기병을 거느리고 유명한 장사長社

전역에 참가해 이름을 날렸습니다. 역사는 다시 한 번 조조에게 기회를 주었습니다. 《자치통감資治通鑑》은 당시의 싸움에 대해 다음과 같이 기록하고 있습니다.

> 황건적이 황보숭皇甫嵩을 장사에서 포위했다. 황보숭의 병사는 수가 적어 군사들 모두가 두려워했다. 황건적은 짚을 엮어 영채를 만들었는데 때마침 큰 바람이 일었다. 황보숭이 명령을 내려 횃불을 들고 성에 오르게 하고 날랜 병사에게 포위를 뚫고 적진에 뛰어들어 함성을 지르며 적의 영채를 불태우게 하고, 성 위에서는 횃불을 들고 이에 호응하게 했다. 황보숭이 대군을 이끌고 북을 울리며 성을 나와 출격하니 적들이 놀라 흩어지며 달아났다. 기도위 패국 사람 조조가 병사를 이끌고 때마침 도착했다. 5월, 황보숭과 조조는 주준朱儁과 연합해 다시 황건적과 싸워 크게 대파하고 수만의 수급을 베었다.

이 전투에서 세운 공적으로 이후 조조는 제남지방의 행정장관인 제남상濟南相으로 임명되었습니다. 20대의 조조가 한 지방을 다스리는 고위관리로 올랐던 것입니다. 난세에 영웅이 나오고, 재난은 항상 생각하지도 못한 기회를 준다고 합니다.

조조는 어떻게 제남지방을 다스렸을까요? 《삼국지》〈위서魏書〉에는 "장리長吏들이 귀족과 권세가에 빌붙어 뇌물을 받고 직책을 파는 일이 횡행했으나, 이전의 상相들은 이를 바로잡지 못했다. 조조가 온 후 그 가운데 여덟 명을 파직하니, 간사하고 사악한 자들이 다른 군으로 달아나 자취를 감추고 정교政敎가 크게 행해져 제남의 질서가 비로소 안정되었다"고 기록하고 있습니다.

조조는 부임하자마자 부패문제에 초점을 맞추어 단호한 조치를 취했습니다. 압박이 커지자 문제가 있던 많은 간부가 다른 군으로 도망가기에 이르렀습니다. 지도자가 조직을 이끌 때 제일 먼저 하는 일은 간부를 휘어잡는 것에서 시작됩니다. 이는 예나 지금이나 기본입니다.

여기서 "리더가 조직의 간부를 어떻게 대할 것인가"라는 문제를 살펴보겠습니다. 이와 관련된 고사가 있습니다. 춘추시대 제齊나라 재상 관중管仲이 병이 들었습니다. 제 환공桓公은 포숙아鮑叔牙를 임용해 관중을 대신하려 했습니다. 포숙아는 관중의 가장 친한 친구이면서 관중의 은인이었습니다. 그런데 뜻밖에도 관중은 포숙아를 임명하는 것에 단호히 반대했습니다. 그의 단호함에 제 환공조차 놀랐습니다.

사실 개인적인 감정, 사사로운 이익으로 보면 포숙아를 추천하는 것이 개인적으로는 이기적일 수 있고, 친구와의 의리로 볼 때는 친구의 소원을 들어주는 것이며, 크게 볼 때는 천하에 이름을 떨치는 것이었습니다. 하지만 관중은 그렇게 하지 않았습니다. 그는 더 높은 위치에 있었기 때문입니다. 그는 제 환공에게 비록 포숙아가 좋은 친구이고, 그가 자신에게 큰 은혜를 베풀었지만 일(업무)의 관점에서 보면 포숙아에게는 그럴 만한 능력이 없고, 뭇 사람들의 눈으로 보아도 포숙아에게는 그런 포부가 없다고 말했습니다. 설령 오랜 친구를 저버리고 세상 사람들 앞에서 배은망덕한 사람이라는 오명을 쓰더라도 그를 재상으로 지지할 수 없다는 대답이었습니다. 그렇지 않다면 세상과 사업에 미안한 일이라는 것이었습니다.

관중은 사업과 백성의 관점에서 간부를 보았지 개인의 감정과 사사로운 이익의 관점에서 보지 않았습니다.

이른바 "공적인 일을 하려면 개인감정을 섞어 일을 하지 말아야 하고, 청렴하게 일을 하려면 개인의 사리를 섞지 말아야 한다[公生明, 廉生威]"는 것입니다. 이것이 리더가 지녀야 할 태도로 '소아小我'를 내던지고 '대아大我'의 관점에서 간부를 보아야 한다는 것입니다.

조조의 지혜

공적인 일을 하려면 개인감정을 섞어 일을 하지 말아야 하고, 청렴하게 일을 하려면 개인의 사리를 섞지 말아야 한다. 리더는 '소아'를 내던지고 '대아'의 관점에서 간부를 보아야 한다.

간부조직을 정돈한 후 조조는 두 번째 일을 시작했습니다. 그것은 새로운 문화의 건설이었습니다. 사람을 변화시키려면 제도를 바꾸는 것에서 시작해야 하고, 제도를 바꾸려면 문화를 바꾸는 것을 기본으로 삼아야 합니다. 문화건설을 이야기하는 많은 기업가를 보았을 텐데, 볼 수도 만질 수도 없는 문화라는 것을 어떻게 건설한다는 말일까요? 사실은 아주 간단합니다. 한 구절만 기억하면 됩니다.

"정신의 내용을 구현하기 위해서는 구체적이고 실질적인 매개체가 있어야 한다."

문화건설은 현실에 발을 딛고 구체화되어야 하는데, 이를 위해서는 세 가지를 필요로 합니다. 하나는 의식, 두 번째는 이야기storytelling, 세 번째는 구호와 주장입니다. 예를 들어 엄격하고 진지하며 작은 일에도 신경을 쓰는 기업문화를 만들고자 한다면 모범이 되는 인물과 전형적인 이야기 사례, 그리고 특별한 표창행사나 보고회를 개최하고 낭랑하게 입에 잘 오르는 구호를 만들어야 합니다. 이것이 바로 문화를 건설하는 구체적인 방법입니다.

조조는 처음 제남지방에 아주 심각한 문화가 있음을 깨닫게 되었습니다. 당시 제남국의 사당 수는 600여 개로 음사淫祠(관의 허가를 받지 않은 제사)를 지내는 풍습이 크게 유행했습니다. 현지에서 사당을 지어 제사를 지내는 풍조가 성행하자, 첫째 헛되이 돈을 쓰고, 둘째 지방관원·지방세력가·무당이 제사를 이용해 백성에게 돈을 착취하고, 셋째 귀신사상이 범람해 정부의 권위가 내려가고 인심이 불안정해 백성이 안심하고 생산에 종사할 수 없었습니다. 그래서 국상으로 부임한 후 조조는 과감하게 과도한 제사를 금지하는 명령을 내렸습니다. 일거에 모든 사당을 부수고 제사를 금지시켜 음사를 지내는 일을 근절했습니다. 이런 조치는 광범한 지지를 얻고 백성의 마음을 후련하게 했습니다.

하지만 이러한 과감한 조치는 다시 한 번 세도가들의 눈에 거슬려 결국 조조는 부득이하게 근무지를 떠나 병을 핑계로 고향으로 돌아가야 했습니다. "곤궁해지면 홀로 자신의 몸을 선하게 하고, 잘 되면 겸해서 천하를 선하게 한다[窮則獨善其身 達則兼善天下]"는 맹자의 말처럼, 조조는 고향 초군에서 성 밖에 집을 지어 봄과 여름에는 책을 읽고 가을과 겨울에는 사냥을 하는 것을 오락으로 삼았습니다[築室城外, 春夏習讀書傳, 秋冬弋獵, 以自娛樂].

175년 낙양 북부위가 된 이후 185년 조조가 관직을 내놓고 고향으로 돌아오기까지, 10년의 세월 동안 조조는 치안을 관할하는 북부위, 상소를 올리는 의랑, 병사를 거느린 기도위, 지방을 다스리는 제남상을 역임하면서 줄기차게 자신의 업무에 최선을 다한 결과 눈에 띄는 효과를 거두긴 했지만 매번 부득이하게 사직해야 했습니다. 정말 "일을 잘할수록 오히려 모호한 길을 간다"는 말이 맞는가봅니다.

청렴한 관리가 되지 못했고, 싸움의 신도 되지 못했으며, 지방관도 되지 못했으니 세 번 나가 세 번 떨어진 벼슬길은 조조의 환상을 산산히 조각내고 마침내 꿈속에서 깨어나게 했습니다. 그는 "실력이 있어야 발언권이 있다"는 이치를 분명히 깨닫게 되었고, 세도가의 추악한 얼굴을 분명히 보게 되었습니다. 그가 잠시 참고 견디면서 몸을 보전한 것에는 재기의 결심과 더 큰 정치적 포부가 있었습니다. 이 "물러감으로써 나아가게 한다"는 이퇴위진以退爲進 전략으로 조조는 일단 한 걸음 물러나 눈앞의 재난을 피하면서 힘을 축적하며 기회를 기다리고 있었습니다.

조조는 도대체 어떤 기회를 기다리고 있었을까요? 그는 또 어떻게 그 기회를 붙잡았을까요?

이 되는 인물과 전형적인 이야기 사례, 그리고 특별한 표창행사나 보고회를 개최하고 낭랑하게 입에 잘 오르는 구호를 만들어야 합니다. 이것이 바로 문화를 건설하는 구체적인 방법입니다.

조조는 처음 제남지방에 아주 심각한 문화가 있음을 깨닫게 되었습니다. 당시 제남국의 사당 수는 600여 개로 음사淫祠(관의 허가를 받지 않은 제사)를 지내는 풍습이 크게 유행했습니다. 현지에서 사당을 지어 제사를 지내는 풍조가 성행하자, 첫째 헛되이 돈을 쓰고, 둘째 지방관원·지방세력가·무당이 제사를 이용해 백성에게 돈을 착취하고, 셋째 귀신사상이 범람해 정부의 권위가 내려가고 인심이 불안정해 백성이 안심하고 생산에 종사할 수 없었습니다. 그래서 국상으로 부임한 후 조조는 과감하게 과도한 제사를 금지하는 명령을 내렸습니다. 일거에 모든 사당을 부수고 제사를 금지시켜 음사를 지내는 일을 근절했습니다. 이런 조치는 광범한 지지를 얻고 백성의 마음을 후련하게 했습니다.

하지만 이러한 과감한 조치는 다시 한 번 세도가들의 눈에 거슬려 결국 조조는 부득이하게 근무지를 떠나 병을 핑계로 고향으로 돌아가야 했습니다. "곤궁해지면 홀로 자신의 몸을 선하게 하고, 잘 되면 겸해서 천하를 선하게 한다[窮則獨善其身 達則兼善天下]"는 맹자의 말처럼, 조조는 고향 초군에서 성 밖에 집을 지어 봄과 여름에는 책을 읽고 가을과 겨울에는 사냥을 하는 것을 오락으로 삼았습니다 [築室城外, 春夏習讀書傳, 秋冬弋獵, 以自娛樂].

175년 낙양 북부위가 된 이후 185년 조조가 관직을 내놓고 고향으로 돌아오기까지, 10년의 세월 동안 조조는 치안을 관할하는 북부위, 상소를 올리는 의랑, 병사를 거느린 기도위, 지방을 다스리는 제남상을 역임하면서 줄기차게 자신의 업무에 최선을 다한 결과 눈에 띄는 효과를 거두긴 했지만 매번 부득이하게 사직해야 했습니다. 정말 "일을 잘할수록 오히려 모호한 길을 간다"는 말이 맞는가봅니다.

청렴한 관리가 되지 못했고, 싸움의 신도 되지 못했으며, 지방관도 되지 못했으니 세 번 나가 세 번 떨어진 벼슬길은 조조의 환상을 산산히 조각내고 마침내 꿈속에서 깨어나게 했습니다. 그는 "실력이 있어야 발언권이 있다"는 이치를 분명히 깨닫게 되었고, 세도가의 추악한 얼굴을 분명히 보게 되었습니다. 그가 잠시 참고 견디면서 몸을 보전한 것에는 재기의 결심과 더 큰 정치적 포부가 있었습니다. 이 "물러감으로써 나아가게 한다"는 이퇴위진以退爲進 전략으로 조조는 일단 한 걸음 물러나 눈앞의 재난을 피하면서 힘을 축적하며 기회를 기다리고 있었습니다.

조조는 도대체 어떤 기회를 기다리고 있었을까요? 그는 또 어떻게 그 기회를 붙잡았을까요?

제3강

판을 읽기 힘들 때는
다른 각도로 본다

의외의 일이 발생했을 때 합리적이고 신속하게 해결하기 위해서는 당면한 문제를 어떻게 사고하느냐에 따라 일의 성패가 결정되곤 한다. 조조는 이 방면에서 특히 뛰어났다. 불꽃이 난무하는 난세라 돌발상황은 끊임없이 일어나고 위급한 상황은 꼬리를 물고 나타났다. 하지만 조조는 항상 다른 사람이 생각하지도 못한 높이에서 문제를 사고했다. 뛰어난 판단력과 사고 때문에 그는 매번 위기국면에서 벗어날 수 있었고, 훗날 탁월한 성취를 이룰 수 있었다.
조조가 문제에 직면해서 보여준 특징은 무엇이었을까? 또 그의 사유방식을 통해 우리가 본받을 만한 점은 무엇일까?

네 가지 전략적 사고방식

"눈앞에 산이 있는 것이 두려운 것이 아니라 마음의 길을 잃어버리는 것이 두렵다"는 말이 있습니다. 경험이 부족한 젊은 사람이 처음 사업을 시작하면 흔히 어쩔 줄 몰라 허둥대곤 합니다. 특히 좌절을 겪거나 의욕이 꺾이기라도 하면 넋을 잃고 자신이 어디로 가고 있고 어떤 선택을 해야 할지를 알지 못합니다. 사실 사업을 시작하는 단계에서는 '어떤 문제를 만나는가'가 중요한 것이 아니라 '문제를 어떻게 사고할 것인가'라는 사유방식이 더 중요합니다.

현대의 관리전문가들은 이런 사유방식에 네 가지 단계가 있다고 말하고 있습니다. 첫째, 강점Strengths이 어디에 있는가. 둘째, 약점Weaknesses은 어디에 있는가. 셋째, 외부의 기회Opportunities는 무엇인가. 넷째, 외부의 위협Threats은 무엇인가. 성공한 사람은 이 사항에 근거해 형세를 판단하고 도전에 대응하며 기회를 붙잡습니다. 현대의 관리학은 이 방법을 SWOT 분석이라 합니다. 강점·약점·기회·위협의 측면에서 상황을 분석하면 아주 효과적인 전략을 이끌어낼 수 있습니다. 그렇다면 조조에게 어떤 일이 일어났고, 그 상황에서 어떤 전략을 채택했으며, 또 그로 인해 어떤 문제가 생겼을까요? 성공의 관건은 어떤 문제를 만나는 데 있는 것이 아니라 어떻게 문제를 사고하느냐에 있음을 조조에게서 확인해보겠습니다.

지나친 긴장은
판단을 흐리게 만든다

서기 189년 가을, 동한의 도성 낙양은 자신을 파괴할 서량 군벌 동탁을 맞아들였습니다. 사실 동탁은 청하지 않았는데 알아서 온 것이 아니라, 낙양 관리층의 열정적인 요청을 받은 후 온 것이었습니다. 낙양에 도착한 동탁은 자신의 게임 규칙에 따라 일을 처리했습니다. 규칙은 아주 간단했습니다. 한마디로 '살殺'이었습니다. 백성·대신·황제·태후 등을 죽이는 것이었지요. 동탁은 자신의 말을 듣지 않거나 눈에 거슬리거나 앞길을 막는 사람은 모두 죽였습니다.

동탁은 마치 서북에서 온 사냥꾼처럼 활과 창, 칼을 들고 수도로 들어왔습니다. 고위관료들의 온화한 교양, 예의상의 왕래, 서로 속이는 기만, 암투와 같은 것에 대해 동탁은 전혀 이해하지 못했습니다. 그의 명함에는 단지 "나는 북방에서 온 한 마리 늑대다"라고 씌어 있었습니다. 《삼국지》를 바탕으로 이야기하면 유비는 잘 우는 것이 특징이었습니다. 그가 관리에서 보여준 눈물은 예술이었습니다. 조조는 감독하고 조절하는 데 뛰어났는데 그가 관리에서 보여준 것은 기술이었습니다. 그런데 동탁은 아무것도 없이 오로지 무력만을 보여주었습니다.

"내 말에 동의하냐 동의하지 않느냐. 동의하지 않는 사람을 다 죽인다면 이 방안은 만장일치로 통과할 것이다."

온화하고 우아한 행동거지에 익숙해 있던 낙

동탁(?~192)
자는 중영仲穎이며, 양주涼州 농서隴西 임조臨洮 사람이다. 동한 말년의 군벌이며 권신으로 중국역사에서 지극히 부정적인 인물 가운데 하나다. 그의 폭력적인 행위와 불손한 조치는 전국의 다른 지역에서 할거하던 군벌들의 토벌을 불러일으켰고, 결국 군웅할거의 시대를 열었다. 동탁 본인은 조정 대신들이 연합한 모략에 의해 여포呂布에게 살해되었다. 동탁 사후 그의 부하들이 내분을 일으켜 황제가 의지할 곳을 잃고 떠돌면서 삼국시대가 시작되었다.

양성의 고위관리들은 여태껏 그러한 종류의 인간을 본 적이 없었습니다. 그들의 눈에 동탁이란 사람은 학문도 학력도 없으며, 배경은커녕 정치투쟁의 경험도 없이 단지 칼과 흉악한 마음만 있었던 것입니다. 동탁은 무력에 의지해 아주 짧은 시간 내에 그의 모든 정치적 이상과 인생의 소망을 실현했습니다. 반면 낙양성에서 과거에 높은 자리를 차지하고 있던 고위 관리전문가·대사·통치자·고인은 칼날 아래에 단지 고개를 숙이고 순순히 그를 따랐습니다. 진리는 굳세고 강하지만 서슬 퍼런 칼날 앞에서 사람의 목은 취약함을 드러냈습니다.

조조는, 환관집안은 멸시하는 정도였지만 동탁은 무서워했습니다. 쥐가 입을 벌리고 침을 흘리는 것을 보면 우리는 쥐를 멸시합니다. 하지만 호랑이를 보면 미워하는 마음이 아무리 커도 몸을 돌려 달아나지 않으면 목숨을 잃을 수도 있습니다. 오색봉으로 건석의 숙부를 죽인 것을 시작으로 조조는 쥐와 같은 환관집안을 무서워하지 않았습니다. 하지만 동탁은 정말 무서워했습니다. 동탁은 쥐새끼 무리가 아니라 말 그대로 금수였고, 그것도 의관을 정제한 금수가 아닌 송곳니를 그대로 드러낸 금수였기 때문입니다.

삼십육계三十六計는 도망가는 것을 상책으로 칩니다. 동탁이 조조를 자기편으로 끌어들이려고 효기교위驍騎校尉로 임명했지만 조조는 재빨리 달아나기로 결정했습니다.《삼국지연의》에는 조조가 칼을 바치며 동탁을 암살하려 한 이야기가 나옵니다. 동탁을 암살하려던 뜻을 이루지 못한 조조는 기민하게 말을 타고 낙양을 빠져나옵니다. 하지만 이 이야기가 사서에는 기재되어 있지 않습니다. 사서에 기재되어 있는 확실한 사실은 조조가 동탁을 피해 도망갔고 동탁이 그를 잡아들이려 했다는 사실입니다.

조조는 낙양성을 떠난 후 동탁의 추격을 피해 밤낮을 가리지 않고 사흘 내내 달려 성고_{成皋}에 다다랐습니다. 날은 저물고 연일 분주하게 달렸기에 사람과 말 모두 지쳐 있었습니다. 하지만 조조에게는 갈 곳이 있었습니다. 그는 오솔길을 따라 숲길로 들어선 후 돌고 돌아 마침내 집 하나를 찾았습니다. 이 집 주인의 성은 여_呂이고 이름이 백사_{伯奢}였습니다. 그는 조씨집안의 고향 사람으로 아버지 조숭의 결의형제였습니다. 그는 조카가 온 것을 보고 기뻐서 어쩔 줄 몰라 하며 곧바로 술과 음식을 준비하고 다정하게 조조에게 말했습니다.

"우리 집에 좋은 술이 없어 서촌에 가서 술을 한 병 가져올 테니 기다리게."

이렇게 말하고 총총히 나귀를 타고 떠났습니다. 여백사의 이런 친절은 꼭 필요한 것이 아니었는데 이로 인해 한 편의 비극의 서막이 올랐습니다. 이후의 정경은 《삼국지연의》에 다음과 같이 묘사되어 있습니다.

> 조조는 오래 앉아 있다가 문득 집 뒤에서 칼 가는 소리를 들었다. 조조가 말했다.
> "여백사는 나의 아버지가 아니오. 조금 전에 떠나는 모습에 자못 의심스러운 데가 있으니 가만히 엿들어봅시다."
> 두 사람은 몰래 초당 뒤로 숨어들었는데 그때 "묶어서 죽이는 것이 어떠냐?"라는 소리를 언뜻 들었다. 조조는 "역시 그렇구나! 만약 먼저 손을 쓰지 않으면 반드시 저들에게 사로잡히게 될 것이오"라고

하고는 진궁陳宮과 더불어 칼을 빼들고 곧바로 쳐들어가 남녀를 불문하고 모두 죽였다. 그 수가 여덟이나 되었다. 집을 뒤지다가 부엌으로 갔는데 그곳에 돼지 한 마리가 묶여 있는 것을 발견했다. 진궁이 탄식했다.

"맹덕이 의심이 많아 선량한 사람들을 잘못 죽였구나!"

급히 집에서 나와 말을 타고 갔다. 채 2리도 가기 전에 여백사가 나귀에 술 두 병을 사서 매달고 손에는 과일과 채소를 들고 오는 것을 보았다. 여백사는 "조카와 진현령은 무슨 연유로 급히 떠나려 하는가?"라고 물었다. 조조가 "죄인으로 쫓기는 몸이라 감히 오래 머무를 수가 없습니다"라고 하자 아무것도 모르는 여백사는 "이미 집안 사람들에게 돼지까지 잡으라고 시켜놓았네. 조카와 진현령께서는 하룻밤 묵어 가시게. 속히 말을 돌리게나"라고 했다.

조조는 그 말을 따르지 않고 말에 채찍을 가하고 그냥 지나쳤다. 얼마 가지 않아 조조는 갑자기 칼을 빼들고 돌아서서 여백사를 부르며 "저기 오는 사람은 누구입니까?"라고 물었다. 여백사가 잠깐 고개를 돌리자 조조는 재빨리 검을 휘둘러 여백사를 베었다. 진궁이 놀라 "이게 무슨 짓이오!"라고 하자 조조가 말했다.

"여백사가 집에 돌아가 사람들이 죽어 있는 것을 보면 어찌 가만히 있겠소. 만약 사람을 모아 추격이라도 한다면 그 화를 피하기 어려울 것이오."

진궁이 "죄가 없는 줄 알고도 죽이는 것은 커다란 불의요!"라고 하자 조조가 말했다.

"차라리 내가 세상 사람들을 저버릴지언정, 세상 사람들이 나를 저버리게 하지는 않을 것이오[寧敎我負天下人, 休敎天下人負我]."

여씨 일가의 선량한 마음은 보답은커녕 오히려 비극을 초래했습니다. 훗날 사람들은 이 사건을 들어 조조의 음험하고 교활한 성격을 평가하곤 했습니다. 하지만 오해로 여백사 일가를 살해한 이 사건의 이면에는 성격에 대한 문제 외에 한 젊은이의 성장에 아주 중요한 의미가 있는 규율을 발견할 수 있습니다.

전세가 다급할수록 익숙함에 의존한다

조조가 오해로 여백사 일가를 살해한 사건을 통해 세 가지 기본정보를 확인할 수 있습니다. 첫째, 조조는 긴장했고, 이런 과도한 긴장이 정확한 판단을 방해했습니다. 둘째, 조조는 암살에 대응하는 기본적인 훈련과 필요한 책략이 결여된 상황에서 선택을 했습니다. 셋째, 조조는 여백사 일가의 근황에 관한 정보가 부족한 상황에서 경솔하게 여씨 집에 들어갔고, 여백사 또한 조조에게 집안사람을 소개하는 것을 잊었습니다.

여기서 나는 이 세 가지 정보에 근거해 젊은 사람에게서 흔히 볼 수 있는 한 가지 실수에 대해 이야기하려 합니다. 예를 들면, 어제 오후에 저는 지방에서 돌아와 학교에 수업을 하러 가기 위해 서두르다가 택시 뒷좌석에 책 몇 권을 놓고 내리고 말았습니다. 친구가 보내준 책이어서 붉은색과 흰색이 섞인 종이봉투로 씌운데다가 눈에 잘 보이게 바로 옆에 놓았는데도 잊어버렸던 것입니다.

여기서 재미있는 사실은 차 트렁크에 두었던 가죽가방과 그 옆에 있던 눈에 띄지 않는 물병은 잃어버리지 않았던 것입니다. 왜 눈에 띄지 않던 것은 잃어버리지 않고 오히려 곁에 두었던 눈에 띄는 것은 잃어버렸을까요? 이치는 아주 간단합니다. 가죽가방과 물병은 항상 가지고 다니던 것이어서 익숙한 물건이었기 때문입니다. 반면 붉은색과 흰색이 섞인 봉투는 몸에 지니고 다니던 것이 아니어서 익숙하지 않았기 때문에 마음속에 선명한 인상이 남아 있지 않았던 것입니다. 이렇게 사람들은 긴장된 상황에 처하면 중요하지만 익숙하지 않은 사물을 아주 쉽게 잊는 실수를 하게 됩니다.

조조의 지혜

긴장된 상황에 처하면 중요하지만 익숙하지 않은 사물을 쉽게 잊을 수 있다.

익숙하지 않은 무언가를 만났을 때 긴장하면 종종 실수하게 마련입니다. 이런 실수를 해결하는 방법은 아주 간단합니다. 첫 번째는 긴장된 상황에서 벗어나는 것이고, 그 다음에는 최대한 자신에게 익숙한 장비와 책략을 사용하고, 자신이 분명히 알고 있는 내용을 말하는 것입니다. 익숙함으로 긴장에 대응하는 것입니다.

다시 조조로 돌아가봅시다. 첫째, 이번 조조의 탈출은 동탁의 추격을 피해 혼자 몰래 달아나야 하는, 생사가 달린 위급한 상황이었습니다. 그래서 그는 아주 긴장된 상태에 있었습니다. 둘째, 조조는 암살위험이라는 상황에 익숙하지 않았고 암살에 대비하는 훈련을 받은 적도 없었습니다. 셋째, 조조는 여백사의 집안사정에 대해 잘 알지 못했고 여백사도 그에게 알려주지 않았습니다. 이는 확실히 100퍼센트의 긴장이 120퍼센트의 준비되지 않고 익숙하지 않은 상황을 만나 오해로 자기편을 죽인 실수를 범하게 한 것이었습니다. 만약 조조가 암살과 기습에 대비하는 훈련을 받았다면 본래 돼지를 잡으려고 한 행위를 자신을 죽이려고 한 행위로 오해하고 살인하지는 않았을 것입니다.

종합해보면 "차라리 내가 세상 사람들을 저버릴지언정, 세상 사람들이 나를 저버리게 하지는 않을 것이오"라는 구절은 한편으로는 조조의 의심 많고 음험한 성격을 반영하고 이런 성격의 그림자는 그의 일생을 따라다닙니다. 또 다른 한편으로는 조조는 준비가 충분하지 않았고 임기응변 능력이 부족했다는 약점을 반영하기도 합니다.

동탁의 추격에서 벗어난 조조는 사람은 적고 세도 약한 상황에서 한편으로는 조심스레 자신을 보호하고 다른 한편으로는 기회를 붙잡고 자신의 사업발전을 추진했습니다. 여기서 그가 사용한 책략은 돌파책략, 보완책략, 낚아채는 전략이었습니다.

조조의 책략
사람이 적고 세도 약한 상황을 돌파하는 지혜

첫 번째 책략 | 한 걸음씩 천천히 판을 장악한다

돌파책략에 관해 살펴보기 위해 동한 말년의 정국부터 이야기하고자 합니다. 동한 말년에 국가관리라는 측면에서 가장 큰 도전은 환관들의 권력독점이었습니다. 환관들이 권력을 독점할 수 있던 내재적인 원인은 무엇이었을까요? 매번 외척들이 권력을 장악하는 상황에서 어리고 세력이 약한 황제가 환관의 힘을 빌릴 필요가 있었기 때문입니다. 호랑이를 잡으려고 사람들을 모았는데 그 사람들 또한 안팎으로 제멋대로 날뛰어 제어할 수 없었던 것입니다.

저는 삼국살三國殺이라는 온라인 게임을 좋아합니다. 그 안에는 서로를 견제하며 균형을 이루게 하는 제형制衡이라는 아주 뛰어난 책략이 있습니다. 한쪽 세력이 너무 커지지 않게 하려면 반드시 제형의 책략을 구사해야 합니다. 서로를 견제해야 균형에 이를 수 있습니다. 균형이 깨질 때마다 재난이 발생하곤 합니다.

중평 6년(189), 이 취약한 균형이 다시금 깨졌습니다. 한 영제가 죽고 하태후何太后가 조정 일에 관여하면서 외척인 대장군大將軍 하진何進이 권력을 장악했고, 앞서 영제가 총애하던 환관 건석은 그때 이미 상군교위上軍校尉로 병권을 장악해 하진보다 더 큰 권력을 누리고 있었습니다. 이렇게 환관집단과 외척집단이 음으로 양으로 다투면서 모순이 격화되던 시기에 중군교위中軍校尉였던 원소는 환관집단을 제거해야 한다고 주장해 하진의 중용을 받았습니다. 결국 하진집단이 일거에 건석을 주살함으로써 일단 우세를 확립했습니다.

원소는 환관집단을 완전히 제거하려 했습니다. 반면 하진은 달랐습니다. 그는 본래 백정 출신으로, 하태후가 총애를 받고 하진이 벼락출세를 한 것은 다 환관의 후원으로 이루어진 것으로, 하씨집단과 환관집단은 복잡하게 얽히고설켜 있었습니다. 때문에 하태후를 대표로 하는 당권자는 환관 전체를 제거하려 하지 않았습니다. 원소는 여러 차례 환관집단을 모조리 제거하자고 진언했으나 받아들여지지 않자 그때 비로소 다른 생각을 품게 되었습니다.《후한서》〈하진전何進傳〉에는 "원소 등이 다시 계획을 세워 사방의 맹장과 호걸에게 병사를 이끌고 경성에 들어오도록 해 태후를 위협하자고 간하자 하진이 이를 받아들였다"고 기록되어 있습니다.

원소는 하진에게 외부에서 병권을 장악하고 있는 군벌을 수도로 들어오게 해 하태후를 위협하면 환관을 제거할 조건이 만들어진다고 제안했습니다. 이 제안은 식자들의 반대에 부딪쳤습니다. 대표적으로 주부主簿 광릉廣陵의 진림은 이렇게 간했습니다.

"마땅히 빨리 명령해 대권으로 결단하신다면 하늘과 사람이 따를 것입니다. 오히려 좋은 방책을 내버리고 외부의 도움을 청해 대군이 도성에 모이는 것은 강자가 영웅이 되어 칼자루를 거꾸로 쥐고 병권을 넘기는 것으로 공을 이루기는커녕 오히려 난리를 청하는 꼴이 되고 말 것입니다."

하진은 이 건의를 받아들이지 않았습니다.

병권을 장악하는 것은 시기를 놓치지 않고 신속하게 결단해 행동하면 되는 것입니다. 외부인을 불러들이면 각 지역의 호걸이 모이게 됩니다. 그러면 분명 주객이 전도되어 그중의 강자가 주인이 될 것인데, 그때가 되면 어디서 자신의 지분을 주장할까요? 그래서 진림은 원소의 의견이 마치 보검을 거꾸로 들고 손잡이를 다른 사람에게 주는 것이라 여겼습니다. 목적을 달성하기는커녕 도리어 커다란 혼란만 초래하리라 보았던 것입니다.

전군교위典軍校尉였던 조조는 이를 훨씬 명확하게 인식하고 있었습니다. 《삼국지》〈무제기武帝紀〉에는 조조가 이를 듣고 웃으며 말한 내용이 기록되어 있습니다.

"환관들은 예전부터 항상 있어왔습니다. 단지 군주가 그들에게 부당하게 권력과 총애를 주어 오늘날에 이른 것입니다. 그들의 죄를 다스리려면 당연 가장 큰 원흉만 주살하면 되는데 이는 옥리 한 명이면 충분합니다. 어찌 외부에 있는 군사를 불러들일 필요가 있겠습니까? 그리고 환관을 모두 죽이겠다는 계획은 분명 누설될 테니 결국 실패하리라 봅니다."

 조조는 환관의 존재 자체는 정상적이지만, 그들의 권력이 너무 커 제어할 수는 없는 것이 문제의 핵심임을 알았습니다. 어지러운 정치를 해결하려면 제도를 만들어 향후 관리감독을 강화하면 될 것이지, 환관 모두를 죽일 필요도 없고 나아가 밖에서 군대를 불러올 필요는 더욱 없음을 예리하게 지적했습니다. 이는 마치 경리가 공금을 유용했다고 모든 경리를 없애고 외부에서 사람을 데려올 필요가 없는 것과 같습니다. 단지 공금을 유용한 경리직원을 처벌한 후 평소에 자금관리를 강화하면 될 것입니다. 조조의 의견은 문제를 해결하는 정확한 방법이었습니다. 교육으로 설득할 수 있으면 제도적 수단을 적게 쓰고, 제도적 수단으로 가능하다면 사법 수단을 적게 쓰며, 사법 수단으로 가능하다면 군사적 수단을 쓰지 말라는 것이고, 문제해결은 자신의 강점을 최대한 발휘하는 것이지 외부의 힘을 빌리는 것이 아니라는 것이 의견의 핵심입니다.

 기업경영이 위협에 직면했을 때 자신의 강점을 활용해 위협에 대응하는 것이 전략적 대책이지, 다른 사람의 강점으로 위협에 대응하거나 아주 커다란 위협으로 작은 위협에 대응하는 것은 대책이라 할 수 없습니다. 이는 성한 살을 도려내 상처 위에 붙이는 격으로 뒷일을 생각하지 않고 유해한 수단으로 발등의 불을 끄기에만 급급한 어리석은 방안일 뿐입니다.

 무엇이 어리석은 방안일까요? 자신의 조직이 해결할 수 있는 일을 기어이 다른 사람에게 넘기고, 또 그 일을 넘겨받은 사람을 이해하지도 못하고 장악할 수도 없는 것입니다. 하지만 조조의 의견은 받아들여지지 않았고, 결국 동탁을 낙양으로 불러들여 국가와 관중지역의 백성에게 치명적인 재난을 초래했습니다.

우리는 이 사건에서 원소가 주요 책임을 져야 한다고 생각합니다. 동탁을 불러들인 것은 원소가 내놓은 아주 어리석은 잔꾀였습니다. 원소는 왜 이런 방안을 제시했을까요? 원소가 멍청해서였을까요? 그렇지 않습니다. 원소는 조금도 멍청하지 않았습니다. 원소가 동탁을 불러들인 이 사건에 관한 《후한서》〈하진전〉의 기록에 "원소 또한 본디 도모하는 바가 있었다[紹亦素有謀]"라는 의미심장한 구절이 있습니다.

원소는 항상 꿍꿍이가 있었습니다. 그는 권력을 잡으려고 환관과 외척의 틈새를 뚫고 자신의 길을 찾으려 했습니다. 하지만 세력이 부족하고 영향력이 작아 아무도 듣지 않는 상황이었습니다. 때문에 새로운 힘을 끌어들이면 자신의 불리한 처지를 개선하는 데 도움이 될 것이라고 생각했던 것입니다. 아마도 이는 원소의 얄팍한 계산이었을 것입니다. 나는 확실히 원소가 사심이 있어 이런 생각을 했다고 생각합니다. 어리석은 생각은 종종 사심이 있을 때 생겨납니다. 바꾸어 말하면 어리석은 생각은 얄팍한 계산의 부산물로, 얄팍한 계산은 항상 어리석은 생각을 수반합니다.

조조의 지혜

어리석은 생각은 얄팍한 계산의 부산물로, 얄팍한 계산은 항상 어리석은 생각을 수반한다.

우리는 누가 보아도 분명하게 사기이거나 나중에 분쟁이나 손해가 생길 일을 하는 사람을 자주 볼 수 있습니다. 그런 사람을 보면 대다수 사람들은 무릎을 치며 "이렇게 형편없는 방안은 생각하기 어려운 것인데, 혹시 뇌가 없는 사람들 아니야"라고 힐난합니다. 사실 그 사람들은 뇌도 있고 머리도 좋은 사람들입니다. 단지 결정할 때 얄팍하게 계산기를 두드려 개인적으로 이득을 꾀한 것일 뿐입니다. 일단 얄팍한 계산을 하는 순간, 어리석은 생각은 자연스럽게 따라오게 마련입니다.

그래서 저는, 자신이 총명하다고 생각하는 사람이 중대한 결정을 내려야 하는 요직을 차지했을 때면 절대 사심을 가지고 작은 이익을 얻으려 하지 말라고 충고합니다. 만약 그렇게 하지 않고 계산기를 두드리다보면 문제가 생겼을 때 자신도 깜짝 놀랄 만큼 잘못된 판단을 하는 실수를 하게 될 공산이 아주 큽니다.

누군가는 원소가 아니라 동탁이 나쁜 것을 탓해야 한다고 주장합니다. 동탁과 함께 들어온 군벌로 정원丁原도 있었는데 정원은 좋은 사람이었다고 이야기합니다. 문제의 본질은 늑대를 집안으로 끌어들인 것이 아니라 늑대의 야심이라는 것입니다.

이런 논리는 문제가 있다고 생각합니다. 이는 우리 주변에 좋은 사람이 있기 때문에 문을 잠글 필요가 없고, 물건을 잃어버린 것은 관리가 적절하지 못했기 때문이 아니라 도둑이 너무 나쁘기 때문이라는 말과 같습니다. 생각해보십시오. 세상에 좋은 사람이 아주 많다는 사실 때문에 아침부터 저녁까지 방범창을 열어놓을 수는 없는 것입니다. 물론 동탁을 증오할 수 있지만 경솔한 결정으로 아무런 방비도 없이 동탁을 끌어들인 사람 역시 그 허물을 면하기 어려운 것입니다. 동탁이 낙양에 들어와 처음부터 보여준 악행은 한마디로 개괄할 수 있습니다.

"외양간 수색하듯 사직을 겁탈하고 화폐를 남발했다[搜牢劫社, 濫發貨幣]."

《후한서》〈동탁전董卓傳〉에 언급되는 동탁의 행위를 잠시 살펴보겠습니다.

당시 낙양 성중에는 귀족과 외척의 집들이 연이어 있었는데 금과 비단 등 재산이 집집마다 쌓여 있었다. 동탁이 병사들을 풀어 그 집안으로 들어가 부녀자들을 간음하고 재물을 빼앗았는데, 이를 "외양간을 수색한다[搜牢]"고 했다. 인심이 붕괴되어 공황에 빠져 언제 죽을지 알 수 없는 상황이었다. 하태후를 장사지낼 때 무덤을 파 그 안에 있는 보물을 다 가져갔다. 또 공주와 궁녀를 겁탈하고 잔혹한 형벌을 멋대로 행하며, 조그만 원한이 있어도 반드시 죽이니 궁정 내외의 백관이 스스로를 보전할 수가 없었다. 동탁은 일찍이 양성에 군대를 보냈는데 당시 그곳 사람들이 토지묘에 모여 있었다. 동탁이 앞에 있는 사람을 모두 죽이라고 명령하고 수레에 있던 재물을 빼앗은 뒤 부녀자들을 수레에 태우고 사람의 머리를 수레바퀴에 달아 노래를 부르며 낙양으로 돌아온 적이 있다.

또 오수전五銖錢을 부수고 소전小錢을 주조하기 위해 낙양 및 장안長安에 있는 구리를 모두 긁어모아 동전을 만드는 데 충당했다. 그리하여 동전은 천해지고 물자는 귀해져 곡식 한 석이 수만 전에 이르렀다. 또한 그가 주조한 동전에는 무늬도 없고 크기도 제각각이어서 사람들이 사용하기에 불편했다. 당시 사람들은 진시황秦始皇이

임조에서 장인長人을 만나 동상을 만들었다고 여겼는데, 이제 임조 출신인 동탁이 동상을 부셨다. 비록 만들고 부순 것은 달랐지만 그 흉폭함은 똑같았다.

동탁의 악행은 어떤 반대에 부딪쳤을까요? 뜻밖에도 중앙정부의 관원 중에는 나서서 동탁에게 반대하는 사람이 없었습니다. 그렇다면 모두가 동탁의 실력을 두려워해 감히 나서지 못한 것일까요? 먼저 동탁의 실력이 대체 얼마나 컸는지 알아보기 위해 두 가지 사실을 제시해보겠습니다.

첫째, 처음 동탁이 낙양에 들어올 때 동탁의 군사력은 우리가 알고 있는 바와 다르게 한계가 있었습니다. 《후한서》〈동탁전〉에는 "동탁이 처음 낙양에 들어올 때 보병과 기병이 3,000명에 불과했다. 그는 병사가 적은 탓에 원근의 각 세력이 복종하지 않을까 두려워 사나흘 동안 밤에 몰래 군사를 성 밖으로 보내 야영하게 하고는 아침이 되면 깃발을 세우고 북을 두드리며 성으로 돌아오게 해 마치 서쪽의 병사들이 온 것처럼 꾸몄다. 하지만 낙양성 안에 있는 사람들은 이를 알지 못했다"고 기록되어 있습니다. 동탁이 데리고 온 3,000여 명의 군사는 전투를 치르기에는 부족했지만 정치투쟁을 하기에는 오히려 넉넉한 숫자였다 할 수 있습니다.

둘째, 중앙정부는 결코 도마 위에 올라온 어육이 아니었습니다. 조정의 수중에 있는 군대는 적어도 10만 명 이상에 이르렀습니다. 일상적으로 수도를 경비하는 부대 외에도 황건적의 난이 일어나자 중평 원년 3월, 하남의 하진을 대장군으로 하는 황제의 직속부대가 수도를 지키고 있었습니다. 수도방위군의 실력은 동탁의 거의 수십 배에 해당했습니다.

이렇게 동탁이 처음 낙양에 들어왔을 때는 정권을 좌우하고 국가를 재난에 빠트릴 실력을 근본적으로 갖추지 못했습니다. 그럼에도 동탁이 목적을 달성할 수 있었던 원인은 중앙정부의 관료집단이 움직이지 않았기 때문입니다. 아무런 행동도 취하지 않고 동탁이 하나하나 권력을 잡아가는 것을 눈뜬 채 바라보기만 했던 것입니다.

그렇다면 우리는 처음 동탁이 비교적 약했을 때 왜 아무도 나서서 동탁을 반대하지 않았는지 물을 수밖에 없습니다. 이런 천하의 간적이 온갖 악행으로 국가와 백성에게 재난을 끼치는 것을 보고도 상관하는 사람이 아무도 없었던 것일까요?

이 문제를 이야기하려면 '장막 안으로 들어온 낙타' 이야기를 알아야 합니다. 동탁은 장막 안으로 들어온 낙타처럼, 단숨에 동한 정권을 뒤집으려 하지 않고 매번 얼굴에 미소를 띠고 조금씩 안으로 밀고 들어갔고, 또한 처음부터 장막을 들쑤시는 것이 아닌 장막을 유지·보수하는 일에 참여했습니다. 동탁은 심지어 민심에 부합하는 일을 하기도 했습니다. 《후한서》〈동탁전〉에 기록된 내용입니다.

> 동탁은 줄곧 환관들이 현량을 주살한 일을 한스러워한다는 천하 사람들의 이야기를 들었다. 정권을 장악한 후 비록 정도를 행하지 않았지만 고의로 성정을 가장해 많은 선비를 발탁했다. 이부상서吏部尚書 주비周毖, 시중侍中 여남 오경伍瓊, 상서 정공업鄭公業, 장사 하옹何顒 등을 임용했다. 관직이 없던 선비 순상荀爽을 사공으로 임명했다. 당고와 연루된 진기陳紀·한융韓融 등이 모두 경의 자리에 올랐

다. 많은 몰락한 인사들이 발탁되었다. 상서 한복韓馥을 기주자사冀州刺史로, 시중 유대劉岱를 연주자사兗州刺史로, 진류陳留 공주孔伷를 예주자사豫州刺史로, 영천 장자張咨를 남양태수南陽太守로 임용했다. 동탁의 측근은 눈에 띄는 요직을 맡지 않고 단지 장교들만 있을 뿐이었다.

동탁이 그간 환관들 때문에 소외되었던 사대부들을 발탁하고, 인재를 선발해 고위직에 앉히고, 자신의 측근들은 아무도 발탁하지 않았음을 알 수 있습니다.

훌륭한 간부정책의 요점은 조직을 안정시키는 것에 있습니다. 동탁의 이 책략은 크게 성공을 거두었습니다. 그의 실력이 비교적 크지 않던 시기에는 아무도 그를 반대하지 않았습니다. 모두 동탁을 비교적 잘 받아들였던 것입니다.

동탁이 사용한 책략의 본질은 처음에는 작은 요구로 승낙을 얻고 이후 점차 요구를 확대할 경우, 뒤에 큰 요구를 해도 쉽게 받아들여진다는 것입니다. 미국 사회심리학자 조너선 프리드먼Jonathan Friedman과 스콧 프레이저Scott Fraser가 1966년 "무압력의 순종Compliance without pressure과 문지방을 넘어서는 기술Foot in the door technique"에 관한 현장실험을 했습니다. 한 팀에서는 무작위로 가정집을 방문해 그 집 창문에 작은 간판을 걸 수 있도록 요청했습니다. 주부들이 흔쾌히 동의한 후 일정 시간이 지나 다시 크고 그다지 어울리지도 않는 간판을 정문에 세울 수 있도록 요청했는데 주부의 50퍼센트 이상이 동의했습니다. 다른 팀에서는 무작위로 가정집을 방문해 직접적으로 크고 그다지 어울리지도 않는 간판을 정원에 세워달라고 부탁했는데 20퍼센트도 되지 않는 주부만 동의했습니다.

이 법칙은 다른 사람을 움직이게 하거나 거절당하는 것이 걱정될 경우 먼저 유사하지만 비교적 작은 일부터 부탁해야 한다는 것을 말해줍니다. 상대가 작은 요청을 수용한다면 큰 요구도 쉽게 받아들일 수 있다는 것입니다. 이 책략은 "한 치를 얻은 후 한 척을 향해 나아간다"는 것으로 이를 낙타효과라고 불러보겠습니다.

낙타효과가 시사하는 바는 아주 많습니다. 첫째, 교육과정에 문제가 있거나 나쁜 버릇이 있는 학생에게는 한번에 너무 지나친 요구를 하지 말아야 합니다. 먼저 과거보다 조금 나아진 수준을 제안하고, 이 수준에 도달하면 격려와 함께 점차 더 높은 수준을 요구해야 하는 것입니다. 이것이 바로 두보의 시 〈춘야희우 春夜喜雨〉에 나오는 "바람따라 몰래 밤에 들어와 소리 없이 촉촉이 만물을 적시네 [隨風潛入夜, 潤物細無聲]"인 것입니다. 일단 작은 목표를 실현해 문지방을 넘은 학생은 자신감을 갖고 잘 협력하는 학생으로 변할 것입니다. 이렇게 한 걸음 한 걸음 계단을 오르다보면 오래지 않아 크게 발전할 것입니다. '문제학생'에 대한 교육도 조급한 마음으로 훌륭한 재목이 되지 못하는 것을 안타까워하지 말고, 애정과 칭찬으로 그들의 빛나는 부분과 잠재력을 보면서 적극적으로 격려하고 평가해주어야 합니다. 그 격려가 설령 칭찬 삼아 한차례 고개를 끄덕이거나 만족스러운 미소를 지어보는 것이라 해도, 이런 마음을 다한 인정은 그들에게 자신감을 불러일으켜 스스로 발전할 수 있다는 희망을 갖게 해 건강하게 성장하는 계기가 될 것입니다.

둘째, 만약 상대가 요청을 거절하는 것이 두렵다면 먼저 들어주기 쉬운 간단한 요구를 한 다음에 좀더 큰 요구를 하면 훨씬 쉽게 성공할 수 있다는 것입니다. 예를 들어 한 여학생이 룸메이트와 함께 쇼핑을 가고 싶은데 상대의 기분을 모를 때는 어떻게 하는 것이 좋을까요? 낙타효과를 적용해 쇼핑을 가는 것보다 손쉬운 부탁을 먼저 하는 것입니다. "언니, 미안한데 그 수건 좀 건네주세요"라고 부탁하고, 수건을 건네주면 다시금 "지금 몇 시지요?"라고 묻습니다. 이렇게 상대가 두 가지 부탁을 다 들어준 이후에 쇼핑을 가자고 한다면 쉽게 성공할 수 있습니다. 먼저 작은 요구로 상대의 마음을 부드럽게 만든 후 다시금 큰 요구를 하는 것입니다.

셋째, 다른 방면에서 이야기해보겠습니다. 상대가 몇 차례 작은 요청을 들어주면 이후의 큰 요청은 훨씬 쉽게 승낙함을 상기하십시오. 중대한 의사결정의 과정에서 작은 요구를 하는 사람들의 속셈이 이 문지방 넘어서는 기술을 사용해 꼼짝하지 못하게 하는 것일 수 있음에 주의하십시오. 상대의 작은 요구를 몇 차례 들어주면 쉽게 경각심을 잃고 상대의 수에 말려들 수 있습니다.

동탁은 처음 우세를 점하지 못했을 때 이렇게 한 걸음 한 걸음 세를 확장하며 권력을 장악하는 방법을 사용했습니다. 매번 조금씩 얻다보니 저항은 아주 미약했고, 강렬하게 반대하는 사람도 없었습니다. 국면이 무르익어 우세가 확실해졌을 때는 반대하는 사람이 있어도 이미 늦었던 것입니다.

관리학에는 "돌변보다는 조금씩 변하는 것이 더 두려운 일이다"라는 관점이 있습니다. 이 규율은 미지근한 물에 개구리를 집어넣는 이야기와 같습니다. 개구리를 끓는 물에 넣으면 곧바로 튀어나옵니다. 만약 찬물에 넣고 조금씩 열을 가하면 개구리는 온도의 변화를 무시하고 나올 생각을 하지 않다가 결국에는 죽고 맙니다.

동한의 중앙 정권은 마치 한 마리의 커다란 개구리로, 동탁이 빙그레 웃으며 대야에 조금씩 열을 가하자 서서히 붕괴되면서도 근본적으로 뛰쳐나올 생각은커녕 몸을 움직일 생각조차 하지 않았던 것입니다. 이것이 점진적인 변화의 무서운 점입니다.

종합하면 완만한 변화는 더욱 조심해야 합니다. 돌변은 즉각 반항할 생각을 갖게 하지만 부지불식간에 완만하게 변화하는 것은 반항할 생각을 잊게 하기 때문입니다. 개인의 사업발전부터 국가와 민족의 발전, 크게는 전 지구의 환경과 인류의 생존발전에서 가장 두려워해야 할 것이 이러한 마비입니다.

조조의 지혜

완만한 변화는 더욱 조심해야 한다. 돌변은 즉각 반항할 생각을 하게 하지만 부지불식간에 완만하게 변화하는 것은 반항할 생각을 잊게 하기 때문이다.

이런 무감각·마비를 돌파하고 작은 문제에서도 큰 추세를 볼 수 있으려면 뛰어나와야 할 때 반드시 뛰어나와야 합니다. 큰일을 하는 사람은 작은 일에서도 추세를 보고 자리를 박차고 일어날 용기와 역량이 있어야 합니다.

바로 그때 동탁의 악행에 대응해 두 사람이 치고 나왔습니다. 그들이 바로 원소와 조조였습니다. 《삼국지》에는 "동탁이 표를 올려 조조를 효기교위로 삼고 그와 함께 조정의 일들을 의논하고자 했다. 그러나 조조는 성과 이름을 바꾸고 샛길을 따라 동쪽의 고향 초현으로 돌아가려고 했다"고 기록되어 있습니다. 동탁은 조조를 자기편으로 끌어들이기 위해 발탁하려 했습니다. 하지만 조조는 동탁이 결국에는 패하게 될 것을 예리하게 간파하고, 남아서 재앙을 맞이하지 않고 즉시 낙양성을 떠났던 것입니다.

주의할 것은 당시 조조의 직무는 전군교위, 즉 병사를 거느린 무장으로 적어도 수하에 1만 명 정도의 부대가 있었다는 사실입니다. 하지만 조조는 경호원 한 명 없이 홀로 변장을 하고서 달아났습니다. 이런 사정은 한편으로는 당시 동탁의 세력이 매우 컸음을 말해주지만, 또 다른 면에서는 관리층의 상당수가 동탁에 반대하지 않았고, 적어도 관중지역에서는 근본적으로 반反동탁세력이 활동하기 어려웠다는 사실을 말해줍니다.

모두가 마비되어 무감해졌을 때 관성적인 사유에서 벗어나 결연하게 부귀영화를 내던지고 반동탁의 길로 달려나간 승부사로서의 기질이야말로 우리를 탄복하게 하는 점입니다. 역사는 조조의 행동이 옳았음을 증명합니다. 만약 그가 동탁 곁에 남아 있었다면 훗날의 영웅적인 사업은 근본적으로 불가능했을 것입니다.

오늘날 많은 사람들은 항상 "어느 것을 버리고 어느 것을 따를까"라는 선택의 문제에 직면하곤 합니다. 조조의 방식은 오늘날 우리에게 어떤 시사를 줄까요? 떠날 것인지 남을 것인지 고민할 때는 스스로에게 다음의 네 가지 질문을 해야 합니다. 이 네 가지 질문이 그에 대한 답을 줄 것입니다.

오늘날 인력자원 관리이론에서는, 회사에 다니면서 일을 하는 이유는 사실 네 가지의 인정認定이 있기 때문이라고 말하고 있습니다. 회사를 인정하고, 리더를 인정하고, 사업을 인정하고, 직위를 인정하는 것입니다. 네 가지 인정 가운데 반드시 세 가지에 답을 할 수 있어야 장기적인 계획을 세울 수 있습니다. 예를 들어 여러분의 회사가 《수호전水滸傳》에서 108 영웅호걸이 모여 만든 '양산박梁山泊'이라는 벤처 기업이라고 한다면 스스로에게 다음 네 가지를 물어보아야 합니다. 첫째, 양산박이라는 이 회사의 조직과 관리방식을 인정하는가? 둘째, 송강宋江이라는 지도자를 인정하는가? 셋째, 양산박이 하는 사업을 인정하는가? 넷째, 마군팔표장馬軍八彪將이라는 직위를 인정하는가? 만약 네 가지 사항에 모두 동의하면 물불을 가리지 말고 곧장 양산박으로 가야 합니다. 동탁이 조조에게 자신의 조직으로 들어오라 하자 조조는 이 네 가지 문제를 생각했습니다.

첫째, 동탁의 조직을 인정하는가? 둘째, 동탁이라는 리더를 인정하는가? 셋째, 동탁이 하는 사업을 인정하는가? 넷째, 동탁이 준 효기교위의 직위를 인정하는가? 네 가지 항목 가운데 마지막 항목만 조금은 인정하고 나머지 세 가지는 인정하지 않았으니 이 일은 조조가 해서는 안 되는 일이었습니다.

만약 장기간 한 조직에서 일하고자 한다면 이 네 가지 물음을 스스로에게 질문하고 답해야 합니다.

두 번째 책략 │ 작은 흐름을 방치하면 큰 흐름까지 망친다

조조는 낙양성을 탈출한 후 곧장 동쪽에 있는 진류로 갔습니다. 조조가 고향으로 돌아가지 않고 특별히 진류로 간 것은 명확한 목적이 있었기 때문입니다. 그는 거기서 진류태수陳留太守 장막張邈을 만났습니다. 앞에서 언급한 것처럼 조조는 소년 시절 원소와 친밀했는데, 그 작은 관계의 울타리 안에는 장막도 있었습니다. 장막과 원소는 당시 조조와 아주 사이가 좋은 친구였습니다. 그런 친구가 당시 진류에 자신의 조직과 기반을 갖추고 있었습니다. 그래서 기반도 조직도 없는 조조는 장막에게 의탁하기 위해 진류로 간 것이었습니다. 장막은 동탁의 전횡에 치를 떨고 일찍부터 병사를 일으킬 결심을 하고 있었는데, 때마침 조조가 오자 둘은 서로 의기투합했습니다.

장막의 지지로 조조는 집안의 재산을 풀어 의병을 모으고 동탁을 토벌할 준비를 했습니다. 진류 현지의 효렴인 위자衛玆 또한 아낌없이 주머니를 털어 조조를 후원해주어 12월 겨울에는 마침내 5,000명의 군대를 조직할 수 있었습니다. 이는 조조의 인생에서 자신이 직접 장악한 첫 번째 부대였습니다. 조조의 거병 소식을 듣고 고향 초군에서 하후돈·하후연夏侯淵·조인曹仁·조홍曹洪·조진曹眞·조휴曹休가 고향의 자제병을 이끌고 합류했습니다. 이에 조조는 천하에 공개적으로 동탁 토벌의 기치를 공표했습니다. 이때가 중평 6년이었습니다.

조조가 최초로 반동탁의 기치를 공개적으로 내건 사람이었음을 기억하십시오. 이는 그렇게 간단한 일이 아니었습니다. 당시 드넓은 천하에는 왕후장상·문신무장 등 지위와 권력이 높은 사람이 많았지만, 조조는 고향도 아닌 타향 진류에서 일개 5,000여 명의 군사로 감히 반동탁의 기치를 올렸던 것입니다.

조조가 앞장서자 천하 영웅들도 분분히 호응해, 다음해 동탁 토벌의 기치를 내건 제후가 10여 명에 이르렀습니다. 형세는 불명확하고 실

장막(?~195)
자는 맹탁孟卓이며, 연주 동평국東平國 수장현壽張縣 사람이다. 동한 말년 진류태수로 동탁 토벌에 참여했다. 변수에서의 싸움 후 조조에게 귀순했으나 후에 여포를 따라 유비에게 의탁했다. 결국 옹구甕丘에서 조조에게 가족과 동생 장초張超가 죽임을 당했다. 그 또한 원술袁術에게 병력을 빌리러 가는 길에 부하에게 살해되었다.

조홍(?~232)
자는 자렴子廉이며, 패국 초현의 사람이다. 조조의 사촌동생이자 삼국 시기 위나라의 명장이었다.

력은 한계가 뚜렷한 상황에서 가장 먼저 일어설 수 있었던 것은 확실히 영웅다운 행위였습니다.

보통 사람들이 이런 매력을 갖기는 어렵습니다. 허소는 조조를 잘못 보지 않았습니다. 조조는 허소의 평가를 저버리지 않았고, 어쩌면 허소의 평가는 조조의 마음속의 영웅심리를 격발했을 수도 있습니다. 최초로 무슨 일을 한다는 것은 담력과 식견이 필요한데, 조조가 그렇게 했으니 대단한 일이라 할 수 있습니다.

처음 게를 먹은 사람은 영웅이고, 두 번째로 게를 먹은 사람은 평범한 사람이며, 세 번째로 게를 먹은 사람은 미식가일 뿐입니다. 처음으로 여인을 꽃으로 비유한 사람은 천재고, 두 번째로 여인을 꽃으로 비유한 사람은 평범한 사람이며, 세 번째로 여인을 꽃으로 비유한 사람은 베낀 사람입니다.

게다가 조조가 처음 깃발을 든 곳은 자신의 기반이 아니었습니다. 앞서 언급했듯이 조조는 당시 근거지가 없었습니다. 그는 다른 사람의 땅에 자신의 농작물을 뿌렸던 것입니다. 다른 사람의 세와 힘을 빌려 첫 번째가 된 것은 더욱 뛰어난 일이었습니다. 조조는 장막의 자원을 이용해 세력을 발전시켰는데, 이 과정에서 그는 나름의 계산이 있었습니다. 첫째, 장막은 결코 첫 번째로 앞장서지 않을 것이고 둘째, 자신이 하는 일은 장막의 지지를 얻을 수 있을 것이며 셋째, 장막과의 연합에서 책략을 잘 구사하면 결정적인 호기를 잡을 수 있다는 것이었습니다.

우리는 중점적으로 조조의 경지와 능수능란한 수준에 대해 이야기하고자 합니다. 조조는 《군책령軍策令》에서 이렇게 말했습니다.

예전에 내가 양읍襄邑에서 군사를 일으킬 뜻을 가지고 대장장이와 함께 칼을 만들었다. 그때 북해의 공석빈孔碩賓이 나를 찾아와 빈정거리며 말했다.

"큰일을 생각하시는 사람이 대장장이와 함께 칼이나 만들고 계십니까?"

내가 답했다.

"작은 일을 잘해야 큰일도 할 수 있는 법이네."

이 구절은 우리에게 장막과 위자가 조조가 군대를 조직하는 것을 전력으로 도울 때, 조조 자신도 한가하게 수수방관하지 않고 현장에서 고생하며 세세한 일까지 했다는 정보를 분명하게 보여주고 있습니다.

한편으로는 사기를 고무시키며 다른 한편으로는 자신의 사람들에게 기본태도를 보여주었던 것입니다. 우리 모두는 이 문제에 주목해야 합니다. 연합을 통해 자원을 끌어내는 보완책략에서 가장 중요한 문제는 본인이 솔선수범해 병사들을 이끌어야 한다는 것입니다. 다른 사람의 무대와 자원을 빌려 사업을 할 때 반드시 주의해야 하는 것은 고통과 어려움을 참고 견디며 기회를 소중히 여겨야 한다는 것입니다.

사업은 마치 채소밭을 가꾸는 것과 같습니다. 본인이 마음을 다해야 남들도 나서서 물을 줄 것입니다. 절대로 게으름을 피우거나 민폐를 끼치면 안 됩니다. 작은 잘못 하나로 큰 기회를 잃을 수 있습니다. 여기 카펫이 하나 있습니다. 카펫 위에 흩어진 해바라기씨 껍질은 지저분하게 널브러진 장난감보다 청소하기가 훨씬 힘듭니다.

카펫을 개인에 비유하면 해바라기씨 껍질은 작은 문제고 어지럽게 널린 완구는 큰 문제입니다. 어떤 경우에는 작은 문제가 큰 문제보다 훨씬 고치기 어려운 경우가 종종 있습니다. 큰 문제도 없고 심지어 재능이 넘쳐나는데도, 깨끗이 정리하기 어려운 작은 문제 하나 때문에, 화려하지만 사람들로부터 버림받아 마치 온갖 잡동사니로 가득한 카펫같이 쓸모없어지는 경우가 주변에 자주 있습니다.

조조의 지혜

사업은 마치 채소밭을 가꾸는 것과 같다. 자신이 마음을 다해야 남들도 나서서 물 주는 것을 도와준다. 게으름을 피우거나 민폐를 끼치는 작은 잘못 하나로 큰 기회를 잃을 수 있다.

세 번째 책략 | 작은 이익을 따르면 위세를 떨치지 못한다

동한 초평 원년(190) 정월, 각지의 제후와 군웅 들이 동탁 토벌의 기치를 내걸고 거병했습니다. 그중에는 발해태수渤海太守 원소, 후장군後將軍 원술, 기주자사 한복, 예주자사 공주, 연주자사 유대, 하내태수河內太守 왕광王匡, 진류태수 장막, 광릉태수廣陵太守 장초, 동군태수東郡太守 교모橋瑁, 산양태수山陽太守 원유袁遺와 제북상濟北相 포신鮑信이 포함되어 있었습니다. 이들은 원소를 맹주로 추대하고 총 10만여 명의 군사를 모아 기세등등하게 동탁에게 선전포고를 했습니다.

전략적으로 보면 동탁은 낙양에 둥지를 틀고 있어 방어할 만한 험지가 없고, 근거지인 서량과 멀리 떨어져 있었으며, 수하의 군사들은 정

> **원술**(?~199)
> 자는 공로公路이며, 여남 여양女陽 사람이다. 원소의 동생으로 명문 출신이다. 동한 말년 삼국시대 초기의 군벌로 남양의 땅을 영지로 삼았다. 난세에 황제를 칭하다 오히려 지지를 잃고 결국 패전을 거듭하다 피를 토하고 죽었다.

돈되지 않았고 중앙정부의 관원 대다수는 이미 딴마음을 품고 있었기에 대응하기가 쉽지 않았습니다. 형세를 판단한 후 동탁은 낙양을 초토화하고 수도를 장안으로 천도해 전략적으로 훨씬 유리한 고지를 취하기로 결정했습니다. 동탁은 헌제를 먼저 장안으로 보내고, 백성들을 강제로 그곳으로 이주시켰습니다. 이주하는 과정에서 수많은 백성이 사람과 말에 밟혀서 죽고, 굶어서 죽고, 강도에게 강탈당해 죽어 시체가 도로에 가득했습니다.

동탁은 낙양에 남아 부자들을 잡아들이라 명해 죄명을 만들어 죽이고 그들의 재산을 몰수했는데 그로 인해 죽은 사람이 부지기수였습니다. 또 여포를 보내 선제의 황릉과 공경 이하의 묘를 도굴해 값진 보물을 강제로 약탈했습니다. 마지막으로 낙양성에 불을 질러 성내의 관묘官庙·관부官府·민가 등 낙양 200리를 모두 초토화했습니다. 동한 개국 이래 200여 년 동안 번성했던 낙양성이 하루아침에 이렇게 불타버리고 말았습니다. 동탁의 폭정은 온 천하 사람이 이를 갈며 증오하기에 충분했습니다. 이로 인해 반동탁의 연합은 진정으로 천시와 지리, 그리고 인화를 얻었습니다.

이상하게도 이와 같은 우세를 점하고서도 동맹군 누구도 직접 나서서 동탁을 향해 진공하지 않았습니다. 그 원인은 분석할 만한 가치가 있습니다.

싸움의 모형 하나를 이야기해보겠습니다. 두 산 사이에 하나의 골짜기가 있는데, 아래는 만 길 깊이의 심연이 있고 중간에는 나무로 된 다리 하나가 있었습니다. 어느 날 다리 위 맞은편에 두 마리 양이 다가왔습니다. 한 마리는 흑양이고 한 마리는 백양이었습니다. 그 다리는 너무 좁아 양 한 마리만 겨우 통과할 수 있었습니다.

그래서 흑양과 백양은 다리 위에서 대치했습니다.

흑양이 "내가 급한 일이 있으니 길을 양보하시오"라고 하자 백양은 "내가 더 급하니 나에게 양보하시오"라고 했습니다. 두 마리 양은 만약 한쪽이 양보하면 양쪽 모두 순조롭게 통과할 수 있지만, 양쪽 모두 양보하지 않는다면 함께 만 길 깊이의 골짜기로 떨어져 죽을 수 있는 국면에 처해 있었습니다. 여기서 문제는 '대체 어떤 양이 양보할까'입니다.

판단을 쉽게 하기 위해서는 기본적인 유형정보가 필요합니다. 먼저 흑양이 가난한 사람이고 백양이 부자라면 누가 양보하겠습니까? 한번 생각해보십시오.

이것이 논쟁을 일으켜도 상관없습니다. 다시 하나의 정보를 더 해보겠습니다. 만약 흑양이 막 파산했고, 백양이 1억 원의 복권에 당첨되었다면 누가 양보할 것인지 추측해보십시오. 또는 흑양이 방금 실연을 당했고, 백양은 쌍둥이 손자를 얻었다면 누가 양보할지 추측해보십시오. 흑양이 방금 불치병에 걸린 사실을 알았고 백양은 임원으로 승진했다는 소식을 접했다면 누가 양보할 것인지 맞추어보십시오.

문제는 아주 분명해졌습니다. 답은 '행복한 사람이 양보한다'는 것입니다. 결론은 바로 '행복하지 않은 사람이 투쟁적이다'라는 사실입니다. 앞길이 순조로운 데 비해 위험이 너무 크면 아무도 모험을 걸고 싸움에 나서지 않을 것입니다.

이로부터 두 가지 결론에 이를 수 있습니다. 첫째, 아주 사소한 일로 늘 화를 내고 걸핏하면 다른 사람과 다투는 사람은 삶의 질이 분명 낮고 가련한 사람일 것입니다. 둘째, 잘살고 있을 때 사람들은 비교적 온화하고 모험적으로 싸우는 것을 좋아하지 않는다는 것입니다.

조조의 지혜

늘 아주 사소한 일로 탁자를 치고 일어나며 걸핏하면 다른 사람과 다투는 자는 생활의 질이 아주 낮고 가련한 사람이다. 행복한 사람은 비교적 온화해서 모험을 동반해 싸우는 것을 좋아하지 않는다.

이런 규율에 비추어 각 지역에서 모인 제후들이 동탁과 마주했을 때의 심리를 분석해볼 수 있습니다. 동탁 토벌에 참여한 제후들은 지금껏 잘 지내고 있었고, 동탁의 행동이 자신의 이익에 큰 상처를 입히지 않는다면 굳이 모험적으로 싸울 필요가 없다고 생각했던 것입니다. 그래서 기득권자 가운데 국가와 민족, 천하 백성을 생각하는 사람이 없었던 것입니다. 그들은 사태를 관망하며 감히 진군하지 않고 한 발짝 물러서는 책략을 택했던 것입니다.

조조는 그들의 행위에 대해 반감이 있었습니다. 《삼국지》에는 조조가 각 제후에게 형세분석을 한 것이 기록되어 있는데, 조조의 전략적 통찰력을 엿볼 수 있습니다.

"의로운 군사를 일으켜 폭력으로 혼란스럽게 한 자를 죽이고자 이미 대군이 모였는데, 여러분은 또 무엇을 의심하십니까? 만일 앞서 동탁이 산동山東에서 군사가 일어났다는 소식을 듣고서 조정의 권위에 의지하고 이주二周의 요충지를 근거로 동쪽으로 병사를 출정시켜 천하를 지배하려 한다면, 그는 설사 도의에 어긋난다 해도 이 일을 할 것이므로 나라의 큰 근심거리가 될 것입니다. 지금 그는 궁을 불태우고 황제를 위협해 수도를 옮겼으며, 천하가 동요되어 백성은 어느 곳에 의지해 돌아가야 할지를 모르고 있으니, 이는 하늘이 그를 멸망시키려는 때입니다. 한 번의 싸움으로 천하를 평정할 수 있는데 이 좋은 기회를 놓칠 수는 없습니다."

이는 "동탁집단 내부는 모순이 겹겹이 쌓여 있고, 외적으로는 시대에 역행하는 행동으로 사람과 신 모두 분노하고 있다. 반면 아군의 수가 더 많고 사기충천한 바로 지금이 기회이므로 우세를 발휘해 동탁을 쫓는 책략을 실행할 때다"라는 주장이었습니다. 그렇지만 연합군 제후들은 서로 다른 꿍꿍이가 있어 진정으로 위험을 감수하며 출병할 사람은 없었습니다. 마침내 조조는 홀로 모험을 감내하며 출병하기로 결정했습니다.

조조 홀로 동탁의 부대를 상대하는 것은 역부족이었습니다. 《삼국지》〈무제기〉에는 다음과 같이 기록되어 있습니다.

> 대군이 형양榮陽의 변수에 이르러 동탁의 장군 서영徐榮과 교전했으나 패해 병사들 가운데 대다수가 죽거나 부상을 당했다. 조조도 날아오는 화살에 맞았으며 타고 있던 말도 부상을 입었다. 사촌동생인 조홍이 자기 말을 조조에게 주어 밤에 몰래 빠져나갈 수 있었다.

이 전투에서 조조는 동탁의 장수 서영을 만나 교전했으나 수적으로 열세라 어려운 처지에 빠졌고, 조조 자신도 말 위에서 화살을 맞아 하마터면 포로가 될 뻔했습니다. 위기의 순간, 조홍이 조조에게 준 말을 타고 가까스로 탈출할 수 있었습니다. 이 패배로 인해 조조는 큰 손실을 입었습니다. 처음에 기세등등하던 조조의 부대는 모두 흩어져 애초에 그가 가지고 있던 자산을 다 잃었고, 그동안 군비를 대던 위자 또한 용감하게 싸우다 전사하고 말아 조조는 다시 빈털터리가 되고 말았습니다.

죽기로 싸운 결과는 조조에게는 치명적인 재난을 주었지만, 싸움을 관전하던 제후들에게는 오히려 막대한 이익을 주었습니다. 서영은 연합군의 전투력이 매우 강력하다는 사실을 알게 된 후 연합군의 핵심군영을 습격할 계획을 버리고 병사를 이끌고 서쪽으로 가버렸습니다.

하지만 변수의 전투에서 조조는 승리했습니다. 아주 어렵게 승리했지만 멋진 승리이기도 했습니다. 누군가는 "틀렸다"라고 말할 것입니다. 앞서 조조가 대패했다고 말하지 않았던가요? 확실히 변수의 전투에서 조조는 전술상으로는 실패했습니다. 하지만 전략상으로는 분명히 성공했습니다. 우리는 여기서 조조에게 확실히 전략적인 안목이 있었다고 말할 수 있습니다. 한 번의 전술적인 모험으로 전략적인 성공을 얻는 것은 시도할 만한 가치가 있었습니다.

무엇이 진정한 전략적인 안목인지 이야기해보겠습니다. "미래에 서서 현재를 보고, 인심에 근거해 미래를 보고, 필요를 연구해 인심을 보고, 아집을 버리고 수요를 본다"라는 말이 있습니다. 아집은 자아에 집착해 그것을 마음에 두는 것입니다. 아집에는 주로 두 가지 장애가 있는데 하나는 '내가 가지고 있는 것[我有]'이고 하나는 '내가 생각하는 것[我想]'입니다. 내가 가지고 있거나 생각하는 것은 한 사람이 문제를 대하는 태도와 마음에 영향을 미칠 수 있습니다. 예를 들면, 여름날에 버스 안이 사람들로 꽉 차 있습니다. 그때 버스에 올라타려는데 차 위에 있는 사람이 빨리 문을 닫으라고 소리치면, 분명 화가 나 서둘러 몸으로 밀고 발을 밟으며 기어코 차에 올라탈 것입니다. 그런 사람이 차에 올라타자마자 첫 번째 내뱉은 말은 "기사님, 빨리 문 닫으세요!"입니다. 이 짧고 짧은 몇 초 만에 이전과 반대되는 사람으로 변한 것입니다.

왜 이렇게 급변한 것인지는 아주 간단합니다. 좌석이 있기 때문입니다. 좌석이 있으면 당연히 좌석이 있다는 사고에 비추어 문제를 생각하지 차에 타려는 사람에 비추어 생각하지 않습니다. 차를 타면 길을 가는 고통을 모르고, 배부른 사람은 굶주린 사람의 배고픔을 모릅니다. '가지고 있다'는 것은 사람의 눈을 막아 그것을 가지고 있지 않은 사람들의 감정을 소홀히 하게 됩니다.

그렇다면 '내가 생각하는 것'은 무엇인지 예를 들어봅시다. 아침 출근시간, 시청역 1호선을 지나는 전철에 사람들은 짐짝처럼 꽉 끼어 있습니다. 차 문이 열리고 전철에서 내리려는데, 앞에 선 안경 낀 남자의 동작이 아주 느려 마음이 급해집니다. 이러다 지각이라도 하면 벌금을 내거나 상사에게 잔소리를 들을 수 있습니다. 옆에 있는 몇몇도 조급하기는 마찬가지여서 함께 힘을 합쳐 안경을 낀 사람을 밀치고 전철에서 내립니다. 그들은 전철에서 내리자마자 안경을 낀 남자를 생각할 겨를도 없이 각자 자신의 길을 갑니다. 반면에 안경을 낀 사람은 내릴 필요가 없었는데 어쩔 수 없이 내린 것이라 지각해서 벌금을 낼 걱정만 하게 됩니다.

사람이 급해지면 다른 사람의 감정을 돌아보지 않습니다. 옛말에 "들어오려 할 때는 느리게 나가는 것을 싫어하고, 나가려 할 때는 들어오는 번거로움을 싫어한다"고 했습니다. '내가 생각하는 것'이 나의 눈을 가려 그렇게 생각하지 않는 사람의 감정을 소홀히 합니다. 만약 자신의 마음에 담고 있는 것이나 생각하는 것을 내려놓지 않으면 항상 자신만을 보고 다른 사람을 등한시하게 되어 일을 생각하거나 문제를 대할 때 조금은 편협해지고 단편적으로 변하기 십상입니다. 특히 관리를 하면서 '가진 것'과 '생각하는 것'을 내려놓지 않으면 사람들의 욕구를 이해하기 쉽지 않고, 단체에서 벗어나 고집대로 행하다가는 마침내 외톨이가 되어, 자신도 모르게 실패와 멸망에 이르게 됩니다. 그래서 자신을 내려놓고 주위 사람의 각도에 서서 다른 사람의 마음을 고려하는 도량을 갖추어야 합니다.

조조는 그리 단순한 사람이 아니었습니다. 젊은 나이에 탁월한 전략적 안목을 가지고 행동했습니다. 왜 절대적으로 우세하지 않은 상황에서 위험을 무릅쓰고 적을 추격하려 했을까요. 미래의 관점에서 이를 보면 추격에 성공하든 실패하든, 자신은 장차 제후 가운데 처음으로 동탁을 향해 진격한 사람이 되어 천하에 이름을 날리고 사람들이 지지하게 될 것이 확실하다고 생각했기 때문입니다. 인심이 한나라에 향해 있고 모두가 동탁을 증오하는 이 위급한 시기에 용감하게 출격할 수 있는 사람은 성공과 실패에 상관없이 사람들의 마음속 영웅이 될 것이지만, 근시안적인 관점에 위축되어 나서지 않은 사람은 결국 민심을 잃게 된다고 보았습니다. 그리고 백성이 지금 필요로 하는 것은 포학무도함을 없애고 질서를 회복해 편안한 환경을 제공받는 것인데, 먼저 나서서 백성의 꿈을 실현하는 사람이 바로 천하를 호령할 영향력을 누리게 될 것이라 생각했던 것입니다.

"아집을 내려놓고 필요로 하는 것을 본다"는 것은 무엇일까요. 다른 누군가를 위해 꿈을 실현하는 것이 아니라 권력을 잡고 실력을 키우는 것을 원한다면, 지금의 출격이 아주 위험하고 패할 가능성이 크더라도 적은 자원과 나름의 작은 계산은 그 시점에서는 버려야 한다는 것입니다. 그 시점에서는 불가한 것을 하는 것이 오히려 일을 성취하는 것임을 분명하게 알고 있어야 합니다.

재차 강조했지만, 조조는 변수의 전투 전에 분명하게 이번 출병이 근본적으로 동탁을 추격하는 문제가 아니라 자신의 미래를 움켜쥐는 것임을 인식하고 있었습니다. 역사를 보면 조조가 출격하자 손견도 움직였습니다. 그래서 조씨와 손씨의 사업이 크게 된 것이고, 다른 사람들은 온갖 걱정으로 앞으로 나아가지 않고 자신의 실력 보전만을 생각한 끝에 결국에는 역사의 수레바퀴에서 도태되었던 것입니다.

내가 무엇을 가지고 있고, 무엇을 하려고 하는지 따지는 것은 작은 계산입니다. 천하 사람들에게 무엇이 있고 그들이 무엇을 하려고 하는지를 생각하는 것은 큰 계산입니다. 큰일을 하려면 반드시 큰 계산을 하고 작은 계산은 내려놓아야 합니다.

다시 한 번 정리해보겠습니다. 큰 계산만 있고 작은 계산을 하지 않으면 위인이고, 작은 계산만 하고 큰 계산이 없는 사람은 평범한 사람입니다. 큰 계산 속에 작은 계산을 성취한 사람은 능력 있는 사람입니다. 큰 계산을 위해 작은 계산을 내려놓은 사람은 고인高人입니다. 사람마다 작은 계산을 내려놓도록 교육해 큰 계산을 성취하도록 돕는 사람이 바로 성인입니다.

조조의 지혜

큰 계산만 있고 작은 계산을 하지 않으면 위인이고, 작은 계산만 하고 큰 계산이 없는 사람은 평범한 사람이다. 큰 계산 속에 작은 계산을 성취한 사람은 능력 있는 사람이다. 큰 계산을 위해 작은 계산을 내려놓은 사람은 고인이다. 사람마다 작은 계산을 내려놓도록 교육해 큰 계산을 성취하도록 돕는 사람이 바로 성인이다.

조조는 위인과 성인의 경지까지는 이르지 않았지만 확실히 능력 있는 고인이라 할 수 있습니다. 그는 위험을 무릅쓰고 추격해야 할 가치와 의미를 예리하게 알고 있었습니다. 조금도 주저함 없이 정확한 선택을 했던 것입니다.

변수의 싸움은 전술상으로 보면 실패했습니다. 하지만 이러한 참혹한 실패를 기반으로 조조는 천하 사람들의 마음속에 자신의 개인적인 위신과 이미지를 심어놓았습니다. 이런 무형자산은 그가 훗날 대업을 일으킬 귀중한 자산이 되었습니다. 이번의 실패는 돈을 써서 진행하는 광고와 같이 천하 사람들의 마음속에 조조라는 브랜드 이미지를 확실히 심어놓았던 것입니다. 제후들 모두가 근거지를 차지하려는 생각만 할 때 조조는 사람들의 마음을 점령하는 매우 뛰어난 선택을 했던 것입니다.

세상에서 가장 먼 거리는 머나먼 변방이 아니라 바로 맞은편에 있는 사람의 마음속에 내가 없을 경우의 거리입니다. 오늘날 경쟁에서 성공한 기업은 시장점유율이 높은 기업이 아니라 고객의 마음을 점령한 기업입니다. 만약 상대의 마음속에 내가 없으면 눈앞에 있어도 보지 못하고, 상대의 마음속에 내가 있으면 깊은 산속이나 저 멀리 바다에 있어도 찾아 나설 것이기 때문입니다. 맞은편에 있으면서도 모른 체하는 것은 저 멀리 떨어져 있으면서 기억하는 것보다 못합니다. 브랜드라는 단어의 정수는 여기에 있습니다. 원소·원술 등 시류에 순응한 사람들은 매일 성대한 연회를 열고 잔을 주고받으면서 작은 부를 편안히 여기다 결국 중대한 사업의 기회를 놓쳐버렸던 것입니다.

역사를 보면 알 수 있습니다. 동탁을 토벌하는 전체 전장에서 명분은 천하제후였지만 진정으로 동탁군과 교전한 제후는 조조와 손견의 군대밖에 없었습니다. 모두가 위험에 처한 나라와 백성을 재난으로부터 구해야 한다는 말을 입에 달고 다녔지만, 실제로는 유리한 위치를 차지해 실력을 보존하려는 생각뿐이었습니다.

그러나 역사의 변천과정을 보면 알 수 있습니다. 반동탁 연맹에서 실력을 보전하려 했던 제후들은 결국 하나씩 역사의 무대에서 사라졌지만, 무모할 정도로 위험을 무릅쓴 조조와 손씨 부자는 결국 삼국 초기 혼란스러운 전장에서 살아남아 각각 천하의 한쪽을 차지할 수 있었습니다.

이런 재미있는 현상은 심각한 의미를 내포하고 있습니다. 사업을 할 때에는 원대한 목표와 이상을 추구해야지, 작은 이익을 탐하고 대가를 지불하지 않는 사람은 결국 역사에서 도태된다는 것을 말해줍니다. 마음에 품은 뜻이 커야 사업도 큰 법이고, 목표가 높은 곳에 있어야 성취도 높게 마련입니다.

동탁을 토벌하는 싸움 이후 천하의 형세는 급격하게 변화했습니다. 연맹에서 가장 위망이 컸던 두 사람, 원소와 원술이 가장 먼저 내부분열을 일으켰습니다. 원소는 한복의 기주冀州를 빼앗고 이어 공손찬公孫瓚과 싸움을 시작했습니다. 원술은 남양을 점거하고 황제가 될 꿈을 꾸기 시작했습니다. 대한 왕조는 이미 이름만 남아 있었고, 각 지역의 제후들은 약육강식, 할거와 난전의 국면에 빠져들었습니다. 표면상으로는 이구동성으로 형제를 칭하고 한 왕실에 충성하며 보국안민을 외쳤지만 속으로는 서로 다른 생각을 품고 호시탐탐 상대를 노리고 있었습니다. 다시 한 번 조조는 당권파나 반역파에 기대서는 안 되고, 연맹을 믿을 수도 없으며, 오직 자신의 조직을 이끄는 것이 유일한 출구라는 사실을 분명하게 인식했습니다. 실력이 있어야 발언권이 있고, 자신의 미래는 자신의 손으로 만들어야 한다고 생각했습니다. 그렇다면 조직을 구축하고 이끄는 과정에서 조조는 어떤 문제에 마주했고, 어떤 책략을 선택했을까요?

제4강

한 걸음 물러서면
형세가 보인다

오늘날 많은 기업이 치열하게 경쟁하며 고속성장을 희망한다. 하지만 빠른 성장을 위해 올바른 수단을 택하지 않고 갖은 방법으로 지름길만 찾다가 실패해 결국 얻는 것보다 잃는 것이 많은 경우가 허다하다. 어떻게 해야 안전하면서도 빠르게 사업을 발전시킬 수 있을까? 조조는 이 방면의 고수였다. 그는 가진 것 하나 없는 상황에서 여러 방법을 생각해내 경쟁이 치열한 난세에 단숨에 낙관적인 미래를 만들어내고 훗날 위대한 사업으로 발전할 기초를 닦았다. 조조의 신속한 사업발전 책략은 무엇이었을까? 그는 어떻게 이를 실현할 수 있었을까?

조급증에서 벗어나라

우리는 속성의 시대를 살고 있습니다. 도로는 고속도로, 철도는 고속철도, 면은 인스턴트 라면, 학원은 속성반 등, 열 달 만에 아이를 낳는 것을 제외하고는 모든 일이 조금이라도 빨리 이루어지기를 바랍니다.

빠른 성공은 모두의 꿈이지만, 조급증 또한 우리의 폐단입니다. 하지만 어느 누가 자신의 꿈을 버릴 수 있겠습니까? 다른 사람들처럼 조조 또한 빨리 성공하기를 희망했습니다. 조조는 비교적 낮은 곳에서 시작했고, 사람도 많지 않고 규모도 크지 않은 조직을 경영했지만, 그마저도 변수의 싸움으로 모든 것을 다 잃어버리고 거의 파산에 이르렀습니다. 이 시기에 조조가 가장 조급해하던 문제는 '어떻게 신속하게 사업을 다시 일으켜 세울 것인가'였습니다. 하지만 빨리 재기하고자 하는 조조의 이런 조급한 마음은 생각지도 못한 재난을 초래했습니다.

토끼는 감히 굴 주변의 풀을
먹지 않는다

동한 초평 원년 봄, 강남 양주에는 봄빛이 완연했습니다. 꽃들이 아름다움을 다투고 온갖 새들이 이제 막 푸른빛을 내뿜는 나뭇가지 사이를 어지럽게 날아다니는 그야말로 보기 드문 풍경이었습니다. 그런데 이 평온하던 양주의 대로에 한 떼의 인마人馬가 남에서 북으로 위풍당당하게 달려가는데, 커다랗게 내건 깃발에는 한나라나 양주가 아닌, 오로지 '충의' 두 글자만 새겨 있었습니다. 깃발 아래 붉은 말 위에 단정하게 앉아 있는 사람은 가는 눈썹에 긴 눈, 세 가닥의 수염을 늘어뜨린, 바로 비무장군備武將軍으로 제수된 조조였습니다. 오색봉으로 위세를 떨치던 시절의 그는 백면서생이었지만, 지금은 오랜 야전생활로 얼굴이 검게 탔고 마른 몸인데도 근골은 훨씬 단단해져 있었습니다. 그의 행동거지는 활기차고 피로한 기색이라고는 보이지 않았으나 얼굴에는 기쁨과 근심이 동시에 드러나 있었습니다.

이 시기의 조조는 강남의 아름다운 정경을 감상할 기분이 아니었습니다. 그는 다시 날개를 펼쳐 낙양의 전선으로 돌아갈 마음이 간절했습니다.

변수의 싸움으로 모든 밑천을 다 잃어버렸고 간신히 훈련시킨 5,000명의 병사도 거의 잃어 남은 것이 별로 없었습니다. 다행히 양주자사楊州刺史 진온陳溫이 큰 힘을 써주었기에 아주 짧은 시간 만에 양주에서 5,000명의 신예부대를 모집할 수 있었던 것입니다. 양주자사 진온, 단양태수丹楊太守 주흔周昕이 조조에게 병사 4,000여 명을 내주었던 덕분입니다.

  이 기간 동안 조조는 전선의 전황이 어떤지, 형세에 어떤 새로운 변화가 발생했는지 알지 못했습니다. 그래서 마음이 문득 부풀어 올랐다가 다시 가라않고, 다시 문득 호기로 가득하다가 다시 깊은 수심에 빠져들었습니다.

  마음은 급했지만 한 걸음 한 걸음 나가야 했습니다. 저녁 무렵이 되어 야영할 곳을 골라 진을 치고 밥을 지었습니다. 조조는 삼군三軍에 군령을 내려 휴식을 취하고, 내일 빠른 속도로 행군할 예정이라고 알렸습니다.

  강남의 밤은 온화하고 달콤했습니다. 황혼이 저물자 피곤한 새는 숲으로 돌아가고 밤은 검은 장막처럼 조용히 산천과 조조의 군영을 덮었습니다. 모든 것이 조용하고 평온한 듯 보였습니다. 하지만 이 평온함의 배후에서 거대한 위험이 은밀하게 다가오고 있다는 것을 조조는 꿈에도 생각하지 못했습니다.

  그날 저녁, 고단한 여정 탓에 조조는 베개를 대자마자 잠이 들었습니다. 그러다 문득 꿈결에 파도 소리와 같은 함성이 들리고 타는 듯한 냄새가 느껴졌습니다. 조조는 본능적으로 침상에서 벌떡 일어나 앉았습니다. 군막 밖에서는 불꽃이 하늘로 솟구치고 막사는 반쯤 타오르고 있었습니다. 조조는 순간 머릿속이 멍해지고 마음속으로 '설마 동탁의 부대가 습격한 것은 아닌가'라는 생각을 했습니다. 서둘러 의복만 갖추어 입고 칼을 빼 들고는 밖으로 나가려 할 때, 군막 밖에서 터벅터벅 발걸음 소리가 들리더니 성큼성큼 한 장수가 다가왔습니다. 8척 키의 우람한 체격, 얼굴은 구레나룻으로 덮여 있는 이 사람은 조조의 심복인 대장군 하후돈이었습니다. 그는 전신이 피에 젖은 채 살기로 붉게 충혈된 눈을 하고 있었습니다. 하후돈은 막사로 들어오자마자 큰소리로 외쳤습니다.

"양주병들이 반란을 일으켜 지금 중군을 공격하고 있습니다. 주공主公께서는 빨리 달아나셔야 합니다."

더 말할 틈도 없이 하후돈이 앞에 서고 조조는 뒤를 따르며 막사를 뛰쳐나왔습니다. 막사 바깥에서는 반란군이 조조의 친위병들과 혈전을 벌이고 있었습니다. 군영이 모두 난장판이어서 조조는 이를 악물고 하후돈을 따라 사람들 속으로 돌진했습니다.

경극을 보면 조조 역할을 하는 사람은 군화를 신고 얼굴을 하얗게 분장하고 관을 쓰고 망포를 두르는데, 이는 단순한 분장이 아닙니다. 조조의 무예솜씨가 뛰어났음을 표현하기 위한 분장입니다. 큰일을 하면서 무예가 없으면 되겠습니까? 평소에 체력이 강했기에 위기에서도 목숨을 보전할 수 있었던 것입니다. 《삼국지》〈위서〉에는 이 사건을 다음과 같이 기록해놓았습니다.

> 병사들이 모반해 밤에 조조의 장막에 불을 지르니 조조가 칼로 수십 명을 죽이고 나머지도 모두 상처를 입혀서 가까스로 군영을 벗어날 수 있었다.

조조는 칼을 빼 들어 수십 명을 베고 반군 속으로 돌진해 혈로를 열고 마침내 위험에서 벗어났습니다. 날이 밝아 주변의 군사를 점검하니 5,000명 가운데 겨우 500여 명만이 남아 있었습니다. 양주에서 병사를 모집한 일로 인해 하마터면 죽음을 자초할 뻔했습니다. 조조는 뼈저리게 후회했습니다.

그렇다면 조조는 왜 양주에 가서 병사를 모집했을까요? 이는 가까운 것을 앞에 두고 멀리 있는 것을 찾는 비효율적인 방식이었습니다. 편하게 하남에서 병사를 모집하지 않고 강남까지 갔던 것에는 어떤 심오한 뜻이 있었을까요?

우선 하남은 계속된 전란으로 인구가 감소해 모집할 수 있는 병사가 부족했다는 점 때문이었을 것입니다. 하지만 이 외에도 아주 중요한 요인이 있었습니다. 흔히 "토끼는 감히 굴 주변의 풀은 먹지 않는다"고 합니다. 당시 기반이 없던 조조가 다른 사람의 기반 위에서 멋대로 병사를 모집하다가 괜히 힘 있는 자를 자극하면 골치 아픈 일만 생길 것을 우려했기 때문입니다.

장막이나 원소와 같은 사람들은 조조와의 거리를 좁히기를 원했고, 만약 연합을 제의했다면 그들이 들어주었을지도 모르는데, 조조는 왜 그렇게 하지 않았을까요? 이는 원소와 같은 사람들과 너무 가깝게 지내지 않으려 했던 조조의 또 다른 마음 때문이었습니다.

친밀함은 유지하되
거리를 둔다

먼저 '고슴도치 효과'라는 규율 하나를 소개하겠습니다. 겨울이 오자 피곤한 고슴도치는 추위를 막기 위해 함께 모였습니다. 그런데 너무 가깝게 기대자 몸에 있는 예리한 가시들이 상대를 찔렀습니다. 어쩔 수 없이 그들은 적당한 거리를 유지하면서 추위를 참는 수밖에 없었습니다. 그러나 날씨가 갈수록 추워지자 고슴도치들은 뼈를 에는 추위를 참을 수 없어 무의식적으로 다시 모여들었습니다. 모였다 떨어지기를 반복하면서 두 고슴도치는 마침내 온기를 나누면서도 서로를 찌르지 않는 가장 적당한 거리를 찾아냈습니다.

고슴도치 효과는 인간관계의 거리 효과를 반영하고 있습니다. 즉 모든 사람은 각자 자신이 제어할 수 있는 자아공간을 필요로 하는데, 그것은 마치 무형의 기포같이 자신이 '할거'할 수 있는 일정한 영역을 필요로 한다는 것입니다.

이른바 "거리가 아름다움을 만든다"는 말은 낯선 사람과 교류할 때 관계의 변화에 따라 적절히 거리를 조절해야 편안하고 안전하게 느낀다는 뜻입니다. 즉, 이렇게 해야 우정이 오래 지속된다는 의미입니다. 실생활의 인간관계, 특히 친밀한 관계일수록 상대에게 공간을 남겨두어야 합니다. 감정을 장악하는 것은 모래알을 한 움큼 쥐는 것과 같이, 너무 가볍게 쥐어도 새서 없어지고 너무 세게 쥐어도 빠져나옵니다. 너무 느슨하지도 긴밀하지도 않게 적당한 거리를 유지해야 오래갈 수 있는 법입니다.

게다가 조조에게는 원소 등과의 감정문제뿐 아니라 실력의 차이라는 문제도 있었습니다. 조직을 이끌고 사업을 하려면 자신의 공간이 있어야 합니다. 그래야 자아도 있습니다. 일단 강대한 제후들과 긴밀하게 연계되면 언젠가는 그들이 조조 자신을 먹어치울 수도 있었습니다. 타인에게 의지하면 결국에는 자아를 잃게 될 뿐입니다. 진정한 강자가 되려면 자주독립의 길을 걸어야 합니다. 그래서 조조는 자신의 기반이 아무것도 없는 상황에서 원소에게 의지하는 것을 꺼려했던 것입니다.

친분과 지지가
동맹보다 우선이다

조조가 양주에서 병사들을 모집한 또 다른 이유는 조홍이 당시 양주자사 진온과 친분이 있었기 때문입니다. 그래서 조홍이라는 중개자의 소개로 진온을 찾아가 도움을 청했던 것입니다. 이는 조직을 급하게 확대하려 했던 조조의 긴박한 심정을 반영하고 있습니다. 이렇듯 조조는 누군가의 도움이 절실히 필요한 시점에서 여러 문제를 고려하지 못했고, 그 결과 양주에서 하마터면 목숨을 잃을 뻔했습니다.

조금이라도 상식이 있다면, 서로 의지하는 관계는 작은 일에서는 가능하지만 큰일에서는 반드시 문제가 생기게 마련이고, 설령 문제가 해결되더라도 많은 후유증을 남긴다는 사실을 잘 알고 있을 것입니다. 예를 들어 친한 친구가 아주 대단한 사업구상안이 있는데, 그 구상안의 발기인 가운데 하나가 자신의 친구라고 말합니다. 그러고는 본인이 주선할 테니 사업에 투자하라고 하면 과연 그 일이 이루어질까요?

경험상 그런 일의 십중팔구는 이루어지지 못합니다. 투자할 사람을 지금껏 만난 적도 없고 알지도 못하며 어떤 정서적인 유대나 신뢰도 없이 중간자의 말을 전적으로 믿을 수는 없기 때문입니다. 중간에 있는 사람이 유일한 끈인데, 그 끈이 쇠사슬인지 썩은 동아줄인지는 아무도 분명하게 말하지 못합니다. 만약 이런 상황에서 한쪽 말만 믿고, 한 가지 면만 보고, 들뜬 마음으로 투자를 진행한다면 이후 큰 문제가 생길 수 있습니다.

그래서 중대한 합작은 반드시 정서적인 유대가 있고 이익이 맞는 사람을 찾아야지, 서로 기대는 방식에 의존해서는 안 됩니다. 이익상 교집합이 있고 정서적인 유대가 있으며 세상살이의 처세를 이해하는 사람이라면 합작할 수 있습니다.

조조의 지혜

합작은 반드시 정서적인 유대가 있고 이익이 맞는 사람을 찾아야지, 서로 기대는 방식에 의존해서는 안 된다. 이익상 교집합이 있고 정서적인 유대가 있으며 세상살이의 처세를 이해하는 사람이라면 합작할 수 있다.

이런 점에서 양주의 반란은 조조에게 큰 교훈을 안겨주었습니다. 이후 조조는 어떻게 자신의 정체성을 보전하면서 합작을 진행할 것인지 고민했습니다. 이 시기의 합작대상으로 두 사람이 조조의 시야에 들어왔습니다. 한 사람은 원소였습니다. 당시 원소는 기주에 주둔하면서 수십만의 군대를 보유하고 있었고, 동탁 토벌의 맹주이기도 했습니다. 그 무대는 충분히 컸습니다. 그뿐 아니라 둘은 서로를 잘 알고 사적으로도 친한 사이였습니다. 이전에 원소는 조조에게 비무장군의 직함을 만들어주기도 했습니다.

과거 낙양에서 지낼 때 조조는 원소와 작은 모임을 형성해 아주 친밀하게 지냈습니다. 그래서 그들이 천하를 놓고 싸우는 것도 사실은 동료 사이의 경쟁이었습니다. 이 둘 사이에 놓인 유일한 문제는 당시 조조와 원소의 공동이익이 많지 않았다는 점입니다. 앞서 말한 것처럼 이익의 교집합을 찾을 수 있어야 믿을 만한 합작이 됩니다. 서로의 필요는 합작의 기본이지만, 어느 한쪽만의 필요는 장구한 합작을 가져올 수 없습니다.

또 다른 사람은 진류태수 장막이었습니다. 장막과 조조는 어려서부터 좋은 친구 사이였고, 중요한 문제에 대한 관점이 비슷했습니다. 그뿐 아니라 당시의 장막 또한 자신의 기반을 지켜줄 조력자를 필요로 했습니다. 장막은 원소에 비해 훨씬 강렬하게 조조를 필요로 했습니다. 비록 장막의 자원과 실력이 원소에 미치지 못했지만 조조의 입장에서는 원소보다는 장막이 더 의지할 만했습니다.

이런 이유로 그는 장막에게도 진지하게 합작할 태도를 내보였습니다. 하지만 그 태도의 요점은 한편으로는 감정을 이야기하면서 다른 한편으로는 상대의 것을 취하는 것이었습니다. 가져갈 수 있는 것은 뭐든지 가져가는 것입니다.

'네 것은 내 것이고, 내 것은 내 것이며, 너조차 내 것이다.'

조조는 이런 태도로 원래 장막의 부하였던 장수 전위典圍를 데려왔던 것입니다. 양주에서 뜻밖의 좌절을 겪은 조조에게는 새로운 발전책략이 필요했습니다.

"위로는 원소에게 기대고 아래로는 장막을 끌어들여 황건적을 집어삼키고 기반을 확장한다."

이 책략은 아주 짧은 시간 만에 하나하나 구체화되었습니다. 조조가 동탁을 피해 막 낙양에서 도망쳤을 때, 그야말로 화살에 놀라고 그물에 갇힌 물고기처럼 외롭고 고독했습니다. 그러나 190년, 불과 3년이 지난 시점에서 그는 전력이 막강한 군대를 거느리게 되었고 모사와 맹장이 비구름처럼 몰려와 자신만의 세력을 만들 수 있었습니다. 물

전위(?~197)
진류 기오己픔 사람이다. 체구가 건장하고 괴력을 지닌 것으로 유명하다. 원래 장막 휘하에 있었으나 후에 조조의 부하가 되었다. 건안 2년(197), 장수가 조조를 배반했을 때 조조를 보호하다가 죽임을 당했다. 소설 《삼국지연의》에서는 그를 "예로부터 드물었다"고 칭찬했다.

론 사업을 처음 시작한 단계에서 흔히 나타나는 여러 문제가 있었지만, 조조는 이를 적절하고 적합하게 처리해 기회를 움켜쥐었고 빠르게 발전할 수 있었습니다.

조조의 책략
일을 새로 도모하는 자가 형세를 움켜쥐는 비결

첫 번째 책략 | 어떤 흐름에도 편승하지 않는다

동한 초평 2년(191) 여름, 떠들썩했던 동탁 토벌 작전이 일단락을 지었습니다. 제후들은 각자 자신의 근거지로 돌아갔고, 동탁도 장안으로 돌아갔습니다. 7월에 원소는 한복이 차지하고 있던 기주를 손에 넣으면서 더욱 강대해졌습니다. 조조는 선택에 직면했습니다. 각지의 제후들 모두 근거지가 있었지만 조조에게는 없었습니다. 그의 직함은 원소가 준 비무장군뿐이었는데, 이는 통속적으로 말하면 일개 평민인 조조가 자임한 직무일 뿐이었습니다.

조조가 갈 만한 곳은 두 곳이었습니다. 하나는 고향 초군에서 근거지를 만드는 것이고, 두 번째는 친구인 장막을 따라 진류에서 계속 발전을 꾀하는 것이었습니다. 조조는 이 두 가지 길 가운데 어느 것도 선택하지 않았습니다. 고향 초군은 너무 작고 장막은 너무 약했습니다. 결국 조조는 더욱 크고 강한 동료인 원소에게 의탁하기로 결정했습니다. 앞서 말한 것처럼 이익의 교집합이 있어야 합작할 수 있고 서로의 필요가 합작의 기본입니다. 어느 한편의 필요만으로는 진심으로 전념하기 어렵습니다.

조조는 마침내 이 이익의 교집합을 찾아냈습니다. 《삼국지》 〈무제기〉에는 다음과 같이 기록되어 있습니다.

> 우독于毒·백요白繞·수고眭固 등의 흑산적黑山賊 10여만 명이 위군魏郡·동군東郡을 공략했으나 왕굉王肱이 막을 수 없어, 태조가 병사를 이끌고 동군에 들어가 복양濮陽에서 백요를 공격해 격파했다. 이 때문에 원소가 표를 올려 태조를 동군태수로 삼고, 동무양東武陽을 다스리게 했다.

조조가 의탁한 시기는 너무 적절했습니다. 원소가 누군가를 필요로 할 때 찾아가 그의 곤란을 해결하고 합작을 이야기했던 것입니다. 이것이 이른바 "먼저 공헌하고 이어 요구한다"는 것입니다.

흑산적이 습격한 동군은 원소의 남대문과 다름없었는데, 이곳을 지켜야 하는 원래의 동군태수 왕굉은 근본적으로 저항할 힘이 없었습니다. 원소가 이를 고민하던 시기에 조조가 자신의 군사를 이끌고 적시에 도착해 원소의 병사 하나 쓰지 않고 흑산적을 물리쳤던 것입니다. 그러니 원소도 보답으로 조조를 동군태수로 천거했던 것입니다. 이 동군태수라는 직함을 토대로 조조는 마침내 거처할 근거지를 마련하게 되었습니다.

하지만 호사다마라, 장막과 원소 사이에 갈등이 일어났습니다. 《삼국지》에는 다음과 같이 기록되어 있습니다.

> 원소는 맹주가 된 후 교만한 기색을 보였다. 장막이 바른말로 원소를 힐난하자 원소가 조조에게 장막을 죽이라고 했다.

남의 칼을 빌려 사람을 죽인다는 의미인 차도살인借刀殺人, 화살 하나로 수리 두 마리를 떨어뜨린다는 뜻인 일전쌍조一箭雙雕는 분명 이를 가리킵니다. 조조는 장막과 원소 사이에 끼어 진퇴양난에 처했습니다. 원소에게는 무력이 있고, 장막에게는 이치가 있는데, 두 사람 다 자신과 우정을 나눈 사이였고, 또 당시 두 사람 모두 꼭 필요한 사람이었기에 자칫 잘못하면 오히려 자신이 다칠 수 있는 피동적인 국면에 처하게 되었습니다.

직장에서 얼마간 힘들게 일해본 사람은 이와 유사한 문제에 직면해보았을 것입니다. '두 명의 상사 사이에서 어떻게 해야 할까'라는 고민에 빠졌을 경우, 그 이치를 분석해보겠습니다.

먼저 기본원칙을 말해보겠습니다. 예를 들어 어머니와 며느리 사이의 아들이나, 시어머니와 친정엄마 사이의 딸에게 가장 필요한 일은 무엇일까요? 아주 간단합니다. 바로 말을 옮기지 않는 것입니다.

조조의 지혜

두 윗사람 사이에 선 아랫사람에게 가장 중요한 일은 바로 말을 옮기지 않는 것이다.

가장 잘못된 아들은, 부인이 하는 말을 하나에서 열까지 모두 어머니에게 말하고, 다시 어머니가 한 말을 처음부터 끝까지 부인에게 전하는 사람입니다. 이렇게 몇 차례 말을 전한 이후에는 두 사람이 싸워도 할 말이 없습니다. 한번 전달된 말은 특정한 배경에서의 대상과 역할을 잃어버린 후여서 오해를 불러일으키기 아주 쉽기 때문입니다.

예를 들어 며느리가 남편에게 "어머니가 입고 있는 옷이 너무 구식이네요. 얼른 새 옷을 사드리는 게 좋겠어요"라고 말했습니다. 이는 본래 좋은 의도였습니다. 그런데 말이 전달되면 맛이 변하게 마련입니다. 아들이 어머니에게 "아내가 엄마 옷은 너무 구식이래. 가서 새 옷 하나 사지 않을래요?"라고 말하면 이 말을 들은 엄마의 기분이 어떨지 생각해보십시오. 좋은 말도 나쁜 의미로 전달될 수가 있습니다.

그러므로 두 상사 사이에 있다면, 특히 여러 면에서 의견이 엇갈리는 상사 사이에 있을 때는 절대 말을 전해서는 안 되는 것입니다. 반드시 좋은 말은 많이 하고 나쁜 말은 적게 하며 분쟁을 가라앉히고 편하게 지낼 수 있게 벙어리·귀머거리처럼 행세해야 합니다. 장막과 원소 양쪽과 안정적인 동맹관계를 유지하기 위해 조조가 가장 먼저 했던 일도 말을 전하지 않도록 스스로 입단속을 한 것입니다.

물론 말을 옮기지 않는 원칙만으로는 충분하지 않습니다. 두 리더 사이에서 '윤활유' 역할도 필요한데, 이를 위해서는 다음 세 가지 기교를 사용할 수 있습니다.

첫째, 진지하게 하지만 주도적으로 하지 말아야 합니다. 상사가 알력 때문에 먼저 찾아오면 우선 진지한 태도를 보여주어야 합니다. 상사가 이런저런 사정을 이야기하는 것은 충분히 신임하고 있음을 나타내는 것이니 감사해야 합니다. 동료라도 절대 주도적으로 나서서 두 사람의 분규에 개입하지 말아야 합니다. 윗사람의 분쟁에 선량한 의도로 조정하고 화해시키려 하지 말아야 합니다. 이런 행위는 아랫사람의 신분에 맞지 않기 때문입니다.

둘째, 위로만 하고 평가는 하지 말아야 합니다. 상사의 심정을 충분히 이해하는 태도를 보이고, 이어서 이해관계를 고려하도록 건의하고, 누가 누구에게 잘못이 있는지 평론하지 말아야 합니다. 셋째, 안에서 말할 때와 밖에서 말할 때 차이를 두고 옳고 그름을 서로 다르게 하는 것입니다. 소통할 때 높은 상사는 분노를 발설하게 하고 낮은 상사에게는 활로를 만들어주어야 합니다. 직속상관에게는 충성을 표하고, 타 부서의 상관에게는 이해를 표하며, 이치를 따지는 상사에게는 인정과 도의를 이야기하고, 그렇지 않은 상사에게는 이해관계를 이야기해야 합니다.

조조는 억지로 중재자인양 큰소리치지 않고, 어느 한편의 입장에서 둘 사이의 갈등을 평가하지 않았습니다. 대신 그는 매번 연맹의 중요성과 형제의 정을 통절하게 이야기했습니다. 《삼국지》에는 조조가 원소에게 말한 내용과 그에 대한 장막의 반응이 기록되어 있습니다.

"장막은 친구입니다. 옳든 그르든 당연히 받아주어야 합니다. 아직 천하가 안정되지 않은 지금은 스스로 서로에게 위기를 초래해서는 안 됩니다."

장막이 이 소식을 듣고는 조조를 덕으로 대했다.

이러한 책략으로 조조는 자신보다 실력이 강한 후원자들 사이에서 비교적 독립적이고 안전한 발전공간을 유지할 수 있었습니다. 이런 공간이 생긴 이후 조조는 두 번째 일을 벌여 빠른 속도로 조직을 확장하고 적극적으로 이끌었습니다.

두 번째 책략 | **물 흐르듯 세를 빌려 조직을 이끈다**

어떻게 세를 빌려 조직을 이끌어야 할까요.《손자병법》에 생각해볼 만한 한마디가 있습니다.

> 거친 물살이 빠르게 흘러 바위를 굴리는 것이 세다[激水之疾, 至於漂石者, 勢也].

어떻게 돌멩이를 수면 위로 띄울 수 있을까요? 물수제비를 떠본 사람이라면 각도와 속도가 답임을 알 것입니다. 적절한 각도와 충분한 속도가 있어야 돌을 물 위로 띄울 수 있습니다. 단, 여기서 말하는 돌은 작은 돌입니다. 돌이 크다면 어떻게 해야 할까요? 그냥 물결의 흐름에 맡겨야 합니다. 물살이 세차게 흐를 때 돌이 뜰 수 있습니다. 그래서 작은 일은 세를 만들어 할 수 있지만, 큰일은 세에 순응해야 할 수 있습니다.

세를 잘 이용하는 사람은 모름지기 주요 모순을 포착하고 큰 추세를 따르는 사람입니다. 세에 순응하며 일을 하면 속도가 빠르고 효과는 좋으면서도 비용은 적게 들일 수 있습니다. 조조는 이렇게 세를 이용하는 데 고수였습니다. 그는 발전과정에서 정확하게 대세를 파악했습니다. 당시 황건군黃巾軍과 지방정부 사이에 치열한 싸움이 계속되고 있었는데, 조조는 그러한 모순을 잘 이용해 자신의 기반을 빠르게 확장시켰습니다. 그는 맨 처음 장사의 싸움에서 황건군을 진압한 공로로 기반을 마련했고, 나중에 궁지에 몰렸을 때에는 동군에서 황건군을 진압해 근거지를 확보했습니다. 이어서 연주에서 황건군을 진압해 조직을 강화하고 기반을 확장해 단시간에 제후의 반열에 올라섰습니다.

조조가 황건군과의 싸움에서 연이어 승리하는 것에 주목한 사람이 있었습니다. 바로 제북상 포신이었습니다. 192년 4월, 청주靑州 황건군이 군대를 정비한 후 연주를 향해 진격했습니다. 그들은 동평 부근에서 연주자사 유대의 주력부대를 섬멸하고 유대를 죽였습니다. 유대의 부하였던 제북상 포신은 유대에게 간언한 적이 있었습니다.

"지금 적의 무리가 100만 명이라 백성이 모두 두려워 떨고 있고, 군사들은 투지가 없어 당해낼 수 없습니다. 살피건대 적들은 군수물자가 없어서 오직 노략질하는 것으로 재물을 삼고 있습니다. 지금은 군사들의 힘을 축적하고 먼저 굳건히 지키는 것이 낫습니다. 적들이 싸우고자 하지만 그럴 수 없고, 공격하고자 해도 또 능히 그럴 수 없으니, 그 세력은 필시 흩어지고 말 것입니다. 그런 연후에 정예를 가려서 요해처를 점거한 다음 공격하면 격파할 수 있을 것입니다."

유대는 이를 듣지 않고 싸우러 나가 결국 죽고 말았습니다. 이렇게 자사가 살해되고 주력이 무너지자 텅 빈 연주의 민심은 흉흉했습니다. 이런 상황에서 조조는 진궁을 보내 연주의 치중治中·별가別駕 등 크고 작은 관리들을 설득했습니다.

"조장군은 치세의 능력을 갖춘 사람입니다. 만약 그가 주목 자리에 앉는다면 황건적을 막고 이 지역에 안정을 찾아주실 것입니다."

이어 연주의 실력자 포신이 나서서 조조에게 연주자사를 맡아달라고 청했습니다. 이런 경과를 보면 포신이 조조에게 연주를 헌납했다고 할 수 있습니다. 포신 등의 적극적인 지지에 힘입어 조조는 마침내 돌아갈 곳 없는 유격대에서, 머물며 지킬 곳이 있는 제후가 되었습니다.

우리는 조조가 사업을 처음 시작하던 단계에서 원소·장막·포신 세 사람이 각각 조조의 성장에 결정적인 역할을 했음을 알 수 있습니다. 세 사람의 자원과 무대, 적극적인 지지에 기대어 조조는 3년이라는 짧은 시간 안에 강력한 군대를 보유하고 연주에 주둔하며 천하에 위세를 떨쳤습니다.

기반을 획득한 것과 함께 조조는 인재를 모으는 일에도 적극적이었습니다. 원소 쪽에서는 모사 순욱荀彧, 장막 쪽에서는 장수 전위, 포신 쪽에서는 장수 우금于禁이 조조 진영에 합류했습니다. 보시다시피 조조는 남의 집 담장을 무너뜨리는 실력이 아주 뛰어났습니다. 그의 연합에 대한 전략은, '세 사람과 연합하지만 합치지는 않고 독립을 유지하며 발전한다'는 것이었습니다. 게다가 그들에게 세력을 빌리면서 동시에 사람까지도 빌렸습니다. 적합한 인재가 찾아오면 예외 없이 쓸 수 있도록 등용의 길을 활짝 열어놓았습니다.

이렇게 새로운 인재를 모으는 것과 동시에 조조는 연주 경내에서 싸웠던 황건군에게 적극적인 투항을 유도했습니다. 한편으로는 교전하면서도 다른 한편으로는 협상을 진행하며 몇 달 동안 분위기를 조성한 끝에 192년 겨울, 마침내 황건군의 항복을 받아내고 그들을 자신의

순욱(163~212)
자는 문약文若이며, 영천 영음潁陰 사람이다. 명문가 집안으로 동한 말기 조조의 수석 책사로 활약해 조조가 "나의 장자방張子房이다"라고 했다. 처음 원소의 휘하에 들어갔으나 원소가 인물이 아님을 인지하고 조조의 휘하에 들어갔다. 조조에게 도읍을 허도로 옮기고 헌제를 모시자고 적극 제안해 천자를 두고 제후를 호령하는 지위를 얻게 했다. 조조는 대장군의 벼슬을 받은 뒤 그를 시중과 상서령尚書令으로 임명하고 국가의 중요한 일에 참여하도록 했다.

우금(?~221)
자는 문칙文則이며, 태산泰山 거평鉅平 사람이다. 조조에 의해 점군사마點軍司馬로 임명된 후 많은 전투에서 전과를 올렸다. 건안 24년, 번성樊城의 싸움에서 관우에게 패한 후 투항해 목숨을 구걸하는 등 절개를 지키지 못했다.

군대로 재편성했습니다. 조조는 황건군 30만과 군대를 따라온 남녀 100여만 명 가운데 정예를 선발해 '청주병靑州兵'이라 칭했습니다.

조조는 210년 12월, 〈양현자명본지령讓縣自明本志令〉 혹은 〈술지령述志令〉에서 자신의 지향이 변해온 과정을 언급했습니다. 그는 "당초 효렴으로 천거될 당시 한 군의 태수가 되어 청렴한 관리로서 명성을 얻으려 했고", 제남상에 임명되었을 때에는 "부패하고 사학한 세력을 몰아내고자 했으나, 강호强豪의 분노를 산 것 때문에 집안에 화가 미칠 것이 두려워 병을 핑계로 사직했다"고 말했습니다. 훗날 전군교위로 천거되었을 때에는 국가를 위해 도적을 토벌해 공을 세우고 제후로 봉해져 묘지에 "한漢나라 고故 정서장군征西將軍 조후曹侯의 묘"라는 글자가 새겨지기를 바랐다고 말했습니다. 이후 동탁을 토벌하기 위해 기병한 후 그의 지향은 한계에 직면했으나, "연주목兗州牧이 되어 황건군 30만 명을 격파한 후에야 천하를 평정할 세력을 갖게 되었고", 이후 "원술·원소·유표劉表를 평정한 후 마침내 평천하의 뜻을 품게 되었다"고 말한 적이 있습니다.

항복한 청주 황건군을 접수한 후, 근거지가 없던 황건군이 군량과 마초가 부족해 약탈을 일삼았던 것을 교훈 삼아 조조는 100만에 달하는 황건군[男女百餘萬口]의 노동력과 생산기술에 기대어 부국을 꾀했습니다. 건한 원년, 조조는 그들을 허하許下·범현范縣·동아東阿에 머물며 농작물을 경작하게 하고, 수리공사를 벌이고 둔전屯田을 크게 일으켰습니다. 당시 둔전은 군둔軍屯과 민둔民屯 두 가지가 있었습니다. 소가 없는 자에게는 공가公家에서 소를 빌려주고 공가가 6, 개인이 4로 이익을 나누었고, 소가 있는 자에게는 소득을 고르게 나누었습니다. 여기서 초보적인 성과를 거둔 후 북방에서도 둔전을 확산했는데, 사서에는 "여러 해 곡식을 쌓아 창고가 모두 가득했다"라고 기록되어 있습니다. 둔전은 매년 계속되는 전쟁에 군량을 공급할 뿐 아니라 생산을 증대시키고 농민의 부담을 경감시켰습니다. 또한 농민이 군량을 멀리까지 운송하는 것을 면하게 해주었고 아울러 백성이 풍족하게 살도록 해주었습니다. 이 둔전책으로 조조는 북방을 통일할 경제적 기초를 마련할 수 있었습니다.

우선 생존해야 후에 발전을 꾀할 수가 있습니다. 먹고사는 것은 영원히 첫째가는 중요한 문제입니다. 둔전을 통해 조직의 생존문제를 해결하자 이제 발전의 문제가 제기되었습니다.

청주 황건군은 목표, 문화와 관리방식 모두 기존 조조의 군대와는 판이했습니다. 조조는 짧은 시간 내에 청주 황건군을 재편해야 할 필요가 생겼습니다. 그래서 조조는 처음부터 다시 황건군에 대해 전면적인 조정과 통합을 진행했습니다.

이 문제는 오늘날 많은 기업이 직면하는 문제이기도 합니다. 두 회사를 합병하거나 한 회사를 인수합병을 했을 때 어떻게 직원을 빨리 통합해 조직을 일신하느냐는 확실히 도전적인 과제라 할 수 있습니다. 조조가 어떤 방식으로 청주병을 재편했는지 알아보겠습니다.

첫째, 정선精選입니다. 30만여 명의 병사 가운데 소수 정예만 남겨두고 대부분은 둔전에 가입시켰습니다. 둘째, 분층分層입니다. 조조는 군대를 친군親軍·중군中軍·외군外軍으로 나누었습니다. 조조 자신의 부대인 친군은 조씨 성을 가진 자제들이 인솔하게 했고, 청주병이 핵심인 중군은 직접 지휘를 했으며, 외군은 각각의 장수에게 맡겨 구역을 나누어 주둔하도록 했습니다. 셋째, 파장派將입니다. 청주병을 통솔하기 위해 유능한 사령관을 파견했습니다. 맨 먼저 하후돈을 파견하고 후에 장패臧覇와 여건呂虔 등을 보내 그들을 관리하게 했습니다. 넷째, 독립입니다. 과거 황건군이었던 청주병은 특수한 문화와 신앙이 있어 행동양식과 관리방식이 일반 군대와 전혀 다른 조직이었습니다. 때문에 조조의 다른 부대와 융합하기 어려웠습니다. 조조는 그 점을 고려해 청주병과 원래의 부대를 섞지 않고 독립적으로 편성해 새 조직과 기존 조직의 마찰과 충돌을 방지했습니다.

새로운 관리방식과 문화를 도입할 때에는 홍보활동과 전면 추진 사이의 척도에 주의할 필요가 있습니다. 그러면 여기서 새로운 직원을 통합하는 몇 가지 기교를 이야기해볼까 합니다.

첫째, 천둥이 치면 비가 내리는 것처럼, 먼저 홍보를 개시한 연후에 조직적으로 실시합니다. 둘째, 천둥소리는 크지만 비는 조금 내리는 것처럼, 홍보는 요란스럽게 하지만 진짜 통합을 실시할 때에는 확실하고 점진적으로 추진합니다. 셋째, 천둥과 우레는 1,000리에 이르지만 비는 1촌만 적시는 것처럼 홍보를 시작할 때에는 열렬하게 먼 일을 이야기해도 좋지만, 진짜 조직적으로 실시할 때에는 눈앞에 있는 사람이 실질적인 혜택을 얻도록 해야 합니다.

세 번째 책략 | 고정된 지식이 승세를 막는다

황건군을 격퇴하고 그들을 청주병으로 편입한 것은 조조의 인생과 사업에 거대한 전환점이 되었습니다. 조조는 황건군에 대한 작전에서 탁월한 군사적 재능을 드러냈습니다.《삼국지》〈위서〉의 실린 당시의 기록을 살펴보겠습니다.

황건이 도적이 된 지 오래고 여러 차례 승세를 타서, 병사들이 다 정예인데다 몸이 날랬다. 조조군은 경험 많은 병사는 적고, 신병은 훈련을 받지 못해 온 군대가 (황건군을) 두려워했다. 조조가 갑옷을 입고 투구를 매고서 친히 장수와 병사 사이를 돌며 상벌을 분명히 권하니, 군사들이 이내 다시 분격했다. 그 틈을 타서 적을 토격討擊하니, 적들은 점차 꺾여 퇴각했다. ……마침내 매복병을 설치해놓고 밤낮으로 회전會戰했는데, 적들은 싸울 때마다 번번이 사로잡히자 마침내 패주했다.

이러한 강력한 지휘능력 없이 사나운 청주 황건군과 싸워 이길 수는 없었을 것입니다. 당시 조조는 막 서른 살이 된 젊은이였는데 어떻게 그토록 군사적인 재능이 출중했을까요? 앞서 이야기한 것처럼 조조는 관직을 버리고 귀향했던 젊은 시절에 성 밖에 집을 짓고, 봄여름으로 독서를 하며, 가을과 겨울에는 사냥을 오락으로 삼았습니다. 이처럼 그는 얼마간 방문을 걸어 잠그고 책을 읽는 등 지식을 학습하기 위해 많은 노력을 했습니다.

또한 조조는 책의 내용을 읽는 것만 아니라 책 속의 내용을 이해하고 평가해 자신의 관점이 있었습니다. 이는 매우 장한 일이었습니다. 흔히 "재능[才]은 배움[學]을 필요로 하고, 배움은 아는 것[識]을 귀하게 여긴다"고 합니다. 배움에는 자신의 관점을 형성하는 것이 가장 중요합니다. 그는 병서를 공부하며 깨달은 바를 정리해 책을 집필했는데, 그 책들이 현존하는 병법의 경전이 되었습니다. 조조의 병법 저작에는 《손자약해孫子略解》한 권, 《병서접요兵書接要》열 권, 《병법접요兵法接要》세 권, 《병서요약兵書要略》아홉 권, 《병법兵法》한

권이 있습니다. 현존하는 《손자병법》의 가장 이른 주해본이 바로 조조의 저작입니다.

하지만 이러한 것들은 단지 조조가 지식을 쌓아가면서 발전했음을 설명할 뿐, 조조의 능력치가 한 단계 도약했던 이유를 설명하기에는 부족합니다. 조조는 어떻게 짧은 시간 동안 배운 지식을 신속하게 능력으로 전환했던 것일까요? 이 문제는 탐구할 만한 가치가 있습니다.

오늘날 사람들은 지식 면에서는 깊고 해박해 보이지만 현실에서의 능력은 평범한 경우가 많습니다. 많이 안다고 꼭 능력이 뛰어난 것은 아닙니다. 이 점은 어린 학생에게 특히 두드러집니다. 때문에 조조의 지식을 능력으로 전환하는 방법은 배울 점이 있습니다. 이 문제에 관한 흥미로운 연구부터 이야기해보겠습니다.

전문가가 두 명의 태권도 선수의 솜씨를 분석했는데, 한 사람은 성적은 중간 정도로 종합평가는 C였고, 다른 한 명은 전적이 화려한 고수로 종합평가에서 A를 받았습니다. 두 사람이 치른 이론시험에서는 성적 차이가 그다지 크지 않았습니다. 이어 전공과 관련해 인터뷰를 실시했는데, 전문가는 두 사람 사이에 중요한 차이가 있음을 발견했습니다.

태권도의 기본동작인 내려치기에서 첫 번째 선수는 키·자세·선공의 우세라는 세 가지 조건이 있어야 내려치기를 할 수 있다고 했는데, 아주 적절한 말이었습니다. 하지만 다른 선수는 완전히 다르게 이해했습니다. 그는 세 가지 장면을 이야기했습니다. 하나는 처음 그 동작 때문에 쓰러졌을 때 어떤 상황이었는지, 두 번째는 처음 그 동작을 쓸 때 어떤 느낌이었는지, 그리고 세 번째는 자신이 그 동작으로 가장 성공했을 때가 어떤 모습이었는지를 생동감 있게 이야기했습니다.

우리는 이 차이를 주목할 필요가 있습니다. 되도록 빨리 지식을 능력으로 전환하고 싶다면 책에서 흔히 이야기하는 세 가지 원칙, 네 가지 법칙, 다섯 가지 요소, 여섯 가지 기준과 같은 공식을 외우지 마십시오. 이런 암기식 법칙들은 도움을 주지 못합니다.

그렇다면 어떻게 공부해야 빠르게 지식을 능력으로 전환시킬 수 있을까요? 해답은 '지식을 고정시키지 않고 살아 있게 하는 것'에 있습니다. 지식을 생동적인 장면·인물·고사, 특히 자신의 경험과 결부시켜 깨우치는 것입니다. 경험이 있다면 경험과 결부시키고, 없으면 간접경험과 결부시켜야 하는 것입니다.

조조의 지혜

지식을 살아 있게 하라. 지식을 생동적인 장면·인물·고사, 특히 자신의 경험과 결부시켜 깨우쳐야 한다. 경험이 있다면 경험과 결부시키고, 없으면 간접경험과 결부시켜야 한다.

그래서 반드시 사례·배경·인물·고사를 지식과 함께 배워야 합니다. 오늘날 사례학습과 체험학습을 특히 강조하는 이유는 바로 여기에 있습니다.

왜 사례와 고사를 통해 능력을 끌어올리는 것이 필요할까요? 오늘날의 심리학 연구는 인간이 진정으로 행동을 취할 때는 일련의 순간적인 의사결정을 하고, 이것이 의사결정 고리를 형성해 행동을 이끌어낸다는 것을 밝혔습니다. 이 단편적인 의사결정 고리는 시스템 사고나 논리적인 판단의 결과에 따른 것이 아니라 상당한 양의 은유·암시·연상·비유 등에서 비롯되는데, 이런 현상을 내부감각법이라고 합니다. 이런 내부감각이 있어야 행동력을 갖추게 되고, 실제 일하는 능력도 상승합니다.

조조는 보통 지식인들이 따라갈 수 없는 자신만의 학습법으로 지식을 능력으로 빠르게 전환시킬 수 있었던 것 같습니다. 그러면 당연히 앞서 말한 내부감각법, 즉 지식에 직접체험과 간접경험을 결합해 개인의 능력을 신속하게 향상시키는 학습법이 중요한 내용이 될 것입니다.

이는 청소년 시기 조조의 성격과 생활방식에서 단서를 엿볼 수 있습니다. 어려서부터 조조는 책 속에 있는 죽은 지식이 아닌 경험과 탐색, 모험을 좋아했습니다. 또 사람을 관찰하고 사회와 접촉하기를 좋아했고, 책을 읽을 때에는 생동감 있고 자신만의 색이 뚜렷한 인물의 이야기에 흥미를 느꼈는데, 이 모든 것이 조조가 성장하는 데 견실한 기초가 되었던 것입니다.

187년에서 190년까지는 조조에게 사방에 위기가 잠복해 있는 파란만장한 3년이었습니다. 조조는 예리한 안목과 뛰어난 능력에 기대 사람을 빌리고, 세를 빌리고, 힘을 빌려 틈새에서 생존하고 발전을 도모해 빠른 성장을 이루어냈습니다. 낙양을 떠나던 시절의 그는 혼자 말을 타고 도망가야 했던 외롭고 초라한 국가 공무원이었으나, 3년 안에 막강한 군대를 거느리고 군웅을 내려다보는 제후가 되었습니다.

그러나 다른 한편으로 그와 같은 빠른 성장으로 인해 으스대며 야심을 드러내기 시작했고, 득의양양하며 우쭐거렸습니다. 이런 정서관리의 실종은 곧바로 예상하지 못한 위기와 재난을 초래했습니다. 새로운 위기는 어떻게 발생했고, 조조는 어떻게 시련을 견뎌냈을까요?

제5강

감정이 개입하면 위세가 흔들린다

우리는 희로애락 등 다양한 감정을 느끼며 살고 있다. 하지만 사회생활을 잘하기 위해서는 때로는 감정을 잘 관리하고 이지적인 상태에서 의사결정을 하는 것이 필요하다. 성공한 관리자는 자신의 감정을 잘 통제해야 할 뿐 아니라 조직의 정서 또한 잘 배려해야 한다. 관리자의 분노로 무고한 사람에게 화가 미치는 것은 그의 성격상의 미성숙을 보여준다. 조조는 살아가면서 몇 차례 전략상의 잘못을 저질렀는데, 서주徐州를 피로 물들인 사건이 그 전형적인 사례다. 그는 순간의 어리석음에 휩싸여 분노와 탐욕으로 자신의 사업을 구렁텅이에 빠트렸다. 조조의 뼈아픈 실패의 교훈에서 우리는 무엇을 배울 수 있을까?

감정을 관리하는 능력

"추위와 더위는 하늘이 만들지만, 화와 복은 마음에서 나온다"는 속담이 있습니다. 추위가 가고 더위가 오는 것은 자연의 법칙이므로 그 순환과 반복은 자연이 결정하지만, 길흉화복은 세상살이의 변화이므로 그것이 생겨나고 사라지는 것은 당사자가 마음먹기에 달렸다는 이야기입니다.

하나의 사업을 이루어내고자 하는 사람이 직면하는 최대의 도전은 일이 아니라 마음을 조절하지 못하는 어려움일 것입니다. 1,000번을 근신해도 항상 앞길을 점치지 못하고, 한순간의 잘못된 생각으로 사업이 붕괴될 수 있습니다. 오늘날 관리학에서는 성공한 사람이 꼭 갖추어야 할 가장 기본적인 관리원칙으로 시간관리·소통관리·건강관리·감정관리를 제시하고 있습니다. 이 가운데 감정관리를 가장 소홀히 하기 쉽습니다. 한순간의 잘못된 생각이 감정관리의 실패를 불러일으켜 사업을 곤경에 빠뜨릴 수 있습니다.

실제로 우리의 인생여정이 항상 순풍에 돛을 달고, 가는 곳마다 꽃들이 피어 있을 수는 없습니다. 늘 다양한 문제를 만나게 되고, 희노애락의 감정은 우리의 삶과 떼려야 뗄 수 없는 것이 바로 인생입니다. 때문에 좋지 않은 감정이나 정서로 인해 문제가 생겼을 때 어떻게 자아를 조절해 현명한 선택을 할 것인지는 우리 인생과 사업의 성공을 위해 분투하는 모든 사람에게 커다란 과제일 것입니다. 조조 또한 이런 시련에 직면했습니다. 이번 장의 내용은 서주전투 徐州戰鬪에서 시작됩니다.

리더의 잔혹함이 조직을
열세로 몰아넣는다

동한 초평 4년(193) 초가을, 서주의 수도인 담성郯城 바깥에서는 사방에 봉화가 올라오고 주위는 온통 싸우는 함성으로 가득했습니다. 멀리서 보니 수천 명의 기병부대가 빠른 속도로 대규모 군영을 공격해 포위를 뚫고 성안으로 들어가려 하고, 성을 포위하고 있던 부대는 마치 조수처럼 삼면에서 쏟아져 나와 완강하게 저지하고 있었습니다.

전장의 핵심지대에는 두 장수가 한 치의 양보도 없이 싸우고 있었는데, 왼쪽은 서주를 구원하러 온 장비張飛였고, 오른쪽은 서주를 공격하러 온 조조 수하의 우금이었습니다. 장비는 서주 방어의 선봉이었고, 우금은 이번 서주 공격의 선봉이었습니다. 두 사람이 원기 왕성하게 한바탕 싸우는데 마침 유비의 원군이 도착했습니다. 우금이 양쪽의 공격을 막지 못하고 도망치자 조조군의 방어선에도 빈틈이 생겨났습니다.

성 위에서 초조하게 기다리던 서주자사徐州刺史 도겸陶謙은 크게 기뻐하며 서둘러 성문을 열어 구원병을 불러들였습니다. 멀리서 관망하던 조조는 속으로 장비의 무예에 감탄을 금하지 못했습니다. 그때 전장에서 훨씬 떨어진 높은 언덕 위에 또 몇 사람이 말을 세우고 싸움을 바라보고 있었는데, 그들이 바로 관우와 조운趙雲이었습니다. 그들은 방금 북해상 공융孔融, 청주자사青州刺史 전해田楷와 함께 유비에게 호응해 안팎에서 조조의 공성부대를 공격할 준비를 하고 있었습니다. 비록 우금이 패했지만 조조 쪽에서도 호표기虎豹騎와 청주병

이 이미 전열을 정돈하고 전위·하후돈·하후연·조인·조홍·이전
李典·악진樂進 등이 단단히 벼르며 돌진할 준비를 하고 있었습니다.
이 시기의 서주에는《삼국지》의 영웅이 다 모여 살기등등한 용쟁호
투를 연출하려 하고 있었습니다. 삼국의 역사에서 조조의 세력과
유비의 세력의 최고 고수들이 일대일로 싸운 것은 이번이 처음이
었습니다.

이제 막 사업의 기반을 닦은 조조는 왜 모든 자원을 다 꺼내 서주
를 공격하는 모험을 감행했을까요? 이 이야기는 먼저 조조의 부친
조숭에게서 시작됩니다. 동탁 토벌의 기치를 내건 이후 조조는 동탁
이 보복할까 두려워 식솔들을 이끌고 산동의 낭야군으로 이주했습
니다. 동한 초평 4년, 조조는 태산태수泰山太守 응소應劭를 보내 낭야
군에서 조숭을 영접하게 했습니다.

조숭은 조조의 동생 조덕曹德과 일족 40여 명, 종자 100여 명, 수레
100여 대를 이끌고 곧장 연주로 출발했습니다. 도중에 서주를 거쳐
야 했는데, 서주태수徐州太守 도겸은 됨됨이가 온후하고 돈독했습니
다. 그는 조조의 아버지가 지나간다는 사실을 알고 친히 주 경계까
지 나가 맞이하고 이틀간 잔치를 벌이고 환대했습니다. 조숭이 떠나
려 하자 도겸은 직접 성 밖까지 배웅하면서 특별히 도위 장개張闓에
게 군사 500명을 주어 호위하게 했습니다. 도겸이 이렇게 조숭을 환
대한 것은 조조와 친해지고자 하는 욕심이었지 별다른 이유는 없었
습니다.

조숭 일가가 화비 땅에 이르렀을 때 갑작스럽게 소나기를 만나
가까운 산사로 피신하게 되었습니다. 밤이 되자 원래 황건의 잔당
출신인 장개 등은 조숭의 재물에 욕심이 생겼습니다. 조숭은 1억

전을 내고 관직을 살 만큼 엄청난 부자였습니다. 그들은 비바람이 아직 그치지 않은 틈을 이용해 후원으로 쳐들어갔습니다. 그 와중에 조조의 동생 조덕이 칼에 맞아 죽었습니다. 당황한 조숭은 첩과 함께 담을 넘어 도망가려 했습니다. 첩이 너무 뚱뚱해 담을 넘지 못하자 뒷간에 숨어 있다가 그만 장개의 부하들에게 살해되고 말았습니다.

장개는 조숭 일가를 모조리 죽이고 재물을 취한 후 절에 불을 지르고 회남淮南으로 달아났습니다. 당시 조조의 명으로 조숭 일가를 인솔하러 갔던 응소는 조조의 문책이 두려워 원소에게 투항했습니다. 가까스로 살아남은 응소의 부하 가운데 하나가 조조에게 이를 보고하자 조조는 땅에 엎드려 울기 시작했습니다. 사람들이 부축하자 조조는 이를 갈며 맹세했습니다.

"도겸의 방종한 병사들이 내 아비를 죽였으니 그는 불공대천의 원수다! 지금 대군을 이끌고 서주를 쓸어버려 한을 풀겠다!"

이상이 《삼국지연의》에 나온 조숭의 죽음에 관한 경위입니다. 사서의 기술에 비추어보면 조숭의 죽음에는 대체로 두 가지의 판본이 있습니다. 하나는 도겸의 부하 장수가 조숭을 살해했다는 《삼국지연의》의 이야기와 기본적으로 일치하는 것으로, 대표적으로는 《삼국지》〈오서吳書〉와 《후한서》〈도겸전陶謙傳〉이 있습니다. 또 다른 판본은, 몇 차례에 걸쳐 서주를 침범한 조조에게 원한을 품은 도겸이 경기병을 보내 조숭 일가를 쫓아가 죽였다고 기록하고 있습니다. 조숭 일가를 살해한 것은 도겸이 일방적으로 계획한 것이라는 내용입니다. 이 판본은 《삼국지》〈무제기〉, 《후한서》〈응소전應劭傳〉 및 《세설신어》가 대표적입니다.

무엇이 사실인지에 대해서는 의견이 분분합니다. 그래서 누군가는 역사란 승자가 쓴 것으로 전적으로 승자의 필요에 따라 표현한다고 하고, 또 다른 사람들은 역사란 마음대로 치장하는 아가씨처럼 생각하고 싶은 대로 그냥 꾸며낸 것이라고도 이야기합니다. 진실은 존재하며 우리는 그 속에서 살고 있습니다. 꼭 진실을 알 필요는 없습니다. 조숭의 죽음에 관한 다양한 의견은 줄곧 존재해왔습니다.

이후 조조의 복수과정에 대한 역사 기록은 한결같이 일치하는데, 모든 기록이 회피할 수 없는 사실, 즉 조조가 서주 백성을 마구잡이로 도륙했다는 사실을 기록하고 있습니다. 사서에는 다음과 같이 기록되어 있습니다.

> 지나간 곳은 다 파괴되고 많은 사람이 살해되었다.
> · 《삼국지》〈무제기〉

> 애초에 경현京縣· 낙양에서 동탁의 난을 만난 백성이 떠돌아다니다가 동쪽으로 빠져나가 서주 땅에 의지했는데, 조조가 서주에 와 남녀 수십만 명을 사수泗水에 몰아넣고 죽이니 물이 흐르지 않았다. 조조가 담현郯縣을 공격했으나 이길 수가 없자 마침내 떠났으며, 취려取慮·수릉睢陵·하구夏丘를 공격해 빼앗아 모두 도륙하고, 닭과 개 역시 다 없애니, 더는 텅 빈 읍에 다니는 사람이 없었다.
> · 《자치통감》

이로부터 서주 5현의 작은 성에서 더는 행인의 족적을 볼 수 없게 되었다.

・《후한서》〈도겸전〉

　원래 삼보三輔(섬서성 중부)지역 백성은 이각李催과 곽사郭汜의 난을 만나 유랑하다 서주에 이르러 도겸에게 의탁했는데, 조조가 그곳의 백성을 다 죽였던 것입니다. 사람이든 가축이든 살아 있는 것은 보이는 대로 다 죽였으니, 본래 세외도원世外桃源이었던 서주가 한순간에 인간지옥으로 변해버렸습니다.

　후세의 역사가 가운데 조조가 무고한 양민을 마구잡이로 죽인 행위에 대해 이를 갈지 않는 사람이 없습니다. 조숭 일가의 피살이 도겸의 짓인지 그의 부하의 짓인지 가리는 것은 일단 접어두겠습니다. 도겸과 원수가 된 조조가 서주의 무고한 백성에게 분노를 분출해 피의 대가를 받아낸 것에 무슨 정의가 있겠습니까? 이 사건으로 조조의 잔혹함과 음험한 성격이 충분히 드러났다고 할 수 있습니다.

　조조의 이번 서주 정벌에는 세 가지 분석할 만한 요소가 있습니다. 첫째, 청주병을 제대로 관리하지 못해 작전과정에서 원천적으로 학살을 막아내지 못한 점입니다. 둘째, 조조가 급속하게 기반을 확장하고 조직을 키우는 과정에서 100만여 명의 청주병 식솔은 먹고 마시며 농사지을 땅을 기다리고 있었는데, 이런 방대한 조직은 한편으로는 자원이면서도 한편으로는 위험했습니다. 마치 화약고를 옆에 둔 것처럼 관리를 잘했을 경우에는 승리의 비법이 될 수 있지만 잘못하면 황천길로 직행하는 것이었습니다. 셋째, 분노로 무고한 양민을 학살한 것은 관리자 조조가 감정관리에 실패했고, 성격적으로나 정치적으로 아직 성숙하지 못했음을 반영합니다. 여기서 관리학의 현상 가운데 '고양이를 발로 찬 효과'를 빌려 설명하고자 합니다.

조절하지 못한 화는 재난으로 돌아온다

사장의 질책에 화가 난 직원이 집에 가서 부인과 싸웠습니다. 울화가 치민 부인은 아들이 하라는 공부는 하지 않고 게임만 하는 것을 보고는 화가 나 한 대 때렸습니다. 억울한 아들은 거실에 누워 있던 고양이를 발로 찼습니다. 이유 없이 맞은 고양이는 어쩔 줄 몰라 밖으로 도망갔다가 마침 달리던 차와 마주쳤습니다. 기사는 고양이를 피하기 위해 핸들을 꺾다가 길옆에 있던 행인을 치어 중상을 입혔습니다. 재난은 이렇게 발생하는 것입니다.

'고양이를 발로 찬 효과'는 두 가지 사실을 말해주고 있습니다. 첫째, 사람은 화가 났을 때 약자에게 분노를 전이하곤 하며, 무고한 약자는 분노의 희생양이 된다는 것입니다. 둘째, 조직에서 감정은 전염될 수 있어 종종 커다란 재난이 되기도 한다는 사실입니다. 그래서 우리가 환경오염을 방지하기 위해 노력하는 것처럼 감정의 오염을 방지하기 위해 노력해야 하는 것입니다.

그러므로 부정적인 일에 마주했을 때 어떻게 긍정적인 반응을 만들어내야 하는지에 대해 공부해야 합니다. 유쾌하지 못한 일을 당했을 때 약자를 공격하지 말아야 합니다. 오늘날 심리학은, 감정이 상했을 때 잠재의식이 아랫사람이나 반격할 수 없는 약자를 선택해 발설하도록 부추긴다는 사실을 밝혔습니다. 그래서 엉망인 기분은 등급과 강약으로 이루어진 사회의 관계고리에 따라 차례대로 전이됩니다. 이는 피라미드 꼭대기에서 곧장 제일 낮은 곳으로 확산되어 결국 가장 약한 사람이 최종 피해자가 된다는 것입니다. 상하이에서 그런 사례가 하나 있었습니다. 부부가 다투다가 분개한 남편이 열 달 된 아이를 아파트 14층에서 던져 사망한 사건이었습니다. 좋지 않은 감정을 관리하지 않으면 다른 사람을 해칠 뿐 아니라 자신까지 해치게 되는 것입니다.

다시 조조의 이야기로 돌아가보겠습니다. 부친이 피살된 후 화가 머리끝까지 치민 조조는 결국 그 분노를 무고한 백성에게 퍼부었는데, 이것은 전형적인 고양이를 발로 찬 효과였습니다. 이는 아주 엄중한 결과를 초래했습니다. 조조가 훗날 자신의 사업을 발전시키는 데 커다란 문제를 야기했던 것입니다. 조조는 일시적인 분노로 정말 중대한 실수를 저질렀던 것입니다.

분노의 감정마저 통제해야 한다

《논어論語》에서 공자孔子는 안회顔回의 두 가지 장점을 보고 감탄합니다. 하나는 자신의 화를 남에게 옮기지 않는 것이고[不遷怒], 다른 하나는 같은 실수를 두 번 저지르지 않는 것[不二過]이었습니다. '자신의 화를 남에게 옮기지 않는 것'은 남에게 자신의 분노를 옮기지 않고, 다른 사람을 괴롭혀 분노를 해소하지 않으며, 스스로 좋지 않은 감정을 누그러뜨릴 수 있는 자세를 말합니다. '같은 실수를 두 번 저지르지 않는 것'은 잘못을 저지르면 거기서 교훈을 얻어 또다시 잘못을 반복하지 않는다는 뜻입니다. 이것이 성공한 사람이 갖추어야 할 기본태도이며 기본적인 자아관리의 방법입니다.

누군가 "인생이란 마치 기복이 변화무쌍한 바다와 같고, 우리는 바다를 항해하는 배이며, 감정은 의심할 여지없이 그 배의 돛과 같다"고 비유한 적이 있습니다. 바다를 항해하며 적시에 돛의 방향을 조정하는 것처럼 자신을 통제하는 법을 배워야 배가 난파되어 사람이 죽는 사고를 미연에 방지할 수 있는 것입니다.

분노와 좋지 않은 감정을 통제하는 몇 가지 효과적인 방법을 제안하고자 합니다. 첫째는 전이법입니다. 음악을 듣거나 영화를 보거나 책을 읽으며 주의력을 분산시키는 방법입니다. 둘째는 냉각법입니다. 당장 결정을 하는 것이 아니라 기분을 가라앉힌 후에 문제를 처리하는 방법입니다. 셋째는 환위換位법입니다. 화가 났을 때는 입장을 바꾸어 상대의 기분을 생각하며,《논어》의 "내가 하고자 하지 않는 바를 남에게 베풀지 말라[己所不欲, 勿施於人]"는 구절을 되뇌어봅니다. 넷째는 회피법입니다. 화가 나면 현장을 떠나본 뒤 문제를 해결하는 방법입니다. 다섯째는 예설豫設법입니다. 미리 분노통제에 관한 좌우명을 적어두고 정말 화가 났을 때 들여다보며 스스로를 깨우치는 방법입니다. 마지막 방법은 모범법입니다. 모범적인 인물이 감정문제를 처리하는 방법을 배워서 결정적인 순간에 떠올려보는 방법입니다.

이런 방법들은 화를 다스리는 데 아주 효과적입니다. 커피를 마시려면 마시고 싶은 마음이 있어야 하는 것처럼 일을 하려면 일하고 싶은 마음이 있어야 합니다. 사전에 마음의 준비를 충분히 해야 멋있게 일을 할 수 있는 것입니다.

　이와 관련된 짤막한 고사 하나를 이야기해보겠습니다. 당나라 때 검무로 유명한 배민裵旻 장군은 그 솜씨가 뛰어나 이백李白과 더불어 당대 삼절三絕 가운데 한 사람으로 손꼽혔습니다. 어느 날 배민 장군이 화가 오도자吳道子에게 벽화를 그려달라고 청했습니다. 오도자는 붓을 놓은 지 오래되어 감각이 없다며 배민 장군에게 검무를 추며 흥을 돋우어달라고 이야기했습니다. 이에 배민 장군이 몸을 날려 말에 올라 나는 듯이 달리면서 수중에 있는 검을 좌우로 돌리다가 별안간 검을 하늘을 향해 던졌습니다. 하늘 높이 수십 장丈 올라간 검이 번개처럼 떨어졌습니다. 장군이 칼집을 들자 내려오던 검이 어느 쪽에도 치우지지 않고 그대로 칼집에 꽂혔습니다. 떨어지는 힘 때문에 칼집이 다 뚫릴 정도였습니다. 수많은 사람이 아슬아슬한 묘기를 보고 환호하며 박수를 쳤습니다. 뛰어나고 늠름한 검무를 본 오도자는 일시에 영감이 떠올라 곧바로 붓을 휘두르며 일생에서 가장 뛰어난 걸작을 완성했습니다. 검무를 본 오도자는 영감이 솟아 그림을 그릴 수 있었는데, 이것이 마음을 준비하는 것입니다.

　인도의 시인 타고르Tagore는 정갈한 두루마기를 걸치고 동틀 무렵에 맑은 아침의 햇살을 받으며 시를 썼다고 합니다. 또 중국의 한 유명한 배우는 삼장법사를 연기할 때 계속 채식을 했다고 하는데, 이런 마음의 준비를 통해 삼장법사가 불법을 구하기 위한 고난과 희생을 잘 표현할 수 있었다고 합니다.

　이런 작은 예들은 오늘날 감정관리에 관한 매우 중요한 규율을 말해줍니다. 일을 더 잘하고자 하면 반드시 사전에 충분히 정서적으로 준비를 해야 합니다. 준비는 개인은 물론 조직에서는 더 중요합니다. 성공하려면 자신의 좋지 않은 감정을 잘 관리해야 할 뿐 아니라 조직의 전체적인 발전을 위해 정서적으로 준비를 잘해야 합니다. 이것이야말로 진정한 도전입니다.

한 가지 사례를 들어보겠습니다. 첫 번째 일하는 사무실의 창문 밖에는 지저분한 환경 속에서 한 부부가 격렬히 다투고 있으며 그 모습에 놀란 아이가 울고 있는 광경이 보입니다. 반면 두 번째 사무실의 창문 밖에는 아름다운 풍경과 푸른 하늘, 하얀 구름과 꽃이 만개한 초원 위에 아이가 그네를 타고 있는 모습이 보입니다. 두 사무실 가운데 어느 사무실의 업무효율이 더 높겠습니까? 당연히 두 번째 사무실의 업무효율이 훨씬 높았습니다.

생활도 같고 일도 같은데 왜 이처럼 과정과 결과가 다를까요? 사실 누군가가 창문을 잘못 열었을 뿐입니다. 창문 밖의 광경은 리더가 만들어주어야 하는 것입니다. 리더가 해야 할 일은 적절한 시간에 사람들에게 알맞은 창문을 열어주어 조직이 좋지 않은 정서에 오염되는 것을 방지하고 전체가 좋은 심리로 일에 전념할 수 있도록 하는 것입니다. 어떻게 조직의 정서를 안정시키고 좋지 않은 정서가 오염되는 것을 방지할지에 관해 살펴보겠습니다. 조조가 군사를 일으켜 보복한 일과 결합해 자만·회의 등의 정서를 방지하는 두 가지 방법을 소개하고자 합니다.

조조의 책략

부정적인 감정이 위세를 흔들 때 해결방안

첫 번째 책략 | 가장 우세할 때가 가장 위험한 시기다

조조는 서주를 두 차례 공격했습니다. 첫 번째는 동한 초평 4년 가을로, 서주목徐州牧 도겸을 격파하고 10여 개의 성을 빼앗았습니다. 그런데 결정적인 순간에 유비가 도겸을 구원하러 오면서 보급에 문제가 생겨 군량이 떨어지고 말았습니다. 《삼국지연의》는 조조가 유비에게 선심을 쓰듯이 철군했다고 묘사하고 있지만, 사실 이는 힘을 비축할 시간을 벌기 위해 철군한 것이었습니다. 다음 해 봄, 조조의 군대는 훨씬 맹렬한 기세로 다섯 개의 성을 빼앗고 도겸과 유비의 부대를 대파한 뒤 연전연승해 선봉부대가 곧바로 동해군 일대까지 이르렀습니다.

그때가 곧 서주가 조조의 손에 들어오려 할 때였습니다. 바로 조조가 가장 만족스러워할 이때, 생각하지도 못한 사건이 근거지 연주에서 발생했습니다. 연주에서 온 소식은 순식간에 전장의 형세를 바꾸어놓고 말았습니다. 전령이 가져온 것은 연주를 지키고 있던 순욱이 보낸 긴급한 밀서였습니다. 밀서에는 장막과 진궁이 배반해 여포를 연주목으로 옹립하고 순식간에 조조의 기반을 향해 진격하고 있다는 내용이 씌어 있었습니다.

이것이 얼마나 위급한 형세였는지 살펴보겠습니다. 동한 시기의 연주는 산동 서남부와 하남 동북부에 위치하며 다섯 개의 군, 세 개의 국, 여든 개 현으로 이루어져 있었는데, 조조가 보고를 받았을 때 연주에서 그가 장악하고 있던 군은 세 개에 불과했습니다. 그때까지 투지만만하게 전진하던 조조는 앞뒤에서 여포와 도겸의 공격을 받아 소멸될 수도 있는 상황에 처하게 된 것이었습니다. 불리한 형세를 모면하기 위해 조조는 어쩔 수 없이 군대를 돌려 여포와 1년여에 걸친 연주 쟁탈전을 벌여야 했습니다.

이 모든 것은 조조의 잘못된 형세예측과 방심에서 비롯된 것이었습니다. 어쩌다 한 번 얻은 성공은 종종 커다란 문제를 야기합니다. 여기서 '직선도로의 위험'이라는 규율을 소개하고자 합니다.

어떤 도시의 고속도로 설계도를 본 전문가가 불합격 판정을 내렸습니다. 자신의 설계가 아주 뛰어나다고 생각한 설계사는 이해할 수 없었습니다. 그래서 전문가에게 설계에 도대체 무슨 문제가 있는지, 어떻게 바꾸어야 하는지 자문했습니다. 전문가의 대답은 예상외였습니다.

"두 모퉁이에 언덕길을 더하면 합격입니다."

설계자는 어이가 없어 반문했습니다.

"길은 평평하고 곧아야 좋은 것이 아닙니까? 모퉁이에 언덕길을 내면 사고가 나기 쉽지 않겠습니까?"

하지만 전문가는 다음과 같이 대답했습니다.

"그렇지 않습니다. 실제로는 그 반대입니다. 도로는 평평하고 곧을수록 사고가 나기 쉽습니다. 도로가 가끔 구부러지고 약간의 기복이 있어야 운전자가 집중해서 운전하기 때문에 오히려 사고가 나지 않을 것입니다."

운전을 해본 사람이라면 앞에 아무도 없는 넓고 곧은 고속도로를 달리다 깜빡깜빡 존 경험이 있을 것입니다. 이것이 바로 직선도로의 위험한 부분입니다. 교통안전은 도로상황에 따라 결정되지만 더 중요한 것은 차를 운전하는 사람에 의해 결정되는 것입니다. 한 조사결과에 따르면 비가 오는 날 교통사고가 날 확률이 맑은 날보다 적다고 합니다. 날씨가 좋지 않으면 모두가 경각심을 높이지만 날씨가 맑은 날에는 햇빛 비추는 대로를 가다보면 심신이 나른해지기 때문입니다. 고속도로에 일정한 거리마다 경고판과 곡선도로, 기복이 있는 것은 사실 운전자에게 경각심을 심어주고 정신을 집중시키기 위한 장치라 할 수 있습니다.

사업을 하는 사람에게는 햇살 따스한 탄탄대로에서 꽃다발과 박수 소리에 둘러싸여 있을 때가 가장 위험한 시기입니다. 많은 사람이 큰길에서 큰소리로 노래하며 용감하게 앞으로 나아가다가 골짜기로 추락하곤 합니다.

우세를 점거한 상황에서는 경계심을 높여야 합니다. 모든 일이 순조롭고 승리에 가까워졌을 때가 더 조심하고 신중해야 할 때입니다. 아무런 곤란이나 스트레스가 없는 상황에서 사람은 쉽게 나태해지고 부주의해집니다. 한 번의 실수로 그동안 얻은 모든 것을 잃고 저 깊은 절벽 아래로 곤두박질칠 수 있습니다. 옛말에 "근심 걱정을 하는 사람은 부지런해서 살고, 안락을 추구하는 사람은 게으름을 피우다 죽는다"는 말이 있습니다. 인생에서도 직선도로를 만나면 반드시 위기의식을 느껴야 합니다. 반면에 구불구불하고 힘든 길은 오히려 경각심을 갖게 하고 계속 발전하는 원동력이 된다는 사실을 잊지 말아야 합니다.

가장 순조롭게 항해할 때 위기나 긴장, 경쟁을 말하는 것은 아득히 먼 곳에 있는 보이지 않는 먹구름과 바다 위의 폭풍을 보라고 일깨우는 것입니다. 관리자라면 이를 꼭 명심해야 합니다.

당시 마흔 살의 조조는 서주를 정벌하는 싸움에서 승승장구하며 마음껏 분풀이를 하다가 결국 내부에 잠재된 위기를 관리하지 못했습니다. 그러니 당연히 그에 대한 대비도 하지 못했습니다. 연주의 반란은 조조에게 마른하늘에 날벼락과 같았습니다. 이제 겨우 연주를 기반으로 날개를 펴기 시작했는데, 그 근거지를 다시 여포에게 빼앗겼으니 정치적인 타격은 말할 것도 없고 정신적으로도 심각한 상처를 입었습니다. 조조가 입은 정신적 타격이 무엇이었는지 살펴보면서 조직의 정서를 관리하는 두 번째 방법에 대해 이야기하고자 합니다.

두 번째 책략 | 인재는 판을 흔드는 핵심변수다

이번에 조조가 입은 타격이 심각했던 이유는 연주 반란 때문이기도 하지만 반란의 두 주모자 때문이기도 했습니다. 그동안 동지라고 여겼던 장막과 진궁의 배반은 조조로서는 생각하지도 못한 일이었습니다. 두 사람은 조조가 매우 신뢰하던 사람이었는데, 그들이 반란을 일으키자 조조는 미처 손도 써보지 못하고 갈팡질팡했습니다.

원래 진정으로 감쪽같이 속일 수 있는 사람은 가장 신뢰하는 사람이고, 진정으로 깊은 상처를 주는 사람은 가장 진지하게 사랑하는 사람입니다. 사실 조조와 장막, 진궁의 관계는 일반적인 것이 아니었습니다. 장막은 본래 생사를 같이한 형제와 다름없는 사람이었습니다. 《삼국지》에는 장막이 "어려서 의협으로 유명해져 곤궁함을 떨쳐내고 위급함을 구원함에 온 집안을 기울여 아끼는 바가 없으니 많은 선비가 그에게 귀의했다"라고 기록되어 있습니다. 앞서 언급했듯이, 조조·원소·장막은 친한 친구였습니다. 조조가 동탁의 추격을 피해 낙양을 떠날 때 처음 의탁한 곳은 자신의 고향이 아니라 장막이 있는 진류였습니다. 장막의 도움으로 조조는 군사를 일으켜 창업을 할 수 있었습니다.

조조는 처음 서주를 정벌하러 갈 때 가족에게 "만약 내가 돌아오지 못하면 너희는 장막에게 의탁하라"고 할 정도로 장막을 신임했습니다. 가족을 부탁한다는 것이 얼마나 큰 신임입니까! 1차 서주 정벌을 끝내고 돌아왔을 때 조조의 심정을《삼국지》는 다음과 같이 기록하고 있습니다. 이것이 형제이면서 동지인 장막에 대한 깊은 감정이었습니다.

> 후에 돌아와 장막을 보고 서로 마주하고 눈물을 흘렸다. 그 친함이 이와 같았다.

진궁에 대해 말하자면, 진궁은 본래 조조집단의 핵심간부이자 대들보였습니다.《삼국지연의》에서는 동한 말 진궁은 중모현中牟縣의 현령이었고, 조조가 여백사를 살해한 행위가 부끄러워 조조를 떠났던 것으로 묘사하고 있습니다. 역사의 기록은 이와 같지 않습니다. 진궁은 조조가 동군태수를 역임할 당시에 합류했는데, 이는 여백사를 죽인 이후의 일입니다.

192년 연주자사 유대가 황건군과 싸우다 죽자 연주의 정세는 혼란에 빠졌습니다. 진궁이 이 기회를 틈타 곳곳에 유세해 조조를 연주목으로 추천하고 조조를 도와 패왕의 업을 이루려고 했습니다. 그는 제북상 포신의 지지를 얻고 조조를 연주자사로 삼아 연주 일대의 청주 황건군을 토벌하게 했습니다. 조조는 이런 진궁을 신임해 특별히 후방을 맡겼던 것입니다.

이처럼 조조에게 한 사람은 수족과 같은 생사형제였고, 한 사람은 조직의 기둥과 같은 핵심간부였음을 알 수 있습니다. 그런 이들이 어째서 돌연 변심해 다른 사람, 그것도 여포와 같은 자에게 의탁했을까요? 장막과 진궁이 조조를 배반한 동기는 한 구절로 설명할 수 있습니다.

"의를 높이 세워 민심을 얻었지만 마구잡이로 백성을 죽여 민심을 잃었다. 살인은 통쾌했을지라도 후과는 엄중했다."

서주에서 이유 없이 죽은 사람들은 아무 생각도 할 수 없었겠지만 이를 지켜본 백성은 많은 생각을 했을 것입니다.

역사가들에 따르면 연주에서 반란이 일어난 원인에는 두 가지가 있습니다. 첫째, 조조가 명을 내려 연주의 명사 변양邊讓 등을 죽였는데, 단지 조조에게 비판적인 말을 했다는 이유였습니다. 장막과 진궁은 죽임을 당한 사람들과 돈독한 사이였습니다. 둘째, 조조가 두 번에 걸쳐 서주를 정벌할 때 가는 곳마다 사람들을 잔인하게 도륙했는데, 이런 폭력적인 행위는 광범한 비난을 불러일으켰습니다. 장막과 진궁은 조조를 따르며 사업을 하는 것에 보증은 없고, 위험만 있으며, 장래도 없고, 치욕만 있다고 느꼈던 것입니다.

이와 유사한 상황은 오늘날에도 있습니다. 회사가 이제 막 시장에서 희망을 찾았는데, 한 임원이 전체 영업부문을 가지고 한순간에 경쟁 상대에게 가버렸다면 이를 견뎌낼 회사는 그리 많지 않을 것입니다. 혹은 창업 원로가 돌연 회사의 핵심조직과 인재를 데리고 사직하는 일은 오늘날 어렵지 않게 볼 수 있습니다.

만약 조조가 이를 본다면 이런 상황에 흥미를 느꼈을 것입니다.

그러면 그와 함께 "창업 원로가 왜 변심했을까"라는 주제로 심층토론을 할 수 있을 것입니다.

간부관리의 핵심은 그의 욕구를 이해하는 것입니다. 욕구와 관련된 규율은 "보통 사람은 좋은 대우를 받기를 원하지만, 뛰어난 사람은 성취감이나 만족을 필요로 한다"는 것입니다. 뛰어난 인재에게는 성취감과 만족감이 없어서는 안 됩니다. 성취감이라는 말은 여러 차례 들어보았을 것입니다. 그러나 그 중요가치는 종종 소홀히 다루어지기 쉽습니다. 일상적인 예를 들어 물질적인 수익과 정신적인 체험의 내재관계를 설명해보겠습니다. 물을 마시는 것은 건강을 마시는 것이고, 차를 마시는 것은 문화를 마시는 것이며, 술을 마시는 것은 감정을 마시는 것이고, 죽을 먹는 것은 영양을 먹는 것과 같습니다. 일을 하는 데에도 같은 이치가 적용됩니다. 업무를 완수하고 돈을 버는 것뿐 아니라 정신적인 만족과 정신적인 체험을 필요로 합니다.

조조의 지혜

간부관리의 핵심은 그의 욕구를 이해하는 것이다. 보통 사람은 좋은 대우를 받기를 원하지만, 뛰어난 사람들은 성취감이나 만족을 필요로 한다.

조조가 서주의 무고한 백성을 죽인 일은 조직의 문신과 무장에게 죄악과 치욕을 느끼게 했습니다. 그들은 아마도 죽고 싶은 심정이었을 것입니다. 어떤 사람은 먹고살기 위해 일하고, 어떤 사람은 의미를 찾기 위해 일을 합니다. 보통 사람들이 하는 일은 직업이고 고인高人들이 하는 일은 사업입니다. 직업은 돈을 벌어 밥을 먹기 위한 것이지만, 사업은 자아를 실현하고 성공을 체험하기 위한 것입니다.

훌륭한 리더는 이익을 주는 것도 잘해야 할 뿐 아니라 의미를 주는 것도 잘해야 합니다. 높은 빌딩을 처음 지을 때 리더는 화려한 청사진을 보여주며 일에 대한 열정을 솟구치게 해야 합니다. 송강이 양산박에서 "하늘을 대신해 도의를 행한다[替天行道]"는 기치를 내걸었던 것은 '이상과 신념으로 무수한 영웅을 격려하자. 부자의 돈으로 가난한 사람을 돕기 위해 의로운 사람들끼리 모이자'라는 의미였습니다. 조직이 뛰어난 인재를 끌어들일 수 있는지의 여부는 밥그릇 안에 무엇이 담겨 있는지에 달린 것이 아니라 손에 어떠한 깃발을 들고 있는지에 의해 결정되는 것입니다.

뛰어난 인재는 부리기가 쉽지 않습니다. 그는 자아실현을 위해 일을 하고, 고차원적인 체험을 욕망하기 때문입니다. 구체적으로 말하면, 첫째, 대우만 좋고 성취감이 없다면 이는 쓸데없이 돈만 쓰는 것으로 해서는 안 되는 일입니다. 둘째, 성취감을 느낄 수는 있지만 저급한 성취감이면 안 됩니다. 뛰어난 인재들은 귀속감·명예·숭고함·성취감을 바랍니다. 셋째, 시기가 적절하지 않으면 뛰어난 인재들은 상심하며 조직을 떠날 것입니다. 보통 뛰어난 인재들은 조직의 핵심위치에 있고 영향력 또한 큽니다. 그들이 조직을 떠나면 그냥 기와 하나 떨어졌을 뿐인데도 그 여파는 담장이 무너지고 집이 붕괴되는 결과를 초래할 수도 있습니다.

조조는 이미 동탁을 토벌하는 과정에서 충분히 명성을 쌓았습니다. 앞서 언급했듯이 조조는 처음 진류에서 동탁 토벌의 기치를 내걸었고, 앞장서서 추격했습니다. 그 결과 변수의 싸움에서 참패를 당하기는 했지만 천하 사람들은 조조를 충군애국·보국안민의 의사로 생각하게 되었습니다.

하지만 두 번에 걸친 서주 정벌로 그동안 쌓아온 아름다운 명성은 하루아침에 땅에 떨어지고 말았습니다. 여기서 그가 얻은 것은 망나니 혹은 살인마라는 칭호였습니다. 의로운 사람을 따라 숭고한 정의를 체험한다면 사업이 고생스러워도 영광이지만, 망나니를 따라 피비린내 나는 죄악을 체험한다면 갈수록 자신이 혐오스러울 것입니다.

현대의 관리학에서 특별히 강조하는 것이 무형자산의 관리입니다. 기업이나 제품의 이미지는 천금을 주고도 살 수 없는 보배와 같은 것입니다. 변수의 싸움에서 조조는 군사적으로는 실패했지만 정치적으로는 성공했으므로 거대한 무형자산을 획득했습니다. 반면 서주의 싸움에서는 군사적으로 큰 성공을 거두었지만, 정치적으로는 무형자산 전부를 잃어버리는 실수를 했던 것입니다.

사업도 마찬가지입니다. 종종 무형의 것이 유형의 것들보다 훨씬 중요한 경우가 많습니다. 세를 취하는 것과 기반을 취하는 것 사이에 균형을 유지해야 진정한 전략적 고수라 할 수 있습니다. 조조는 잠시 이성을 잃고 분노와 욕심에 마음을 빼앗겨 스스로를 사업의 밑바닥으로 떨어뜨렸습니다. 강자는 왕왕 이렇게 자신이 자신을 무너뜨리곤 합니다.

이와 관련해 생각해볼 만한 이야기가 있습니다. 한 아이가 용사에게 물었습니다.

"우리는 거인을 무너뜨릴 수 없는데 어떻게 하지요?"

용사가 말했습니다.

"걱정하지 마라. 거인이 스스로 발에 걸려 넘어질 때까지 기다리면 된다."

조조도 이 거인처럼 스스로 넘어진 것이었습니다. 조조는 일생 동안 몇 차례 전략적인 오류를 범했는데, 서주를 피로 물들인 살육이 그 전형이었습니다. 변수의 대패가 전략적 사유가 아직 성숙하지 못해 초래된 것이라면 서주의 사건은 감정조절에 실패해 야기된 것이었습니다. 조조는 몇몇 백성을 죽이는 것을 크게 문제 삼지 않았습니다. 한나라 때 지방관을 '목牧'이라 했는데 이는 목양牧羊의 목 자와 같습니다. 이 글자는 당시의 문제를 잘 설명해줍니다. 권력을 잡은 사람이 바로 양을 치는 사람이고, 일반 백성은 도살되기를 기다리는 양이었습니다. 양을 치는 사람 가운데 누가 명절에 양을 잡지 않겠습니까? 그래서 조조는 살인을 그다지 큰 문제라고 생각하지 않았던 것입니다.

하지만 조조는 백성을 대하는 태도가 전략상에 가장 결정적인 문제임을 생각하지 못했습니다. 조조가 서주의 전장에서 드러낸 잔인함과 음험함은 그에게 예상하지 못한 재난을 초래했습니다. 직접적으로는 명성이 땅에 떨어지고 조직의 핵심이 반란을 일으켜 근거지가 바뀌기에 이르렀습니다. 이는 당시 조조가 군사 지휘는 성숙했지만 조직을 거느리는 기교에서는 아직 성숙하지 못했음을 설명해줍니다. 조직을 이끄는 우두머리로서 그는 자신의 좋지 않은 감정을 잘 관리하지 못했고, 조직의 정서를 적절히 관리하는 방법도 갖추지 못했습니다. 그래서 서주의 실패는 '감정을 잘 통제하지 못해 좌절을 겪었다'라고 결론을 내릴 수 있습니다.

다행스럽게도 진궁과 장막의 배반이 일어난 후 또 다른 사람이 나타나 조조를 위험한 국면에서 구해주었습니다. 그는 누구일까요? 조조는 개세영웅蓋世英雄 여포와 그의 수하인 서량의 기병들에게 맞서 연주를 탈환할 수 있었을까요?

제6강

실패했다고 판이 전복되는 것은 아니다

모든 사람이 성인은 아니기 때문에 허물이 있을 수밖에 없다. 누구나 일단 좌절과 실패를 겪게 되면 자책과 회한이라는 괴로운 감정에서 헤어나지 못하는 것이 보통이다. 사실 뛰어난 사람이란 애초에 잘못을 저지르지 않는 사람이 아니라, 잘못을 저지른 후 정신을 바로 하고 빼어난 방법으로 바로잡는 사람이라고 할 수 있다. 조조는 아쉽게 연주를 잃어 사업초기에 중대한 좌절을 겪었다. 하지만 이런 쓰라린 경험은 그에게 많은 것을 가르쳐주었다. 그는 마음을 비우고 뭇사람들의 의견을 받아들여 마침내 위기에서 벗어날 수 있었다. 총명한 사람은 실패를 겪은 후 자신만의 비결을 축적해 침착하게 미래의 도전에 대응할 줄 아는 사람이다. 조조가 위기에 대응할 때 사용한 책략을 사례로 공부해보는 것도 괜찮을 것이다.

역경을 넘어서는 비결

사업은 이상만으로는 충분하지 않습니다. 밑천이 있어야 하는데, 이 밑천이 바로 사람입니다. 먼저 사람이 있고 나중에 사람이 일을 하는 것입니다. 사람을 이해하지 못하면 일을 이룰 수 없고, 문제 또한 대개 사람에게서 생기기가 쉽습니다. 이른바 "사람을 얻어 천하를 편안하게 하고, 사람을 잃어 천하를 혼란에 빠지게 한다[得一人安天下, 失一人亂天下]"라는 경험과 교훈은 조조가 명심해야 하는 구절이었습니다. 진궁과 장막을 잃은 것과 더불어 근거지 연주까지 잃은 뒤 조조의 사업은 급하강했습니다. 잠시 호전의 기색을 보이다 다시 밑바닥으로 떨어졌던 것이지요. 잘못된 관리로 심각한 문제가 생겼을 때 필요한 것은 바로 보완입니다. 누구를 뛰어난 사람이라 할 수 있을까요? 잘못을 저지르지 않는 사람이 아니라, 저지른 후 특별한 방법으로 보완하는 사람입니다. 이번 장에서는 조조가 어떻게 잘못을 보완해 재기할 수 있었는지 살펴보겠습니다.

적을 가벼이 여기면
수세에 몰린다

동한 흥평 원년(194) 8월의 어느 늦은 밤, 둥근 달은 평온한 복양성 위에 높이 걸려 있고 성 밖 컴컴한 들판은 평소에 들리던 개구리 울음 소리조차 없이 고요했습니다. 달빛을 빌려 어슴푸레 커다란 그림자가 이동하는 모습을 볼 수 있었습니다. 자세히 보니 수만 명의 무장한 군사가 깃발을 내리고 어둠과 하나가 되어 조용히 복양성에 접근하고 있었습니다. 단지 희미한 달빛만이 갑옷과 칼날을 비추어 은은하게 차가운 별에 반사되고 있었습니다.

부대의 최전방에 서 있던 조조는 어둠 속에서 한마디도 하지 않고 왼손으로는 검을, 오른손으로는 말채찍을 잡고 있었습니다. 조조 뒤에는 조인·조홍·하후돈·하후연·이전·악진 등 열 명의 장수가 일자로 늘어서 있었습니다. 그들은 마치 조각처럼 어둠 속에서 꼿꼿이 선 채 미동도 하지 않고, 오로지 조조의 돌격명령을 기다리며 침을 꿀꺽 삼켰습니다. 얼마 전 조조가 서주를 점령하러 출정한 틈을 타 진궁이 장막과 함께 조조를 배반한 소식이 전해졌을 때 장수들은 부아가 터졌습니다. 자신들은 전선에서 목숨을 걸고 싸우는데 소인배들이 등 뒤에서 칼을 들이댔으니, 배짱 있으면 한번 붙어보자는 심정이었습니다. 모두들 숨을 죽이고 여포·진궁과 생사를 걸고 한바탕 싸울 준비를 단단히 하고 있었습니다.

얼마 지나지 않아 각 부대에 인마의 배치가 끝났다는 보고가 도착했습니다. 수만 명의 군사가 조조와 같이 일제히 머리를 들어 복양성의 동문을 응시했습니다. 순간 성루에서 불빛이 반짝이다 곧

이어 횃불이 타오르고 칠흑과 같은 어둠 속에서 빨간 불길이 하늘을 핥듯이 솟아올랐습니다. 조조의 눈이 순간 밝게 빛났습니다. 그는 말에 올라 큰소리로 외쳤습니다.

"돌격!"

수십 명의 장수와 수만 명의 병사가 제방이 무너진 것처럼 복양성을 향해 포효하며 돌진했습니다. 사전에 복양성 안에 있던 호족 전씨가 조조와 내통해 몰래 성문을 열고 불로 신호하기로 약속했기 때문입니다. 과연 성 앞에 이르니 성문은 활짝 열려 있고 다리가 내려와 있었습니다. 조조의 부대는 기병이 앞서서 돌진하고 보병이 좌우로 포진해서 마치 조수처럼 복양성 안으로 몰려갔습니다. 병사들을 격려하기 위해 조조는 동쪽 성을 불태우고 명령을 내렸습니다.

"이 싸움은 나아가는 것은 있어도 물러나는 것은 없다. 반드시 승리해야 하며 승리하지 못하면 돌아가지 않을 것이다."

만약 이 싸움에서 조조가 승리했다면 밥 지을 솥을 깨뜨리고 돌아갈 때 타고 갈 배를 가라앉히며 결사의 각오로 싸우겠다는 굳은 결의를 비유한 파부침주破釜沈舟와 같은 고전적인 전투 사례를 만들었을 것입니다.

모든 것은 조조가 사전에 안배한 계획에 따라 진행되었습니다. 그런데 갑자기 어둠 속에서 비처럼 어지럽게 날아오는 화살로 인해 그만 계획에 차질이 생기고 말았습니다. 화살에 대한 아무런 방비가 없던 조조의 병사들이 모두 쓰러졌습니다. 게다가 정신을 차리기도 전에 여포의 서량 기병이 사면에서 달려들었습니다. 조조의 머릿속에 순간 '속았다!'라는 생각이 번뜩 스쳤습니다.

호족 전씨는 여포가 안배한 첩자였습니다. 여포는 조조에게 전형적인 병법인 반간계反間計를 썼습니다. 조조의 군대가 복양성에 돌진하자 미리 준비한 복병으로 공격했던 것입니다. 여포의 계략에 걸려든 조조군은 손쓸 새도 없이 혼란에 빠지고 말았습니다. 여포군의 공격을 몇 차례 막아내기는 했지만 조조는 상태가 심상치 않음을 깨닫고 서둘러 친위병의 엄호를 받으며 포위망을 뚫고 성 밖을 향해 나아갔습니다. 하지만 싸우면 싸울수록 주위의 군사들이 줄어들자 조조는 좋지 않은 예감이 들었습니다. 그때 갑자기 맞은편에서 여포의 기병 한 부대가 뛰쳐나와 조조를 포위했습니다. 조조는 눈을 감고 생각했습니다.

'끝났구나. 천하를 종횡하다 오늘 복양에서 죽을 줄은 미처 생각하지 못했구나!'

아슬아슬한 상황은 왕왕 뜻하지 않은 결말로 이어집니다. 여포의 기병이 막 조조를 포위했을 때, 그들은 눈앞의 작은 체구의 사람이 그 이름도 유명한 조조인 줄은 생각지도 못했습니다. 그들은 큰 소리로 물었습니다.

"조조는 어디 있느냐?"

조조의 반응은 아주 빨랐습니다. 손을 들어 누군가를 가리키며 "저기 황색 말을 탄 사람이다"라고 말했습니다. 여포군은 그 사람이 진짜 조조인 줄 알고 눈앞의 조조를 내버려두고 황색 말을 탄 사람을 쫓아갔습니다. 그렇게 조조는 순간 기지를 발휘해 위험에서 벗어날 수 있었습니다.

가까스로 성문 입구에 이르렀을 때 웃을 수도 울 수도 없는 일이 일어났습니다. 그곳에 여포의 매복은 없었지만 조조가 들어갈 때

질러놓은 불이 활활 타오르며 도망갈 길을 막고 있었습니다.

혼전 중에 죽기보다는 필사적으로 한 번 뛰어넘는 편이 낫다고 생각한 조조는 모진 마음을 먹고 불바다 속으로 뛰어들었습니다. 그러다 그만 왼손에 화상을 입고 말에서 떨어졌습니다. 이 위급한 상황에서 사마 누이(樓異)가 민첩한 몸놀림으로 조조를 부축해 말에 오르게 해, 조조는 겨우 대본영으로 돌아올 수 있었습니다.

이번 복양성전투에서 조조는 생애 두 번째로 죽을 고비를 넘겼습니다. 지난번 형양의 변수에서 동탁의 부대에 패배했을 때 조홍의 도움으로 간신히 탈출한 것이 첫 번째 고비였습니다. 두 고비의 공통점은 적을 가벼이 여기고 무모하게 돌진하다가 매복에 걸렸다는 것입니다.

물론 다른 점도 있었습니다. 변수의 출격은 호랑이를 잡으러 산으로 간 주동적인 행동이었지만, 복양의 출격은 여포의 계략에 걸려들어 독 안에 든 쥐처럼 수세에 몰려 늘씬하게 두들겨 맞았던 피동적인 패배였습니다.

조급증과 피로가 경솔함을 부른다

노련하고 주도면밀한 조조가 뜻밖에도 경솔하게 움직이다 적의 반간계에 걸려들었습니다. 왜 그랬을까요? 전씨의 거짓 항복이 성공한 이유는 조조의 두 가지 약점을 이용했기 때문입니다. 하나는 흥분이고 다른 하나는 피로였습니다. 그는 근거지를 빼앗겨 격분해

제정신이 아니었고, 군사를 돌려 천리 길을 되돌아왔으니 인마는 피로했던 것입니다. 이럴 때는 누구나 쉽게 속임수에 빠지게 마련입니다. 왜 그런지 분석해봅시다.

첫째, 흥분을 하면 판단력이 흐려집니다. 전문가들이 학생들을 두 개조로 나누어 한 조에는 평온한 노래를 부르게 하고, 다른 조는 격정적인 노래를 부르게 한 후 제품에 대해 판단하는 실험을 했습니다. 그 결과, 평온한 노래를 부른 조의 학생들은 생각이 분명하고 판단이 정확했지만 격동적인 노래를 부른 학생들은 겉으로는 문제가 없는 듯했으나 판단력이 떨어지고 단가와 품질의 차이를 민감하게 알지 못했습니다. 이 실험결과는 흥분하면 잘못된 선택을 하기 쉽기 때문에 마음이 동요될 때에는 가능한 선택과 행동을 피하고, 평정을 되찾은 후 다시 생각해야 한다는 것을 말해줍니다. 큰일에 임할 때나 큰 싸움 앞에서는 잔잔한 물처럼 마음을 유지하는 것, 이것이 매우 중요한 심리적 자질입니다.

조조의 지혜

흥분하면 잘못된 선택을 하기 쉽기 때문에 마음이 동요될 때에는 가능한 선택과 행동을 피하고, 평정을 되찾은 후 다시 생각해야 한다. 큰일에 임할 때나 큰 싸움 앞에서는 잔잔한 물처럼 평온한 마음을 유지해야 한다.

둘째, 피로하면 주관을 잃기가 쉽습니다. 학생들을 두 개조로 나누어 한 조에는 수면을 충분히 취하게 하고, 다른 조는 잠을 자지 못하게끔 한 후, 식사를 하게 했습니다. 그때 특별히 종업원에게 맛이 없는 음식을 '간판 음식'이라며 강력하게 추천하게 했습니다. 그 결과, 충분한 수면을 취한 조는 곧바로 추천 음식을 거절했지만, 수면을 취하지 못한 조는 뜻밖에도 잠시 머뭇거리다 추천을 받아들였습니다. 이 실험은 피로한 상황에서는 감언이설에 쉽게 미혹된다는 것을 설명해줍니다. 그래서 피로한 사람을 끈질기게 붙잡고 늘어지면 쉽게 목적을 이룰 수 있는 것입니다.

　흥분으로 판단력을 잃고, 피로로 주관을 세우지 못하는 것은 의사결정의 과정에서 드러나는 전형적인 현상입니다. 관리전문가는 의사결정을 할 때에 반드시 평온한 심리상태를 유지해야 합니다. 중대한 의사결정은 마음과 몸이 평온할 때 이루어져야 합니다. 만약 피곤하거나 골치가 아프다면 한숨 자고 머리가 맑아진 뒤 결정해도 늦지 않습니다. 중요한 의사결정을 할 때 절대 허둥대지 마십시오.

조직의 사기 안정이 우선이다

조조가 겪은 시련은 오늘날 조직에서도 많이 일어나는 일입니다. 핵심부서의 직원이 갑자기 사직하면 회사의 내부가 술렁입니다. 사실 사람 하나를 잃은 것이 두려운 것이 아니라 조직의 사기가 떨어지는 것이 더 걱정되는 일입니다. 직원들 사이에 동요가 생기고 미래에 대한 믿음을 잃게 되면, 현실적인 측면에서는 당장 문제가 될 것이 없어 보이더라도 심리적인 측면에서 위기가 생긴 것이니 그것만으로도 아주 위험한 일입니다. 핵심부서의 직원이 이직을 제정신이 아니었고, 군사를 돌려 천리 길을 되돌아왔으니 인마는 피로했던 것입니다. 이럴 때는 누구나 쉽게 속임수에 빠지게 마련입니다. 왜 그런지 분석해봅시다.

첫째, 흥분을 하면 판단력이 흐려집니다. 전문가들이 학생들을 두 개조로 나누어 한 조에는 평온한 노래를 부르게 하고, 다른 조는 격정적인 노래를 부르게 한 후 제품에 대해 판단하는 실험을 했습니다. 그 결과, 평온한 노래를 부른 조의 학생들은 생각이 분명하고 판단이 정확했지만 격동적인 노래를 부른 학생들은 겉으로는 문제가 없는 듯했으나 판단력이 떨어지고 단가와 품질의 차이를 민감하게 알지 못했습니다. 이 실험결과는 흥분하면 잘못된 선택을 하기 쉽기 때문에 마음이 동요될 때에는 가능한 선택과 행동을 피하고, 평정을 되찾은 후 다시 생각해야 한다는 것을 말해줍니다. 큰일에 임할 때나 큰 싸움 앞에서는 잔잔한 물처럼 마음을 유지하는 것, 이것이 매우 중요한 심리적 자질입니다.

조조의 지혜

흥분하면 잘못된 선택을 하기 쉽기 때문에 마음이 동요될 때에는 가능한 선택과 행동을 피하고, 평정을 되찾은 후 다시 생각해야 한다. 큰일에 임할 때나 큰 싸움 앞에서는 잔잔한 물처럼 평온한 마음을 유지해야 한다.

둘째, 피로하면 주관을 잃기가 쉽습니다. 학생들을 두 개조로 나누어 한 조에는 수면을 충분히 취하게 하고, 다른 조는 잠을 자지 못하게끔 한 후, 식사를 하게 했습니다. 그때 특별히 종업원에게 맛이 없는 음식을 '간판 음식'이라며 강력하게 추천하게 했습니다. 그 결과, 충분한 수면을 취한 조는 곧바로 추천 음식을 거절했지만, 수면을 취하지 못한 조는 뜻밖에도 잠시 머뭇거리다 추천을 받아들였습니다. 이 실험은 피로한 상황에서는 감언이설에 쉽게 미혹된다는 것을 설명해줍니다. 그래서 피로한 사람을 끈질기게 붙잡고 늘어지면 쉽게 목적을 이룰 수 있는 것입니다.

흥분으로 판단력을 잃고, 피로로 주관을 세우지 못하는 것은 의사결정의 과정에서 드러나는 전형적인 현상입니다. 관리전문가는 의사결정을 할 때에 반드시 평온한 심리상태를 유지해야 합니다. 중대한 의사결정은 마음과 몸이 평온할 때 이루어져야 합니다. 만약 피곤하거나 골치가 아프다면 한숨 자고 머리가 맑아진 뒤 결정해도 늦지 않습니다. 중요한 의사결정을 할 때 절대 허둥대지 마십시오.

조직의 사기 안정이 우선이다

조조가 겪은 시련은 오늘날 조직에서도 많이 일어나는 일입니다. 핵심부서의 직원이 갑자기 사직하면 회사의 내부가 술렁입니다. 사실 사람 하나를 잃은 것이 두려운 것이 아니라 조직의 사기가 떨어지는 것이 더 걱정되는 일입니다. 직원들 사이에 동요가 생기고 미래에 대한 믿음을 잃게 되면, 현실적인 측면에서는 당장 문제가 될 것이 없어 보이더라도 심리적인 측면에서 위기가 생긴 것이니 그것만으로도 아주 위험한 일입니다. 핵심부서의 직원이 이직을 할 경우, 리더가 가장 먼저 해야 할 일은 즉시 다른 직원들의 마음을 안정시키는 것입니다. 이때 조직의 사기를 안정시키는 것보다 더 중요한 일은 없습니다.

그렇다면 조조는 위기 속에서 어떻게 조직의 사기를 안정시켰을까요? 《삼국지》를 보면 그가 '인정·분리·모범'이라는 세 가지 기본적인 기교를 사용했음을 알 수 있습니다. 가장 먼저 현실을 인정하는 것입니다. 자신이 좌절을 겪고 있음을 인정하고 상대가 우위에 있음을 인정했지만, 단지 좌절은 일시적이며 상대의 우세는 변할 수 있음을 강조했습니다. 그 다음에는 분리하는 것입니다. 목전의 상황과 가장 나쁜 상황을 구분하고, 특별히 상대가 잘못해서 오히려 우리에게 기회를 제공할 것임을 강조하는 것입니다. 이는 조직 내 믿음을 깊게 만들고 사기를 유지하는 데 아주 중요한 수단입니다. 조조는 다음과 같이 말했습니다.

"여포는 하루아침에 한 주를 얻었다. 그러나 동평을 근거지로 삼아 항부亢父와 태산의 길을 끊고, 험지를 이용해 우리를 공격하지 않고 오히려 복양에 주둔하고 있으니, 나는 그가 할 수 있는 것이 없음을 알겠다."

세 번째는 모범을 보이는 것입니다. 위기의 순간, 믿음으로 친히 조직을 이끌어 적을 공격하고 위험을 두려워하지 않으며 병사들보다 앞장서는 것입니다. 이렇게 인심을 안정시키는 것과 동시에 조조는 위기에 대응해 당면한 문제를 해결하는 한층 진일보한 방법을 채택했습니다.

조조의 책략
위기 속에서 형세의 안정을 꾀하는 비책

첫 번째 책략 | 핵심인재가 열세를 강세로 전환시킨다

조조가 최종적으로 위기를 넘어설 수 있었던 까닭은 전적으로 그에게 탄탄한 구성원이 있었기 때문입니다. 당시 국면을 만회하는 데 결정적인 역할을 한 사람이 순욱이었습니다. 순욱은 조조의 지낭으로 조조가 사업을 발전시키는 과정에서 지극히 중요한 역할을 했습니다. 장막과 진궁이 몰래 여포를 맞아들인 후 사람을 보내 순욱에게 말했습니다.

"조조께서 도겸을 공격하는 것을 여장군이 도우러 왔으니 시급히 군량을 제공하는 것이 마땅합니다."

영리한 순욱은 금방 일이 생겼음을 알아차렸습니다. 표면적으로는 여포에게 군량을 변통해주고는 암암리에 신속하게 병력을 배치하고 수비를 강화하면서 화급히 동군태수 하후돈에게 사람을 보냈습니다. 하후돈이 결정적인 순간에 도착해 순욱의 안배로 몰래 성으로 들어갔고, 그날 저녁, 반란에 참여한 수십 명을 참수하고 견성甄城을 지킬 수 있었습니다.

견성이 안정을 찾자마자 가장 가까운 범현과 동아에서도 동시에 구원요청이 왔습니다. 진궁의 계책으로 여포는 범현을 지키던 근윤靳允의 식솔을 붙잡고는 무기를 내려놓고 투항하지 않으면 인질을 죽이겠다고 공언했습니다. 순욱은 난처했습니다.

'이 중대한 시기에 누가 근윤에게 조조를 위해 자신의 처자식을 내버리라고 설득할 수 있을까?'

영웅은 항상 결정적인 순간에 탄생합니다. 위기의 순간에 나타난 진정한 영웅이 바로 정립程立이었습니다. 정립은 동아의 토박이로 키는 180센티미터에 용모가 장대하고 담력과 식견을 갖추었을 뿐 아니라 말재주도 뛰어났습니다. 그는 순욱을 찾아와 스스로를 추천했습니다. 순욱은 내심 자신은 없었지만 뾰족한 방법이 없자 최선을 다해 마지막 시도를 하기로 결정했습니다.

> **정립**(141~220)
> 자는 중덕仲德이며, 동군 동아 사람이다. 원래 본명은 입立이었으나 태양을 받드는 꿈을 꾼 이후 조조의 명에 따라 욱昱으로 개명했다. 진궁과 장막이 반란을 일으켰을 때 견성 수비의 책임을 완수했으며 196년 헌제를 맞아들이는 문제를 두고 다른 신하들이 반대했음에도 순욱과 함께 헌제를 받아들일 것을 주장해 조조가 천하를 쟁취할 기반을 다졌다.

정립은 범성范城으로 달려가 근윤에게 네 단계에 걸쳐 설전 공세를 펼쳤습니다. 그는 먼저 마음의 위로를 건넸습니다. 여포가 식솔을 붙잡고 있으니 지금 넋이 나간 것처럼 얼마나 심난할지 이해한다고 위로했습니다. 그런 다음 정서적으로 안정을 취할 것을 청했습니다. 지금 시기는 잘못된 결정을 하기 아주 쉬우니 이럴 때일수록 냉정한 마음으로 자신이 분석하는 형세를 취해야 한다고 설득했습니다. 세 번째로는 적과 자신을 대비시켰습니다. 진궁이 배신한 뒤 여포를 옹립하자 각 군현이 분분히 호응한 것은 좋아 보이지만 사실 그리 전도가 밝다고 생각할 수 없다고 말했습니다. 여포가 어떤 사람인지 생각해볼 필요가 있다고 설득했지요.

여포는 고집불통으로 남의 의견을 듣지 않고 아랫사람을 쓸 줄 모르며 정치 쪽으로는 문외한인 일개 필부로 근본적으로 성공 가능성이 없다는 것을 강조했습니다. 그에 비해 조조는 용감하고 위풍당당하며 지혜와 모략을 뽐내고 있으니 이는 운명이 큰일을 하도록 정해놓은 인물로, 근본적으로 여포는 적수가 되지 못함을 언급했습니다. 마지막으로 이해를 구했습니다. 장군이 범성을 고수하고 정립 자신이 동아를 지킨다면 조조 장군을 위해 빼어난 공을 세우는 것임을 분명하게 이야기했습니다. 만약 사람들의 말을 따라 배반한다면 장래 언젠가 멸문지화를 당할 것인데, 이에 관해 잘 생각해보라는 설득이었습니다.

그의 유세는 예상하지 못한 효과를 거두었습니다. 근윤은 반군과의 왕래를 단절하고 조조를 지지하기로 결정했습니다. 이어 뛰어난 말재주로 근윤을 설득한 정립은 다시 빼어난 군사전략을 보여주었습니다. 그는 즉시 기병을 보내, 반군이 강을 건널 수 없게 창정倉亭 나루의 다리를 없애 동아를 보전했습니다. 이렇게 순욱·하후돈·정립 등의 노력으로 마침내 조조는 최후의 발판을 마련할 수 있었습니다.

연주의 반군은 조조에게 많은 것을 깨우쳐주었습니다. 그는 총결과 반성을 했습니다. 실패는 가장 훌륭한 스승으로, 책에서 배우지 못하는 많은 것을 배울 수 있습니다. 오늘날의 눈으로 보면 무차별적으로 살육한 행위를 반성하는 것 외에 조조는 분명 두 번째 문제, 즉 '결정적인 순간에는 누구에게 기댈 것인가?'라는 문제를 생각했을 것입니다. 크게 사업을 하고자 하는 사람은 사전에 이 문제를 잘 생각해두어야 합니다. 누구를 의지할 수 있을까요? 바로 자신의 핵심인재에게 의지해야 합니다. 평소 맡은 일을 잘해내고 결정적인 시기에는 앞장서서 온 힘을 다해 상황을 역전시키는 중임을 맡을 수 있는 사람, 바로 이런 사람이 핵심인재인 '철기군'이었던 것입니다.

조조의 지혜

평소 맡은 일을 잘해내고 결정적인 시기에는 앞장서서 온 힘을 다해 상황을 역전시키는 중임을 맡을 수 있는 사람, 바로 이런 사람이 핵심인재다.

누군가 핵심인재 조직과 일반 조직은 어떠한 차이가 있는지, 핵심인재 조직에 속한 사람은 다 핵심인재가 되어야 하는지를 물을 수 있습니다. 답은 당연히 '아니다'입니다. 핵심인재 조직에 있는 사람이 반드시 핵심인재가 될 필요도 없고 조직에 잘 어울리는 사람이 반드시 핵심인재에 적합한 것도 아닙니다. 평범한 직원은 단지 부서 직책 내의 일만 잘하면 되는 사람으로, 그가 책임지지 않는 일이 많습니다. 반면 핵심인재는 직책 내의 일을 잘하는 것은 물론, 사업에 애정이 깊고, 사사로움 없이 충성하며, 중요한 시기에 주도해서 책임을 떠맡고, 주어진 직책 이외의 일도 잘해내는 사람을 가리킵니다.

아랫사람은 천하의 흥망이 리더의 책임이라고 이야기합니다. 평범한 사람은 천하의 흥망이 각자의 책임이라고 이야기합니다. 그리고 핵심인재는 천하의 흥망이 자신의 책임이라고 말합니다. 조조는 연주 반란의 결정적인 순간, 마침내 핵심인재의 중요성을 인식하게 되었습니다. 그는 순욱이나 하후돈과 같은 사람이 자신의 진정한 철기군이자 대들보임을 알게 되었습니다.

핵심인재를 포함한 핵심인재 조직의 특징은 첫째, 충성스러운 태도로 시련을 견뎌내는 것입니다. 둘째, 강한 책임감으로 사업을 생각하고 조직을 걱정하는 것입니다. 셋째, 전문적인 지식과 기능이 있어 현재 일하는 분야에만 전공을 국한하지 않고 조직발전의 전략적인 필요에 대응해 결정적인 시기에 선뜻 나서는 것입니다.

일반적으로 핵심조직은 두 부류로 이루어지는데, 하나는 순욱과 같은 기획형 인재[謀才]이고, 다른 하나는 하후돈과 같은 실무형 인재[幹才]입니다. 사업을 하려면 반드시 이런 두 종류의 핵심인재가 있어야 합니다. 《수호전》을 보면 송강 주변에는 이런 역할을 담당하는 두 사람이 있었는데, 바로 지다성智多星 오용吳用과 흑선풍黑旋風 이규李奎였습니다.

기획형 인재에게는 '왜 이 일을 하는지'를 분명하게 설명해야 합니다. 이념이 일치하면 뒷부분은 스스로 할 것이므로 가르칠 필요가 없기 때문입니다. 또한 이런 사람들은 리더보다 훨씬 많은 방법을 생각해내곤 합니다. 실무형 인재에게는 '어떻게 할 것인지'를 분명하게 설명해 과정과 목표를 명쾌하게 말해야 합니다. 그에게 원인과 결과, 전후관계, 의미와 가치에 대해 많은 말을 할 필요가 없습니다. 그가 이해하지 못해도 상관없습니다. 단지 그가 '리더가 알고 있다'고 믿기만 하면 됩니다.

사업을 하는 규율은, 사람을 찾는 것은 쉽지만 인재를 찾아내는 것은 쉽지 않고, 인재를 찾아내는 것은 쉽지만 조직이나 팀을 찾아내는 것은 어렵고, 조직이나 팀을 찾는 것은 쉽지만 핵심인재를 찾는 것은 쉽지 않다는 것에 있습니다. 주변에 핵심인재들이 있어서 문무를 골고루 갖추고 성격을 보완하며 리더의 중간에서 관리를 한다면 사업이라는 큰 배는 거칠고 사나운 파도를 만나도 순항할 것입니다.

두 번째 책략 | **귀속감과 성취감으로 인재를 판에 끌어당긴다**

어떻게 핵심인재 조직을 키우고 관리해야 할까요? 조직은 여러 수준의 단계로 나뉘어 있어, 반드시 수준에 따라 다양한 격려방법을 연구해야 합니다. 조직구성원의 요구사항에 따라 맞춤형 관리를 해야 조직을 잘 이끌어갈 수 있습니다. 보통 조직에는 네 종류의 사람이 있습니다.

첫 번째는 '인물'입니다. 이는 능력과 태도 모두 일류로 큰일이든 작은 일이든 우수한 성적을 내는 사람을 가리킵니다. 두 번째는 '인재'입니다. 능력은 뛰어나지만 태도가 그다지 좋지 않은 사람으로, 적합한 곳에 안배해야 성과를 내는 형입니다. 세 번째는 '인정人精'입니다. 세상물정에 밝은 유형으로, 능력은 뛰어나지만 계산이 빨라 대우해준 만큼만 성과를 내고 절대 더 열심히 일하지는 않는 형입니다. 네 번째는 '일손'입니다. 태도도 좋고 비교적 충성스럽지만 능력에 한계가 있어 일반적인 일만 할 수 있는 사람을 말합니다.

이 네 가지 유형의 인재는 관리하는 방법이 각각 다릅니다. 결론적으로 인재는 귀속감을 필요로 하고, 인물은 성취감이 필요하며, 인정과 일손은 대우만 잘해주면 됩니다.

귀속감과 성취감이란 무엇을 말하는 것일까요? 사전적·추상적인 정의를 제거하고 간단하게 정의하면, 다른 사람들의 인정을 받고 즐거워하면 그것은 귀속감이고, 일할 때 자신이 인정하고 흥미를 느끼며 즐거워하면 그것은 성취감입니다. 예를 들어 제 강의를 사람들이 인정하고 기뻐하며, 그래서 제가 계속 여러분과 함께할 수 있다면 이 수업에 귀속감을 느끼는 것이고, 강의를 마친 뒤 제 스스로를 인정하고 기뻐하면 이 수업이 저에게 성취감을 준 것입니다.

한 가지 예를 들어봅시다. 교육현장에서 공부에 흥미를 느끼게 하는 능력이 뛰어난 선생 덕에 학생이 자신의 장점을 충분히 발휘해 단계적으로 목표를 달성한다면 학생의 성취감은 상승할 것입니다. 만약 선생이 학생을 신임하고 잘 이해하며 학생들이 서로 돕고 지지하도록 인도한다면, 내부에 귀속감이 돈독해져 학생 모두가 학급의 영예를 위해 노력할 것입니다. 귀속감과 성취감은 고급 인재를 키우는 유효한 수단입니다. 때문에 흥미를 유발하고 상대를 인정하는 것은 모든 교육자와 관리자가 필수로 해야 하는 기본행동입니다. 그렇게 하지 못한다면 인재를 거느리기 어렵고 조직관리는 아마 합격점을 받지 못할 것입니다. 조조는 이 부문에서 어떻게 했는지 살펴봅시다.

조조의 지혜

흥미를 유발하고 상대를 인정하는 것은 모든 교육자와 관리자가 필수로 해야 하는 기본행동이다.

첫째, 레테르letter 방식을 활용했습니다. 이는 상대를 인정해주고 특수한 귀속감을 형성하는 것입니다. 정립이 개명했던 사례가 대표적인 예입니다. 조조는 서주에서 군대를 물려 연주 경계로 돌아와 순욱의 상세한 보고를 들었습니다. 조조는 정립이 중요한 시기에 공을 세운 일을 아주 높게 평가하고 감격했습니다. 《삼국지》에는 조조가 정립의 손을 붙잡고 감격하며 "그대가 힘써주지 않았다면 나는 돌아갈 곳이 없었을 것이오"라고 말했다고 기록되어 있습니다.

일설에 따르면 정립은 태산에 올라 두 손으로 태양을 떠받들고 있는 웅장하고 아름다운 꿈을 꾸었습니다. 그는 그 꿈을 순욱에게 이야기했고, 순욱이 이를 조조에게 이야기했습니다. 조조는 "정립이 떠받드는 사람이 나이니 내가 바로 꿈속에 나온 붉은 태양이 아니냐"며 크게 기뻐했습니다. 어렵고 힘든 시기에 조조의 마음은 더할 수 없는 위로와 만족을 느꼈습니다. 그는 정립이 태양을 받들고 있는 꿈을 꾸었으니 앞으로 정립의 이름 립立 자에 날 일日 자를 붙여 욱昱이라 부르자고 제안했습니다. 그리하여 정립을 정욱程昱이라 부르게 되었던 것입니다. 이렇게 순욱과 정립은 조조가 천하를 제패하는 데 꼭 필요한 왼팔과 오른팔이 되었습니다.

둘째, 인재가 장점을 충분히 발휘할 수 있도록 무대를 제공해 강렬한 성취감을 불러일으키게 돕는 것입니다. 전위를 발탁한 것이 그 예입니다. 흥평 원년 8월, 조조와 여포가 복양에서 연주 쟁탈을 위한 싸움을 시작했습니다. 조조는 여포가 복양 서쪽 40~50리에 주둔시킨 사실을 알고 밤에 야습하러 나가 다음 날 새벽에 그들을 물리쳤습니다. 한번은 조조가 제때 군대를 물리지 못했을 때 여포의 구원병이 도달해 쌍방이 세 차례 회전을 치렀습니다. 여포가 친히 싸움터에 나왔고, 쌍방은 수십여 차례 격전을 벌였습니다. 그때 조조가 적진을 무너뜨릴 지원자를 선발하자 전위와 그를 따르는 수십 명의 부장이 맨 먼저 나섰습니다. 그들은 투구와 갑옷으로 중무장하고 일률적으로 방패가 아닌 긴 창과 극戟을 치켜들었습니다. 서쪽 전황이 위급하다는 보고가 있자, 전위가 돌진했습니다. 적군이 궁노를 마구 발사해 비처럼 화살이 쏟아지는데도 전위는 무시하고 따르는 사람들에게 "적군이 열 보 내에 들어오면 내게 알려라"라고 말했습니다. 이윽고 누군가 "열 보 내로 들어왔습니다"라고 하자 다시 "다섯 보 내로 들어오면 다시 이야기해라"라고 했습니다. 종자가 두려워 즉시 "적군이 왔습니다"라고 했습니다. 그 즉시 전위가 가지고 있던 10여 개의 작은 극을 함성과 함께 적에게 던지자 적들은 손쓸 새도 없이 그대로 쓰러졌습니다. 그렇게 여러 차례 싸우자 여포의 군사들이 흩어져 물러났습니다. 그때 해가 저물어 조조는 비로소 군대를 이끌고 철수할 수 있었습니다.

조조는 전위를 도위로 임명해 옆에 앉히고 그에게 친위병 수백 명을 이끌고 항상 군중의 막사를 순찰하게 했습니다. 전위가 거느린 친위군 또한 엄격하게 선발된 병사들이어서, 전위의 부대는 전투마다 제일 먼저 적진에 뛰어들었습니다. 전위는 훗날 교위로 승진했습니다. 그는 신중하고 충성스러워 항상 아침부터 종일 시립侍立하고 늦은 밤에는 장막 근처에서 잠을 잤습니다. 그는 개인 침실에서 잔 적이 거의 없었습니다.

귀속감과 성취감은 조조 주변의 핵심구성원들이 각자 목숨을 걸고 싸울 수 있도록 하는 원동력이었습니다. 기획형 인재 정립이든 행동파 인재 전위든 모두 결정적인 시기에 한마음 한뜻으로 조조를 따랐던 것입니다.

세 번째 책략 | **실패와 위기로 판세를 더 강화시킨다**

리더가 되려면 삼심三心과 이의二意가 있어야 합니다. 삼심은 신심信心·웅심雄心·허심虛心이고, 이의는 백성의 민의民意와 주변 사람들의 건의建議를 말합니다. 반드시 겸손하게 다른 사람의 의견을 들을 줄 알아야 합니다. 이는 성공한 사람들의 공통된 특징입니다. 조조부터 당 태종까지 모두 다른 사람의 의견을 잘 들어 성공한 사람들이었습니다. 왜 리더는 의견을 잘 들어야 할까요? 혹시 리더가 똑똑하지 못하기 때문일까요?

강을 건너려다 물에 빠진 어느 박사의 이야기를 하나 하겠습니다. 한 박사가 어떤 연구소로 발령이 났습니다. 박사는 그곳에서 학력과 실력 면에서 가장 뛰어났습니다. 어느 날 연구소에서 업무차 개천으로 낚시를 가게 되었습니다. 연구소장과 부소장이 박사의 양쪽에 자리를 잡았습니다. 그러다 연구소장이 화장실에 간다며 허리를 굽혀 숨을 들이쉬고는 수면 위를 걸어 맞은편으로 갔다가 조금 후에 다시 수면 위를 걸어 돌아와 계속 낚시를 하는 것이었습니다. 눈이 휘둥그레진 박사는 속으로 생각했습니다.

'우와, 철장수상표鐵掌水上飄(물 위를 걷는 무공)인가? 그럴 수가 있나?'

조금 있다 부소장도 화장실에 간다더니 허리를 굽히며 숨을 들이쉬고는 수면을 밟고 맞은편 기슭으로 걸어갔다가 다시 돌아왔습니다. 박사는 속으로 '이분들은 고수구나!'라고 생각했습니다.

시간이 흘러 박사도 화장실에 가고 싶어졌습니다. 박사는 속으로 생각했습니다.

'저 사람들도 건넜는데 나라고 건너지 못하겠는가? 유체역학流體力學은 나도 배워 잘 알고 있다!'

그러고는 이를 악물고 숨을 들이쉬고는 수면을 향해 한 발을 내딛었습니다. 당연히 그는 첨벙 하는 소리와 함께 물에 빠져버리고 말았습니다. 동료들은 그가 자살하려는 줄 알고 너 나 할 것 없이 나서서 그를 물에서 끌어냈습니다. 왜 물속에 뛰어들었느냐는 연구소장의 물음에 박사는 "나도 물 위를 걸어 맞은편 기슭에 있는 화장실에 가려고 했다"고 대답했습니다. 이 말을 듣고 옆에 있던 동료들이 깔깔거리며 설명해주었습니다.

"이곳에는 원래 잠수교가 있는데, 지난 이틀 동안 비가 많이 내려 다리가 물에 약간 잠겼습니다. 연구소장과 부소장은 물에 잠긴 그 다리를 밟고 건넜던 것이지요. 박사님은 왜 한마디도 물어보지 않으셨습니까?"

이 이야기는, 현실은 생각하는 것처럼 복잡하지 않지만, 현실 속에는 생각만으로는 알 수 없는 은폐된 사실이 반드시 있음을 말해줍니다. 현실서 우리는 무슨 복잡한 규율을 연구하는 것보다는 생각하지 못한 사실을 이해하기 위해 노력해야 합니다. 많이 듣고 많이 보고 많이 배우십시오. 어떠한 이론이든 사각지대가 있으니 항상 다른 이론으로 보완할 수 있어야 합니다. 사실에 사각지대가 있으면 쓰라린 대가를 치러야만 합니다. 얼마나 이론과 지혜가 풍부하든지 상관없이 늘 다른 사람에게 배울 필요가 있습니다.

배워야 할 것은 이론이 아니라 기본적인 사실입니다. 단순하지만 중요한 사실은 항상 있지만 그것을 알지 못하는 경우가 많기 때문입니다. 만약 가르침을 청하지 않는다면 자신의 무지로 인해 대가를 치러야 할 것입니다. 제가 강조하고 싶은 것은, 책에서 배운 이론만 아는 사람은 사실을 존중하는 법을 배워야 하고, 강력한 이론으로 무장한 사람일수록 가장 단순한 사실을 존중하는 법을 더 배워야 한다는 것입니다. 그리고 사실을 존중하는 법을 배우고 싶다면 사실을 알고 있는 사람을 존중하는 법을 먼저 배워야 한다는 것입니다.

조조의 지혜

책에서 배운 이론만 아는 사람은 사실을 존중하는 법을 배워야 하고, 강력한 이론으로 무장한 사람일수록 가장 단순한 사실을 존중하는 법을 더 배워야 한다. 사실을 존중하는 법을 배우고 싶다면 사실을 알고 있는 사람을 존중하는 법을 먼저 배워야 한다.

조조는 연주를 재차 탈환하는 과정에서 두 번의 결정적인 건의를 듣고 따랐습니다. 첫 번째 건의는 《삼국지》〈정욱전程昱傳〉에 기재되어 있습니다.

> 조조는 여포와 복양에서 싸웠는데 세가 불리했다. 공교롭게도 메뚜기 떼가 일어나 각자 퇴각을 했다. 그때 원소는 사람을 파견해 조조와 화친을 맺자 하고, 조조의 가족을 업성鄴城에 거주하게 하려 했다. 조조는 마침 연주를 잃어버리고 군중에 식량도 다 떨어져 가는 터라 그 제안을 받아들이려 했다. 때마침 사신으로 나갔다가 돌아온 정욱(정립)이 조조를 만나 기회를 틈타 물었다.
> "듣기로는 장군께서 가족을 보내 원소와 화친하려 한다던데 그런 일이 진실로 있습니까?"
> 조조는 말했다.
> "그렇소."
> 정욱이 말했다.
> "제가 보기에는 아마도 장군께서 일에 임하는 것을 두려워하시는 듯합니다. 만일 그렇지 않다면 어찌 이리 생각이 깊지 못하십니까? 대체로 원소는 연燕나라와 조趙나라의 땅을 거점으로 천하를 삼키

려는 야심을 품고 있지만, 그의 지략으로는 성공할 수 없습니다. 장군께서는 스스로 그의 아래에 처하기를 바라십니까? 장군께서는 용과 호랑이와 같은 위엄이 있어 한신韓信이나 팽월彭越과 같은 일을 할 수 있습니다. 지금 비록 연주를 잃었지만 아직 세 개의 성이 남아 있고 싸울 수 있는 군사가 만 명을 넘습니다. 장군의 신묘한 무략으로 저와 순욱 등을 거두어 기용하면 패왕의 대업을 이루실 수 있습니다. 원컨대 장군께서는 다시 헤아려 주십시오."

조조는 이 말을 듣고 원소와 화친하려던 계획을 그만두었다.

조조는 원소의 제안에 하마터면 동의할 뻔했습니다. 그 순간, 정립이 다른 의견을 제시했습니다. 정리하면 다음과 같습니다. 첫째, 원소에게는 천하를 탐병할 속셈이 있고 이는 조조도 마찬가지였습니다. 하지만 원소의 재능이 조조만큼은 아니니 만약 그들이 식술을 붙잡고 있으면 이후 반드시 진퇴양난의 제약이 될 것이라고 판단했습니다. 둘째, 조조는 지금 세 개의 성과 1만 명의 정예병이 있으며 문신과 무장 모두 조조를 위해 목숨 바쳐 애쓰고 있었습니다. 그 정도의 자원이면 판을 뒤집기에 충분하니 근본적으로 다른 사람에게 도움을 구할 필요가 없다는 건의였습니다.

한편, 조조가 받은 두 번째 결정적인 건의는 195년 여름에 일어난 일이었습니다. 여포의 부장 설란薛蘭과 이봉李封이 거야에 주둔하자 조조가 그들을 공격했습니다. 여포는 구원하러 나왔으나 패하고 달아났고, 조조는 설란 등의 목을 베었습니다. 그때 도겸이 병사했다는 소식이 전해졌습니다. 조조는 기회라 여기고 먼저 서주를 공격하고자 했습니다. 그때 순욱이 조조를 말렸습니다.

"옛날에 고조는 관중을 보전했으며, 광무제光武帝는 하내를 근거지로 삼아 근본을 확실히 해 천하를 제패하려는 뜻을 세웠습니다. 나아가 적과 싸워서 이기고, 물러나서는 충분히 굳게 지켰기에 비록 곤경에 빠질 때도 있었지만 마침내 대업을 이룰 수 있었던 것입니다. 장군께서는 본래 연주를 근거로 일을 도모하며, 산동의 환란을 평정했으니, 백성이 모두 진심으로 기뻐하며 따르고 있습니다. 또 황하와 제수濟水는 천하의 요지이므로 지금 비록 전선이 무너져 파괴되었지만 오히려 스스로를 보전하기가 쉽습니다. 장군께서 관중과 하내를 먼저 차지하셔야 하는 이유가 바로 그것입니다.

지금 이봉과 설란을 격파하고 군사를 나누어 동쪽으로 진궁을 공격하면 진궁은 감히 서쪽을 도모하지 못할 것입니다. 그리고 그 틈을 타 군대를 단속하고 보리를 거두어 군량미를 비축하신다면 일거에 여포를 격파할 수 있습니다. 여포를 격파한 후에 남쪽으로 양주와 연합해 원술을 토벌하신다면 회수淮水와 사수까지 영역을 확대할 수 있습니다. 만약 여포를 내버려두고 동쪽으로 진격한다면 아무리 많은 군사를 남겨두어도 소용이 없을 것이고, 군사들을 적게 남겨두면 백성은 모두 성을 지키느라 땔감도 제대로 마련하지 못할 것입니다. 여포가 그 틈을 노려 포악한 짓을 한다면 민심은 더욱 위태롭게 될 것입니다.

견성과 범성을 온전히 지킬 수 있다지만, 나머지는 모두 이미 우리의 영토가 아니기 때문에 연주를 잃어버리는 것입니다. 만약에 서주마저 평정하지 못한다면 장군께서는 어디로 돌아갈 것입니까? 도겸이 비록 죽었다지만 서주를 쉽게 차지하지는 못합니다. 저들은 지난 패전으로 두려움에 빠져 안팎으로 단단히 결집되어 있을 것입니다.

　지금 동쪽 서주에서는 이미 보리를 수확해 들판을 비우고 성벽을 단단히 지키면서 장군께서 오기만을 기다리고 있습니다. 장군께서 성을 공격하려 해도 함락시킬 수 없고 약탈하려 해도 수확할 것이 없으면 열흘도 못 가 10만의 군대는 싸움도 하기 전에 저절로 곤경에 처하게 될 것입니다. 전에 서주를 정벌했을 때 지나친 처벌을 했기에 그 자제들은 부형들의 치욕을 가슴에 새기고 있습니다. 그러니 반드시 스스로 지키고 항복할 마음이 없을 것입니다. 나아가 그들을 쳐부수더라도 원한이 깊어 서주를 완전히 소유하지는 못할 것입니다. 무릇 일이란 이것을 버리고 저것을 취하는 것입니다. 큰일을 작은 일로 바꾸고, 편안함을 위태로움으로 바꾸며, 일시적인 형세를 헤아려 근본이 단단하지 않음을 근심하지 않을 수도 있지만, 이 세 가지는 이로운 것이 아무것도 없습니다. 원컨대 장군께서는 이를 깊이 헤아려 주십시오."

　순욱이 건의한 내용은 세 가지였습니다. 첫째, 연주는 크고 서주는 작음을 상기시켰습니다. 둘째, 서주로 출정하면 후방이 비어 여포가 그 틈을 타고 쳐들어올 것에 대한 우려를 이야기했습니다. 셋째, 서주를 치는 것은 싸우기도 전에 피로해지고, 싸워도 이기기 어려우며, 이겨도 지키기 어렵다는 점을 강조했습니다. 그래서 일반적으로 큰 것으로 작은 것을 대신하고, 편안함으로 위험함을 대신하는 것은 생각할 수 있는 일이긴 하지만, 지금 이 시점에서 큰 것을 버리고 작은 것을 취하거나 안정된 것을 버리고 위험한 것을 취하는 것은 안 된다는 것이 그 요지였습니다.

　정립과 순욱의 적극적인 건의로 조조는 서주를 공격하려던 계획을 포기했습니다. 그는 연주 일대에서 보리 수확을 마친 후 여포를 공격해 마침내 연주를 탈환하고 다시금 피동적인 국면에서 벗어날 수 있었습니다.

여기서 조조가 참모의 의견을 들을 때 보여주었던 태도에 대해 생각해보아야 합니다. 관리자가 의견을 들을 때에는 거만한 태도를 버리고 직위를 떠나 다른 관점으로 문제를 사고할 줄 아는 것이 아주 중요합니다. 우리에게는 항상 세 명의 보석과 같은 스승이 있는데, 바로 실패·문제·대중이 그것입니다. 실패에서 배우고 문제를 통해 배우는데, 배워도 알 수 없으면 현장에 파고들어 대중에게 가르침을 청하는 것이 발전할 수 있는 좋은 방법입니다. 아쉽게 연주를 잃은 것은 조조의 사업 초기에 일어난 중대한 좌절이었습니다. 하지만 이 좌절은 조조에게 많은 것을 가르쳐주었습니다.

분명 당신이 앞서가면 누군가 당신을 보고 배워 앞으로 나갈 것입니다. 하지만 당신이 넘어진다면 아무도 따라서 넘어지려 하지 않을 것입니다. 사람들은 성공을 따르기를 좋아하지 고의로 실패를 따르려 하지 않습니다. 실패 속에서 우리는 자신만의 유일무이한 경험을 얻을 수 있습니다. 실패를 잘 쌓아 분석하는 사람은 비결을 알게 될 것입니다. 다른 사람에게 비결을 가르쳐달라고 청하기보다는 항상 스스로 실패를 통해 교훈을 배우는 것이 더 낫습니다.

건의를 들을 때 상대방의 태도에 대해 너무 신경 쓰지 마십시오. 사업을 시작하는 단계에서는 특히 정색을 하고 말하는 사람에게 감사해야 합니다. 어린 나무에게 찬물은 성장을 돕지만 끓는 물은 상처를 줍니다. 뜨겁고 열정적으로 대하는 사람이 오히려 성장을 해칠 수 있습니다.

조조의 지혜

사업을 시작하는 단계에서는 특히 정색을 하고 말하는 사람에게 감사해야 한다. 뜨겁고 열정적으로 대하는 사람이 오히려 성장을 해칠 수 있다.

좌절과 위기 앞에서 조조는 남을 원망하거나 깊은 회한에 빠지지 않았습니다. 오히려 현실을 직시하고 미래를 내다보며 적극적인 대응조치를 취했습니다. 이는 우리가 배울 만한 점입니다. 인생은 길을 걷는 것과 같아 눈앞의 돌에 걸려 넘어져도 훌훌 털고 일어나서 계속 전진하는 자세가 필요합니다. 넘어졌다고 해서 눈물을 흘리며 통곡하고 후회를 하거나, 심지어 돌을 향해 욕을 퍼붓는 것은 긴 여정을 지체할 뿐입니다. 돌에 걸려 넘어졌을 때 반평생 이를 악물고 돌 주위를 도는 것이 진정한 실패인 것입니다.

좌절과 실패를 만났을 때 괴로움과 회한의 정서에서 벗어나지 못하는 것이 가장 큰 문제입니다. 경제학에서 만회할 수 없는 자본을 '매몰자본'이라 합니다. 깨진 그릇을 보며 탄식하지 말아야 합니다. 달빛을 볼 시간을 놓쳤다고 눈물을 흘리다가 태양을 놓칠 수 있습니다.

누군가는 이것이 말하기는 쉬워도 행동하기 어려운 것이라 자신은 그렇게 하기 어렵다고 말할 수 있습니다. 이런 생각 자체가 전형적인 자아를 방치하는 자세입니다. 제가 전하고자 하는 말은 "진정으로 할 생각이 있어야 진정 할 수 있다"라는 것입니다. 만약 할 생각이 없다면 분명 하지 못할 것입니다. 상사의 물음에 "네"라고 대답하지만 속으로는 하고 싶지 않다고 생각하는 것은 자신을 속이는 일이면서 동시에 상대를 속이는 일입니다.

조조는 좌절과 실패 앞에서 포기하지 않고 마음을 안정시키며 실패를 철저히 분석하고 핵심인재에게 기대 다방면으로 정확한 의견을 들어 채택했습니다. 또 핵심인재를 심도 있게 격려해 신속하게 피동적인 국면을 전환하는 등 생각한 것을 실행에 옮겼습니다. 반년이 넘는 힘들고 어려운 싸움을 거치면서 조조는 마침내 여포를 물리치고 다시 연주를 탈환했습니다.

이 시기에 천하의 형세에는 또 다른 새로운 변화가 발생했습니다. 동탁이 죽고 이각과 곽사가 장안을 혼란에 빠뜨리자 한 헌제는 어쩔 수 없이 장안을 떠나 낙양으로 돌아왔습니다. 하지만 낙양성은 이미 심하게 파괴되어 물자 부족에 시달렸고 절박하게 지방세력의 지지를 필요로 했습니다. 이러한 상황에서 각지의 제후들은 망설이며 관망할 뿐이었습니다. 그들에게는 낙양에 들어가 포부를 펼치고 나라를 위해 근심을 나눌 만한 장대한 뜻이 없었습니다. 그때 조조는 처음 병사를 일으킨 이래 가장 원대한 계획을 세웠습니다. 바로 서쪽에 있는 천자를 맞이해 권력의 핵심을 차지하는 것이었습니다. 조조는 어떻게 거듭된 방해를 물리치고 이 목표를 실현할 기회를 잡을 수 있었을까요?

제7강

다른 사람의 힘으로
적의 기세를 끊는다

기회란 종종 준비된 사람들을 특별히 주목한다. 그리고 살다보면 곤경 속에서 방법을 찾아 기회를 만들어내는 사람들도 있다. 조조가 바로 그런 사람이었다. 동한 말년의 혼란한 정국 와중에 아무런 기반이 없던 그는 전장을 전전하면서도 여차하면 사라져버릴 수도 있는 기회를 신속하게 붙잡았다. 또한 그 위에 더 많은 기회를 만들어내 동한 정권의 중앙으로 진입하는 데 성공했다. 마침내 천자를 옆에 끼고 제후를 호령하는, 세인들이 주목하는 실권파 인물이 되었다. 이는 훗날 조조가 자신의 사업을 발전시키는 데 견실한 기초를 제공해주었다. 조조는 어떻게 기회를 만들었을까? 그의 행동에서 어떤 깨우침을 얻을 수 있을까?

기민한 사람은 기회를 놓치지 않는다

"법칙은 매일 일어나는 것이지만 이야기는 각자 다르다"라는 말이 있습니다. 성공이란 기회와 뗄 수 없는 관계지만 "살면서 어떻게 기회를 찾고 그것을 이용해야 할까"라는 질문에는 많은 사람이 곤혹스러워합니다. 특히 자신이 아직까지 진정한 기회를 만나지 못했다고 원망하는 사람도 많습니다. 그러나 기회란 기민한 사람들이 만날 수 있습니다! 기회를 기다리는 사람은 보통 사람이고 기회를 잡아채는 사람은 능력 있는 사람이며 기회를 만들어내는 사람은 뛰어난 사람입니다. 기회란 준비된 사람에게 가는 것이고, 나아가 그것을 만들어내는 사람에게 가는 것입니다. 이번 강의에서는 조조가 어떻게 기회를 만들어냈는지에 대해 이야기하려 합니다.

쓸모없는 사람은
없다

건한 원년 초여름, 전화의 세례를 겪은 낙양성의 담벼락은 이미 무너져 황폐하기 그지없었고 눈에 보이는 것은 모두 도탄에 빠진 백성뿐이었습니다. 과거의 번화했던 정경은 온데간데없고 황폐해진 도시의 길가에는 나무와 화초만이 과거의 무성함을 뽐내고 있었습니다. 성 동쪽에 급하게 복구한 뜰에서 누군가가 책상에 앉아 글을 쓰고 있었습니다. 그는 몸집은 중간 정도에 용모가 수려하고 눈과 눈썹 사이가 언뜻 조조를 조금 닮은 듯했습니다. 그런데 이 사람은 생김새만 조조를 닮은 것이 아니라 조조의 어투를 모방해 편지를 쓰고 낙관까지 조맹덕이라고 찍는 것이었습니다.

그는 정말 모방의 대가였습니다. 조조가 어떤 사람입니까? 음험하고 의심이 많은 그가 만약 누군가 감히 자신을 사칭한다는 사실을 알았다면 분명 때려죽여도 시원해하지 않았을 것입니다. 이 모방의 대가는 생명의 위험을 무릅쓰고 있었던 것입니다. 하지만 그에게서는 긴장하는 기색이라곤 전혀 찾아볼 수 없었습니다. 잠시 여유롭게 눈을 감고 깊은 생각에 잠겼다가 다시 낮은 소리로 문장을 다듬는 모습이 마치 아주 홀가분하게 일을 즐기는 듯했습니다. 감히 대낮에 공공연하게 조조를 사칭하고, 더욱이 조조에게 추궁당하기는커녕 오히려 두터운 후원을 받았으니, 그는 아주 뛰어난 사람임에 틀림없었습니다. 이 인물은 동소董昭였습니다.

과거 그는 본래 원소 수하의 지방관이었으

동소(156~236)
자는 공인公仁이며, 제음濟陰 정도定陶 사람이다. 동한 말에 원소·장양張楊·조조·조비·조예曹叡 등을 섬겼다.

나 원소에게 미래가 없다고 판단하고 중앙정부에 투신해 의랑에 임명되었습니다. 의랑은 앞에서 언급했듯이 조조가 배척당하던 시기에 맡은 적이 있던 관직으로, 사실상 이름만 있고 권한은 없는 한직이었습니다.

한직에 있던 동소는 왜 조조를 흉내 내고 있었을까요? 사실 동소는 그때 자신과 조조, 그리고 중국역사에 심대한 영향을 끼친 한 가지 일을 하고 있는 중이었습니다.

여기서 먼저 당시 낙양의 정세부터 설명해볼까 합니다. 왕윤王允이 미인계로 동탁을 죽인 후 동탁의 부장 이각과 곽사는 장안성을 점령해 황제를 협박하고 대신을 모욕하며 백성을 해치는 등 그곳을 난장판으로 만들었습니다. 옛말에 "군자는 멀리 있어도 여전히 친하고 가까이 있으면 서로 공경하지만, 소인은 멀리 있으면 몰래 비방하고 가까이 있으면 서로 싸운다"는 말이 있습니다. 이각과 곽사가 바로 그런 소인배로 외부 사람은커녕 자기 사람들과도 오래 함께 지내지 못했습니다. 장안을 점거한 지 얼마 되지 않아 두 사람은 시기와 의심으로 서로를 공격해 장안성을 전쟁터로 만들고 말았습니다.

반듯하던 한나라의 도성 낙양은 동탁의 손에 불탔고, 장안은 이각과 곽사의 손에 망가졌습니다. 근원을 따지자면 이는 당초 하진이 외부의 군대를 도성에 불러들인 결과였습니다. 하진이 누구였습니까? 그는 백정 출신으로 돼지를 잡는 사람이었습니다. 온종일 돼지와 씨름하던, 게다가 관리에 대해 아무런 훈련도 받은 적이 없는 그에게 그렇게 큰 나라를 관리하게 했으니 이는 소가 웃을 일이었습니다. 여기서 모든 성공은 본질적으로 용인의 성공이고, 모든 실패는 결국은 용인의 실패라는 사실을 다시 한 번 강조하고자 합니다.

이렇게 장안이 초토화되자 천자 헌제는 이각과 곽사를 피해 백관들을 거느리고 가까스로 낙양으로 되돌아왔습니다. 동탁이 천도를 한 후 낙양성은 이미 몽땅 약탈당해 거리에 사람의 그림자는 보이지 않고 무너진 담장과 하늘을 가득 메운 까마귀, 배회하는 들개로 가득했습니다. 헌제가 낙양에 도착했을 때 그 참상은 이루 말할 수 없었습니다.

> 이 시기의 궁실은 다 타고 없어 백관들이 가시덤불을 베어 담벼락 사이를 보수하도록 했다. 주군은 각기 강병을 보유하고 있었지만 갖은 핑계로 도착하지 않았다. 군료들이 기아에 시달리고 상서랑 이하의 관리들은 스스로 나가 려稆(돌벼)를 채취했다. 혹은 굶주림으로 담장 사이에서 죽거나 병사들에 의해 살해되었다.

가장 기본인 먹는 문제를 해결하지 못한 조정은 절실하게 지방 제후들의 도움을 필요로 했습니다. 동소는 이런 정세를 보고 조조의 이름을 빙자해 당시 병권을 쥐고 중앙정부를 통제하던 양봉楊奉에게 편지를 썼던 것입니다. 편지에는 이렇게 씌어 있었습니다.

> 저는 장군의 명망을 듣고 사모해 오로지 일편단심이었습니다. 지금 장군이 천자를 어려움에서 구하고 옛 도읍으로 돌아가시게 한 공은 세상에 필적할 만한 사람이 없으니 어찌 위대하지 않다고 하겠습니까? ……장군께서는 마땅히 안의 주인이 되고, 저는 밖에서 구원하겠습니다. 지금 제게는 양식이 있고 장군은 병사가 있으니,

있고 없음이 통해 충분히 서로를 구제할 수 있습니다. 지금 이후 삶과 죽음, 헤어지고 만나는 것을 장군과 함께하겠습니다.

이 편지는 조조가 훗날 헌제를 허창許昌으로 맞아들이는 기반이 되었습니다.《삼국지》〈동소전董昭傳〉의 해당 내용입니다.

양봉이 편지를 받고 기뻐하며 여러 장군에게 이르길, "연주의 여러 군대는 가까이 허창에 있으며 그들에게는 병사와 군량이 있으니 국가가 그들을 의지하고 받들어야 한다." 이어 표를 올려 조조를 진동장군鎭東將軍으로 삼고 아버지의 작위를 이어 비정후가 되게 했으며, 동소를 부절령符節令으로 승진시켰다.

동소는 이 편지 하나로 중앙정부와 조조, 그리고 자신의 일까지 완수했습니다.

사람들은 승리자를 좋아한다

왜 동소가 조조를 좋아했는지에 대해 생각해보기로 합시다. 일반적으로 약자를 좋아하는 사람은 선량한 사람으로 여기고, 강자를 좋아하는 사람은 권세에 아첨하는 사람으로 멸시되곤 합니다. 그렇다면 주동적으로 조조에게 접근한 동소는 권세에 아첨하는 소인배였을까요?

동소는 권세를 좇는 소인배가 아니었습니다. 그가 주동적으로 조조에게 접근했던 행위에는 재미있는 조직행동학 원리가 내재되어 있습니다. 그 원리에 근거해 동소가 조조를 따르던 이유에 대해 말하려 합니다. 이는 한마디로 "관련이 있을 때는 강자를 선호하고, 무관할 때에는 약자를 선호한다"는 것입니다.

먼저 자신과 무관할 때 약자를 선호하는 규율에 대해 이야기해 보겠습니다. 먼저 우리는 양이 아닌 늑대를 동정하는 시대에 살고 있음을 말하고자 합니다. 예를 들어 이야기해보겠습니다. 이전에 우리는 '늑대'라고 하면《빨간 모자》에 나오는 늑대를 떠올렸는데, 지금은 그렇지 않습니다. 요즘 아이들이 보는 만화 가운데 '시양양과 회색 늑대(중국판 톰과 제리)'라는 프로그램이 있습니다. 시양양은 매번 늑대를 이기고 늑대는 매번 주변의 적들과 자신의 부인에게 괴롭힘을 당합니다.

이 만화 이야기의 서술구조에는 대자연의 규칙이 전도되어 양이 강자, 늑대가 약자로 묘사됩니다. 자신과 무관하면 약자를 선호한다는 원리에 근거해 텔레비전 앞에 있는 아이들은 늑대를 동정의 대상으로 여기게 되는 것입니다. 심지어 이런 의견도 있습니다.

"만화 속 늑대가 너무 불쌍하다. 괴롭힘을 당하느니 그냥 양을 잡아먹었으면 좋겠다. 보고 있자니 너무 미안한 생각이 든다."

그래서 만약 계속해서 약한 늑대 이미지를 선전하고 늑대가 약자 연기를 하면 늑대는 동정의 대상이 될 수 있을 것이고, 아이들의 가치관도 늑대를 동정하고 양을 좋아하지 않는 쪽으로 바뀔 수 있습니다. 무관함이 동정을 만들어낸 것입니다.

다음에는 자신과 관련이 있을 때 강자를 선호하는 원리를 소개하려 합니다. 만약 어떤 일과 이해관계가 있다면 강자를 선호하며 약자를 동정하지 않는다는 것입니다. 예를 들어보겠습니다. 제가 학교에서 전공교육과 관련된 토론회에 참가한 적이 있습니다. 첫 번째 시합에서 제가 상대를 아주 신랄하게 반박했습니다. 토론이 끝나고 난 후 몇몇 학생이 이야기했는데, 대체적으로 이런 내용이었습니다.

"선생님, 양보할 수 있으면 양보를 좀 하십시오. 그 선생님이 너무 안 되어 보였어요. 선생님이 궁지에 몰아넣으니 그 선생이 제대로 말도 못하고 바보같이 '우리 모두 한 가족이다'를 '우리 가족은 모두 하나다'라고 했습니다. 이는 그리 좋아 보이지 않았습니다. 다음번에는 좀 적당하게 해주시기 바랍니다."

그러다 두 번째 시합 전에 학교 교무처에서 이 토론에 참가하는 선생 가운데 우승자를 이번 학기 전공교수 겸 지도교수로 임명할 것이라고 발표했습니다. 그 소식이 전해지자 형세는 즉각 변했습니다. 제게 적당한 시점에 봐주라고 권했던 학생이 돌연 나의 말을 지지하며 말했습니다.

"선생님, 사정을 봐주지 말고 반드시 강하게 밀어붙이세요!"

이처럼 자신과 무관한 시합이라면 약자에게 많은 동정을 보내지만 만약 이해관계가 밀접한 시합이라면 입장을 바꾸어 강력한 쪽을 지지하게 되는 것입니다.

사람들은 권투경기에서 지금까지 늘씬하게 얻어맞던 약자가 갑자기 힘을 내어 한순간에 강자를 때려눕히는 것을 좋아합니다. 하지만 이해관계가 걸려 있을 때는 그렇지 않습니다. 만약 강자가 자신의 지역의 대표라면 강자를 응원할 것입니다. 이것이 사람의 심리입니다. 그것은 자신도 모르는 사이에 행동에 영향을 미치고 선택을 좌우합니다.

동소가 원소의 휘하에 있을 당시 그는 당연히 원소가 강대해지기를 희망했습니다. 그래야 자신도 계속 발전할 수 있었기 때문입니다. 훗날 동소는 원소에게 미래가 없다고 보고 원소 곁을 떠나 중앙정부에 들어갔습니다. 그 시기에 조조는 멀리 동쪽에서 도겸을 괴롭히고 있었습니다. 당시 동소는 관중의 한 사람으로서 도겸을 동정하다가, 이후 여포가 조조를 괴롭힐 때에는 다시 조조를 동정했습니다. 하지만 중앙정부가 이각과 곽사의 통제를 벗어나 낙양으로 수도를 옮기게 되어 산동지역의 승리자인 조조가 장차 중앙정부의 미래에 영향을 미칠 가능성이 높아졌습니다. 동소는 그와 이해관계가 생긴 상황에서 자연히 조조를 선호할 수밖에 없었던 것입니다.

낙양에 도착한 이후 조조는 친절하게 동소를 불러 다음 행보에 대한 계획을 토론했습니다. 《삼국지》〈동소전〉에는 조조와 동소의 대화가 상세하게 기록되어 있습니다.

조조는 동소를 불러 함께 앉아 물었다.
"지금 내가 이곳에 왔는데 어떤 계책을 써야 하겠는가?"
동소가 말했다.
"장군께서는 의로운 군대를 일으킴으로써 흉포한 자들을 주살했으며 조정에 들어가 왕실을 보좌했으니, 이는 춘추오패와 같은 공적입니다. 그러나 이곳에 있는 모든 장수는 사람도 다르고 의견도 다르기에 반드시 명령에 복종하지는 않습니다. 만일 지금 남아서 천자를 보필하게 되면 형세가 순조롭지 않을 것이니, 오로지 천자의 수레를 허창으로 행차하게 하는 것이 묘책일 뿐입니다. ……무릇 평범하지 않은 일을 하면 곧 평범하지 않은 공적이 있는 것이니, 원컨대 장군께서는 이익이 많은 쪽으로 헤아려 주십시오."

조조가 말했다.

"천자의 수레를 허창으로 옮기는 것은 나의 본래 뜻이오. 그러나 양봉의 군대가 가까운 양梁 땅에 있으며, 그의 병력이 정예부대라고 들었으니 아무래도 나에게 누가 되지 않겠는가?"

동소가 말했다.

"양봉은 도당과 구원병이 적으므로 아마도 홀로 장군께 귀의할 것입니다. ……적당한 시기를 택해 사절을 보내 후한 예물로 답례하면 그의 생각이 안정될 것입니다. ……양봉은 사람됨이 용감하지만 생각이 부족해 반드시 의심하는 모습을 보이지 않을 것입니다. 쌍방의 사절이 왕래하고 나서 이런 계책을 충분히 확정하십시오. 이렇게 하면 양봉이 어찌 장군에게 누가 되겠습니까?"

조조가 좋다고 말하고는 즉시 양봉에게 사절을 보냈다. 그러고는 천자의 수레를 허창으로 옮겼다.

허창으로 천도하는 과정에서 조조는 양봉이 중간에서 방해할 것을 염려했는데, 동소는 양봉이 이전부터 마음을 다해 도와주었으니 좋은 말로 달랜다면 이번에도 도와줄 것이라는 의견을 표명했습니다.

한 번 도와준 사람이
계속 돕는다

여기서 동소가 제시한 의견은 '과거에 도움을 주었던 사람이 미래에도 계속 도와주는 경향이 있다'는 것입니다. "복은 함께 오지 않고 화는 홀로 오지 않는다"는 말이 있습니다. 한 기업이 파산 직전에 몰린 긴박한 상황에서 창업자 또한 중병이 들었습니다. 그는 위독해지자 세 아들을 병상에 불러 어떻게 위기에 대응할 것인지 상의했습니다.

그는 아들들을 도와줄 사람 셋을 지목했습니다. 한 명은 그가 어려울 때 창업자가 사심 없이 도움을 준 사람이었습니다. 다른 한 명은 창업자 자신이 어려움을 겪을 때 위기를 넘기게끔 도와준 사람이었습니다. 마지막 한 명은 함께 자선사업을 하면서 다른 사람을 도운 적이 있는 사람이었습니다.

큰아들은 갑을 선택하며 "이 사람은 우리에게 은혜를 입었으니 지금 반드시 은혜에 보답할 것이다"라고 말했습니다. 둘째 아들은 을을 선택하며 "지난번에도 우리를 도와주었으니 이번에도 반드시 도와줄 것이다"라고 말했습니다. 마지막 셋째 아들은 병을 선택하며 "함께 자선사업을 한 것은 그가 다른 사람을 도울 실력과 동기가 있음을 말해주는 것이므로 이번에도 반드시 우리를 도와줄 것이다"라고 말했습니다. 아버지는 "좋다. 다들 자신이 선택한 세 사람을 찾아가 누가 우리 사업을 도와주는지 보거라. 성공한 사람이 기업을 이어받을 것이다"라고 했습니다.

그리하여 세 아들은 각자 도움을 청하러 떠났습니다. 여러분도

갑·을·병 가운데 누가 도움을 주었을지 한번 생각해보시기 바랍니다.

천사의 특징은 과거에도 우리를 도운 적이 있으니 장래에도 우리를 도울 것이라는 점입니다. 과거에 우리를 도운 사람은 미래에도 도와줄 가능성이 아주 큽니다. 그래서 큰 것을 청하기 전에 작은 것을 먼저 청해보라고 이야기했던 것입니다. 일단 그 청이 받아들여지면, 즉 상대가 도와줄 마음이 생기면 이어 큰 것을 요청해도 쉽게 도움을 얻을 수 있습니다.

동소는 자원이 부족한 상황에서 어떻게 기회를 만들어낼 것인지를 충분히 보여주었습니다. 그것은 다름 아닌 다른 사람의 힘을 빌리는 것이었습니다. 동소는 자원을 빌리는 데 고수였습니다. 조조의 명의로 양봉에게 서신을 보내 자연스럽게 조조와 양봉의 연락관으로 변신했습니다. 두 번째는 조조의 자원을 빌려 중앙정부의 위기를 해소했습니다. 세 번째는 양봉의 손을 빌려 조조를 받아들이고 추천했습니다. 네 번째는 후방의 보급문제를 해결한 것을 기회로 중요한 직위에 올랐습니다.

그렇지만 훨씬 더 많은 것을 얻은 사람은 조조였습니다. 동소라는 연락관을 빌린 조조는 마침내 중앙정부에서 중요한 위치를 차지할 수 있었습니다. 중앙정부의 지지를 얻게 되자 이후 여러 방면으로 사업을 순조롭게 확대·추진할 수 있게 되었습니다. 이는 다음에 조조가 천자를 맞아들일 유리한 조건을 만들어낸 것이었습니다.

조조의 책략
자원이 부족한 상황에서 기세를 얻는 전략

첫 번째 책략 | 다른 사람의 힘을 빌려 권세를 부린다

"다른 사람의 말을 빌려 마차를 끈다"는 말이 있는데, 이는 '마차를 끌 말이 없다면 남의 말을 빌릴 필요가 있다'는 의미입니다. 업무목표를 달성할 적합한 인력이 부족할 때는 어떻게 해야 할까요? 다른 사람의 간부, 다른 조직의 인력을 빌려야 합니다. 조조가 낙양에 들어가 어가를 호송해 허창으로 천도하고, 중앙정부를 실질적으로 장악하려는 목표를 달성하는 과정에서 네 사람이 중요한 역할을 했습니다. 네 사람은 모두 조조의 사람이 아니라 외부인이었습니다. 외부에서 온 네 사람의 말이 조조의 전차를 끌며 연주에서 낙양으로, 낙양에서 허창으로의 발전을 순조롭게 완성했던 것입니다.

그 가운데 한 명이 동소였습니다. 그는 먼저 하북태수河北太守 장양을 설득해 조조에게 길을 내주고 조조가 사자를 파견해 중앙정부와 왕래할 수 있게 편의를 제공했습니다. 이어 서신을 위조해 조조가 양봉과 친밀한 관계로 발전해 진동장군으로 임명되고 조정의 전면적인 인가를 받도록 도움을 주었습니다. 마지막으로 조조가 허창으로 천도할 계책을 마련해 결국 양봉·한섬韓暹 등의 지위를 대체해 중앙정부의 실권을 장악하도록 도왔습니다.

두 번째 인물은 종요鍾繇였습니다.《삼국지》〈종요전鍾繇傳〉에는 당시 중앙정부에서 일하던

종요(151~230)
자는 원상元常이며, 영천 장사長社 사람이다. 삼국 시기의 유명한 서법가이자 정치가다. 조조가 집권하자 시중으로 사례교위司隸校尉를 맡고 관중關中의 제군諸軍을 감독했다. 위魏 문제文帝 당시의 명사 화흠華歆·왕랑王朗과 더불어 삼공이 되었다. 아들로는 종육鍾毓과 종회鍾會가 있다. 서예에 조예가 깊었고 해서楷書의 창시자라는 말도 전해진다. 왕희지王羲之와 이름을 나란히 해 종왕鍾王으로 칭한다.

종요가 조조를 위해 이각과 곽사에게 유세했던 내용이 기록되어 있습니다. 일찍이 조조가 연주목으로 임명되었던 시기에 종사從事 왕필王必을 사자로 보냈는데 이각과 곽사 등은 관동군이 새로 천자를 세우려 한다고 의심하고 사자를 억류하려 했습니다. 그때 종요가 이각과 곽사에게 말했습니다.

"바야흐로 영웅들이 함께 일어나 각자 나라를 세우려 하지만 조조만이 왕실에 마음을 두고 있는데, 그의 충성심을 받아들이지 않으면 모든 이의 바람을 저버리는 것입니다."

이 말을 들은 이각과 곽사는 사신에게 후하게 보답했습니다. 이 일로 인해 조조의 사명使命이 한나라 왕실에 이를 수 있게 되었습니다. 조조는 측근인 순욱이 여러 차례 종요에 대한 칭찬을 들었고, 또 종요가 이각과 곽사에게 진언한 말을 듣고 종요에 대해 감격하고 탄복했습니다.

세 번째 인물은 동승董承이었습니다. 동승은 처음에 조조에게 적대적이어서 조조가 어가를 맞이하기 위해 낙양에 들어오는 것을 저지했습니다. 그러나 후에 권력을 잡고 있던 한섬과 갈등이 생기자 입장을 바꾸어 조조에게 화해의 손길을 내밀었습니다.

네 번째 인물은 양봉이었습니다. 동소의 설득으로 병권을 쥐고 있던 양봉이 조조가 황제를 맞이하는 것을 반대하지 않고 진동장군과 비정후로 추천하기까지 했습니다.

네 사람 가운데 특히 동소와 종요는 조조를 위해 자발적으로 일을 했는데, 조조는 그들이 어렵지만 정교하게 일을 처리한 사정을 모두 나중에야 들었습니다. 조조에게 권한을 위임받은 적도 없고, 심지어 조조와 일면식도 없는 상황에서 그를 홍보하고 그의 발전을 꾀했던 것입니다.

당시 중앙정부의 인사들은 조조를 만난 적도 없었고, 이해하지도 못했으며, 심지어 조조와 충돌까지 했습니다. 만약 이 네 사람의 인정이 없이 조조가 힘으로 권력을 차지해 허창으로 천도했다면 결국 제2의 동탁이 되어 괜스레 백성의 분노만 살 뿐 본전도 찾지 못하는 상황이 발생했을 것입니다. 동소 등의 노력으로 조조는 절대 다수의 관리들에게 인정을 받게 되었고 결국 권력을 장악할 수 있었습니다.

누군가 "동소와 종요 두 사람은 재상급의 대신도 아니고 군사를 거느린 장수도 아니었는데, 그들이 무슨 결정적인 역할을 했느냐"고 물을 수도 있습니다. 경제관리 이론 가운데 '양 떼 효과'라는 이론이 있는데, 이 이론으로 그들의 가치를 아주 잘 설명할 수 있습니다.

양 떼란 흩어져 있는 전체를 이야기합니다. 평소에는 무리를 이루면서 이리저리 움직이지만, 일단 우두머리 양이 움직이며 주의를 끌면 다른 양들도 별다른 생각 없이 집단적으로 움직입니다. 앞에 늑대가 기다리고 있는지 아니면 훨씬 좋은 풀밭이 있는지를 전혀 생각하지 않고 계속 우두머리 양의 일거수일투족을 따라할 뿐입니다. 양 떼 효과는 군중심리와 유사합니다. 군중심리는 사람들을 맹종으로 이끌기 쉽고, 맹종은 종종 속임수에 빠지거나 실패를 초래하게 합니다.

인류사회에서 양 떼 효과는 어떤 모습으로 나타날까요? 한 가지 재미있는 예를 들어보겠습니다. 한 기자가 취재를 하러 거리에 나갔다가 대낮에 한 무리의 군중이 모두 머리를 들고 하늘을 쳐다보는 것을 보고 호기심을 느꼈습니다. 그는 하늘에서 무슨 일이 벌어지고 있다고 생각하고 얼른 하늘을 쳐다보았는데 아무것도 없었습니다. 궁금해진 기자는 가까이 있는 한 사람 한 사람에게 무엇을 보고 있는지 물었습니다. 돌아온 대답은 "다른 사람들이 하늘을 보니까 호기심에 가던 길을 멈추고 쳐다보는 중인데, 아무것도 보지 못했다"였습니다. 궁금증이 더 심해진 기자는 마침내 가장 안쪽에 있는 사람을 찾아 물었는데, 그 사람이 코를 막고 하는 말이 가관이었습니다. 그는 코피가 나서 하늘을 향해 머리를 들고 있었던 것입니다.

사람은 정보가 불충분한 상황이라면 다른 사람을 모방하기를 좋아합니다. 일단 한 사람이 행동을 취하면 곧 그를 따르곤 합니다. 직장에서 양 떼 효과는 흔히 볼 수 있는 현상입니다. 특히 경쟁이 치열한 업종에서는 양 떼 효과가 빈번하게 나타납니다. 한 회사가 어떤 업종으로 큰돈을 벌면 같은 업종의 다른 회사들도 너 나 할 것 없이 달려듭니다. 결국 생산과잉으로 공급과 수요가 균형을 잃게 됩니다. 모두들 우두머리 양의 일거수일투족을 따라하는 데만 열중하고 장기적·전략적인 안목을 갖추지 못하면 당연히 사업은 성과를 내기 힘들 것입니다.

누군가 아이티IT 산업으로 돈을 벌면 모두 아이티 산업으로 돈을 벌 생각만 하고, 경영 컨설팅으로 돈을 벌면 모두 컨설팅만 생각합니다. 외국기업에서 일을 하는 것이 근사하게 보이면 모두가 영어를 배우기 시작합니다. 공무원이 안정적이고 수입도 좋다고 하면 대학 졸업생 모두가 공무원 시험을 보려고 합니다. 시류를 따라 모방하는 일은 심지어 이성을 잃는 지경까지 이르렀습니다.

양 떼 효과의 형성에 관해 몇 가지 해석이 있습니다. 철학자들은 이성의 유한성 때문이라 여기고, 심리학자들은 인류의 군중심리로 인식하고, 사회학자들은 인류의 집단무의식이라 생각하고, 경제학자들은 정보의 불완전, 위임대리 등의 각도로 해석합니다. 전문가들의 의견을 종합해보면, 상황이 분명하지 않고 정보가 불충분한 상황에서 사람들은 왕왕 추종전략을 선택합니다. 일단 한 사람이 확고한 선택을 하면 뒤에 있는 사람은 주저하지 않고 그를 따른다는 것입니다.

그래서 대중에게 영향을 주려면 리더의 확고하고 적극적인 자세가 특히 중요합니다. 조조가 중앙 정권에 들어가는 과정에서 동소는 바로 그러한 우두머리 양의 역할을 해냈습니다. 그가 조조를 인정하고 지지하는 행동은 곧바로 사람들의 추종과 모방을 이끌어냈습니다. 중앙정부에서 조조의 인지도가 한순간에 몇십 배, 몇백 배 증가했던 것입니다. 이것이 동소의 공헌이었습니다.

이런 현상을 관리학에서는 '시범효과'라고 합니다. 어떤 행위를 홍보하거나 기풍을 고취하고자 할 때에 특히 그런 선도자에게 주목해야 하는 이유가 여기에 있습니다. 그래서 최초로 일을 해낸 사람에게는 세 배의 보너스를 주어야 한다는 것이 관리전문가의 의견입니다. 두 번째, 세 번째 내지 이후의 모든 사람은 다 첫 번째가 끌어낸 것이기 때문입니다. 이것이 바로 시범효과의 힘입니다.

두 번째 책략 | 두 세력이 다투는 틈을 타 이익을 얻는다

헌제가 낙양에 돌아온 후 조조는 곧 헌제를 허창으로 맞이하고자 했습니다. 어떤 사람이 동쪽이 아직 안정을 찾지 못했고, 한섬과 양봉이 막 헌제를 낙양으로 호위해왔으며, 더군다나 북쪽에는 하내의 장양이 여전히 건재하기 때문에 조조의 계획에 의심을 보냈습니다. 그때 순욱이 조조의 계획을 지지했습니다.《삼국지》〈순욱전荀彧傳〉의 해당 대목입니다.

"진晉 문공文公이 주周 양왕襄王을 받아들였기 때문에 제후들이 모두 따랐고, 한 고조高祖 유방劉邦이 의제義帝를 위해 흰옷을 입고 장사를 지냈기 때문에 천하의 모든 백성이 따랐습니다. 지금 황제가 유랑생활을 하고 있고 동쪽 도읍 낙양도 파괴되고 말았습니다. 충의지사들은 왕실을 그리워하고 백성도 옛날을 생각하며 애통해하고 있습니다.

진실로 이 기회를 이용해 천자를 맞이해 백성의 소망을 받드는 것이 큰 순리입니다. 공정한 태도로 호걸들이 복종하도록 하는 것은 큰 지략입니다. 대의를 품고 영재와 준걸을 부르는 것은 큰 덕망입니다. 천하에 비록 반역의 무리가 있지만, 결코 우리의 근심이 될 수 없습니다. 한섬과 양봉이 감히 해롭게 하겠습니까? 만일 때가 이르렀는데도 행동하지 않는다면 사방의 준걸이 배반하려는 마음을 품을 것이고, 그때가 되면 이미 때를 놓치게 될 것입니다."

순욱의 건의는 확실히 선견지명이 있었습니다. 그의 건의 이후 조조는 천자를 옆에 끼고 제후들에게 호령하며 삼분천하의 패업을 이룰 수 있었습니다. 조조는 원소와 달리 재능이 있고 생각이 깊었으며 동시에 스스로를 대단히 여기지 않고 다른 사람의 의견을 잘 들었던 것입니다. 순욱·정립 등의 건의로 조조는 서쪽으로 나가 천자를 맞이할 결심을 했습니다.

조조는 처음 조정이 자신을 수호천사 혹은 보급부장 정도로 여긴다고 생각했기에, 천자를 맞이하러 가는 길이 환영인파로 가득할 것이라고 생각했습니다. 하지만 결과적으로 조정은 그를 환영하지 않았을 뿐 아니라 군대가 대치하는 상황까지 벌어졌습니다. 《삼국지》에는 "조조가 이에 조홍을 보내 서쪽에서 천자를 맞이하려 했으나 동승 등이 길목을 지키고 있어 조홍이 지나가지 못했다"고 기록되어 있습니다.

이런 조치에 조조는 무척 화가 났습니다. 싸울 것인가 말 것인가, 이것이 문제였습니다. 싸우지 않으면 낙양으로 들어갈 수도, 전략적인 목적을 달성할 수도 없었습니다. 싸운다면 병사들을 잃게 되며, 더 치명적인 것은 중앙정부를 공격했다는 오명을 뒤집어쓰고 천하 사람들의 비웃음과 사대부의 반감을 야기하기에 충분했습니다. 그렇다면 동승은 왜 조조를 막았던 것일까요? 이 시기의 형세를 간단한 게임 이론 모형으로 해석해보겠습니다.

양이 풀밭에서 혼자 풀을 뜯고 있는데 멀지 않은 곳에서 소 한 마리가 왔습니다. 풀밭을 독점하고 있던 양은 목숨을 걸고 소와 한바탕 싸워 풀밭을 지킬 것인지 말 것인지를 선택해야 하는 상황에 직면했습니다.

양의 입장에서 한 번 생각해봅시다. 만약 싸운다면 두 가지 결말이 있습니다. 하나는 소를 몰아내는 것입니다. 하지만 자신도 상처를 입게 될 뿐 아니라 풀을 뜯을 시기를 지체하게 될 것입니다. 최악의 상황은 소에 의해 죽임을 당해 풀밭이 상대에게 넘어가는 것입니다.

반면에 싸우지 않는다면 두 가지 결말이 있습니다. 하나는 소가 풀을 뜯어먹지 않고 풀밭을 지나치는 것입니다. 두 번째는 소와 양이 각자 풀을 뜯어먹으며 서로 간섭하지 않는 것입니다. 물론 뜯어먹는 풀의 양은 소가 훨씬 많겠지만 양으로서는 배만 부르면 큰 문제는 없을 것입니다.

이 이야기를 분석해보면, 소가 적극적으로 양의 생명을 위협하지 않는다면 양은 근본적으로 소와 싸울 필요가 없으며, 설령 싸워 승리한다고 해도 양에게는 수지가 맞지 않는다는 것을 알 수 있습니다. 특히 풀밭이 엄청나게 넓고 소 또한 적당히 온화하다면 양은 근본적으로 소가 들어오든 말든 자신의 풀만 잘 먹으면 아무 일이 없을 것입니다. 동승이 바로 이와 같이 망설이는 양이었습니다. 중앙정부의 권력은 풀밭이며 조조는 새로 풀을 먹으러 온 소였습니다. 동승은 처음에 자신의 풀밭을 지키려는 생각에 조조의 진입을 허락하지 않았습니다.

이런 동승의 대응에 조조는 두 가지 책략을 사용했습니다. 첫 번째 책략은 '미소 책략'으로, 적당히 온화한 태도로 자신은 결코 적의가 없고 상대의 이익을 위협하지 않는다는 점을 보여주었습니다. 두 번째 책략은 공격을 늦추는 계책인 '완병지계緩兵之計'로 동승이 저항할 때 조조는 병사를 이끌어 성급하게 공격하지 않고 오히려 옆에서 관망했습니다. 왜 그랬을까요? 동승 곁에는 양봉·한섬 등과 같은 성질 고약한 산양 몇 마리가 있었기 때문입니다. 조조는, 일단 그들 사이에 내분이 발생하면 자연스럽게 자신에게 기회가 올 것이라 생각했습니다. 조조는 적들이 자중지란을 일으키기를 기다렸던 것입니다. 훗날 북방 원소의 잔여세력인 원상과 원담袁譚, 원희袁熙를 평정하는 과정에서도 조조는 이 책략을 사용하게 됩니다.

만약 적들이 호랑이라면, 처음부터 직접 싸울 필요 없이 옆에서 가만히 기다리고 있으면 되는 것입니다. 먹을 것 앞에서 호랑이들이 내분을 일으켜 서로 싸우다 상처를 입었을 때 손을 쓰면 비교적 쉽게 해결될 일이었습니다.

그러므로 몇몇 힘이 센 조직은 겉으로는 아주 강력해 보일 수 있지만 실제로 조직 사이에 모순이 내재되어 있다면 애초에 싸울 필요가 없습니다. 단지 일정한 시간 동안 상대를 내버려두고 그들 사이의 내부모순으로 서로 싸우다 시퍼렇게 멍들기를 기다리면 되는 것입니다.

조조가 한편으로는 미소를 짓고 다른 한편으로는 군사행동을 늦춘 것은 확실히 성과가 있었습니다. 동승은 먼저 조조가 자신에게 적의가 없고 위협이 되지 않는다는 것을 알고는 경계를 늦추었습니다. 동시에 동승은 한섬과 양봉 사이에 갈등이 격해지자 자신의 기득권이 심각한 위협에 처해 있다고 느끼게 되었습니다. 상황이 이렇게 변하자 동승 쪽에서 주도적으로 조조에게 평화의 손짓을 보냈습니다. 《삼국지》는 다음과 같이 기록하고 있습니다.

> 한섬이 자신의 공을 믿고 제멋대로 방자하게 굴자 동승이 이를 근심해 몰래 조조를 불러들였다. 조조가 이에 병사를 이끌고 낙양에 들어갔다.

아주 간단하게 기술되어 있지만 이 구절 안에는 깊은 의미가 담겨 있습니다. 생각해보십시오. 2월에 동승은 원술의 부장과 연합해 조조의 군대를 막았는데, 7월이 되자 조조에게 서신을 보내 낙양에 와서 함께 대사를 논의하자고 제안했던 것입니다. 다섯 달 만에 동승의 태도가 180도 바뀌었고, 조조는 그 요청을 받은 후 병사와 화살 하나 쓰지 않고 당당하게 낙양으로 들어갈 수 있었습니다. 조조의 책략이 멋지게 성공했던 것입니다. 이후 조조는 도성 낙양과 헌제를 보위하는 중임을 맡게 되었습니다. 헌제는 조조에게 절부월節斧鉞을 하사하고 녹상서사錄尙書事로 임명했습니다. 절節은 고대 황제들이 중임을 맡길 때 증거로 주는 위임장을 가리키고, 부월斧鉞은 정벌의 권한을 상징하는 도끼의 일종으로, 녹상서사와 절부월을 맡겼다는 것은 병권과 행정권을 주었다는 뜻입니다. 이로써 조조는 다른 군웅세력들과의 각축전에서 분명한 우위를 차지하게 되었습니다.

세 번째 책략 | 평범한 자가 인재를 끌어들인다

건한 원년, 조조는 마침내 낙양으로 돌아왔습니다. 그때는 동탁의 전횡으로 인해 조조가 몰래 동쪽으로 도망간 지 이미 7년이 지난 후였습니다. 하지만 그 시기의 조조는 더는 과거의 하층간부가 아니라 동한 정권의 구세주로서 막강한 군사력과 생사여탈권을 지닌 권세 높은 중신이 되어 있었습니다. 하지만 여전히 의심과 시기심이 많은 성격 때문에 조조는 모든 곳이 안전하지 않고 매사가 확실하지 않다고 생각하고 있었습니다.

《후한서》〈양표전楊彪傳〉에는 배가 아픈 것을 가장한 조조의 이야기가 실려 있습니다. 건안 원년 9월, 조조는 동소 등의 건의로 허창으로 천도를 단행했습니다. 그때 천자가 새로 허창으로 오자 공경들이 다 모였고, 연주자사 조조도 대전에 참석했습니다. 그때 조조는 양표楊彪의 안색이 어두운 것을 보고 뭔가 꾀하는 바가 있을까 두려워 배가 아프다는 핑계로 화장실에 가는 척하며 연회에 참석하지 않고 곧바로 군영으로 돌아갔습니다. 조조는 구세주로서의 자격이 있었지만 신중한 나머지 사소한 일에도 신경을 썼던 것입니다.

이 이야기는 한편으로는 조조의 의심 많은 성격을 반영하고 있지만, 다른 한편으로는 당시 중앙정부의 내부에 확실히 암류가 흘렀고 도처에 위기가 잠복해 있었음을 말해줍니다. 조조는 압력·저항·위협을 감지하고 있었던 것입니다.

옛말에 "양심에 어긋나는 일을 하지 않으면 귀신이 와도 두렵지 않다"는 말이 있습니다. 본질적으로 권력을 장악한 일로 도둑이 제 발 저린 격이었습니다. 그 일이 있은 지 얼마 지나지 않아 조조는 구실을 만들어 양표를 파면했습니다. 국면을 장악하고 위험을 방비하기 위해 조조는 단계적으로 정부 도처에 자신의 심복이 요직을 맡도록 안배하는 일에 착수했습니다.

그의 심복에는 세 부류가 있었습니다. 한 부류는 하후돈과 순욱 등 연주에서 함께 온 인물들로, 이들이 요직을 맡은 것은 자연스러운 조치여서 대체로 환영을 받았습니다. 두 번째 부류는 중앙정부에서 조조를 받아들인 사람들로 동소와 종요가 대표적인 인물이었습니다. 그들은 조조가 천자를 맞는 데 중대한 공헌을 했기에 보자마자 한 덩어리가 되어 자원을 위탁하고 성과를 기대한 사람들이었습니다. 세 번째 부류는 새로 추천을 받거나 선발된 젊고 용감한 인재들로, 성과가 있으면 적시에 요직을 맡게 했습니다.

이들 가운데 특별히 소개해야 할 두 사람이 있습니다. 한 사람은

모개(?~216)
자는 효선孝先이며, 진류 평구 사람이다. 삼국 시기 위나라 대신이며 정치가다. 관직은 상서복야尙書僕射까지 이르렀고, 사후 시중으로 추증되었다.

모개毛玠이고 다른 한 사람은 종요입니다. 먼저 《삼국지》〈모개전毛玠傳〉부터 살펴보도록 하겠습니다.

모개는 젊은 나이에 현리가 되었으며, 청렴하고 공정해 칭송을 받았다. 난을 피해 형주荊州로 가려 했는데, 도중에 유표가 정령政令이 분명하지 못하다는 것을 듣고 곧 노양魯陽으로 갔다. 조조는 연주에서 모개를 불러 치중 종사로 삼았다. 모개가 조조에게 말했다.

"지금 천하는 붕괴되고 나라의 주인은 밖으로 옮겨 다니며, 백성은 일하지 못하고 굶주림으로 떠돌고 있습니다. 공의 집에는 1년을 넘길 식량이 준비되어 있지 않고, 백성에게는 안정을 지키려는 마음도 없으니 혼란이 오래 지속될 것입니다. 지금 원소와 유표는 비록 백성은 많고 세력은 강성할지라도 천하를 다스릴 원대한 생각이 없으며 기초와 근본을 세울 능력도 없습니다. 무릇 전쟁이란 정의로운 자가 승리하는 법이며, 재력이 있어야 자리를 지킬 수 있습니다. 응당 천자를 받들고 신하답지 못한 신하들을 호령해 농경에 힘쓰고 군수물자를 축적하십시오. 이와 같이 한다면 천하를 제패하는 사업은 완성될 수 있습니다."

조조는 그의 건의를 받아들여 막부의 공조功曹로 임명했다.

《한비자韓非子》에 "집을 지키는 개가 사나우면 술이 쉰다"는 뜻의 구맹주산狗猛酒酸이란 고사가 나옵니다. 나라에 간신배가 있으면 어진 신하가 모이지 않음을 비유한 말입니다. 옛날 송宋나라에 술을 만들어 파는 장씨라는 사람이 있었는데, 그는 매번 되를 속이지 않았고 친절했으며 술을 빚는 실력이 훌륭했습니다. 또한 멀리서도 주막을 잘 볼 수 있도록 깃발까지 높이 세워놓았습니다. 그런데도 아무도 주막에 술을 사러 오지 않아 술이 독째로 쉬기 일쑤였습니다. 이유를 알지 못해 고민하던 장씨는 마을의 현인인 양천楊倩을 찾아가 물어보았습니다. 양천은 말했습니다.

"혹시 당신의 주막을 지키는 개가 사납지 않소?"

장씨는 물었습니다.

"개가 사나운 것과 술이 팔리지 않는 것은 무슨 상관이 있습니까?"

양천이 대답했습니다.

"사람들은 개를 무서워하네. 어떤 사람이 어린 자식을 시켜 호리병에 술을 받아오라고 했는데 주막의 개가 덤벼들어 그 아이를 물었소. 이것이 바로 술이 팔리지 않고 쉬어버리는 이유요."

나라에도 이런 사나운 개가 있습니다. 마음속에 나라를 위한 큰 방책을 품은 현인이 있어도 간사한 신하들이 사나운 개처럼 달려들어 그를 물어뜯는다면 이것이 바로 군왕을 기만하는 것이고 현인이 임용되지 않는 원인인 것입니다. 아무리 옳은 정책을 군주께 아뢰어도 조정 안에 사나운 간신배가 음해하고 군주가 말을 듣지 않으면 충언을 하는 신하들이 군주를 가까이할 수 없습니다. 나라가 창성하려면 군주의 측근을 정리해야 합니다. 세상에는 사나운 개와 같은 사람들이 있습니다. 이런 유형의 사람들은 마음이 옹졸해, 현명하고 능력 있는 사람을 질투하고 인재들을 담장 너머로 몰아냅니다. 술을 팔려면 사나운 개를 몰아내야 하는 것처럼, 나라를 발전시키려면 현명한 인재를 쫓아내는 간신배를 제거해야 한다는 것입니다.

다음은 종요를 크게 발탁하고 북돋았던 이야기입니다. 종요는 앞서 언급했듯이 이각과 곽사를 설득해 조조의 사신이 천자에 이르는 데 결정적인 역할을 했던 사람입니다. 그 후 헌제를 장안에서 탈출시키는 데 비밀리에 활약하고 어사중승御史中丞에 임명되어 시중 상서복야로 승진했습니다. 조조는 그러한 종요를 특히 신임해 관도대전에서는 그를 한나라 때의 소하蕭何에 비유했고, 이어 사예교위司隸校尉로 임명해 후방의 골칫거리였던 관중 전선의 일을 맡게 했습니다.

왜 많은 사람을 표창하지 않고 유독 건의 한마디 했을 뿐인 외부인 종요를 크게 표창했을까요? 그 안에는 오묘한 이치가 있습니다. 《설원說苑》과 《한시외전韓詩外傳》에 이와 관련된 고사가 실려 있습니다.

제 환공이 천하의 패자霸者가 되려는 뜻을 세우고 제나라를 강성하게 만들기 위해 전국에서 인재를 초빙하기로 결정했습니다. 그는 자신의 애타는 마음을 표현하기 위해 궁정 앞에 횃불을 밝게 피우고 24시간 아무 때나 각지에서 올라온 인재를 접견할 준비를 했습니다. 그런데 1년이 지나도 나타나는 사람이 없었습니다. 낙담한 제 환공이 횃불을 거두려 할 때 문지기가 '밖에 인재 한 사람이 와서 기다리고 있다'고 보고했습니다. 제 환공이 벌떡 일어나 문밖 계단을 내려가보고는 가슴이 철렁했습니다. 계단 아래에 얼굴은 거무칙칙하고 키는 조그맣고 옷은 허름한데다 머리는 풀어헤친 사람이 서 있었는데, 아무리 보아도 인재라고는 생각할 수 없는 모습이었습니다. 그는 마치 인재를 태우고 온 마부 같았습니다. 제 환공은 머리를 굴리며 마음속으로 '큰 재목이란 원래 깊이 숨어 있고, 진정으로 수준 있는 사람은 평범해 보인다'고 위안하며 허리를 구부리고 말했습니다.

"선생, 선생을 오랫동안 기다렸습니다. 안으로 들어가 어떻게 대우해주면 좋은지 이야기를 나누어봅시다."

그런데 뜻밖에 이 허름한 차림의 사람은 웃으며 말했습니다.

"너무 서두르지 마십시오. 대우문제는 그리 급한 일이 아닙니다. 먼저 제 재능을 보여주고 싶습니다."

그가 자신감을 보이자 제 환공은 고인을 만났다고 생각하고 말했습니다.

"좋습니다. 필묵이 필요하십니까?"

그런데 그는 엉뚱하게도 말했습니다.

"필묵 같은 것은 지금 필요 없습니다. 그것은 너무 평범합니다. 시원한 물이 있습니까? 제게 한 바가지만 가져다주십시오."

제 환공은 의아했지만 찬물 한 바가지를 가져오라고 시켰습니다. 그가 바가지를 들고 계단 제일 높은 곳으로 올라가자, 제 환공·궁녀·태감·위사 등은 모두 무슨 영문인지 알지 못하고 뚫어져라 바라보고 있었습니다. 그런데 이 사람은 냉수를 후루룩 다 마시고는 표주박을 땅에 내던지고 입을 한 번 문지르는 것이었습니다. 물 마시는 모습이 마치 마부와 똑같았습니다. 그는 이어 말했습니다.

"잘 들으십시오. 내가 구구단을 외어보겠습니다."

그러고는 구구단을 한 번 외웠습니다. 현장에 있던 궁녀와 태감 모두 혹시나 제 환공을 자극할까 두려워 이를 악물고 웃음을 참았습니다. 제 환공의 얼굴은 붉으락푸르락하다 마침내 붉게 물들었습니다. 그러자 그 인재가 제 환공에게 "주공, 어디 몸이 편찮으십니까?"라고 물었습니다. 제 환공은 화를 내며 말했습니다.

"어디가 아프겠느냐? 내가 보기엔 그대가 좋지 않아 보인다. 그대의 행동을 뭐라 하는지 아느냐? 이는 군주를 희롱하는 것이다. 일곱 살 먹은 애들도 구구단을 외우는데 자칭 인재라고 하다니?"

제 환공이 발을 동동 구르다 다음과 같이 말했습니다.

"되었다. 누가 정원에 불을 밝혀 인재를 구하라고 했느냐. 바로 내가 한 일이 아니냐? 그대는 빨리 내 앞에서 사라져라. 다시는 보고 싶지 않다."

인재는 조급해하거나 두려워하는 기색 없이 웃으며 말했습니다.

"주공, 너무 서두르지 마십시오. 제가 몇 가지 이치를 말씀드리겠습니다. 만약 제가 말한 것이 이치에 맞는다고 생각된다면 계속 이야기를 하고, 말이 되지 않는다고 생각되면 바로 머리를 베어도 아무런 이의가 없습니다."

제 환공 말해보라고 하자 그 인재는 말했습니다.

"주공, 묻겠습니다. 왜 1년이 지났는데도 오는 사람이 없는지 생각해보신 적이 있습니까?"

"우리나라의 인재가 모두 다 등용되어 지금은 없기 때문이 아닌가?"

"주공, 틀렸습니다. 일곱 걸음 내에는 반드시 아름다운 풀이 있고 열 집 내에는 반드시 뛰어난 선비가 있게 마련인데, 이같이 큰 나라에 어찌 사람이 없겠습니까? 분명 인재가 나올 것입니다."

"그러면 왜 인재가 나타나지 않은지 말해보게."

"주공, 제가 한 말씀 드리겠습니다. 생각해보십시오, 지금 궁정에 있는 사람들은 관중·포숙아·왕자성보王子成父 등 모두 1등급 인재입니다. 모두 그들보다 못하다고 생각하는데 누가 감히 초빙에 응하겠습니까. 저는 스스로 무능함을 인정하고 그저 구구단이나 외울 뿐인데도 만약 임용한다면 온 천하가 주공이 인재를 버리지 않고 그저 능력만 있으면 반드시 등용하리라는 것을 알고 모두 나설 것입니다."

제 환공은 일리가 있다고 여기고는 곧바로 그를 상대부上大夫로 대우해주었습니다. 그러자 과연 사흘도 되지 않아 문밖에는 등용되기를 기다리는 인재들이 줄을 서게 되었다고 합니다.

리더들은 입만 열면 사람이 없다고 이야기하곤 합니다. 왜 사람이 없을까요? 저는 그런 리더들에게 이런 말을 하고 싶습니다.

"눈앞에 있는 사람을 잘 쓰면 천하 사람을 끌어모으고, 평범한 사람에게 보답하면 능력 있는 사람을 끌어들인다."

주변에 있는 보통 사람을 잘 대우하면 인재가 모일 것이고, 반면 지나치게 책망하고 조그만 결점이 있어도 받아들이지 못하고 정리하면 장래의 사업은 답보상태에 빠질 것입니다.

인재가 나서서 지원하지 않는다면 대체로 인재관이 너무 까다로운 것은 아닌지, 인재정책이 적절하지 못한 것은 아닌지 한번 생각해보아야 합니다. 평범한 사람을 인재정책의 본보기로 삼았을 때 중요한 역할은 다름 아닌 인재정책의 방향과 도량을 보여주는 것입니다. 제 환공의 고사가 이야기하는 것처럼, 인재를 찾지 못할 경우에는 상징적인 사건으로 그들을 끌어들일 수 있습니다. 조직을 이끄는 것이 쉽지 않은 요인은 이념과 도량에 있다고 할 수 있습니다. 높다란 이념과 넓은 도량을 갖추면 사업도 크게 성공할 것입니다.

제 환공의 고사는 관리학의 깊은 이치를 말해주고 있습니다. 인재는 불러들이는 것이지 찾아나서는 것이 아니라는 점입니다. 바다에서 바늘을 찾고 풀밭에서 반지를 찾을 수는 없습니다. 반드시 상징적인 사건을 통해 인재정책과 태도를 보여주어 인재가 스스로 찾아오게 해야 합니다.

많은 경우 리더들은 주변 사람들이 너무 평범하다고, 인재가 없어 사업을 할 수 없다고 탄식합니다. 사실 왜 인재가 오지 않는지를 생각해보아야 합니다. 그들은 응당 받아야 할 대접을 받을 것이라고 믿지 않기 때문에 오지 않는 것입니다. 그때 몇 가지 방법으로 인재정책을 보여주어야 하는데, 주변에 있는 사람을 잘 쓰는 것보다 더 좋은 정책은 없습니다. 주변의 평범한 사람을 잘 쓰고, 합당한 대우를 해주고, 나아가 이상적인 대우를 해주면, 걸출한 인재들은 이렇게 생각할 것입니다.

'저 사람에게도 저렇게 좋은 대우를 해주니 나에게도 반드시 기회가 있을 것이다.'

그러면 인재는 자연스럽게 모이게 됩니다. 이것이 눈앞에 있는 사람을 잘 대해주어 인재를 끌어모으는 법입니다.

조조의 지혜

눈앞에 있는 사람을 잘 대해주어 천하 사람을 끌어들인다. 보통 사람을 잘 대해주어 능력 있는 사람들을 끌어들인다.

동한 정부가 허창으로 천도한 것은 하드웨어의 개선이 아니라 시스템을 새로 설치한 것이었습니다. 모든 것이 조조에 의해 바뀌었습니다. 허창으로 천도한 후부터 조조는 천자를 옆에 끼고 제후들을 호령하는 패자의 길로 나아갔고, 동한 정권도 유명무실한 존재가 되어갔습니다.

하지만 이런 국면은 분명 다른 제후들의 입장에서는 보고 싶지 않은 상황이었습니다. 북방의 원소, 서쪽의 마등馬騰·장로張魯·유장, 남쪽의 유표와 손책, 동쪽의 여포와 원술, 그리고 수도 부근의 양봉·한섬·장수 등의 할거세력은 여러 방식을 통해 조조를 견제하고 위협했습니다. 조조는 비록 단계적인 승리를 얻었지만 여전히 그 주위에는 강적들이 즐비해 조금도 긴장을 풀 수 없었습니다. 물을 거스르는 배는 나아가지 못하면 뒤로 물러납니다. 조조는 이미 돌아올 수 없는 다리를 건넜습니다. 먹든지 먹히든지 둘 중에 한 가지 길밖에 남아 있지 않았습니다. 이제 조조는 천자를 옆에 끼고 패자의 길로 나섰습니다.

순유荀攸·순욱·곽가郭嘉·동소 등 모사의 계책으로 조조는 원교근공·선약후강·각개격파의 전술을 채택했습니다. 그는 먼저 상대적으로 가장 약하고 지근거리에 있는 상대인 장수張繡를 선택했습니다. 장수의 수繡 자는 '수를 놓는다'는 뜻으로, 이름만으로는 아주 부드러워 보입니다. 그러나 그는 꽃을 수놓은 사람이 아니라 심하게 말하면 굴복할 줄 모르는 무쇠덩어리와 같은 사람이었습니다. 그는 싸움이 시작되자마자 조조의 앞니 하나를 찍어내었습니다. 장수와의 싸움에서 조조가 생각지도 못한 참패를 당했던 것은 거대한 풍랑으로 실패한 것이 아니라 작은 하천에서 배가 뒤집힌 것

> **곽가**(170~207)
> 후한 말기 영천穎川 양적陽翟 사람이다. 자는 봉효奉孝다. 처음에 원소 수하에 들어갔다가 원소가 요점이 부족하고 일을 꾸미기는 좋아하지만 결단력이 없어서 큰일을 이루기 어려울 것으로 보았다. 순욱의 추천으로 조조에게 귀의했다. 조조의 수석 모사로서 정벌에 나설 때마다 뛰어난 계책을 자주 건의해 큰 신임을 받았다. 조조는 그를 두고 "오직 곽가만이 나의 뜻을 잘 안다"고 말했다. 유양정후洧陽亭侯에 봉해졌고, 시호는 정貞이다.

과 같았습니다. 그렇다면 조조는 어떠한 도전을 받았고, 장수는 전신戰神 조조를 어떻게 패배시켰을까요?

제8강

방심하는 자는
정세를 읽지 못한다

기차가 빠르고 느리고는 전적으로 기관차에 달렸고, 조직의 전투력은 리더가 이끄는 수준과 불가분의 관계가 있다. 자리에 어울리지 않는 리더는 종종 조직을 모래알처럼 흩어지게 하고, 반대로 자리에 어울리는 리더는 뛰어난 능력으로 우수한 조직을 만들어낸다. 조조는 조직을 이끄는 데 고수였다. 그의 조련하에 조직은 설령 역경에 처해 있을 때에도 의연하게 고양된 투지와 활력이 넘쳤고 계속해서 뛰어난 성과를 만들어냈다. 건안 2년에 발생한 한 사건은 조조에게 중대한 손실을 입혔지만 재빠르게 마음을 가다듬고 일련의 조치를 통해 조직을 밑바닥에서 구해냈다. 조조가 우수한 조직을 만들어낸 방법은 무엇이고, 우리는 그로부터 어떤 계시를 얻을 수 있을까?

큰일은 작은 일로부터 일어난다

"일을 이루는 것은 나무를 심는 것같이 10년이 되었다고 반드시 재목이 되는 것은 아니지만 일에 실패하는 것은 나무가 쓰러지는 것과 같이 하루아침에 뿌리가 뽑힐 수 있다"는 말이 있습니다. 천신만고 끝에 만들어낸 사업도 한순간의 방심으로 하루아침에 무너질 수 있고, 한 번의 잘못된 선택으로 전체 국면이 어려워질 수 있습니다. 국면을 새롭게 만들어내는 것은 쉬워도 좋은 국면을 유지하는 일은 훨씬 어려운 법입니다. 한 번 성공했다고 해서 더는 도전에 직면하지 않고 계속해서 성공을 유지할 수 있는 것은 아닙니다.

1,000리의 제방도 조그만 개미구멍 때문에 허물어집니다. 아주 작은 일이라도 소홀히 하면 치명적인 위험이 초래될 수 있습니다. 조조가 허창으로 수도를 천도해 황제를 맞아들인 후 조정을 틀어쥐면서 사업은 정점에 이르렀습니다. 하지만 그의 좋지 않은 성격이 승승장구와 맞물려 점차 고개를 들기 시작했습니다.

영웅은 주군을 위해 목숨도 버린다

공은 차다보면 낡게 되고 붓은 쓰다보면 닳게 됩니다. 물동이는 결국 우물에서 깨지고 장수는 언젠가 싸움터에서 전사합니다. 이번 시간에는 더운 피가 끓어오르는 한 편의 영화와 같은 전투장면, '전쟁의 신'의 죽음을 이야기하려 합니다.

동한 헌제 건안 2년 2월, 완성宛城 부근의 육하淯河 강변에 있는 조조의 중군은 군사들이 잠들어 조용했고, 멀리서 강물이 흐르는 소리만 들릴 뿐이었습니다. 그때 한 우람한 체구의 그림자가 등불을 들고 몇몇 부장과 함께 조조가 잠든 군영 쪽으로 다가오고 있었습니다. 바로 조조의 심복 대장 전위였습니다. 관례에 따라 중군대장을 보호할 책임이 있는 전위는 초소를 순시하는 중이었습니다.

어둠은 조용히 내려앉아 모든 것이 정상인 듯 보였습니다. 하지만 전위는 수시로 고개를 들고 어두컴컴한 들판을 예리하게 살폈습니다. 특별한 이유는 없었지만 뭔가 심상치 않은 예감이 문득 스쳐 지나갔습니다. 홀연히 전위는 전군前軍의 군영 앞에 늘어선 긴 횃불 행렬을 발견했는데 언뜻 잘 훈련된 군대가 움직이는 것처럼 보였습니다. 전위는 즉각 수하 부장에게 신속히 정찰할 것을 명했습니다. 잠시 뒤 돌아온 병사는 장수 장군의 부대가 높은 곳에 주둔하고자 부대와 치중이 전군 영채를 통과 중이며 주공의 영패를 증거로 제시했다는 소식을 가져왔습니다.

전위는 뭔가 이상하다고 느꼈습니다. 그런데 다시 생각할 겨를도 없이 전군 영채에서 바로 변고가 발생했습니다. 눈 깜짝할 사이에 함성이 일고 사방에서 불길이 솟아올랐고, 조조의 군대는 장수의 서량 기병에 의해 미처 손쓸 새도 없이 혼란에 빠져들고 말았습니다.

전위는 일이 크게 잘못되었음을 깨닫고 즉시 사람을 보내 조조를 엄호하며 후문으로 철수하게 하고 자신은 순찰대를 거느리고 정문으로 돌진했습니다. 전위가 정문에 이르렀을 때 적병도 도착했습니다. 여러 생각할 것 없이 전위는 함성을 지르며 앞으로 달려갔습니다. 막사에서 자고 있는 주공의 안전을 위해 어떻게 해서든 적들이 문으로 들어올 수 없게 해야 한다는 생각뿐이었습니다.

어둠 속이라 적들이 얼마나 되는지 알 수 없었습니다. 하나를 베면 다시 하나가 나타나고, 한 무리를 제거하니 다시 한 무리가 머리를 내밀었습니다. 전위는 두려워하는 기색 없이 긴 창을 휘두르고 좌우로 활을 쏘며 몰려드는 적을 막아냈습니다.

전위가 정문을 지키고 있던 무렵, 적병은 이미 다른 문으로 들어와 사방팔방에서 전위의 부대를 압박했습니다. 전위가 고개를 돌려 주위를 살펴보니 단지 10여 명만 남아 적을 상대하고 있었습니다. 남은 병사들도 한 사람이 적 10여 명을 상대하며 목숨을 걸고 악전고투를 하고 있었습니다. 전위는 필사적으로 적을 막아냈으나 역부족이었습니다. 전위는 몸에 수십 군데의 상처를 입고서 칼이 구부러지자 칼을 버리고 맨손으로 두 병사의 시체를 들어 올려 돌진하는 적병을 쓰러뜨리다가 마침내 전투에서 입은 상처로 인해 체력이 고갈되었습니다. 그는 적병을 노려보며 크게 꾸짖다가 숨을 거두었습니다.

《삼국지》〈전위전典韋傳〉에는 전위가 죽은 후 "적들은 그제야 감히 앞으로 나서서 그의 머리를 취하고 서로 돌아가며 그의 시체를 보았다. 조조군이 다시 이르렀을 때는 그 시체만을 볼 수 있었다"라고 기록되어 있습니다. 전위의 죽음으로 조조는 귀중한 시간을 벌어 무음舞陰으로 안전하게 도망갈 수 있었습니다.

위험에 대비할 수 없다면 자신을 단속해야 한다

육수淯水에서의 참패로 조조는 큰 손실을 입었습니다. 큰아들 조앙曹昂과 조카 조안민曹安民, 대장 전위가 전투 중에 전사하고 말았습니다. 다행히 이번 원정에 참여한 또 다른 아들 조비는 재빨리 말을 타고 달아나 위험에서 벗어날 수 있었습니다. 사실 이번 싸움의 패배는 조조 자신에게 모든 책임이 있었습니다. 애초에 장수의 투항으로 조조는 칼에 피 한 방울 묻히지 않고 완성을 차지할 수 있었습니다. 하지만 승리로 이성을 잃은 조조는 장수가 결코 참을 수 없는 일을 저질렀습니다. 바로 장수의 삼촌 장제張濟의 처를 접수한 것이었습니다. 그 일로 분노한 장수가 결국 조조를 배반하고 조조의 군영을 야습했던 것입니다. 탈출하는 과정에서 조조가 탄 말인 절영絶影이 추격병이 쏜 화살에 볼과 다리를 맞았고 조조 자신도 상처를 입었습니다. 다행히 아들 조앙이 조조에게 말을 주어 적의 추격을 벗어날 수 있었지만 조앙은 추격병에게 죽임을 당했습니다.

　삼국 시기에 일어난 육수의 싸움은 리더의 빗나간 행동이 아주 심각한 손실을 초래한 두 번째 사례라 할 수 있습니다. 일전에 서주에서 조조가 무고한 백성을 마구잡이로 살해해 진궁과 장막의 배반을 초래했고 결국 여포에게 연주의 대부분을 빼앗긴 적이 있다고 소개했습니다. 그것이 자신을 엄격하게 단속하지 못해 불러들인 첫 번째 재앙이었습니다. 이번 완성에서의 패배는 두 번째 재앙이라 할 수 있습니다.

조조는 승리에 도취되어 본분을 잃고 스스로를 절제하지 못해 결국 목숨을 잃을 뻔한 패배를 당했습니다. 조직이 승리의 성과를 지켜내는 데 결정적인 영향을 끼치는 요소는 리더가 자신의 행위를 절제하고 엄격하게 스스로를 단속할 수 있는지의 여부에 달렸습니다.

조직을 거느리고 관리하는 사람은 가장 먼저 자아관리를 강화할 필요가 있습니다. 세상에 완전무결한 사람은 없고, 누구나 결점과 부족한 점이 있게 마련이기 때문에 평소에 자아를 잘 관리하지 못하면 생각하지도 못한 재난을 초래할 수 있습니다. 그래서 오늘날 기업에서는 조직의 위험을 관리하기 위해 외부의 위험에 대한 방비와 더불어 내부위험을 관리할 제도를 갖추는 것이 필요합니다.

관리학에 이런 이야기가 있습니다. 아프리카 여행단이 사자를 보러 초원에 나갔습니다. 목적지에 이르자 가이드가 커다란 우리를 가져왔습니다. 여행객이 우리를 어디에 쓰는지 묻자, 가이드는 사자를 방비하는 데 쓸 것이라고 대답했습니다.

여행객들은 "작은 우리 하나에 이렇게 넓은 초원 위의 모든 사자를 어떻게 집어넣을 수 있는가. 설사 모두 다 집어넣는다고 해도 재미있는 볼거리는 아니다"라며 웃었습니다. 그러자 가이드는 이는 사자를 잡아넣기 위한 것이 아니라, 사자의 공격으로부터 여행객을 보호하기 위한 것이라고 설명했습니다. 사자를 우리 안에 넣을 수는 없어도 여행객은 우리 안으로 들어가 사자의 공격에서 자신을 보호할 수 있다는 의미입니다.

여기서 이야기하는 우리란 조직을 보호하기 위한 감시·감독 시스템을 뜻합니다. 이 이야기는 위험을 방지할 수 없을 때에는 자신을 단속해야 한다는 '자율'에 대해 가르쳐주고 있습니다. 사전에 민주적인 감시제도, 권력의 감시제도를 구성해 권력의 과도한 집중을 방지하고 중대한 결정이 최고 책임자 한 사람에 의해 이루어지는 것을 방지하는 제도입니다. 그렇게 해야 의사결정의 효율을 높임과 동시에 간부를 보호할 수 있는 것입니다. 이런 감독 시스템이 없다면 의사결정자 한 사람이 내린 한순간의 잘못된 생각으로 사업과 인생이 끝날 수가 있습니다.

감독은 필수불가결한 관리수단입니다. 예나 지금이나 뛰어난 리더는 일을 시작하자마자 주동적으로 감독 시스템을 정해 자신을 감독 아래에 두었는데, 이는 중요한 시기에 유혹을 참지 못하고 어리석은 행위를 저지르는 것을 사전에 방지하기 위함이었습니다.

최고책임자로서 조조의 행위는 자율과 제어 시스템 모두를 결여하고 있었습니다. 미녀를 보고 한순간 정신을 잃어 그간 쌓아온 승리의 성과를 다 날리고 무고한 병사의 생명까지 잃게 했습니다. 이는 뼈아픈 교훈이었습니다. 권력을 가진 관리자 모두가 경계로 삼을 만한 사례인 것입니다.

엄격하게 감시하고
정확하게 인도한다

관리자는 반드시 자아수양에 힘써 조직을 발전적인 방향으로 이끌고 나가야 합니다. 이 점에 관한 아주 생생한 비유가 있습니다. 영국인은 양을 키울 때 목양견이 없으면 안 된다고 말합니다. 이 목양견은 양 떼의 뒤를 따르며 양 떼가 앞으로 나가도록 감시하고 독촉하는 역할을 합니다. 어떤 양이 느려 무리에서 떨어지면 목양견이 그의 꼬리를 물어 앞으로 나가도록 재촉합니다. 목양견만 있다고 양 떼가 앞으로 나가는 것은 아닙니다. 목양견 외에 우두머리 양도 필요합니다. 우두머리 양이 어디로 갈지 시범을 보이며 알려주는 것입니다.

관리의 측면으로 보면 목양견은 제도적인 통제이고 우두머리 양은 인도하는 관리자입니다. 통제만이 아니라 반드시 충분한 인도가 있어야 하는 것입니다.

리더가 조직을 이끌려면 반드시 인도와 통제가 결합해야 합니다. 뒤에 목양견이 있으면 앞에 우두머리 양이 있어야 합니다. 한편으로는 제도적인 규범을 세우고, 다른 한편으로는 잘 인도해야 하는 것입니다. 리더가 자아수양과 자아관리를 강화하는 것 자체는 아주 효과적으로 조직을 이끄는 행위입니다. 우리는 조조가 이 방면에서 중대한 교훈을 얻었음을 알 수 있습니다. 뛰어난 조직은 시작부터 우수한 것이 아니라 실천하는 과정에서 엄격한 규범과 정확한 인도에 따라 조금씩 만들어지는 것입니다.

조조의 직업 생애를 전체적으로 살펴보면 그가 조직을 거느리는 능력이 아주 뛰어났음을 알 수 있습니다. 비록 완성에서 몇 가지 문제점을 드러내기는 했지만, 전체적으로 보면 조직을 성장시키는 방면에서 여전히 본보기로 삼을 만한 효과적인 방법을 많이 보여주었습니다.

조조의 지혜

리더가 조직을 이끌려면 반드시 적절한 인도와 통제가 결합해야 한다. 뒤에서 밀어주는 목양견과 앞에서 끌어주는 우두머리 양이 모두 필요하다.

조조의 책략
성장하는 판의 정세를 발전적인 방향으로 끌고 갈 방책

첫 번째 책략 | 리더의 태도가 판의 흐름을 결정한다

한 사육사가 원숭이들에게 옥수수 먹는 법을 가르치려 했습니다. 옥수수를 처음 본 원숭이들은 먹으려 하지 않았습니다. 그러자 사육사는 아기 원숭이 하나를 찾아 강제로 옥수수를 먹여보았습니다. 일단 한번 옥수수 맛을 본 아기 원숭이는 남은 옥수수를 다 먹었습니다. 사육사는 이 아기 원숭이를 원숭이 무리에 다시 갖다놓았습니다. 그런데 옥수수를 먹는 아기 원숭이를 본 다른 원숭이들은 이 원숭이를 따돌리고 심지어 힘센 원숭이들이 아기 원숭이를 공격하기까지 했습니다. 10여 일이 지나도 아기 원숭이의 처지는 조금도 변하지 않았고, 여전히 다른 원숭이들은 사육사가 준 옥수수를 먹으려고 하지 않았습니다.

사육사는 전략을 바꾸었습니다. 그는 원숭이 왕에게 옥수수를 강제로 몇 차례 먹였습니다. 그 후 원숭이 왕도 다른 원숭이들 앞에서 옥수수를 먹기 시작했습니다. 흥미롭게도 이번에는 다른 원숭이들도 왕을 따라 옥수수를 먹었습니다. 더욱 재미있는 것은 모든 원숭이가 옥수수를 먹고, 그것이 괜찮다는 것을 인정했으면서도 제일 먼저 옥수수를 먹은 아기 원숭이를 무시하는 행위는 변함이 없었다는 것입니다.

이 실험은 집단 속의 기본규율, 즉 권위 있는 자에 대한 모방은 다른 보통 구성원을 향한 모방보다 훨씬 높은 경향을 띤다는 것을 말해줍니다. 사람들은 권위가 높은 사람의 행위를 모방하기를 좋아합니다. 만약 권위가 높은 구성원이 새롭고 기발한 행위를 하면 아주 빨리 유행이 되지만, 권위가 낮은 구성원의 새롭고 기발한 행위는 모방하는 사람이 아주 적으며 곧바로 공격을 받는다는 것입니다.

조직 안에서 리더가 무엇을 좋아하고 제창하며 선택하는가는 조직구성원 개개인에게 아주 빠르게 영향을 미칠 것입니다. 옛말에 "윗사람이 좋아하는 바가 있으면 아랫사람은 반드시 그것을 따른다"고 했습니다. 그래서 매우 중요한 행위를 널리 보급하고자 할 때에는 리더가 앞장서야 강력한 호소력과 영향력을 발휘할 수 있는 것입니다. 조직을 발전시키고자 할 때 리더 자신이 주장하고 제창하는 것이 조직행위의 지침이 될 수 있습니다.

"재물을 귀하게 여기지 마라. 나라가 깨끗하면 재능 있는 사람이 귀해지고 집안이 부유하면 자식이 교만해진다."

이 방면에서 조조는 확실히 노력을 했고, 아울러 좋은 성과도 얻었습니다. 역사에 기록된 조조의 두 편의 문장을 읽어보겠습니다.

첫 번째는 건안 12년(207)에 발표된 〈봉공신령封功臣令〉입니다. 《삼국지》〈무제기〉에는 다음과 같이 기록되어 있습니다.

> 내가 의병을 일으켜 폭란暴亂을 제거한 지 19년이 되었는데 정벌할 때마다 반드시 이기니, 이것이 어찌 나의 공이겠는가? 이는 현명한 사대부들의 공이다. 천하가 비록 아직 다 평정되지는 않았어도 나는 마땅히 현명한 사대부들과 함께 이를 평정할 것이다. 그리고 공로를 혼자서 누린다면 내가 어찌 편안하겠는가! 공을 정하는 일을 재촉해 봉작封爵을 행하라.

이어 《삼국지》〈무제기〉의 주에 실린 《위서》에는 〈분조여제장연속령分租與諸將掾屬令〉이라는 조조의 령이 실려 있습니다.

> 옛날 조사趙奢와 두영竇嬰이 장수가 되자 천금을 하사받았는데, 하루아침에 다 나누어준 결과 큰 공을 이룰 수 있었고, 영원토록 그 명성을 전하게 되었다. 내가 그 글을 읽고, 일찍이 그 사람됨을 배우고 싶지 않은 적이 없다. 여러 장수 및 사대부와 함께 전쟁에 종사하면서 다행히 현인賢人들이 자신의 계책을 아끼지 않았고, 군사들이 남김 없이 그 힘을 다해 어지러움을 평정할 수 있었는데, 내가 큰 상을 도적질해 읍호가 3만이나 되었던 것이다. 두영이 금을 나누어준 뜻을 돌이켜 생각해본다면, 지금 받은 세금을 여러 장수의 연속掾屬과 예전 진陳과 채蔡에서 싸웠던 사람들에게 나누어주어, 조금이나마 그들의 노고에 답하고 큰 은혜를 혼자 누리지 않아야 한다. 마땅히 전사자의 고아에게는 세금으로 거둔 곡식을 줄 것이

고, 만약 충분히 쓸 만큼 풍년이 들어 세금이 다 들어오면, 장차 크게 뭇 사람들과 이를 누릴 것이다.

　글 안에는 조조의 주장이 분명하게 드러나 있습니다. 보물보다는 인재를 귀하게 여기며, 리더와 수하가 승리의 과실을 함께 나눈다는 것입니다. 조조의 이런 말과 행동은 조직을 이끌어가는 데 분명한 작용을 했습니다.

　만약 기업가가 자신의 창업정신과 사회적 책임을 홍보한다면, 젊은이들은 이런 정신과 책임을 더욱 확대·발전시킬 것입니다. 그런데 기업가가 자신의 재산이 얼마나 있고 어떻게 호화로운 생활을 하고 있는지를 홍보한다면, 많은 사회 구성원, 특히 젊은이들의 가치관과 행위는 분명히 영향을 받을 것이고, 그들은 재산과 사치스러운 생활을 자신의 목표로 삼아 추구하고, 심지어 그것을 얻기 위해 비상수단도 마다하지 않을 것입니다.

　그 외에도 공적인 인물, 예를 들어 사회의 명사나 권위 있는 인사, 연예인은 특히 자신의 언행에 주의할 필요가 있습니다. 보통 사람들이 말하고 행하는 것은 그리 큰 영향을 끼치지 않지만, 만약 공인이 상궤(常軌)를 벗어난 행위를 하고 틀린 이야기를 하면 권위를 모방하려는 작용으로 인해 사회 전체에 큰 영향을 끼칠 것입니다. 바른 기풍을 널리 알릴 것인지 불량한 기풍을 조장할 것인지는 사실 한순간의 생각에 달려 있는 것입니다.

두 번째 책략 | 과묵한 사람을 적막하게 만들지 않는다

조조가 인재등용과 관리의 방면에서 아주 뛰어났음은 익히 알고 있는 너무나 유명한 사실입니다. 조조가 삼국의 경쟁에서 승리할 수 있었던 이유에는 인재의 힘이 결정적이었다고 단언할 수 있습니다. 그렇다면 왜 조조 주변에는 인재가 구름같이 모여들었을까요? 당시 조조의 경쟁자들도 하나같이 인재를 구하기 위해 노력했는데, 왜 조조만이 성공했을까요? 여기에는 인재와 조직을 관리하는 조조만의 장점이 있었습니다. 사실 재능이 보이는 사람을 등용해 쓰는 것은 리더라면 누구나 꿈꾸는 것이라 할 수 있습니다. 하지만 재능이 눈에 잘 드러나지 않고, 자신에게 반대하는 사람을 등용해 쓰는 일은, 말은 쉬어도 실천하기 매우 어렵습니다. 특히 조직을 관리하고 이끌어가는 측면에서 조조의 조직관리는 남달랐습니다. 여기서는 이전과 장수 두 사람을 통해 이를 이야기하려 합니다.

이전은 조조의 다른 장수들과 달랐습니다. 그는 학식이 풍부한 지식인이었습니다. 《삼국지연의》 전편을 보면 그가 출현하는 전투는 결코 적지 않지만, 그가 독자적으로 한 국면을 담당하거나 특별한 전공을 세운 일은 많지 않습니다. 소설에는 그를 중심으로 한 묘사가 비교적 적고 대개는 "갑자기 두 갈래의 군대가 산 뒤에서 진격하는데, 하나는 이전이고, 하나는 ○○○였다"와 같이 글자 그대로 조수나 부장 정도의 역할로 등장합니다. 때문에 독자들에게 이전은 다른 쟁쟁한 장수들과는 달리 '평범한 인물'이라는 인상을 심어주고 있고, 심지어 어떤 사람은 그를 '계륵과 같은 장수' 정도로 폄하하기도 합니다.

하지만 실제로 이전은 조조의 진영에서 아주 중요한 일원이었고, 다른 장수들과 현저히 달라 조조의 깊은 신임을 받았습니다. 그뿐 아니라 그는 어린 시절부터 조조를 따르며 환난과 안위를 함께

하고 크고 작은 수많은 전투를 경험했습니다. 이전은 본래 서생으로 어려서 학문을 좋아하고 여러 책을 두루 읽어 자못 재주가 뛰어났습니다. 또한 그의 집안은 동한 말년 하북지방의 세습지주였습니다. 그의 부친 이건李乾은 일찍이 조조를 따라 군사를 모아 황건적을 소탕하는 데 참여했는데,《삼국지》에는 이건과 관련된 구절이 다음과 같이 기록되어 있습니다.

> 여포가 갑자기 연주를 습격했을 때 조조는 이건을 고향으로 보내 기회를 보아 백성을 안무하게 했다. 이건 수하에는 수천 명의 빈객이 있었는데, 당연히 여포와 안면이 있는 상대도 있었다. 곧 설란과 이봉을 보내 이건에게 항복할 것을 강요했다. 이건은 따르지 않아 설란과 이봉에 의해 죽임을 당했다. 아버지가 죽으면 자식이 이어받는 당시의 병마에 따라 이전은 그의 아버지가 거느린 수천 부대의 영수領袖가 되었다.

이를 볼 때 이전은 아마도 이전부터 군중에서 직책을 맡고 있었거나 당시에 정식으로 조조군에 가입했을 수도 있습니다. 하지만 이전이 자신의 장점을 발휘해 문관인 모사가 되지 않고 군대를 통솔해 싸움에 나선 것은 특히 쉽지 않은 일이었습니다. 이전은 처음 참가한 전투에서 승리를 얻고 손수 원수를 베어 죽였습니다. 그는 조조와 함께 설란과 이봉을 공격해 대파하고 여포의 원군을 격퇴했습니다. 조조는 그의 재능을 높이 치하하고 장기간 자신의 주변에 두었습니다. 이어 이전은 연주의 반란을 평정하는 싸움에서 공을 세워 중랑장·이호태수離狐太守로 임명되었습니다.

이전은 가장 먼저 조조군에 가입한 원로급 장수입니다. 믿기 어렵겠지만 중랑장에 임명될 당시에 이전은 10대 청소년이었습니다. 이전이 중랑장에 임명된 해가 195년이고, 215년에 소요진逍遙津 전투에서 서른여섯의 나이에 죽었으니, 그가 중랑장에 임명되었을 때는 기껏 10대 소년에 불과했습니다. 어린 소년이 군대를 거느린 장수로 파격적으로 발탁되었던 것은 확실히 조조의 용인의 역량과 안목을 체현한 것이라 할 수 있습니다.

조조의 장수는 대부분 북방 사람, 특히 하북·산동 출신으로 용력은 뛰어나지만 지모가 부족했습니다. 그들과 달리 이전은 문무와 지용을 겸비한 장수였다고 할 수 있습니다.

박망파전투博望坡戰鬪는 유비가 승리를 거두었지만, 이 전투에서 이전은 자신의 지혜를 충분히 드러냈습니다. 만약 거친 하후돈이 아닌 이전이 군사를 통솔했다면 조조군이 승리했을 것입니다. 당시 하후돈이 유비를 공격하러 가자 유비는 대군이 오는 것을 보고는 군영을 불태우고 철군했습니다. 하후돈이 병사를 이끌고 추격하자 이전은 계략이 숨어 있음을 알아채고는 그에게 권했습니다.

"퇴각할 이유가 없으니 반드시 복병을 의심해야 합니다. 남쪽 길은 좁고 초목이 우거졌으니 추격해서는 안 됩니다."

하후돈과 우금은 이 제안을 무시한 채 병사가 많은 것만을 믿고 유비군을 맹렬히 추격하다 결국에는 매복에 걸려 위기에 처했습니다. 나중에는 이전이 구원병을 거느리고 와 곤경에 빠진 그들을 구출했습니다.

때로 조조조차 문제를 발견해내지 못했을 때에도 이전은 한눈에 알아보았습니다. 앞서 여포가 조조를 복양성에 끌어들여 일망타진하려고 계책을 썼을 때, 여러 장수가 의심 없이 빈 성안으로 우르르 몰려들었지만 오직 이전만이 "주공은 성 밖에 남고, 저희가 먼저 성에 들어가도록 허락해주십시오"라고 말했습니다. 그러자 조조는 "내 자신이 가지 않으면 누가 앞으로 나가려고 하겠는가?"라며 병사를 이끌고 들어갔습니다.

여기서 이전은 정말 훌륭하게 행동했습니다. 적의 계략을 간파했으면서도 조조의 생명을 염려하고 주군의 체면을 고려해 기꺼이 자신이 대신 위험 속으로 달려가려 했으니 그의 남다른 담력과 식견, 주군을 향한 충성과 정교한 일처리 방식을 미루어 짐작할 수 있습니다. 당시 지력에 한계가 있던 조조는 전위 등의 '용사'들과 스스로 호랑이굴에 뛰어들다 결국 낭패를 맛보았을 뿐입니다. 이전은 문제를 관찰하고 분석하는 능력뿐 아니라 직접 해결하는 능력도 뛰어났습니다. 장수로서 그는 매번 병사보다 앞서서 돌격했고 수하 병사들을 크게 고무했습니다.

이전에게 더욱 돋보이는 점은 탁월한 전공을 세운 장수로서 조조군 진영의 다른 장수처럼 거칠지 않고, 겸허하고 조용하며 양보했다는 것입니다. 특히 공을 드러내는 것을 좋아하지 않고 전공을 다투지도 않았습니다. 《삼국지》〈이전전李典傳〉은 그를 다음과 같이 평가했습니다.

> 학문을 숭상하고 유가의 단아함을 숭상하며, 여러 장수와 공을 다투지 않았다. 그는 재주와 덕망이 있는 사대부를 존경하고, 예의를 잃을까 두려워하는 공순함이 있었으므로 군중에서는 그를 장자長者라고 불렀다.

이전은 공을 드러내는 것을 좋아하지 않았지만 매번 조조는 그에게 합당한 대우를 해주고 공정함을 보여주었습니다.

조직에는 자신을 드러내기를 좋아하지 않는 사람이 있습니다. 우리는 이런 사람을 '과묵하다'고 하는데, 이런 사람들은 주관적으로는 이전의 성격처럼 자신을 치켜세우는 것을 좋아하지 않는 것이고, 객관적으로는 리더 앞에서 자신을 드러낼 기회를 얻지 못한 것이라 할 수 있습니다. 그런 경우, 리더가 자신을 잘 드러내는 사람만 주목한다면 간부들이 눈도장을 찍는 데 바쁘거나 형식에만 열중하는 바람직하지 않은 풍조가 만들어져 힘든 일이나 오랜 시간 공을 들여야 할 장기적인 사업을 진지하게 수행할 사람이 없어지게 될 것입니다.

한번 생각해봅시다. 리더가 간부를 발탁한다는 소식을 듣자마자 너 나 할 것 없이 경쟁적으로 보고서를 냈습니다. 그런데 첫 번째로 발탁된 사람이 기층 일선에서 묵묵히 백성을 위해 일을 하며 명리를 다툰 적이 없는 간부라면, 그 리더는 이번 인사로 두 가지를 선포한 것과 같습니다. 하나는 리더가 조직의 전 상황을 꿰고 있다는 것이고 두 번째는 윗사람이 겉으로만 열심히 일하는 사람을 좋아하지 않는다는 것입니다. 나서지 않고 묵묵하게 일을 하는 사람을 발탁하면 조직 내 구성원이 서로 잘 보이려 다투지 않고, 본래 자신의 직무에 충실하며, 실질적으로 일을 잘하게 될 것입니다. 이런 관리 지침을 "실질적인 일을 하는 사람을 실망시키지 말고, 과묵한 사람을 외롭게 하지 말라"고 합니다.

조조의 용인의 또 다른 전형은 앞서 언급했던 장수입니다. 장수와 싸우는 과정에서 조조는 아들과 조카, 그리고 전위를 잃었습니다. 그는 조조에게 불구대천의 원수였습니다.

하지만 관도대전이 일어나기 전날, 장수가 투항하자 조조는 비범한 아량으로 장수를 받아들였습니다. 《삼국지》〈장수전張繡傳〉에는 다음과 같이 기록되어 있습니다.

> 장수가 오자 조조는 그 손을 잡고 주연을 베풀고, 장수의 딸을 아들과 맺어주고 양무장군揚武將軍으로 삼았다. 관도의 싸움에서 장수는 힘껏 싸워 공을 세우고 파강장군破羌將軍으로 승진했다.

이처럼 일을 중시하고 개인의 은혜와 원한을 따지지 않은 도량으로 조조는 대대적인 찬사를 받았습니다. 일찍이 조조의 적이었던 사람을 포함해 북방의 강자들은 조조가 장수를 받아준 일을 보며 조조가 개인적인 은혜와 원한을 따지지 않는다는 정보를 얻게 되었습니다.

'조조에게 그토록 치명적인 상처를 준 장수를 크게 임용한 것을 보니, 우리가 한 일은 아무것도 아니구나.'

이런 까닭으로 많은 인재가 과거 조조의 반대편에 섰던 경력에 대한 염려를 다 버리고 자발적으로 조조에게 귀순하게 되었던 것입니다. 조조가 신속하게 북방을 통일할 수 있었던 까닭은 이런 호소력과 밀접하게 관련되어 있습니다.

조직에는 항상 리더와 싸우거나 대립하는 사람들이 있게 마련입니다. 그들은 얼핏 보면 눈에 거슬리고 쓰기에도 찜찜합니다. 하지만 종종 의견이 충돌하거나 심지어 책상을 치며 논쟁을 했다 해도 인사평가를 할 때 공정하고 공평한 대우를 해주고 재능과 공헌을 알아준다면 이는 모든 직원에게 안정제를 주는 것과 같습니다. 바로 이를 "대우는 먼 사람부터 가까운 사람 순으로 하고, 눈에 거슬리는 사람을 잘 대해 천하의 인재들을 격려한다"고 하는 것입니다. 조조가 이전을 통해 보여준 것은 예리함과 통찰이고 장수를 통해 보여준 것은 공정과 도량이었습니다.

조조의 지혜

실질적인 일을 하는 사람을 실망시키지 말고, 과묵한 사람을 적막하게 하지 말라.

세 번째 책략 | **승세를 타는 비결은 소통에 있다**

장수를 토벌하는 작전에서 두각을 드러낸 또 한 명의 장수가 있는데 그 이름은 우금입니다. 《삼국지》〈우금전于禁傳〉의 한 부분을 살펴보겠습니다.

> "장수가 다시 모반하자 싸움이 불리해진 조조는 패하고 무음舞陰으로 돌아왔다. 그때 군중에 난이 일어나 장수들은 각각 조조를 구하러 갔는데, 우금만이 휘하의 군사 수백 명을 이끌고, 싸우기도 물러나기도 하며 비록 사상자가 생겨도 진을 흩뜨리지 않았다. 적의 추격이 느슨해지자 서서히 행대行隊를 정돈한 채 북을 울리며 돌아왔다.
> 조조가 있는 곳에 당도하기 전, 우금은 창에 찔려 부상을 입은 채 알몸으로 달아나는 10여 명을 보았다. 우금이 까닭을 물으니 청주병에게 약탈당했다고 했다. 당초 황건적이 항복했을 때 청주병이라 이름하고 태조가 관용을 베풀었는데, 이들이 버릇을 버리지 못

하고 감히 노략질을 일삼았던 것이다. 우금이 노해서 그 무리에게 말했다.

"청주병도 함께 조공曹公에 속하는데 다시 도적질을 한단 말인가!"

이에 그들을 토벌하고 여러 명의 죄를 물었다. 청주병이 급히 조조에게 달아나 (우금이 반란을 일으켰다고) 고했다. 하지만 우금은 도착한 뒤 영루營壘를 먼저 세우고, 곧바로 태조를 찾아가 배알하지 않았다. 어떤 이가 우금에게 청주병이 이미 그 일을 고했으니 서둘러 조공에게 변명하러 가야 한다고 했다. 그러자 우금이 말했다.

"지금 적이 배후에 있어 어느 때고 들이칠 터인데, 먼저 방비하지 않는다면 무엇으로 적을 감당할 수 있겠소? 게다가 공께서는 총명하시니 어찌 참소가 통하겠소!"

그리고 천천히 참호를 파고 영채를 안정시킨 후에야 비로소 조조를 배알하고 그간의 정황을 진술했다. 이에 태조가 기뻐하며 말했다.

"육수淯水에서 겪은 곤란으로 나는 참으로 급박했소. 그러나 장군은 변란에 처해서도 군사를 정돈해 적을 치고 보루를 단단히 했으니 위기에도 함부로 움직이지 않은 절조가 있다고 할 만하오. 비록 옛 명장이라 한들 어찌 이보다 뛰어날 수 있겠소!"

이에 우금의 앞뒤 공을 따져 익수정후益壽亭侯에 봉했다.

우금은 결정적인 순간에 아주 적절하게 행동했습니다. 첫째, 백성을 자식처럼 아끼고 괴롭히지 않았습니다. 청주병 앞에서 백성을 책임질 수 있었던 것은 전란으로 혼탁한 시대에는 아주 갸륵한 일이었습니다. 둘째, 군대를 엄정하게 다스렸습니다. 전군이 대패해 혼란스러운 상황에서도 진퇴를 적절하게 해 사상자를 버리지 않고 강력한 전투력을 보여주었습니다. 셋째, 악인이 고자질을 한 상황에서도 대국을 중시해 먼저 주어진 일을 완수하고, 연후에 리더에게 내막을 설명했습니다. 이 세 가지 요인만 보아도 우금에게는 '명장'이라는 칭호가 어울린다고 할 수 있습니다.

조조가 우금을 대하는 방식을 보면 그의 지인과 용인의 경지에 감탄을 금할 수 없습니다. 위급하고 혼란한 상황에서 각 방면의 보고와 비난을 접하고도 경솔하게 결정하지 않고 한쪽 말만 곧이듣지 않은 것은 분명 쉬운 일이 아니었습니다. 당시 조조를 따르는 사람들은 그 출신이 다양하고 개성도 다 달랐습니다. 모두가 자신의 관점과 이해관계를 앞세워 이야기할 때 중심을 잃지 않고 일을 처리했던 것은 조조가 성공할 수 있었던 또 다른 요인입니다. 사실의 총합이 꼭 진실은 아닙니다. 이와 관련해 성인 공자와 관련된 이야기 하나를 해볼까 합니다.

공자가 제자들과 함께 진陳나라로 가던 도중에 양식이 떨어져 일주일 동안 아무것도 먹지 못한 적이 있었습니다. 안회가 가까스로 쌀을 구해와 밥을 지었습니다. 공자는 밥이 다 되었는지 알아보려고 부엌을 들여다보다가, 밥솥의 뚜껑을 열고 밥을 한 움큼 먹고 있는 안회의 모습을 보았습니다. 공자는 깜짝 놀랐습니다. 안회는 제자 가운데 도덕수양이 가장 잘되어 공자가 아끼는 학생이었습니다. 공자는 크게 실망하고 곧 자신의 방으로 돌아왔습니다. 이윽고 안회가 밥이 다 되었다고 하자 공자가 말했습니다.

"안회야, 내가 방금 꿈속에서 선친을 뵈었는데 밥이 되거든 먼저 조상에게 제사를 지내라고 하더구나."

밥을 몰래 먹은 안회를 뉘우치게 하려는 의도였습니다. 그 말을 들은 안회는 곧장 무릎을 꿇고 말했습니다.

"스승님, 이 밥으로 제사를 지낼 수는 없습니다. 제가 뚜껑을 연 순간 천장에서 흙덩이가 떨어졌습니다. 스승님께 드리자니 더럽고, 버리자니 아까워 제가 그 부분을 먹었습니다."

공자는 안회를 잠시나마 의심한 것이 부끄럽고 후회스러워 다른 제자들에게 다음과 같이 말했습니다.

"예전에 나는 나의 눈을 믿었다. 그러나 나의 눈도 완전히 믿을 것이 되지 못하는구나. 예전에 나는 나의 머리를 믿었다. 그러나 나의 머리도 역시 완전히 믿을 것이 되지 못하는구나. 너희는 보고 들은 것이 꼭 진실이 아닐 수 있음을 명심하라."

성인 공자도 이렇게 오해를 했는데 우리와 같은 보통 사람은 어떠하겠습니까? 때문에 귀로 직접 듣거나 눈으로 본 것이라고 해도 항상 심사숙고하고, 결정을 내리기 전에 반드시 그 사건 자체에 대해 당사자와 허심탄회하게 이야기를 나누어야 합니다. 섣불리 결론을 내려 평생 후회할 큰 잘못을 저지르는 것을 막아야 합니다.

조조는 한쪽 말만 곧이곧대로 듣지 않고 솔직함으로 서로 소통하고 신중하게 사실을 살폈습니다. 당시 '반란'이라는 단어는 조조에게 노이로제와 같은 말이었을 것입니다. 그는 장수의 반란으로 위기에서 이제 막 벗어난 상태였습니다. 그런 급박한 와중에도 그는 중심을 잃지 않고 올바른 판단으로 조직을 이끌었습니다. 우금을 명장이라 칭한다면 조조 또한 명군이라는 글자에 손색이 없었습니다. 명장이 명군을 만났으니 사업은 날로 번창할 수밖에 없었습니다.

뛰어난 조직은 하루아침에 만들어지지 않습니다. 그것은 힘든 실천과정에서 조금씩 단련되어 만들어지는 것입니다. 조조는 자신의 언행, 모범적인 본보기, 여러 의견을 들으면서도 중심을 잃지 않는 자세로 조직을 효과적으로 이끌었습니다.

세 차례에 걸친 장수와의 싸움에서 조조는 강점인 용병과 정치적인 원견遠見, 넓은 도량 등을 보여주기도 했지만 자신의 결점인 교만과 자만, 호색과 방종을 드러내기도 했습니다. 조조는 장점으로 승리를 얻을 때도 있었지만, 약점을 통제하지 못하고 방종하다가 실패하기도 했습니다. 이 점은 오늘날 리더들이 거울로 삼고 되돌아볼 만한 가치가 있습니다.

결국 장수의 항복으로 완성을 평정하고 조직을 공고히 한 조조는 눈을 동쪽으로 돌리기 시작했습니다. 그곳에는 조조가 마음을 놓지 못하고 불안해하는 세 사람이 있었습니다. 바로 유비·원술·여포가 조조의 근심거리였습니다. 이 세 사람 가운데 유비는 리더십이 5성급이었지만 조직의 역량은 2성급에 불과했고, 원술은 조직의 역량은 4성급 정도였지만 리더십 부분은 2성급에 불과했습니다. 여포의 경우에는 조직의 역량과 리더십이 모두 3성급 정도였습니다. 이 세 사람의 세력을 소멸시키기 위해서는 누구부터 먼저 손을 써야 했을까요? 조조는 또 어떤 계책으로 그의 전략을 실현했을까요?

제9강

기회는 판세를 지켜본 자만 움켜쥘 수 있다

"사람이 많으면 역량도 커진다"라는 말이 있다. 사업이 발전하다보면 자신의 역량만으로는 충분하지 않을 때가 있는데, 이때가 바로 조력자의 도움이 필요한 시기다. 조력자는 종종 적은 노력으로도 많은 성과를 올릴 수 있도록 도와준다. 어떻게 복잡하고도 격렬한 경쟁의 국면에서 조력자를 찾아내 입지를 확고히 다질 수 있을까? 조조는 이 방면의 전문가였다. 파란만장한 삼국시대, 처음에 조조의 실력은 평범했고, 그보다 훨씬 강력한 할거세력이 적지 않았다. 그러나 조조는 남다른 지혜로 교묘하게 외부의 도움을 얻어내 난세 속에서도 자신의 영역을 넓혀갔다. 그는 조력자를 찾아내는 방면에서 어떤 기발한 책략을 사용했을까? 우리는 그것으로부터 어떤 깨우침을 얻을 수 있을까?

적을 분산시켜라

초원에서 다섯 마리의 하이에나와 스무 마리의 들소의 역량을 대비한다면 어느 정도가 될까요? 누군가는 5대 20이라 말하겠지만 그건 틀린 말입니다. 하이에나와 들소의 역량은 5대 1이라 할 수 있습니다. 초원의 법칙에 따르면, 들소 한 마리가 공격을 받을 때 나머지 들소들은 구하러 오지 않습니다. 들소가 유일하게 의지할 수 있는 것은 그 자신뿐입니다. 이처럼 들소가 하이에나보다 더 많다고 해도 하이에나에게 위협을 주지는 못하는 이유는 단결하지 않고 각자 싸우기 때문입니다.

우리는 흔히 사람이 많으면 역량도 커진다고 이야기합니다. 하지만 엄격하게 말하면 사람이 많으면 총량은 커지겠지만, 서로 협력하지 않는다면 그것은 그저 숫자에 불과할 뿐이며 실력이 될 수 없습니다. 그래서 단결이 역량의 진정한 원천인 것입니다. 다섯 마리의 단결된 하이에나는 스무 마리의 단결하지 못한 커다란 들소를 사냥할 수가 있습니다. 초원에서는 단결하면 사냥꾼이 되지만 단결하지 못하면 사냥감이 될 뿐입니다.

조조가 가장 두려워했던 것은 상대가 단결하는 것이었습니다. 이런 우려는 현실로 드러나, 유비는 여포를 받아들이고, 여포는 원술과 화친을 꾀하고, 원술은 손책·유표·원소와 거래했습니다. 어떻게 해야 할까요? 반드시 상대의 연합을 저지할 방법을 찾아내는 동시에 짧은 시간에 그들을 각개격파할 방안을 마련해야 했습니다.

기회가 왔을 때
반드시 움켜쥔다

동한 건안 2년 초여름, 허도의 조조는 아주 특별한 손님을 맞이했습니다. 그는 여포가 보낸 사자로, 당시 조조는 여포와 화친하기로 마음을 정하고 있었습니다. 물론 화친의 진정한 의도는 여포와 원술의 연합을 저지하기 위한 것이었습니다. 하지만 여포가 이런 계책에 걸려들지에 대해서는 그다지 자신이 없었습니다. 그래서 여포가 보낸 사자를 영접하는 데 특별히 신경을 썼습니다.

5월 허도는 벌써 더워지기 시작했습니다. 늦은 봄에 메뚜기 떼가 훑고 지나가면서 나무와 풀잎을 다 먹어 치워 도시는 그제야 비로소 푸른 빛깔을 드러내고 있었습니다. 조조는 평상복으로 갈아입고 막 준공한 사공부에서 환하게 웃으며 사자를 맞이했습니다. 사자는 중간 체격에 의관을 정제한 모습이 재치 있고 노련해 보였고, 두 눈에는 호방한 기운이 감돌고 있었습니다. 그는 바로 진등陳登이었습니다.

> **진등(?~?)**
> 자는 원룡元龍이며, 후한 말기 서주 하비下邳 사람이다. 서주의 명사 진규陳珪의 아들이다. 조조에게 귀의해 광릉태수를 지냈다. 그는 상벌이 엄격하고 공정했으며 다스림에 기강이 분명했다. 어릴 때부터 세상을 붙들고 백성을 구할 큰 뜻을 품고 있었고 사람됨이 시원하고 성격은 조용하며 신중했다. 조조가 여포를 정벌할 것을 권했던 공으로 복파장군伏波將軍이 더해졌다.

조조는 진등이 유비와 관계가 좋다는 사실을 알고 있었습니다. 일찍이 서주목 도겸이 유비에게 서주를 넘겨주는 것을 지지하고 성사시킨 사람이 바로 진등이었습니다. 그래서 조조의 마음속에 진등은 여포의 심복이면서 유비의 조력자라는 꼬리표가 붙어 있었습니다.

그러므로 진등이 던진 말은 조조를 깜짝 놀라게 했습니다. 진등은 먼저 여포의 서신을 바치고 서주의 상황을 소개하며 여포가 합작에 아주 적극적이라고 설명했습니다. 그런데 공식적인 말을 마친 후 진등은 갑자기 안색을 바꾸고는 낮은 목소리로 조조와 단독으로 이야기를 나누고 싶다는 의사를 표명했습니다. 무슨 까닭이 있다고 여긴 조조는 곧바로 주위 사람들을 물러나도록 명령했습니다. 진등이 옷매무새를 가다듬고 거듭 예를 표하자 조조는 짐짓 놀란 체하며 이유를 물었습니다. 《삼국지》에 기재된 진등의 말은 짧지만 간결하고 단호했습니다.

"여포는 용맹하지만 계책이 없고 변덕스럽기 그지없어 수시로 태도를 바꾸니 근본적으로 믿을 수가 없습니다. 그러니 빨리 그를 제거할 대책을 세우십시오."

진등의 말을 들은 후 조조는 크게 기뻐했습니다. 조조가 기뻐한 이유는 두 가지였습니다. 하나는 여포 주변에 첩자로 심을 적당한 사람이 없어 고민했는데, 가장 적합한 사람이 때마침 제 발로 찾아왔기 때문입니다. 두 번째는 여포가 연합을 이야기하고 있지만 속으로는 정탐을 목적으로 사신을 보낸 것일 텐데, 사신조차 여포를 반대하고 있으니 그에게 더는 가망이 없다고 여겼기 때문입니다. 이는 여포가 한편으로는 사람을 쓰는 데 문제가 많고, 다른 한편으로는 그의 조직이 서로 다른 생각으로 사분오열되어 있다는 사실을 의미했습니다. 조조는 이런 이유로 앞으로 여포를 제거하는 일이 비교적 쉬우리라는 생각이 들었습니다. 조조는 뜻밖의 성과에 크게 기뻐하며 진등에게 후한 상을 내리고는 마음속에 있는 말을 털어놓았습니다.

"여포는 이리의 야심을 품고 있으니 진실로 오래 곁에 두기가 어렵소. 경이 아니었으면 누가 이 사실을 알아채겠소."

그러고는 진등의 아버지 진규의 관직을 중 2,000석으로 올리고 진등을 광릉태수로 임명했습니다. 떠날 때 조조는 특별히 진등의 손을 잡고 말했습니다.

"동쪽의 일은 모두 그대 부자에게 맡기겠소."

암암리에 사람을 모아 적당한 시기가 오면 여포를 제거하라는 임무를 맡긴 것이었습니다.

재능에서 매력이 나온다

왜 진등은 조조를 인정했을까요? 한 사람의 선택을 이해하려면 먼저 그를 이해할 필요가 있습니다. 진등이 어떤 사람인지를 한번 이야기해보겠습니다. 먼저 《삼국지》〈진등전陳登傳〉에 기록된 유비의 평가를 살펴보겠습니다.

> 만약 진등처럼 문무와 담력과 포부를 갖춘 자는 응당 고대에서 구할 뿐, 창졸 간에 그와 비견될 자를 구하기 어려울 것이다.

《선현행장先賢行狀》에서 인용한 《삼국지주》에는 다음과 같이 기록되어 있습니다.

> 진등은 충량忠亮·고상高爽하고 마음 깊이가 대략大略이 있었으니 어

려서부터 세상을 바로 하고 백성을 구제할 뜻이 있었다. 책을 널리 읽어 문예에 뛰어나고, 옛 제도와 문물과 문장에 통달하지 못함이 없었다. 스물다섯에 효렴에 천거되어 동양장東陽長에 제수되니, 노인을 봉양하고 고아를 기르며 상처를 돌보듯 백성을 보살폈다. 이 무렵, 세상에 기근이 들어 백성이 굶주렸는데, 서주목 도겸이 표를 올려 진등을 전농교위典農校尉로 삼았다. 이에 (진등은) 토전土田을 돌아보며 농사에 적합한지 살피고 수로를 뚫고 물을 대어, 갱도粳稻(메벼)가 풍성히 쌓이게 되었다.

끝으로 《삼국지》〈여포전呂布傳〉 정문을 살펴보겠습니다.

조조는 진등을 광릉태수로 삼고, 은밀히 무리를 모아 여포를 도모하도록 명했다. 진등이 광릉에 있을 때 상벌을 밝게 살피고 위신을 널리 펼치니 해적 설주薛州가 스스로 손을 묶고 귀부했다. 만 1년이 지나지 않았는데 공功을 이루어 백성이 경애하니 진등이 조조에게 "이제 가히 쓸 만하다"고 했다.
태조가 하비에 도착하자 진등은 군의 병사들을 이끌고 선두에 섰다. 이때 진등의 동생들이 하비성 안에 있었는데 여포는 진등의 세 동생을 볼모로 잡고 화친을 청했다. 진등이 뜻을 굳게 지키며 흔들리지 않으니, 진격해 포위함이 날이 갈수록 급박해졌다. 여포의 형벌을 담당하던 속관인 장홍張弘은 뒤에 처벌받을까 두려워 밤중에 진등의 세 동생을 이끌고 달아나 진등에게 갔다.
여포가 처형된 후 진등은 그 공으로 복파장군이 더해지니 강江과 회淮 사이에서 심히 환심을 얻었고, 이에 진등은 강남을 평정할 뜻을 품었다.

손책은 군사를 보내 광기성匡琦城에서 진등을 공격했다. 적이 막 당도했을 때 그 깃발과 갑옷이 강을 뒤덮을 정도였다. (진등의) 수하들이 모두 이르길, 적의 병력이 군병의 열 배에 이르러 항거할 수 없으니, 군사들을 이끌고 피해 성을 비우면 (적군은) 물에 익숙한 자들이라 뭍에 오래 거처할 수 없어 필시 조금 있다 군을 이끌고 물러갈 것이라고 했다. 진등이 성난 목소리로 말했다.

"나는 나라의 명을 받아 이 땅을 지키고 있소. 옛날 마문연馬文淵(후한 초 복파장군 마원馬援)이 이 지위에 있을 때 능히 남쪽으로 백월百越을 평정하고 북쪽으로 여러 적(이민족)을 멸했소. 내가 흉특한 무리를 제압하지 못한다고 어찌 도적놈들을 피해 달아나겠소! 목숨을 걸고 나라에 보답하고 의에 기대 난을 평정하고 천도에 순응한다면 반드시 이길 수 있소."

이에 성문을 닫고 스스로 지키고, 약한 척하며[示弱] 출전하지 않고 장졸들의 입에 재갈을 물려 성에 마치 아무도 없는 것처럼 했다. 진등이 성 위에 올라 형세를 관망하다 공격할 때가 되었다고 여기고 장령에게 명령해 밤새 병기를 정비하게 했다. 날이 새자 남문南門을 열고는 군을 이끌고 적 둔영으로 진격하며 보병과 기병으로 후방을 공략했다. 적은 당황해 우왕좌왕하다 배로 돌아가지 못했다. 진등이 이 틈을 타 손수 북을 잡고 군사를 부려 적군을 대파하니 적들은 배를 버리고 달아났다. 승세를 탄 진등은 적을 추격해 1만 명을 참수하거나 포로로 잡았다.

적은 군사들을 잃은 데 분노해 그 후 다시 대군을 일으켜 진등에게 향했다. 진등은 자신의 병사로 대적할 수 없다고 여겨 공조 진교陳

矯를 보내 태조에게 구원을 청했다. 진등은 은밀히 성 밖 10리 되는 곳을 군영의 처소로 삼고 땔나무를 많이 베어오게 했다. 두 개를 하나로 묶어 10보 간격으로 가로세로로 두고는 밤중에 불을 일으키니 땔나무 묶음이 불타올랐다. 성 위에서 환호하니 마치 대군이 도착한 것처럼 보였다. 적이 이 불을 보고는 놀라서 달아나니, 진등은 군을 이끌고 추격해 1만 명을 참수했다.

이상의 기록으로 진등이 어떤 사람인지 결론지을 수 있습니다. 그는 영웅이었습니다. 영웅은 영웅을 알아보는 법입니다. 영웅 진등이 좋아한 사람은 반드시 자신과 같은 영웅적인 인물이었습니다.

그런데 잘 알다시피, 여포도 적토마를 타고 천하를 종횡하며 방천화극方天畵戟을 휘두르는, 천하에 적수가 없는 영웅이라 할 수 있는데 왜 진등은 그를 좋아하지 않았을까요?

관리학에는 '흡인력 법칙'이라는 것이 있습니다. 사람을 끌어들이려면 재능과 수양을 충분히 갖추어야 한다는 것입니다. 근본 바탕이 없는 사람이 어떻게 다른 사람을 끌어들일 수 있겠습니까? 무엇보다도 자신의 근본이 충분해야 사람을 끌어들이는 매력이 생기는 것입니다. 사람의 바탕에는 두 가지 종류가 있는데, 하나는 기능, 즉 '손으로 무엇을 할 수 있는가'이고, 두 번째는 뜻, 즉 '마음속에 무엇이 있는가'입니다. 여포의 무공은 천하제일이었으니 첫 번째 항목은 통과했습니다. 하지만 두 번째 관문은 넘어서지 못했습니다. 개인의 수양과 리더십의 경지에서 미치지 못하는 바가 너무 많았기 때문입니다.

조조의 지혜

무엇보다 자신의 근본이 충분해야 사람을 끌어들이는 매력이 생기는 것이다. 사람의 바탕에는 두 가지 종류가 있다. 하나는 기능, 즉 '손으로 무엇을 할 수 있는가'이고, 두 번째는 뜻, 즉 '마음속에 무엇이 있는가'다.

다스림의 관건은 이해에 있다

어떤 리더는 성질이 고약하고 마음도 급해 걸핏하면 야단치기도 하지만 따르는 사람이 많고, 어떤 리더는 온화한 태도로 항상 얼굴에 웃음을 머금고 사람들과 사이좋게 지내지만 따르는 사람이 아주 적습니다. 그렇다면 사람들은 대체 어떤 리더를 따르는 것을 좋아할까요?

흔히 중국역사에서 리더십과 팔로워십으로 대비되는 두 사람이 바로 항우項羽와 유방입니다. 격렬한 초한쟁패楚漢爭霸의 승리자가 유방임을 다 알고 있을 것입니다. 능력 면에서 역발산기개세力拔山氣蓋世로 유명했던 항우는 왜 자신보다 못한 유방에게 결국 패하고 말았을까요? 이에 대한 하나의 설명이 《사기史記》〈회음후열전淮陰侯列傳〉에 나와 있습니다.

유방이 항우보다 우위에 설 수 있었던 결정적인 계기는 한신을 대장군으로 임명한 이후였습니다. 소하蕭何의 강력한 추천으로 유방은 한신을 대장군에 임명했습니다. 이후 유방은 한신에게 천하를 취할 계책을 물었습니다. 이에 한신이 되물었습니다.

"지금 한왕漢王(유방)께서 동쪽으로 나가 천하를 다투고자 하는 사람은 항우가 아닙니까? 대왕이 생각하시기에, 스스로 용맹하고 날래며 인자하고 강인함을 항왕과 비교해본다면 어떠십니까?"

유방은 한참 침묵하다 "내가 다 항우만 못하다"고 인정했습니다. 이에 한신은 유방에게 두 번 절을 올리고 말했습니다.

"저 또한 대왕이 항왕만 못하다고 여깁니다. 그러나 신이 일찍이 항왕을 섬겼사온데, 항왕의 사람됨을 말하고자 청합니다. 항왕이 노해 갑자기 소리치면 1,000명의 사람이 모두 놀라 감히 움직이지 못합니다. 그러나 현명한 장수를 임명해 맡기지 못하니 이는 필부의 용맹입니다.

항왕은 사람을 대할 때 공경하고 자애롭고 화기애애하게 말을 하며 남에게 병이 생기면 눈물을 흘리며 음식을 나누어주다가도, 남에게 공이 있어 마땅히 봉작해야 할 때면 인수를 새김이 각박해 어쩔 수 없이 주니, 이는 이른바 아녀자의 인자함입니다. 지금 대왕께서 진실로 그 도를 바로잡아 천하의 무용武勇 있는 자를 임명한다면, 어찌 그를 주살하지 못하겠습니까! 천하의 성읍을 공신들에게 봉해주면 어찌 복종하지 않겠습니까! 의로운 군대로 동쪽으로 돌아가고자 하는 사졸과 함께한다면 무엇인들 무너뜨리지 못하겠습니까!"

여기서 한신이 말하고 있는 것은 '조직을 거느리는 관건은 격려에 있고, 반드시 아랫사람의 욕구를 만족시켜야 한다'는 것입니다. 리더는 충분하게 표현을 하지 못할지라도 반드시 대가를 지불해야 하고, 욕구를 만족시켜야 사람이 따릅니다. 아무것도 줄 것이 없는 텅 빈 두 손이라면 아무리 그들의 말을 경청한다고 해도 소용이 없습니다. 조직을 거느리는 사람은 높은 곳에 서서 멀리 바라보고, 넓은 아량으로 실질적인 혜택을 주어야 합니다[高遠寬惠].

조조의 지혜

리더는 충분하게 표현을 하지 못할지라도 반드시 대가를 지불해야 하고, 욕구를 만족시켜야 사람이 따른다. 조직을 거느리는 사람은 높은 곳에 서서 멀리 바라보고, 넓은 아량으로 실질적인 혜택을 주어야 한다.

조조는 아랫사람을 잘 대우하고 격려를 하는 데 뛰어난 리더였습니다. 이것도 진등이 조조를 좋아한 중요한 이유 가운데 하나였습니다. 진등의 도움이 있었다고 해서 모든 것이 충분했던 것은 아니었습니다. 조조에게는 더욱 커다란 계획이 있었는데, 바로 자신의 상대를 우군으로 바꾸는 것이었습니다.

조조의 책략
적수를 우군으로 끌어당겨 판세를 주도하는 비술

첫 번째 책략 | 고기를 놓아 늑대의 싸움을 부추긴다

"적수가 우군으로 변하는 것이 가능한가"라고 말하는 사람이 있습니다. 관건은 어떻게 하느냐에 따라 방법이 있을 수도 있고 없을 수도 있습니다.

대립은 일반적으로 세 가지 원인이 있는데, 하나는 도의와 명분의 대립이고, 하나는 감정의 대립이며, 나머지 하나는 이익의 대립입니다. 모순을 해결하면 대립은 자연히 사라지고 협조적인 관계로 접어들 수 있습니다. 조직관리 가운데 '시소 원리'라는 것이 있습니다. 시소 맞은편의 바위를 어떻게 들어 올릴 것인지의 관건은 내 쪽에서 무엇으로 누르는가에 달려 있다는 것입니다. 적절한 물건으로 내리누르기만 하면 자연히 맞은편의 큰 바위도 들어 올릴 수 있는 것처럼 적절한 추동이 있으면 그에 상응하는 행동이 있습니다.

여포는 큰 바위가 아니라 한 마리의 늑대였고, 이 늑대는 먹을 고기가 필요했습니다. 고기를 놔두면 늑대는 곧 달려들 것입니다. 조조는 천자를 끼고 제후들을 호령하는 제도적 우위를 이용해 여포를 좌장군에 임명한 뒤 친필 서신을 보내 그를 위로하고 안심시켰습니다. 《삼국지》〈무제기〉에는 다음과 같이 기록되어 있습니다.

> "지난번에 장군을 크게 봉하는 문서를 산양둔山陽屯에서 잃어버렸소. 국가에 좋은 금이 없어 내 스스로 집안의 좋은 금을 취해 관인을 다시 만들고, 국가에 자주색 인끈紫綬이 없어 내가 차고 있던 자주색 인끈을 보내 내 마음을 보였으나, 장군이 쓰기에 좋지 않을지도 모르겠소. 원술이 천자를 칭하니 장군이 이를 제지하고 (원술의) 장章이 통하지 못하게 했소. 조정에서는 장군을 믿고 거듭 중임했으니 서로 충성을 밝히도록 합시다."

이에 여포가 진등을 보내 장을 받들고 가서 사은謝恩하게 하고, 아울러 좋은 인끈 하나를 보내 태조에게 답례했다.

조조의 유혹과 진등의 설득으로 여포는 원술과 연합하려는 생각을 접었습니다. 원술은 사자 한윤韓胤을 파견해, 자신의 아들과 여포의 딸을 혼인시키려는 생각을 전했습니다. 여포는 처음에는 승낙했다가 이후에 마음을 바꾸어 이미 길을 떠난 딸을 되돌아오게 하고 한윤을 조조에게 넘겼습니다. 조조는 한윤을 참하고 허창의 길거리에 효수했습니다. 이런 행위는 확실히 정도가 심했습니다. 사다리를 걷어차는 것처럼 여포의 퇴로를 끊고 되돌아갈 여지를 없애버렸던 것입니다. 한윤을 죽여 원술과 여포의 모순을 격화시킨 조조의 목적은 아주 간단했습니다. 여포와 원술이 서로 싸우게 해 어부지리를 얻고자 했던 것이지요.

청혼이 장례식으로 바뀌고 중매인이 죽임을 당했으니 원술이 어떻게 분노를 삭일 수 있었겠습니까? 얼마 뒤 원술은 대군을 편성해 여포를 공격했습니다. 원술과 여포가 싸우기 시작하자 조조는 아주 기뻤습니다. 두 마리 호랑이가 싸우고 있으니 누가 이기고 지든지 상관이 없었습니다. 이처럼 조조의 교묘한 계략으로 원술은 동맹은커녕 여포와 싸울 수밖에 없게 되었습니다. 다음은 《삼국지》 〈여포전〉에 기록된 내용입니다.

> 원술이 분노해 한섬·양봉 등의 세력과 연합해 장수 장훈張勳을 보내 여포를 공격했다. 여포가 진규에게 말했다.
> "지금 원술이 쳐들어온 것은 경 때문이오. 이 일을 어찌해야 되겠소?"
> 진규가 대답했다.
> "한섬과 양봉, 원술은 졸지에 합친 군사일 뿐입니다. 사전에 계책이 정해져 있던 것도 아니니 능히 서로 유지할 수 없습니다. 제 아들인

진등이 이미 이를 헤아리고 있습니다. 비유하자면 닭들이 연합했지만 현실적으로 함께 둥지를 틀지 못하고 가히 뿔뿔이 흩어지는 것과 같습니다."

우리에게는 '혀'라는 전략무기가 있습니다. 사람을 잡아먹는 호랑이가 왔는데 우리의 힘에 한계가 있으면 어떡해야 할까요? 정신을 바짝 차리고 호랑이를 때려잡는 것은 낮은 경지입니다. 정신을 바짝 차리고 말로 호랑이를 죽이는 것은 높은 경지입니다. 최고의 경지는 정신을 바짝 차리고 호랑이에게 자살하라 한 뒤 죽기 전에 기념으로 호랑이 가죽을 넘겨주라고 말하는 것입니다. "좋은 말은 다리에서 나타나고, 능력 있는 사람은 입에서 나타난다"고 합니다. 소통은 역량이고, 혀끝은 전략무기인 것입니다.

진등 부자는 여포에게 한섬과 양봉 두 사람의 모반을 책동해 적들끼리 서로 치고 박고 싸우도록 제안했습니다. 그리하여 여포는 한섬과 양봉에게 친필 서신을 보냈습니다. 이 서신에서 여포는 먼저 도의를 내세우고 이어 이익을 제시했습니다. 《삼국지》〈여포전〉의 기록입니다.

여포가 한섬과 양봉에게 서신을 보냈다.

"두 장군이 천자의 수레를 모시고 동쪽으로 온 것은 나라에 으뜸 공을 세운 것으로 응당 그 공훈이 만세에 영원히 기록될 것이오. 지금 원술이 반역하니 응당 함께 주살하고 토벌해야 하는데, 어찌 적신賊臣과 힘을 합해 도리어 이 여포를 공격하시오? 나는 동탁을 죽인 공이 있어 두 장군과 더불어 공신功臣이오. 이제 가히 함께 원술을 공격해 천하에 공을 세울 만하니, 이때를 놓쳐서는 안 되오."

자신과 힘을 합해 원술군을 공격하고 빼앗은 군자軍資는 모두 한섬과 양봉에게 준다고 했다. 한섬과 양봉이 이 서신을 받고 계획을 바꾸어 여포를 따랐다. 여포가 진군해 장훈 등의 둔영과 100보 떨어진 곳에 이르렀을 때, 한섬과 양봉의 군사들이 동시에 공격해 열 명의 장수를 참수하고, 살상殺傷되고 물에 떨어져 죽은 자는 그 수를 헤아릴 수 없을 정도였다.

본래 여포와 원술이 연합해 조조에게 대항하려 했는데 오히려 조조의 적수였던 여포가 우군이 되어 원술을 쳤던 것입니다. 이 싸움으로 원술뿐 아니라 여포도 힘이 쇠약해져, 조조는 결국 두 가지 목적을 달성했습니다.

두 번째 책략 | 적의 내란을 유도해 승세를 잡는다

문제 하나를 낼 테니 한번 생각해보시기 바랍니다. 사냥꾼 무리가 미친 듯이 토끼 한 마리를 쫓다가 마침내 포위하는 데 성공했습니다. 이때 첫 번째 죽는 것은 분명 토끼일 것입니다. 그러면 두 번째 죽는 것은 누구일까요? 답은 바로 토끼를 잡은 사람일 것입니다.

원술이 바로 토끼를 잡은 사람이었습니다. 원술이 염치도 없이 거들먹거리며 황제를 칭하자 천하 제후들의 공적이 되었던 것입니다. 조정에 충성하는 사람들은 "네 녀석이 무엇을 근거로 국가라는 토끼를 빼앗느냐!"라며 화를 냈고, 패업을 꿈꾸는 야심가들은 "네 녀석이 무엇을 근거로 우리 집안의 토끼를 빼앗느냐!"며 더 크게 화를 냈습니다. 원술은 얼떨결에 사람들이 때려 부수고자 하는 과녁

이 되었던 것입니다.

원술이 칭제稱帝를 선언한 후 조조는 적극적인 외교활동을 벌여 설령 이전의 원수였더라도 단결 가능한 모든 역량을 모았습니다. 원술과 동맹을 맺었던 여포와 손책도 세인들의 주시하에 원술을 반대한다는 태도를 표명했습니다. 조조는 쇠뿔도 단김에 빼듯이 곧바로 두 사람에게 관작이라는 당근을 주며 치켜세워 철저하게 원술을 고립시켰습니다. 적의 친구가 우군이 되면 적은 약해지고 우리는 강해져서 결국 역량이 두 배가 되는 것과 같습니다. 그뿐 아니라 여포는 조조에게 큰 선물을 주었는데, 원술과 한판 싸워 원술의 실력을 크게 감소시킨 것입니다.

손책·여포와 호흡을 맞추게 되자 조조가 원술을 공격하는 것이 수월해졌습니다. 건안 2년 9월, 조조는 친히 원술을 토벌하러 떠났습니다. 원술은 조조를 이길 수 없다는 것을 알고는 부장 교유橋蕤·이풍李豊·양강梁綱·악취樂就 등을 보내 조조를 막게 하고는 자신은 줄행랑을 쳤습니다. 조조는 진격해 원술의 군대를 패배시키고 교유 등 네 명의 목을 베었습니다. 원술의 싸움실력은 별로였지만 도망가는 실력은 그런대로 괜찮았습니다. 그는 형세가 심상치 않자 다시 남쪽 회하를 건너 도망갔습니다. 결국 조조는 대승을 거두었습니다.

조조는 원술을 쳐부수는 데 '내적 소모 효과'라는 흥미로운 규칙을 사용했습니다. 게를 잡아본 사람이라면 광주리 안에 집어넣을 때 빠져나오지 못하게 뚜껑을 덮어야 한다는 것을 잘 알고 있을 것입니다. 게 한 마리가 출구를 찾아 나가려고 하면 나머지 게들이 집게발을 이용해 밑으로 끌어낸 후 자신이 위로 올라가려고 합니다.

그 게가 거의 출구에 이르면 또 다른 게가 다시 끌어내립니다. 이것이 반복되면서 결국에는 모든 게가 기진맥진해 거품을 내뿜고 맙니다.

이것이 바로 내적 소모 효과입니다. 내부의 투쟁은 조직의 효율을 극도로 떨어뜨리고 실력을 소모시킵니다. 모두가 눈앞의 이익 때문에 장기적인 이익을 등한시하고 서로 싸운다면 1 더하기 1이 2보다 적은 현상이 나타날 수 있습니다. 조조는 강력한 적수들에게 교묘하게 이 방법을 사용했습니다. 그는 적들 사이의 모순을 자극해 서로 싸우게 하고, 자신은 비켜나서 힘을 축적하다가 기회가 왔을 때 적시에 손을 써 절반의 노력으로 두 배의 성과를 거두었습니다.

내적 소모는 가장 두려워해야 할 일입니다. 조직 내에는 반드시 건강한 문화, 공동의 목적, 공정한 제도가 있어야 하고 내적으로 조직의 역량을 소모하는 행위는 무엇이든지 반드시 제지되어야 합니다. 하루 종일 내적 소모만을 궁리하고 조직을 해치는 말은 되도록 빨리 제거해야 합니다. 그렇지 않으면 사람이 많아져도 역량은 오히려 작아질 수 있습니다.

원술을 격파한 조조는 승세를 타고 계속 추격하지 않았습니다. 그저 원술이라는 말이 도망가도록 내버려둔 채 군사를 거두어 허창으로 돌아왔습니다. 여기에 또 오묘함이 있었습니다.

세 번째 책략 | 강자에게는 독한 수를 쓴다

조조는 다수의 경쟁자를 하나씩 끌어내서 격파하고, 한편으로는 싸우면서도 항상 형세를 판단했습니다. 이전에 원술이 가장 강력한 적수였을 때 조조는 여포를 끌어들여 원술을 견제하고, 다시 유비를 끌어들여 여포를 견제하는 것을 원칙으로 삼았습니다. 이제 원술이 쇠락해 여포가 가장 강력한 적수가 되자 여포에게 눈을 돌려 손을 쓸 준비를 했습니다. 여포를 칠 때에도 조력자가 있었습니다. 때마침 여포에게 심하게 괴롭힘을 당한 유비였습니다.

당초 여포는 연주 쟁탈전에서 조조에게 패한 후 막 서주목으로 임명된 유비에게 의탁했습니다. 마음씨 좋은 유비는 여포를 받아들여 소패小沛에 주둔하도록 했습니다. 그러나 여포는 배은망덕하게도 원술이 유비를 공격하는 틈을 이용해 서주를 빼앗았습니다.

유비는 후에 다시 여포에게 투항하고 여포 또한 유비를 받아주었습니다. 여포가 유비를 받아들인 데에는 목적이 있었습니다. 그는 유비에게 소패에 주둔하면서 조조의 공격을 막는 선봉장 역할을 맡겼습니다. 좋은 날은 오래 지속되지 않았습니다. 유비와 여포 사이에 마찰이 발생하자, 여포는 수하 장수 장료張遼와 고순高順을 보내 소패를 공격했습니다. 유비는 소패를 버리고 조조에게 의탁했습니다. 결국 서주 전체가 여포의 수중에 떨어지게 되었습니다.

조조는 갈수록 세력을 키워가는 여포를 해치우기로 결정했습니다. 건안 3년(198) 10월, 조조의 군대는 동쪽으로 정벌을 가다가 유비를 만났습니다. 조조는 유비를 헌제의 명의로 예주자사에 임명했습니다. 그리고 유비의 잔여세력을 모은 후 대군을 지휘해 여포의 근거지 서주를 향해 진격했습니다.

전쟁 초기, 조조군의 진격은 아주 순조로웠습니다. 여포는 팽성彭城을 제1방어선으로 삼고 감히 나올 생각을 하지 않았습니다. 전쟁 중기, 조조군은 안팎에서 서로 호응했습니다. 여포가 사수 강변에 친 제2방어선은 부장 진등의 반란으로 무너졌습니다. 진등은 줄곧 근처에서 잠복해 있다가 조조가 공격하는 시점에 여포에게 심대한 타격을 주었습니다. 비록 손실이 크긴 했지만 그나마 하비가 여포의 수중에 있어 다행이었습니다.

전쟁 후반부에는 조조군이 곤경에 처했습니다. 하비성을 오랫동안 공격하고도 무너뜨리지 못하자 병사들은 피로하고 전투력도 대폭 하락했습니다. 게다가 장양이 여포를 지원하기 위해 거병했다는 정보가 조조에게 전해졌습니다. 조조는 장양을 그다지 신경 쓰지는 않았지만, 주위의 다른 실력파들이 그 틈을 치고 나올까봐 걱정했습니다.

조조가 이런저런 생각으로 철군을 고려하고 있을 때 곽가와 순유가 "여포와의 결전은 이미 고비를 지났으니 결코 느슨해서는 안 됩니다. 그렇지 않으면 앞서 세운 공이 다 날아갑니다"라고 권했습니다. 곽가는 말했습니다.

"과거 70여 개의 성을 갖고 싸워 패배한 적이 없던 항우가 한 번의 전쟁으로 나라와 자신을 망친 것은 그가 용기만 믿고 계책이 없었기 때문입니다. 지금 여포는 싸울 때마다 패해 이미 기력이 다하고 내외가 서로 곤궁합니다. 그러니 여포의 세력은 항우에 비해 훨씬 못하고, 지금의 처지 또한 항우만 못합니다. 우리가 승세를 타고 공격하면 반드시 그를 사로잡을 수 있을 것입니다."

이어서 순유가 말했습니다.

"여포는 팽성의 싸움 후 연전연패해 예기가 이미 사그라졌습니다. 삼군은 장수가 주인데, 장령들의 기가 쇠하면 그 군대는 투지가 없습니다. 진궁이 비록 지모가 있다 해도 현재 그의 지모를 펼치기는 어렵습니다. 북소리를 높여 사기를 진작시키고 계속 진격하면 반드시 여포를 사로잡을 수 있을 것입니다."

두 사람은 조조의 투지를 고무하면서도 구체적인 실행에 대한 건의를 잊지 않았습니다. 어디까지나 하비성은 의지로만 무너뜨릴 수 있는 성은 아니었습니다. 그들이 제시한 방법은 수공水攻이었습니다. 하비성 서쪽에 흐르는 두 강물의 제방을 열어 하비성을 물바다로 만들어서 여포가 나오고 싶어도 나오지 못하고 도망가고 싶어도 도망갈 수 없게 하는 것이었습니다. 여포는 한 달 여를 버텼지만 결국 내부분열로 무너졌습니다. 조조가 참호를 파고 성을 포위한 지 석 달이 지나 여포의 장수 후성侯成·송헌宋憲·위속魏續이 진궁을 포박한 뒤 군사를 이끌고 투항했습니다.

당시 여포는 휘하들과 함께 백문루白門樓에 올랐으나 위급해지자 항복하니, 마침내 여포를 사로잡을 수 있었습니다. 이후 조조와 여포 사이의 아주 흥미로운 대화가《자치통감》〈한기漢紀〉에 실려 있습니다.

사로잡힌 여포가 조조를 보며 말했다.
"묶은 것이 너무 조이니 조금 느슨하게 해주시오."
조조는 대답했다.
"범을 묶는 데 꽉 조이지 않을 수 없다."
이에 여포가 물었다.
"명공明公이 근심하던 것이 나 여포인데 이미 항복했으니 천하에 걱정할 게 없소이다. 명공이 보병을 이끌며 내게 기병을 이끌게 한다면 어찌 천하를 평정하지 못하겠소?"
조조가 머뭇거리는 기색을 띠자 유비가 나와서 말했다.

"명공은 여포가 정건양丁建陽(정원)과 동태사董太師(동탁)를 섬기던 일을 보지 못하셨습니까?"

이에 조조가 고개를 끄덕이자 여포가 유비를 손가락질하며 말했다.

"이 애송이가 가장 믿지 못할 놈이다!"

유비는 조조에게 여포의 아버지가 될 생각은 하지 말라고 경고했습니다. 그건 죽음을 자초하는 일이었습니다. 《삼국지》에서 여포의 아버지 역할을 맡았던 사람은 모두 아들 여포에 의해 죽임을 당했습니다. 여포의 취미는 '아버지 죽이기'였습니다. 심리학에서는 이를 오이디푸스 콤플렉스라고 합니다. 여포는 왜 이런 성격이 되었을까요? 이는 여포의 가정교육으로 설명해야 합니다. 어린 시절은 인생의 아버지와 같습니다. 보통 그의 성격과 어린 시절을 보면 그 사람의 내력을 분명히 알 수 있습니다. 여포는 오늘날 내몽고 포두包頭 사람으로, 부친은 변관을 지키는 장수였고 성격이 거칠었다고 합니다. 여포는 거칠고 폭력적인 아버지를 보며 성장했습니다.

거칠고 난폭한 리더는 극단적인 수하를 만들어냅니다. 이런 극단에는 두 가지 유형이 있는데, 하나는 유약한 유형이고, 하나는 발끈하는 유형입니다.

여포는 후자의 전형으로, 권위자에게 반항하는 마음을 갖고 성장했습니다. 하지만 어려서부터 아버지가 모든 일을 결정했기 때문에 스스로 결단을 내릴 줄 몰랐고, 몸과 마음을 책임지고 결정하는 주인을 필요로 했습니다. 그러다가 주인이 자신의 몸과 마음을 결정하는 횟수가 많아지면 점차 적대하는 마음이 생겼던 것입니다. 여포는 이렇게 죽음의 순환에 빠져들었습니다. 결핍된 아버지를 갈구했다가 증오로 나아간 뒤 살인을 저지르는 과정을 되풀이했습니다. 그는 조조나 유비의 손에 죽은 것이 아니었습니다. 사실 그는 자신의 손에 죽은 것입니다.

유가에서 오덕五德은 온溫·양良·공恭·검儉·양讓을 말합니다. 그 가운데 온화함이 맨 첫 번째 자리를 차지하는데, 현대관리학에서도 온화함과 민주적인 방식은 아랫사람을 성장시키는 데 가장 도움이 된다고 이야기합니다. 관리자라면 온화함과 민주적인 방식으로 아랫사람을 관리하는 것을 잊지 말아야 합니다. 가장이라면 온화함과 민주적인 방식으로 자녀를 교육하는 것을 잊어서는 안 됩니다. 설사 손에 진리를 쥐고 있다고 해도 길길이 뛰지 말고 좋은 말로 타일러야 합니다.

여포의 성격은 어른이 되기 전의 아이와 같았습니다. 애정결핍으로 사적인 감정을 선호했고, 편애하고 아껴주는 것을 좋아하면서도 동시에 반발심도 강했습니다. 그래서 자신에게 이래라저래라 하는 사람은 모두 미워하게 되었던 것입니다. 이것이 그를 실패하게 만든 중요한 요인이었습니다.

조조는 아주 교묘하게 여포의 약점을 이용했습니다. 원술·여포·유비와의 전체 전투 중에 조조는 외교를 주로 하고 군사를 보조 수단으로 삼았습니다. 상대가 서로 공격하도록 유도하고, 자신은 뒷수습만 하면서 힘들이지 않고 성과를 거두었습니다. 이런 복잡한 국면에서 적으로써 적을 제압하는 조력자를 찾는 데 조조는 확실히 고수였습니다.

여기서 전체 판세를 정리해보면, 196년부터 200년 사이에는 조조가 원교근공으로 적을 분화시키는 정책으로 빛나는 성취를 이루었습니다. 봉천자奉天子의 합법성은 멀리 떨어진 곳에 있던 군벌들의 승인을 얻고 주위의 강적을 평정할 수 있게 했습니다. 197년부터 199년에는 네 차례 남양을 정벌해 마침내 장수의 귀순을 받아냈습니다. 198년에는 서주에 웅거하던 여포를 제거하고 서주를 점령했습니다. 199년에는 사견射犬 일대를 횡행하던 수고를 섬멸했습니다. 아주 짧은 시간 내에 조조는 연주·예주·서주·양주를 차지했는데, 이는 전적으로 적절한 전략 덕분이었습니다. 조조는 교묘하게 적을 이용해 적을 약화시키는 전략, 즉 상대의 계획을 깨부수는 벌모伐謀와 상대의 외교를 격파하는 벌교伐交의 책략을 아주 뛰어나게 운용했습니다.

각지의 적들을 소멸하니 가장 강력한 상대가 점차 수면으로 부상했습니다. 그는 바로 북방의 실력자 원소였습니다. 조조와 원소의 결전은 이미 피할 수 없는 상황에 이르렀습니다. 원소보다 훨씬 약한 상황이었던 조조는 어떤 책략으로 싸움에서 승리를 차지했을까요?

제10강

경청은 불확실한 판세를 뒤집는 유일한 열쇠다

세상에 완벽한 사람은 없고 누구나 인지하지 못하는 맹점盲點(사각지대)이 있다. 인생을 순조롭게 살며 사업을 발전시키려면 여러 사람의 의견을 모으고 다른 사람의 말을 많이 들어야 한다. 다른 사람의 의견을 경청하는 데 본보기로 삼을 만한 책략에는 어떤 것들이 있을까?

관도에서 운명을 건 전투를 벌이기 직전의 조조는 세력과 인력 면에서 원소에게 훨씬 미치지 못했다. 하지만 생사를 건 피할 수 없는 대결이 눈앞에 다가왔다. 위기에 직면한 조조는 가르침을 구하고 의견을 잘 경청해 결국에는 출중한 전략과 지혜로 자신보다 훨씬 실력이 뛰어난 원소를 물리치고 북방의 패자가 되었다. 의견을 듣고 취하는 문제에서 조조는 어떤 남다른 점을 보여주었을까?

진정한 위험은 맹점 안에 있다

시간은 물과 같고 세월은 노래와 같으며 인생은 한 줄기 강물과 같다는 말이 있습니다. 하지만 인생에는 그림 같은 풍경과 거울같이 잔잔한 단계도 있지만, 한순간에 거칠고 사나운 격랑이 일고 암초와 험난한 여울을 견뎌야 할 때도 있습니다. 강을 여행할 때는 풍경을 감상할 정취도 있어야 하지만 암초와 여울의 도전에 대응할 준비도 필요한 법입니다. 사람의 인지가 제한적임을 우리는 잘 알고 있습니다. 아무리 뛰어난 사람이라도 모든 일을 분명하고 명쾌하게 다 알 수는 없는 것이지요. 그래서 진정한 위험은 우리가 미처 보지 못하거나 분명히 알지 못하는 맹점 안에 존재한다고 할 수 있습니다.

예를 들어, 어떤 사람이 붉은 상의를 입고 뒤에 서 있다면 등에 눈이 달려 있지 않은 이상 그것을 볼 수가 없겠지요. 이것이 바로 맹점입니다. 붉은 상의를 입은 사람이 맞은편에 있다면 분명하게 볼 수 있을까요? 꼭 그렇지만은 않습니다. 만약 그가 붉은색 배경 앞에 있다면 보지 못할 것입니다.

맹점이 생기는 원인에는 기본적으로 두 가지가 있습니다. 하나는 보지 못하기 때문이고, 다른 하나는 너무 많이 보기 때문입니다.

바로 정보부족과 정보의 과도함이 맹점을 만들어낸다고 할 수 있습니다.

인생이라는 강물 위에서 맹점은 최대의 위기라고 할 수 있습니다. 조조는 중대한 싸움을 앞두고 어떻게 자신의 맹점을 제거하고 상대의 맹점을 이용해 승리를 거두었을까요?

위험은
사소한 방심에서 싹튼다

건안 4년(199) 12월, 조조는 장수를 토벌하는 힘든 싸움을 마침내 끝냈습니다. 장수와의 몇 차례 싸움 탓에 군사적으로 크게 손실을 입었지만 마침내 후방에 대한 걱정을 해소했습니다. 장수의 투항을 받아들인 조조는 군사를 거느리고 관도로 북상해 최강의 라이벌 원소를 맞을 준비를 하고 있었습니다.

어느 날 조조가 막사에서 군무를 처리하고 있는데, 홀연히 막사 밖에서 저벅저벅 발걸음 소리가 들려오더니 불쑥 한 사람이 들어왔습니다. 그는 다름 아닌 허저許褚였습니다. 허저는 조조의 경호를 맡고 있었습니다. 이날 조조는 매일 자신을 경호하느라 쉬지 못한 허저에게 특별히 반나절 동안 쉴 수 있도록 배려한 상태였습니다. 그런데 반나절이 채 지나지도 않았는데 허저가 다시 돌아왔던 것입니다. 허저가 예를 표하자 조조는 웃으며 말했습니다.

"중강, 그대는 당직이 아니니 물러가 쉬시게."

조조가 막 말을 마치자 수하가 와서 모사 서타徐他가 원소와의 싸움에 대한 전략문제를 상의하고자 뵙기를 청한다는 전갈이 왔습니다. 서타는 오랫동안 주변에 있던 모사였기에 조조는 별다른 생각 없이 들어오라고 말했습니다. 하얀 얼굴에 짧은 수염을 기른 서타는 미소를 띠면서 중군 막사로 들어왔습니다. 그 뒤에는 두 사람이 따라오고 있었는데 모두 조조가 본 적이 없는 얼굴이었습니

허저(170~226)
자는 중강仲康이며, 삼국시대 위나라 초국譙國 초현 사람이다. 전위와 함께 호위를 맡은 그는 수차례 조조를 위험에서 구해 조조가 "그는 나의 번쾌樊噲다"라고 할 정도로 신임했다. 후에 마초馬超와 격전을 벌였는데, 이때부터 그를 호치虎癡라 불렀다. 무위중랑장武衛中郎長을 지냈고 시호는 장후壯侯다.

다. 서타는 조조에게 예를 표한 후 머리를 들어 조조를 보다 주변에 있던 허저를 보고는 순간 깜짝 놀랐습니다. 하지만 허둥대는 기색을 보인 것도 잠시 그는 곧바로 놀란 기색을 감추고 웃음을 띠며 말했습니다.

"허장군, 인사드립니다."

조조는 아무런 생각 없이 서타의 말을 기다리고 있었습니다. 그때 허저가 고함을 지르며 맹렬하게 앞으로 달려가 서타를 붙잡으려 손을 뻗었습니다. 그러자 평소 문약하게만 보였던 서타의 안색이 변하고 뒤로 반 보 물러난 후 뜻밖에도 허리춤에 숨겨놓은 칼을 뽑았습니다. 서타의 반응은 빨랐지만 허저의 행동은 더욱 빨랐습니다. 서타가 칼을 휘두르기도 전에 허저는 벌써 서타를 베어버렸습니다. 허저와 함께 있던 경호원들도 바로 서타 뒤에 따라오던 두 사람을 순식간에 베었습니다. 누구도 예상치 못한 이 사건은 눈 깜짝할 사이에 일어나서 뒤에서 지켜보던 조조도 어안이 벙벙할 따름이었습니다.

허저는 서타를 베고 칼을 칼집에 넣고는 다시 예를 표하며 우렁차게 말했습니다.

"주공께 보고합니다. 서타 등이 몸에 비수를 품고 은밀히 암살을 모의했으나 이미 베어 죽었습니다."

땅에 쓰러진 서타를 본 뒤 다시 허저를 본 조조는 한참 후에야 정신을 차렸습니다.

허저는 어떻게 서타가 암살을 모의했던 것을 알았을까요? 사실 그것은 정말 우연이었습니다. 허저는 본래 암살계획을 알지 못했습니다. 이 일을 분석하기 위해서는 먼저 허저의 직업습관부터 이야기할 필요가 있습니다.

《삼국지》〈허저전許褚傳〉에는 허저가 신장이 8척이고 허리둘레는 10위圍로, 위엄 있고 강인한 용모에 용력이 남들보다 뛰어났다고 기록되어 있습니다. 동한 말기, 천하에 큰 난리가 일어나자 허저는 젊은이들과 종족 사람들 수천 가를 모아 성벽을 견고히 하고 도적을 막았습니다. 당시 여남의 갈피적葛陂賊 만여 명이 공격해왔는데, 이 전투에서 허저는 초인적인 용맹을 보여주어 천하에 위세를 떨쳤습니다.《삼국지》〈허저전〉에 기록된 내용입니다.

> 허저의 무리는 숫자가 적어서 상대가 되지 못했으나, 힘을 다해 싸워 피로가 극에 달했다. 병사들의 화살도 다하니, 이에 보루에 있던 남녀에게 돌을 모아 되 말 그릇처럼 다듬으라고 명한 뒤 네 모서리에 두게 했다. 허저가 돌을 던지자 맞은 사람들이 다 쓰러졌다. 적들이 감히 진격하지 못했다. 양식이 떨어지자 거짓으로 적들과 화해해 소와 먹을 것을 바꾸었다. 적들이 소를 가져가려는데 소가 갑자기 뛰면서 되돌아왔다. 허저가 이내 진영 앞으로 가서, 한 손으로 소꼬리를 잡고 반대로 질질 끌면서 100여 보를 갔다. 적들이 모두 놀라 마침내 소를 가지려 하지 않고 달아났다. 이로 인해 회남·여남·진류·양국梁國 사이에 소문이 나 사람들이 모두 그를 두려워하고 경탄했다.

훗날 허저는 무리를 이끌고 조조에게 귀의했습니다. 조조는 그를 그날로 도위로 임명하고 허저를 따라온 여러 협객도 모두 호사虎士로 삼았습니다. 그는 장수를 정벌하는 데 동행해 가장 먼저 성루에 올랐고 만여 명의 수급을 베어 교위로 승진했습니다.

허저 주변에는 무예에 뛰어난 협객들이 모여 있었는데, 이들이 허저와 함께 조조의 신변을 보호하는 호위군이 되었습니다. 전위가 완성에서 전사한 후 조조의 호위업무는 주로 허저가 맡았습니다. 허저는 충성스럽고 신중한 사람으로 잠시도 조조 곁을 떠나지 않고 항상 조심했습니다. 그의 직업습관은 24시간 내내 경호를 서는 것이었습니다.

서타 등이 일찍이 조조를 암살할 계획을 꾸몄으나 허저의 위풍에 겁을 먹고 꾸물거리며 감히 실행에 옮기지 못했습니다. 허저의 무예가 뛰어나 감히 상대하지 못하고 줄곧 기회를 기다리고 있었던 것입니다. 그날 서타 등은 허저가 조조 주변에 없다는 것을 알고 크게 기뻐하며 즉각 몸에 비수를 품고 암살을 위해 행동을 개시했습니다. 그런데 쉬러 막사로 돌아온 허저는 어쩐지 마음이 불안해 먹지도 못하고 자지도 못했습니다. 그래서 갑옷을 입고 다시 조조를 보러 왔던 것입니다. 서타는 막사에 들어간 순간, 허저가 있는 것을 보고 허둥대다 행적을 드러낼 수밖에 없었습니다.

확실한 사람으로 불확실한 일을 대비한다

속담에 "눈앞에 보물단지를 놓고, 등 뒤에는 방범문을 단다"는 말이 있습니다. 일을 하려면 반드시 위험의식을 높이고 사전에 위험을 방비해야 한다는 말입니다. 허저가 없었다면 서타의 암살은 성공했을지도 모릅니다. 옛말에 "재난은 집안에서 일어난다"고 합니다. 위험은 종종 주변에서 발생합니다. 보통 전략적인 결정을 할 때 천리만리의 일은 생각하지만, 눈앞의 일은 흘려버리기 쉬운 것이 현실입니다. 이른바 "마음은 만 리를 품지만 눈앞의 일을 보지 못한다"는 말이 바로 이를 이르는 말입니다.

조조는 정말 서타 등의 모반행위를 눈치채지 못했습니다. 하지만 허저의 충성과 신중함 덕택에 조조는 화를 면할 수 있었습니다. 이 사건은 한 가지 규율을 가르쳐줍니다. 한 사람의 안배를 통해 한 가지 유형의 위험을 방비할 수 있음을 보여준 것입니다. 조조는 곽가를 안배해 의사결정의 잘못을 방지하고, 허저를 안배해 암살의 위협을 방지했습니다. 관리학에서는 "확실한 사람을 쓰면 불확실한 일에 잘 대응할 수 있다"고 주장합니다. 백락伯樂을 데리고 있으면 말이 많아도 두렵지 않고, 사냥꾼과 함께라면 높은 산도 오를 수 있고, 뱃사공과 함께라면 큰 강도 과감히 건널 수 있는 법입니다.

조조의 지혜

확실한 사람을 쓰면 불확실한 일에 잘 대응할 수 있다. 백락을 데리고 있으면 말이 많은 것이 두렵지 않고, 사냥꾼과 함께라면 높은 산에 오를 수 있고, 뱃사공과 함께라면 큰 강도 과감히 건널 수 있다.

오늘날 관리학에서는 사업을 할 때에는 반드시 측근을 잘 안배해야 돌발상황과 위험, 사고를 효과적으로 미연에 방지할 수 있다고 주장합니다. 측근의 기본적인 역할은 네 가지가 있습니다.

첫째, 커다란 추세를 볼 수 있도록 도와주는 사람입니다. 큰 생각으로 전략적인 안목을 유지하도록 수시로 일깨워주는 자로, 망원경과 같은 사람이라 할 수 있습니다. 둘째, 세부적인 일에 관심을 갖도록 도와주는 사람입니다. 일선에서 일어나는 일에 주목해 구체적인 문제나 전형적인 사례를 분석하고 현상의 본질을 꿰뚫는 자로, 현미경과 같은 사람이라 할 수 있습니다. 셋째, 정보를 전달하고 임무를 배정하며, 집행상황을 감독·감시해 구체적으로 일을 촉진하는 자로, 지휘봉과 같은 사람이라 할 수 있습니다. 넷째, 위험을 방비하고 안전을 보증하며 수시로 악의적인 공격을 막아내는 자로, 방범창과 같은 사람이라 할 수 있습니다.

이와 같은 사람들이 측근에 있어야 합니다. 조직을 이끌고 사업을 하려면 이런 측근들이 곁에 있는지, 그리고 이들을 잘 배치했는지 유심히 살펴보아야 할 것입니다.

비밀은 들추고 맹점은 제거한다

세상에서 일어나는 일은 대부분 예측할 도리가 없습니다. 재난은 예상치 않은 곳에서 갑작스레 발생하곤 합니다. 인생이란 이처럼 불확실하기에 가능한 위험을 낮추기 위해 미리 일련의 준비를 해야 합니다. 그렇다면 어떤 상황에서 큰 사고가 발생하고, 어떤 영역에서 큰 사건이 생길까요? 간단히 말하면 맹점이 있을 때 큰 사고나 위험한 일이 일어나기가 아주 쉽습니다.

맹점이란 무엇을 말하는 것일까요? 관리학에 따르면 개인의 인지는 네 가지로 나뉩니다. 자신이 알고 다른 사람도 아는 것을 '공통인식'이라고 합니다. 자신은 알지만 다른 사람은 모르면 '비밀'이라고 합니다. 다른 사람은 알지만 자신이 모르면 '맹점'이라고 합니다. 자신과 다른 사람 모두가 모르는 것을 '잠재력'이라 합니다. 공통인식을 존중하고, 합리적으로 비밀을 들추어내며, 맹점을 제거하고, 잠재력을 개발하는 것, 이 네 가지가 성공한 사람들의 기본적인 행위 모델입니다.

조조의 지혜

공통인식을 존중하고, 합리적으로 비밀을 들추어내며, 맹점을 제거하고, 잠재력을 개발하는 것, 이 네 가지가 성공한 사람들의 기본적인 행위 모델이다.

예를 하나 들어보겠습니다. 첫 번째로, 제가 조조에 대해 강의하지만 모두들 조조를 알고 있습니다. 이것은 공통인식입니다. 이 부분에서 저는 제멋대로 이야기할 수 없습니다. 반드시 근거를 바탕으로 내용에 충실해야 하는데, 이것이 공통인식을 존중하는 자세입니다.

다음으로, 제가 조조를 관리학의 각도에서 분석할 때 활용하는 관리학의 여러 법칙을 저는 알지만 다른 사람들은 잘 모를 수 있습니다. 이러한 법칙을 통해 숨은 비밀을 드러내고 제가 아는 것을 모두가 알 수 있게 하기 위해, 저는 관리학의 관점과 도구를 적절하게 사용해 분석을 진행해야 합니다. 전문지식에 의지해 멋대로 견강부회해서는 안 됩니다. 이것이 합리적으로 비밀을 드러내는 것입니다.

세 번째로, 제가 강의록을 준비하다 만년필에서 샌 먹물이 묻은 손으로 무심결에 얼굴을 만졌다고 가정해봅시다. 그 얼굴로 강연장에 올라 카메라를 마주하면 전국 시청자들은 제 얼굴에 묻은 검은 얼룩을 보지만 저는 볼 수 없을 것입니다. 이것이 바로 맹점입니다. 맹점을 제거하지 못하면 강의가 우습게 변하게 될 것입니다. 그래서 맹점은 반드시 제거되어야 합니다. 맹점이 상식이 되면 재난은 더욱 커질 것입니다.

마지막으로, 제가 삼장법사나 손오공에 대해 강의할 수 있다는 것을 저뿐 아니라 다른 사람들도 잘 알지 못한다면 이는 잠재력입니다. 이런 잠재력을 잘 개발하면 저는 《서유기西遊記》를 강의할 수 있게 되고, 이를 통해 저 또한 발전할 수 있게 됩니다.

개인의 자아성장은 기본적으로 이러한 경로를 따르고, 조직생활도 이와 같습니다. 일에서 성공하려면 가장 먼저 맹점을 없애 맹점 때문에 넘어지거나 잘못을 저지르는 것을 방지해야 합니다.

다시 본론으로 돌아와 《삼국지》에 기록된 허저의 행위를 살펴보겠습니다.

> 허저는 성품이 신중하고 법을 받들고 중후하고 말이 적었다. 조인이 형주에서 돌아와 조정에 알현하려 할 때 조조는 아직 나오지 않았다. 들어가다 궁전 밖에서 허저를 만났다. 조인이 허저에게 들어가 편하게 앉아 이야기를 나누자고 하자 허저가 말했다.
> "왕께서 곧 나오실 것입니다."
> 그러고는 바로 궁전으로 들어가니 조인이 그를 매우 원망했다.

정남장군征南將軍 조인이 허도로 돌아와 조조에게 보고하러 가다 우연히 허저를 만났습니다. 앉아서 그와 이야기를 좀 나누자고 했는데, 허저가 냉랭하게 "승상이 곧 나오실 것입니다"라고 말하고 몸을 돌려 가버렸습니다.

아시다시피 조인은 조조 수하의 최측근 실세로 모두들 그와 사귀고 싶어 했는데, 허저는 오히려 보통 사람들이 보기에 이해할 수 없는 행동을 했던 것입니다. 당시 조인은 기분이 몹시 상했습니다. 조조 주변의 많은 사람도 허저의 행동이 지나치다고 여겼습니다. 그때 허저와 관계가 좋았던 이가 허저에게 물었습니다.

"조인은 종실의 중신인데도 자신을 낮추고 그대를 불렀는데, 그대는 어찌해서 그렇게 냉랭하게 말을 했소?"

그는 허저가 다음과 같은 이치를 말할 줄은 몰랐습니다.

"그분이 비록 종친의 중신이라 해도 외번外藩입니다. 저는 내신內臣의 직임을 다하느라 밖에서 이야기하는 것으로 족한데 입실入室하는 것에 어찌 사사로움이 있겠습니까?"

비서祕書의 비祕 자는 '비밀'을 나타냅니다. 리더 주변에서 일하는 사람에게는 원칙이 하나 있는데, 그것은 외신外臣들과 친분을 나누는 것이 적절하지 않다는 것입니다. 일단 리더의 주변인이 아래 간부들과 친밀하게 지내면 쉽게 문제가 생깁니다. 조조 또한 다른 여러 리더와 같이 자신의 비서나 참모가 아래의 지방관과 암암리에 결탁해 관계가 가까워지는 것을 좋아하지 않았습니다. 특히 경호를 맡은 사람이 종일 아랫사람과 어두운 방 안에서 밀담을 나눈다면 어떻게 조조같이 의심 많은 리더가 안심할 수 있었겠습니까? 허저는 이런 요령을 알고 있었지만 조인과 다른 사람들은 보지 못했던 것입니다. 이것은 조인과 그 외의 사람들의 맹점이라 할 수 있습니다. 이런 맹점은 장래 그들에게 문제를 야기할 가능성이 있었습니다. 하지만 허저 자신은 다른 사람들이 생각지도 못한 이치를 깨닫고 있었습니다. 그것이 그만의 비결이었던 것입니다.

보통 "○○○가 일을 하는 데 비결이 있다"고 이야기할 때, 그 비결이란 무엇을 말하는 것일까요? 다름 아닌 다른 사람이 보지 못한 맹점에서 자신만의 규율을 깨닫는 것입니다. 허저가 그런 사람이었습니다. 그래서 《삼국지》〈허저전〉에는 "조조는 이 이야기를 전해 듣고 더욱 그를 아끼고 대우해, 중견장군中堅將軍으로 승진시켰다"고 기록되어 있습니다.

앞서 우리는 맹점을 제거하고 위험을 방비하는 가장 기본적인 방법이 주위 사람을 잘 조합하는 것임을 이야기했습니다. 확실한 사람을 써서 불확실한 일을 방비하는 것입니다. 이 방법 외에도 더 효과적인 방법이 있는데, 바로 주변 사람의 의견과 건의를 잘 듣는 '경청'으로 이를 통해 의사결정의 맹점을 제거하는 것입니다.

조조는 관도대전에서 아주 효과적으로 이 책략을 운영해 승리할 수 있었습니다. 원소에게는 본래 정예병과 문무에 걸친 인재가 널려 있었지만, 결정적인 순간에 맹점을 잘 처리하지 못하고 의사결정을 하는 과정에서 저지른 중대한 잘못으로 우세한 상황에서 승리의 기회를 놓치고 말았습니다. 남의 말을 잘 듣는 사람은 맹점이 적고, 남의 말을 잘 듣지 않고 말하기를 좋아하는 사람은 맹점이 많습니다. 관도대전을 치르는 동안 조조는 다른 사람의 의견을 경청하는 방면에서 이하 몇 가지 책략을 구사했는데, 이는 탐구할 만한 가치가 있습니다.

조조의 책략
뛰어난 의견을 수렴해 판을 뒤집는 비결

첫 번째 책략 | 경청하는 리더와 주관 없는 리더를 구분한다

흔히 주관을 세운 후 건의를 들어야 한다고 합니다. 왜 그럴까요? 이에 관한 한 가지 사례를 이야기해보겠습니다. 한 부자가 집안의 당나귀를 끌고 장터에 갔습니다. 아버지는 당나귀를 타고 아들은 뒤에서 따라갔습니다. 이 모습을 본 어떤 사람이 말했습니다.

"저 아버지를 좀 봐. 자기만 나귀를 타고 아들은 뒤에서 걷게 하니 정말 모질구나!"

그 이야기를 듣고 아버지는 곧바로 당나귀에서 내리고는 아들을 태웠습니다. 잠시 길을 가다 다시 행인을 만났습니다. 그 사람은 아들이 나귀를 타고 있는 것을 보고 참지 못하고 말했습니다.

"저 녀석 좀 보게. 불효막심하네. 자기만 거드름을 피우며 나귀에 올라타고 아버지는 뒤에서 걷게 하니 불효자로구먼."

이 행인의 말을 듣고 부자는 서로 상의한 후 함께 나귀에 올라탔습니다. 다시 조금 길을 가다 행인을 만났는데, 그는 부자가 나귀를 타고 있는 것을 보고 분개해 말했습니다.

"정말 인정이라곤 없는 사람들이네, 두 사람이 나귀를 타고 있으니 저 작은 나귀가 정말 힘들겠구나. 동물이라고 해도 너무하네."

행인의 말을 듣고 부자는 재빨리 나귀에서 내리고는 나귀를 그냥 끌고 가기로 결정했습니다. 조금 있다 다른 행인을 만났는데 이 사람은 하하 웃으며 말했습니다.

"나귀가 분명한데 두 사람 가운데 아무도 타지 않고 끌고 가니 정말 명청하군. 좀 모자란 것 같네."

　두 사람은 난감했습니다. 결국 두 사람은 나귀를 들쳐 메고 시장에 가기로 결정했습니다. 처음에는 정상적으로 나귀를 타고 갔지만 주관을 잃고 주위 사람의 의견만을 따른 결과, 결국 나귀를 메고 가는 아주 비상식적인 일이 벌어졌던 것입니다. 이처럼 자신의 원칙과 주관이 없으면 아무 의견이나 듣고 무슨 말이든 다 믿어 결국 가장 우매한 방안을 선택할 가능성이 높습니다. 주관이 경청 못지않게 중요한 이유입니다.

　열세의 상황에서도 조조가 관도대전에서 크게 승리를 거둘 수 있었던 중요한 원인은 한편으로는 경청을 잘하고, 또 다른 한편으로는 그 자신의 주관이 뚜렷했기 때문입니다.

　사례를 통해 이를 살펴보겠습니다. 건안 4년, 원술이 진陳 땅에서 패하고 곤란해지자 원담이 청주에서 그를 맞이했습니다. 원술이 하비 북쪽을 지나려 하자 조조는 유비와 주령朱靈을 보내 원술을 공격해 큰 승리를 거두었습니다. 출발하기 전, 유비는 비밀리에 동승 등과 반反조조 연맹에 가입하고, 하비에 이르렀을 때 서주자사 차주車冑를 죽이고 거병한 뒤 소패에 주둔했습니다. 조조는 먼저 유대와 왕충王忠을 보내 유비를 공격했지만 승리를 거두지 못했습니다. 건안 5년(200) 봄 정월, 조조는 동승의 세력을 제거한 후 직접 동쪽으로 가서 유비를 칠 준비를 했습니다. 이때 각 방면에서 서로 다른 의견이 제시되었습니다. 다음은《삼국지》에 기재된 내용입니다.

　　여러 장수가 말했다.
　"공과 천하를 다투는 자는 원소입니다. 지금 원소가 쳐들어오려 하고 공께서는 이를 내버려두고 동쪽으로 향하려는데, 만일 원소가 뒤에서 퇴로를 차단한다면 어떻게 하시겠습니까?"

조조가 말했다.

"유비는 인걸人傑이오. 지금 공격하지 않는다면 반드시 뒷날 근심이 될 것이오. 원소는 비록 큰 뜻이 있지만 일처리가 느려 틀림없이 군대를 움직이지 않을 것이오."

곽가도 조조의 생각을 지지했다. 조조는 동쪽으로 가서 유비를 격파하고, 그의 부장 하후박夏候博을 사로잡았다. 유비는 원소에게 도망갔고, 조조는 그의 처자를 포로로 잡았다. 유비의 부장 관우가 하비에 주둔해 있었는데, 조조가 다시 그를 공격하니 관우는 투항했다. 창희昌豨가 일찍이 반란을 일으키고는 유비의 편이 된 적이 있으므로 조조는 또 그를 무찔렀다. 조조가 관도로 돌아올 때까지 원소는 결국 군대를 일으키지 않았다.

조조의 부하 장수 모두 조조가 출병한 틈을 노려 원소가 후방에서 허창을 기습하는 것을 우려했습니다. 이를 당랑포선螳螂捕蟬 전략이라 합니다. 즉 "사마귀가 매미를 잡으려는데 참새가 뒤에서 기다리고 있으니 이를 방비해야 한다"는 뜻입니다. 조조는 주관이 뚜렷했습니다. 그는 사람들에게 말했습니다.

"원소는 비록 큰 뜻이 있지만 일처리가 느려 틀림없이 군대를 움직이지 않을 것이오."

과연 조조가 생각한 대로 원소는 줄곧 기회만 엿보며 어떤 행동도 취하지 않았습니다.

《삼국지》〈위서〉에 기재된 바에 따르면 당시 유비에게도 의사결정의 맹점이 있었습니다. 유비는 조조가 원소와 관도에서 대치하고 있기 때문에 자신을 공격할 리 없다고 여겼던 것입니다. 그러니 유비로서는 조조가 군사를 관도에 남겨 지키게 하고는 직접 정예병을 이끌고 정벌에 나서리라는 것은 생각지도 못했습니다. 《삼국지》〈위서〉에는 다음과 같이 기록되어 있습니다.

> 유비는 처음에 조조가 큰 적과 상대하느라 동쪽으로 오지 않을 것이라 여겼는데, 후에 말과 병사와 함께 조조가 친히 왔다는 말을 듣고 깜짝 놀라 믿으려 하지 않았다. 스스로 수십 기의 말을 타고 나와 조조의 군대를 살피다 깃발을 보고는 무리를 버리고 도망갔다. 조조는 그 무리를 거두고 유비의 처자를 포로로 잡은 뒤 관우를 붙잡아 귀순시켰다.

정찰병이 조조가 군대를 이끌고 왔다는 소식을 전하자 유비는 대경실색했습니다. 이를 믿지 못해 친히 성을 나와 살폈는데, 단번에 조조가 대군을 이끌고 온 것을 알아보고 효과적으로 대항하기에는 늦었다고 판단하고는 무리를 버리고 도망갔습니다. 유비는 의사결정의 맹점 때문에 패했다고 말할 수 있습니다. 조조가 생각했던 것을 유비는 생각하지 못했고 주변 사람들 누구도 그 가능성을 이야기한 사람이 없었습니다. 그때 만약 제갈량이 있었다면 싸워보지도 못하고 무기력하게 도망가지는 않았을 것입니다.

조조는 자신의 주관과 상대의 맹점에 의거해 전역의 첫 번째 단계에서 우세를 점했습니다.

두 번째 책략 ┃ 상대를 간파해 우세를 선점한다

폭이 넓어야 높이 오를 수가 있습니다. 수준 높은 사고를 하려면 수시로 심리상태를 조절해 마음을 폭넓게 써야 합니다. 조조는 이 방면에 뛰어났습니다. 심리상태를 잘 조절해 맞으면 단호하게 지키고 틀리면 곧바로 고쳤으며, 옳은 말이면 다 받아들였습니다. 관도대전 전에 조조는 세 번째로 남쪽 장수를 정벌하자는 제안을 했다가 순유의 반대에 부딪친 적이 있었습니다.《삼국지》〈순유전荀攸傳〉에 다음과 같은 기록이 있습니다.

> "장수와 유표는 서로에게 의지해 강성합니다. 장수가 유격병[遊軍]을 보내 유표에게 식량을 요청하지만 유표는 능히 공급해줄 수 없으므로 그 세력은 필히 갈라서게 될 것입니다. 군대를 늦추어 기다리며 저들을 꾀어내는 게 낫습니다. 만약 급박하게 군다면 그 세력은 반드시 서로를 구원하게 될 것입니다."
> 태조가 그 말을 따르지 않고 마침내 진군시켜 (장수와) 싸웠다. 장수가 위급해지자 과연 유표가 구원했다. 군대가 불리해지자 태조가 순유에게 일러 말하기를 "그대의 말을 듣지 않다가 이 지경에 이르렀소"라고 했다. 그리고 의외의 복병을 두었다가 추격해온 장수군을 크게 격파했다.

순유는 조조에게 속전속결하지 못하면 반드시 곤경에 빠지리라는 것을 깨우쳐주었습니다. 하지만 조조는 순유의 건의를 무시하고 자신의 의견대로 장수를 공격하려 했습니다.

조조의 지혜

폭이 넓어야 높이 오를 수가 있다. 수준 높은 사고를 하려면 수시로 심리상태를 조절해 마음을 폭넓게 써야 한다.

과연 조조가 출병한 지 오래지 않아 전풍田豊이 원소에게 "이 기회를 틈타 허창을 급습하자"고 건의했다는 소식이 조조 진영에 전해졌습니다. 조조는 순유의 말이 옳았음을 알고 당면한 적을 버리고 재빨리 철군을 결정한 뒤 친히 후방을 엄호해 손실을 최소한으로 축소했습니다.

장수를 토벌하려던 싸움이 처음에는 승리하고 나중에는 패했지만 결코 커다란 패배가 아니었던 주요한 원인은, 조조가 문제를 바로잡기 위해 잘못을 감싸거나 회피하지 않고 적시에 해결했기 때문입니다. 이는 조조의 커다란 장점이었습니다. 수시로 상황과 조건을 살펴서 부서를 조정·배치하는 것은 생각의 경지가 높다는 사실을 반영하는 것입니다. 하지만 이런 경지는 마음의 수련이 바탕이 되어야 합니다. 생각의 높은 경지를 성취하려면 반드시 마음의 폭을 넓혀야 가능한 일입니다. 이 점에서 조조는 원소보다 훨씬 뛰어났습니다.

여기서 심리상태 조절의 규율을 이야기하고자 합니다. 여러분은 "좋은 것은 물 흐르는 것처럼 따르고, 나쁜 것은 원수를 보듯 버려라[從善如流, 去惡如仇]"는 말을 알고 있을 것입니다. 사실 나쁜 것을 원수처럼 여기기는 쉽지만 좋은 것을 물 흐르듯이 따르기는 비교적 어려운 일입니다. 특히 심리상태를 조절하는 것이 어렵습니다. 리더나 가장이 아랫사람이나 아이에게 자신의 잘못을 인정하고 나아가 그것을 고치는 사람은 아주 대단한 사람입니다. 선을 물 흐르는 것처럼 따르려면 반드시 심리상의 약점을 극복해야 합니다. 여기서 심리상의 약점이란 바로 '자신의 잘못을 두둔하려는 심리'입니다.

잘못을 두둔하는 것과 관련된 재미있는 이야기를 하나 해보겠습니다. 어린아이가 밥을 먹을 때 아무리 말해도 고집을 부리며 한사코 파를 먹으려 했습니다. 엄마는 할 수 없이 파를 잘라주었습니다. 아이는 한 번 먹어보더니 너무 매워 몸서리를 쳤습니다. 아빠가 아이에게 말했습니다.

"봐라, 말을 듣지 않더니만. 정말 맵지?"

이 말을 들은 아이는 매운 게 분명한데도 고개를 저으며, "맛있어. 또 먹을래" 하고는 다시 한입을 먹었습니다. 너무 매워 눈물이 났지만 맛있게 먹고 있는 모습을 보여주기 위해 노력했습니다.

왜 잘못된 선택을 했음을 인정하지 않고 계속 고집하는 것일까요? 심리학에는 '인지부조화'라는 규율이 있습니다. 인지부조화를 경험하면 개인은 평형상태를 유지하려는 경향 때문에 불편함을 느끼게 됩니다.

사람들은 어떻게 이런 부조화의 불편함을 극복할까요? 두 가지 선택이 있습니다. 하나는 자아를 바꾸어 사실에 순응하는 것이고, 두 번째는 사실을 바꾸어 자아에 순응하는 것입니다. 강자는 앞의 것을 잘하고, 약자는 고집스럽게 뒤의 것을 지속시키려 합니다.

아이가 파를 먹는 행위는 사실을 바꾸어 자아에 순응한 경우에 속합니다. 실수를 했음에도 고집을 부리고 사실을 부인하는 것은 단점을 감싸는 심리입니다. 과도한 자기비하나 거드름은 모두 단점을 감싸려는 경향이라 할 수 있습니다. 실수를 인정하지 않으려

하고, 고집스럽게 변명거리를 찾으며 사실을 부인하는 것입니다. 단점을 감싸는 심리는 아이는 물론 어른에게도 더욱 보편적인 현상입니다. 그들은 잘못이 분명한데도 인정하지 않고 의도적으로 잘못을 계속하려 합니다.

조조의 지혜

실수를 했음에도 고집을 부리고 사실을 부인하는 것은 단점을 감싸는 심리다. 과도한 자기비하나 거드름은 모두 단점을 감싸려는 경향이라 할 수 있다. 실수를 인정하지 않으려 하고, 고집스럽게 변명거리를 찾으며 사실을 부인하는 것이다.

한 사장이 연말에 치를 대규모 행사를 진행할 사람이 한 명 필요했습니다. 그래서 이미지가 좋고 말주변도 뛰어난 한 여성을 선정했습니다. 그런데 친척이 찾아와 자신의 아이를 진행자로 선정해 달라고 청탁했습니다. 기업가는 잠시 호도되어 그 아이를 진행자로 선정했습니다. 그 아이는 대규모 행사를 경험한 적이 없었고, 더 심각한 문제는 표준말을 잘 쓰지 못했습니다. 행사를 진행한 결과는 그다지 좋지 못했습니다. 사장이 잘못했음은 분명했습니다. 그러나 누군가 사회자에 대한 손님들의 불평을 전하자 그 사장은 자신의 잘못된 선택을 반성하지 않고 오히려 고집을 부렸습니다.

"뭐가 좋지 않았는가? 내가 보기에는 아주 좋았다. 사투리를 쓰는 게 뭐가 대수인가. 코미디나 드라마에서도 다들 사투리를 쓰지 않는가?"

이것이 바로 잘못된 의사결정 이후 결과 앞에서 자신을 변화시키지 않고 사실을 부인하는 것입니다. 전형적인 '단점 감싸기'입니다. 특히 지위가 높은 사람일수록 자존심이 강하고 거만하기에 이런 고집을 잘 부립니다. 물론 그럴수록 좋은 결과를 얻기는 힘듭니다. 첫째, 잘못을 알고도 바로잡지 못하고 둘째, 조직의 응집력에 영향을 미쳐 동료의 마음을 상하게 합니다. "리더가 어떻게 저럴 수 있느냐"고 모두 수군거리기 시작하면 이런 사람과는 멀리 떨어져 있는 것이 낫다고 생각하게 됩니다. 다음에는 그를 깨우치려 노력하는 사람도 없으며, 이런 상태가 오래 지속되면 모두가 제 갈 길로 가 조직이 무너지게 됩니다.

실수를 하는 것은 괜찮습니다. 잘못을 인정하고 용감하게 그것을 바로잡는 것은 쉽지 않은 일입니다. 원소는 자신의 잘못을 감싸고 실패를 회피하는 사람으로, 정확한 의견을 제시하는 사람을 미워했습니다. 원소 수하에 있던 전풍은 머리도 좋고 마음씨도 곱고 인품도 뛰어났지만 원소에게는 그의 말이 귀에 거슬릴 뿐이었습니다. 전풍이 원소의 눈밖에 난 이유는 세 가지가 있습니다.

첫 번째 사건은 건안 5년의 일로, 조조가 유비를 공격한다는 소식을 듣고는 전풍이 원소에게 말했습니다.

"공과 천하를 다투는 자는 조조입니다. 조조는 지금 동쪽의 유비를 공격하기 위해 떠났는데, 아마 쉽게 무너뜨리지 못할 것입니다. 이때 대군을 움직여 조조의 뒤를 친다면 단번에 천하를 손에 넣을 수 있습니다. 지금 바로 군대를 출격시키십시오."

하지만 원소는 자식이 병이 났다는 이유로 전풍의 의견을 묵살했습니다. 전풍은 지팡이를 들어 땅을 치며 말했습니다.

"무릇 힘든 기회를 만났는데, 어린 자식의 병 때문에 그 기회를 그르치다니, 애석하도다!"

원소는 전풍의 정확한 의견을 받아들이기는커녕 오히려 이를 한탄한 전풍에게 불만이 생겼고, 결국 전풍을 멀리했습니다.

두 번째 사건은 다음과 같습니다. 조조가 유비를 격파하고 유비가 원소에게 의탁하기에 이르러서야 원소는 진군을 결정했습니다. 전쟁의 기회를 이미 놓쳤는데 그는 한사코 싸움을 고집했습니다. 전풍이 그 소식을 듣고 서둘러 원소를 제지했습니다.

"조조는 이미 유비를 격파하고 돌아왔기 때문에 허도가 비어 있다는 이점은 이미 사라졌습니다. 또한 조조는 군대를 잘 다루어 변화무쌍한 병법을 구사할 줄 압니다. 그의 군사는 비록 적지만 경시할 수 없으니 지구전으로 대처하는 것이 좋습니다. 장군께서는 자연의 요충지를 거점으로 네 개 주의 무리를 끌어내고, 밖으로는 영웅들과 손을 잡으며, 안으로는 농업과 군사를 정비한 후 정예병을 선발해 기습부대를 편성하고 적의 허약함을 틈타 끊임없는 공격으로 하남을 혼란스럽게 하십시오. 적군이 오른쪽을 구원하면 왼쪽을 공격하고 왼쪽을 공격하면 오른쪽을 공격해 적군을 피곤하게 하고 백성이 생업에 편안히 종사할 수 없게 하십시오. 그러면 우리는 힘을 들이지 않았지만 그들은 피곤해져 2년도 되지 않아 적을 이길 수 있습니다. 지금은 묘당 위에 승리의 계책을 방치하고 한 번의 싸움으로 승패를 결정하려 드니 만일 원래 마음먹은 대로 승리하지 못하면 후회해도 소용없습니다."

그의 말을 들은 원소는 전풍이 일부러 군사들의 투지를 꺾어 군심을 해이하게 만든다고 생각하고는 아예 전풍을 감옥에 가두어버렸습니다.

세 번째 사건은 다음과 같습니다. 관도대전에서 패배한 후 누군가 전풍에게 "사실상 선생의 의견이 맞았다는 것이 증명되었으니 주공이 돌아오면 상을 내리고 선생을 다시 중용할 것입니다"라고 말했습니다. 그러자 전풍은 고개를 저으며 대답했습니다.

"만약 내가 틀려 원소가 승리를 거두었다면 살 수 있지만, 내가 맞아 그가 패배했다면 분명 죽게 될 것이다."

과연 원소는 관도대전에서 패하고 돌아와 측근에게 "내가 전풍의 건의를 받아들이지 않았으니 결국 그에게 조소당할 것이오"라며 돌아오자마자 전풍을 죽였습니다. 사서에서는 원소를 다음과 같이 평가했습니다.

> 원소는 겉으로는 마음이 넓고 고상해 아량이 있는 것처럼 보였지만 마음속으로는 오히려 질시하고 거리끼는 것이 심했으며 모든 일을 이와 같이 처리했다.
> · 《삼국지》

> 그는 자긍심이 강해 오만하며 스스로의 기량을 지나치게 과신했으므로 (다른 사람의 간언을 받아들이며) 선을 행하는 데에 문제가 있었다. 그렇기에 관도에서 패하기에 이른 것이다.
> · 《후한서》

원소가 관도대전에서 실패했던 이유는 다름 아닌 마음이 너무 좁고 경지가 낮았기 때문이라는 것입니다. 이른바 "마음이 넓고 큰 만큼 사업도 크고, 경지가 높은 만큼 성취도 커진다"는 것은 바로 이를 두고 하는 말입니다.

세 번째 책략 | **포용으로 위세를 키운다**

중대한 의사결정에 앞서 스스로 너그러워지기 위해서는 다음의 세 가지를 잘해야 합니다. 약점을 들어줘지 않고, 함부로 몰아붙이고 비판하지 않으며, 사후에 책임을 추궁하지 않는 것입니다. 원소는 이 세 가지를 모두 잘하지 못했습니다.

첫째, 약점을 들어줘고 허유許攸를 배척했습니다. 허유의 가족에게 문제가 있었는데, 원소는 문제의 당사자가 아닌 허유를 배척하고 그의 정확한 의견을 받아들이지 않았습니다. 둘째, 함부로 몰아붙이며 비판해 저수沮授와 소원해졌습니다. 저수가 천천히 조조를 공격하고 지구전을 펼치자는 의견을 내세우자 자신의 생각과 다르다는 이유로 저수를 멀리하고 더는 그를 중요한 의사결정에 참여하지 못하게 했습니다. 셋째, 사후에 책임을 추궁해 전풍을 죽였습니다. 전풍이 전쟁 전에 정확한 의견을 제시했지만 채택하지 않았고, 관도대전에 패배하자 오히려 앙심을 품고 전풍을 처단했습니다.

원소의 리더십은 중대한 결함이 있었습니다. 마음이 너무 좁고, 정서는 민감했으며, 다른 의견이나 수하의 조그만 결점조차 포용하지 못했습니다. 이 모든 것은 관도대전 패배의 전조였습니다. 특히 허유가 배반하고 도망가도록 원인을 제공한 것은 원소가 패배하는 데 직접적인 원인이 되었습니다.

사실 개전 초기의 원소는 실력에서나 기세에서 모두 우위를 점하고 있었습니다. 《삼국지》〈무제기〉에 기록된 내용입니다.

> 8월, 원소는 진영을 연결해 사산沙山을 따라 조금씩 전진해 진을 펴니 동서로 수십 리가 되었다. 조조 또한 진영을 나누어 그에게 대항

했지만 불리한 싸움이었다. 이때 조조의 병사는 만 명이 채 되지 못했는데, 그 가운데 부상을 입은 자가 10분의 2 내지 3이나 되었다. 원소의 군대는 또다시 관도 근처까지 전진해 흙산과 지하도를 구축했다. 조조도 진영 안에서 똑같은 것을 만들어 대응했다. 원소가 조조의 진영 안으로 화살을 쏘았는데 마치 비가 내리는 듯했으므로 걸을 때도 모두가 방패로 몸을 가리고 매우 두려워했다. 이때 조조의 진영에 군량이 거의 떨어지자 순욱에게 편지를 보내 허도로 돌아갈 방법을 상의했다. 순욱의 답장은 이러했다.

"원소는 모든 병력을 관도에 집결시키고 공과 승패를 겨루기를 바라고 있습니다. 공은 매우 약한 병력으로 지극히 강한 적군을 감당해야 합니다. 만일 상대를 제압하지 못하면 반드시 그들에게 짓밟히게 됩니다. 지금이야말로 천하의 운명이 걸린 중요한 시기입니다. 더구나 원소는 평범하고 무능한 일개 우두머리에 불과하므로 인재를 모을 수는 있지만 기용해 쓸 줄을 모릅니다. 공의 신무神武와 지혜에 의지하고, 천자를 받들어 반군을 토벌한다는 정의의 이름을 가지고 어찌 이기지 못하겠습니까?"

조조는 순욱의 의견을 따랐다.

이렇게 조조가 피로한 병사와 군량의 문제로 고민하고 있을 때, 모사 허유가 원소에게 전세를 근본적으로 유리하게 이끌 수 있는 의견을 제시했습니다.

"조조는 병력은 적은데도 군대를 이끌고 관도에서 우리 군과 맞서고 있습니다. 지금 허도에는 최소한의 병력만이 있을 것이니, 만약 날랜 군사를 보내 한밤중에 습격을 한다면 허도를 무너뜨리고 조조를 사로잡을 수 있을 것입니다. 설사 허도를 무너뜨리지 못하더라도 조조군이 앞뒤를 방어하기 위해 왔다 갔다 하게 되므로 우리가 그들을 틀림없이 무찌르게 될 것입니다."

조조가 들었으면 간담이 서늘해졌을 이 계책도 원소는 받아들이지 않았습니다. 원소는 조조에 비해 군사가 많아 작전을 펼치는 데 큰 어려움이 없었지만, 자신의 강력한 군사력만 믿고 의기양양하게 "나는 반드시 여기에서 조조를 사로잡을 것이다!"라고 말할 뿐이었습니다.

이때 허유의 집안에 문제가 생겼습니다. 허유의 가족이 업성에서 법을 어기자 심배審配가 그의 가족을 모두 감옥에 가두었다는 소식을 들은 것입니다. 허유는 더는 참지 못하고 조조에게 투항했습니다. 허유는 조조에게 원소를 이길 결정적인 정보를 제공했습니다.

"지금 원소가 오소烏巢에 군량을 보관해두고 있는데 경계가 그리 심하지 않습니다. 정예병을 보내 군량을 모두 불태운다면 사흘도 가지 않아 원소는 전멸할 것입니다."

오소는 원소의 군대에서 40여 리 떨어진 곳으로 순우경淳于瓊이 지키고 있었습니다. 조조는 즉시 조홍에게 군영을 지키도록 하고 직접 보병과 기병 5,000명을 이끌고 어두컴컴한 밤을 틈타 순우경을 공격했습니다. 원소가 순우경을 구원하도록 기병을 보내자, 조조의 측근에서 진언하는 자가 있었습니다.

"적의 기병이 점점 가까이 오고 있습니다. 병사를 분산시켜 그들을 감당하도록 하십시오."

이 말을 듣고 조조는 노해 말했습니다.

"적이 배후에 도착하면 다시 보고하라!"

이렇게 조조와 병사들이 함께 목숨을 걸고 싸워 순우경 등을 크게 무찌르고, 원소의 군량창고인 오소를 불태울 수 있었습니다. 원소는 기병을 보내 그를 구원하려고 했지만 조조에게 패해 달아났습니다. 조조가 오소에 불을 지른 것은 관도대전 승리의 결정적인 요인이 되었고, 원소 측에서 보면 관도대전의 패배를 직접적으로 선언한 것이었습니다. 결국 그 근원은 원소가 모사 허유 가족의 범법행위를 잘못 처리한 것에 있었습니다. 심배와 허유는 본래 갈등이 있는 사이였기에 실제로 법을 어긴 일이 있었는지 의심해볼 만한 일이었고, 설사 법을 어겼다 하더라도 가족이 법을 어긴 것일 뿐 허유에게 문제가 있던 것은 아니었습니다. 한발 물러나 허유가 가족의 행위를 용인했다 해도 그것이 허유의 계책이 어리석거나 나쁜 계책임을 의미하는 것은 아니었습니다.

원소는 사람을 모으는 역량은 있었지만 인재를 포용하고 그들의 계책을 활용하는 역량은 결여하고 있었습니다. 의심스럽거나 작은 오점 하나 때문에 국면을 바꿀 수 있는 핵심인사 한 명을 놓쳤던 것입니다. 싸움이 임박했으면 무슨 일이든 싸움이 끝난 후에 다시 말해야 했습니다. 누군들 작은 흠집이 없겠습니까. 원소는 과거에 흠집이 있던 사람이라도 중요한 순간에 결정적인 작용을 할 수 있다는 사실을 간과했던 것입니다.

큰일을 하는 사람은 두 종류의 인간을 잘 대해야 합니다. 하나는 문제가 있는 사람이고, 다른 하나는 자신의 문제를 지적해주는 사람입니다. 조그만 문제나 실수를 한 사람에게는 기회를 주고 바로잡을 수 있도록 너그럽게 받아주어야 합니다. 옛사람들은 "공이 있는 사람을 쓰는 것은 허물이 있는 사람을 쓰는 것만 못하다. 공이 있으면 물러날 것을 생각하고, 과가 있으면 나아갈 것을 생각한다. 공은 교만하기 쉽고, 과는 분발하게 한다"고 했습니다. 중요한 순간에 이러한 사람이 결정적인 역할을 할 수 있습니다.

결점을 지적해주는 사람의 말은 체면을 생각하지 말고 허심탄회하게 받아들여야 합니다. 말은 채찍질을 해야 빨리 달리고, 좋은 두드려야 소리가 나고, 마당은 쓸어야 깨끗해지고, 이치는 설명을 해야 명쾌하게 드러납니다. 설령 그 사람의 말이 맞지 않아도 문제를 지적하는 것 자체가 발전하라고 깨우쳐주는 것이므로, 냉정하고 침착하게 일을 하는 데 도움이 됩니다. 그래서 작은 잘못에 반감을 가져서는 안 되고, 나아가 보복하는 것은 더욱 해서는 안 되는 일입니다.

"말은 채찍을 싫어하지 않고, 좋은 두드림을 싫어하지 않고, 옷은 빠는 것을 싫어하지 않고, 자식은 가르침을 싫어하지 않는다."

만약 이 말을 싫어한다면 그것은 잘못된 일입니다.

애초에 관도대전에서 원소는 많은 기회가 있었지만 자신의 의사결정의 맹점을 잘 처리하지 못하고, 수하 모사들의 정확한 건의를 진지하게 받아들이지 않아 결국 철저하게 실패하고 역사의 무대를 떠나게 되었습니다. 일찍이 원소 밑에서 일을 한 적이 있는 조조의 모사 곽가가 내린 원소에 대한 평가가 《삼국지》〈곽가전郭嘉傳〉에 나오는데, 내용이 아주 적절합니다.

> 처음 곽가는 북방에서 원소를 만났는데 원소는 그를 공경으로 대했다. 수십 가지 일을 거한 뒤 원소의 모신 신평辛評과 곽도郭圖에게 다음과 같이 이르고는 마침내 그를 떠났다.

"무릇 지혜로운 자는 주인을 헤아림에 깊이가 있어야 100번 거사해도 100번 온전해 공명을 세울 수 있소. 원공은 단지 주공의 낮은 선비만을 본받으려 하고, 사람을 기용하는 기회를 알지 못하오. 단서는 많은데 요체는 적으며 모의하기를 좋아해도 결단이 없으니, 같이 천하의 대업을 다스리고 패왕의 업을 정하기 어렵소."

관도대전은 조조의 계책과 전투 두 방면에서의 승리였습니다. 군사의 실력이 상대적으로 약한 상황에서 조조는 각 방면의 의견을 두루 경청하고, 허물을 감싸거나 고집을 부리지 않았으며, 하나하나 의사결정의 맹점을 피해 적절한 전략과 전술을 운용해 강대한 적을 신속하게 패배시켰습니다. 그 가운데 인상 깊은 점은 원소와 달리 조조는 매번 수하의 의견을 겸허하고도 허심탄회하게 받아들였던 것입니다. 관도대전의 승리는 조조가 군사적·정치적으로 성숙했을 뿐 아니라 리더십에서도 성숙했음을 보여줍니다.

비록 원소가 관도대전에서 패배했어도 아직 완전히 소멸된 것은 아니었습니다. 원소는 여전히 북방의 네 개 주에서 강대한 실력을 뽐내고 있었습니다. 그러면 조조는 어떻게 승세를 타고 원소를 추격해 북방을 평정할 수 있었을까요?

제11강

적절한 안배로 승세를 다진다

현대인들은 빠른 업무 속도에 대한 부담이 커서 중요한 일을 처리할 때면 종종 일의 순서를 분명하게 정하기 어려워한다. 사실 업무의 속도를 잘 조절하면 효율을 제고할 수 있을 뿐 아니라 사업을 순조롭게 발전시키는 데 도움이 된다. 이와 반대로 업무의 속도를 잘 조절하지 못하면 힘은 많이 쓰고 성과는 적은 상태를 초래하기도 한다.

조조는 업무의 속도를 조절하는 방면에서 묘수를 발휘해 북방의 광대한 영역을 차지했다. 조조는 어떤 방법을 사용했고, 그의 방법은 오늘날 우리에게 어떤 깨우침을 줄까?

효율적인 자원 배분

관리학에는 네 가지 기본과정, 계획·조직·주도·통제가 있는데, 계획이 첫 번째 위치를 차지합니다. 적게는 하루의 시간을 활용하거나 한 달 임금을 지불하는 것, 크게는 막대한 자금을 투자하거나 1년 재정수입을 배분하거나 첫 번째 전투의 병력을 배치하는 것 등은 결국 안배의 문제입니다. 고수는 자원을 가진 사람이면서 자원을 아주 잘 안배하는 사람입니다.

조조는 관도대전에서 적은 군대로 강력한 원소를 이겼습니다. 하지만 원소는 완전히 소멸하지 않았고 여전히 강대했습니다. 동시에 남쪽의 유표는 장사長沙의 갑병甲兵 10만 명을 병탄竝呑했고, 손책은 강동江東 일대를 제패했습니다. 두 사람 모두 조조가 원소와 싸우는 틈을 타 허창을 급습할 기회를 노리고 있었고, 조조에게 반反하는 세력이 여기저기서 계속 들고일어났습니다. 조조는 정말 화살이 어디서 날아올지 모르는 위험한 국면에 처해 있었습니다. 그는 어떤 전략적 안배를 통해 최종적으로 북방을 평정했을까요?

둘이 모여
셋이 되게 한다

건안 6년(201) 4월, 조조는 병사를 이끌고 창정에서 다시 원소와 맞붙었습니다. 창정전투倉亭戰鬪는 관도대전 이후 치러진 첫 번째 싸움으로, 이 전투로 조조는 비로소 원소보다 군사적 우위를 확립할 수 있었습니다. 사서에는 창정전투에 대한 묘사가 충분하지 않습니다. 《삼국지》〈무제기〉는 이 전투에 대해 단지 다음과 같이 기록했습니다.

> 건안 6년 여름 4월, 황하 위로 병력을 출동시켜 창정에 주둔하고 있는 원소의 군대를 무찔렀다[六年夏四月, 揚兵河上, 擊紹倉亭軍, 破之].

《자치통감》은 이 전투를 단 두 문장으로 기록해놓았습니다.

> 여름 4월, 조조는 황하 위로 병력을 출동시켜 창정에 있던 원소의 군대를 무찔렀다. 가을 9월, 조조는 허도로 돌아왔다[夏四月, 操揚兵河上, 擊袁紹倉亭軍, 破之. 秋九月操還許].

《삼국지연의》에는 창정전투를 비교적 상세하게 묘사하고 있습니다. 비록 소설이라 해도 그 속에는 기본적으로 역사적인 분위기를 보존하고 있고, 특히 쌍방의 역량 대비에 관한 아주 적절한 묘사가 들어 있어 참고할 만합니다.

원소는 관도대전에서 패배한 이후 군사를 재정비했습니다. 원희가

6만 명의 군사를 이끌고 유주幽州에서 오고, 원담은 5만 명을 이끌고 청주에서 왔습니다. 원소의 생질 고간高幹은 5만 명을 이끌고 병주幷州에서 왔습니다. 그들이 각각 기주에 이르자 군사가 도합 20만 명에 이르렀습니다. 새로이 군마를 정비해 다시 군사적 위엄을 회복한 원소는 크게 기뻐하며 조조와의 결전을 준비했습니다.

조조 또한 원소가 창정에 있다는 보고를 받고 서둘러 군사를 몰아 창정으로 가 진채를 내렸습니다. 양군은 다시 한 번 자웅을 겨루는 전투에 들어갔습니다. 처음 맞붙은 싸움에서 원소가 몸소 군사를 재촉해 조조의 진영을 향해 돌진했습니다. 대군과 대군 사이에 일대 혼전이 벌어져 마구잡이 살육전이 계속되자 양군은 각기 북을 울려 군사를 거두었습니다.

조조는 힘만으로는 원소를 상대하기 어렵다고 판단하고 장수들과 원소를 깨뜨릴 방책을 상의했습니다. 이때 정욱이 십면매복十面埋伏의 계책을 내놓았습니다. 조조군을 하상河上으로 물리고 열 갈래로 매복시킨 뒤 원소를 유인해 섬멸하자는 계책이었습니다.

"우리 군사는 물러날 길이 없으므로 죽기로 싸울 테니 반드시 승리할 것입니다."

조조가 그 계책을 받아들여 좌우로 각각 다섯 부대로 나누었는데, 좌에는 하후돈·장료·이전·악진·하후연이 각각 맡은 한 부대를, 우에는 조홍·장합張郃·서황徐晃·우금·고람高覽이 각각 맡은 한 부대를 매복하고, 중군 허저가

장합(?~231)

자는 준예儁乂며, 하간군 막현 사람이다. 한복 아래에서 사마로 있다가 원소가 기주를 점령한 후 원소를 섬기며 교위로 임명되었다. 관도대전 당시 원소의 부장이던 장합은 조조에게 귀순하고 조조 밑에서 여러 차례 공훈을 세워 조위 정권 수립 후 정서거기장군征西車騎將軍에 봉해졌다. 이후 한중漢中 쟁탈전에서 활약했고, 건흥 6년(228), 제갈량이 기산으로 출진하자 마속을 격퇴시켰다. 231년 목문관에서 제갈량의 매복에 걸려 화살을 맞고 사망했다.

서황(?~227)

자는 공명公明이며, 하동河東 양현楊縣 사람이다. 원래 양봉의 부하였다가 조조에게 귀순해 이후 수많은 전투에서 혁혁한 공을 세웠다. 건흥 5년(227)에 병으로 사망했다.

선봉을 맡아 원소군을 유인하는 작전이었습니다. 허저가 원소군을 야습하고 반격에 밀려 달아나자 원소는 기회를 놓치지 않고 대군을 몰아 추격했습니다. 조조의 군사들이 하상에 이르렀을 때 조조가 외쳤습니다.

"이제 도망가려 해도 도망갈 길이 없다. 제군들은 죽기로 싸워보지 않겠는가?"

이에 병사들이 죽을힘을 다해 싸우자 원소군은 크게 어지러워졌습니다. 원소가 물러나기로 결정하자 이제 본격적으로 십면매복이 발동했습니다. 열 갈래에서 복병들이 다그치니 원소의 군대는 속절없이 무너지고 말았습니다. 이 전투로 원소는 간신히 빠져나왔고 원희와 고간은 모두 화살에 맞아 다치고 군사와 말도 거의 반을 잃었습니다.

창정전투에 관한 내용을 읽다 보면 조조 측에는 기묘한 계략을 가진 모사와 뛰어난 솜씨를 지닌 무장 등 인재들이 각각 역할을 해 사기가 고조되었지만, 원소 측에는 이렇다 할 모사나 무장이 없어 싸움을 시작하자마자 낙화유수처럼 궤멸되었음을 알 수 있습니다. 이 전투 후 원소는 병이 들어 일어나지 못했습니다. 창정전투는 조조의 장수 전체가 크게 돋보였던 전투입니다.

《자치통감》에 따르면, 창정전투에서 승리하고 얼마 지나지 않은 건안 7년(202) 정월에 조조는 군사를 돌려 초현에 이르렀습니다. 그곳에서 조조는 한편으로는 군대를 정비하고 다른 한편으로는 개봉開封과 북방의 운하를 개통하는 물길을 뚫었습니다. 이 기간에 고향에서 군대를 정비하던 조조는 〈군초령軍譙令〉을 발표했습니다. 《삼국지》〈무제기〉에는 다음과 같이 기록되어 있습니다.

나는 폭란을 제거하려고 천하를 위해 정의의 군사를 일으켰다. 옛 땅(고향 초현)의 백성은 대부분 사망했고, 나라 안에서 온종일 걸어 다녀도 아는 사람을 만날 수 없는 지경이 되어 비통하고 상심해 있다. 의병을 일으킨 이래, 장병의 경우에는 죽어 후사가 없으면 그 친척을 찾아내 뒤를 잇게 하고, 땅을 나누어주고, 관가로부터 농사 짓는 소를 지급받으며, 학사學師를 두어 그 자식에게 교육시키도록 하라. 뒤를 이을 사람이 있는 자에게는 종묘를 세워 선인들의 제사를 지낼 수 있게 해주어라. 만일 죽은 자에게 영혼이 있다면 우리가 사후에 또 무슨 유감이 있겠는가!

이어 조조는 준의현浚儀縣으로 가서 수양거睢陽渠라는 운하를 수리하고, 젊은 시절에 자신을 알아준 교현에게 제사 지내도록 한 뒤 관도에 진을 쳤습니다.

애벌레가 움츠리는 것은 다시 펴기 위함이다

조조가 군사를 정비하는 일은 이해 늦여름에 시작해 초가을에 이르러 끝났습니다. 이는 이후 북방을 평정하기 위해 사전에 충분히 준비하기 위한 작업이었습니다. 싸움을 마친 후 정돈을 했던 것은 조조가 관리의 이치를 깊이 숙지하고 있었음을 말해줍니다.

일을 하는 것은 피아노를 치는 것과 같습니다. 경중, 오름과 내림, 또 잠깐 멈추어 건반을 두드리지 않는 경우가 합쳐 우아한 곡조를 만드는 것입니다.《역경易經》〈계사繫辭〉에 "자벌레가 몸을 구부리는 것은 다시 펴기 위해서다[尺蠖之屈, 以求信也]"라는 말이 있습니다. 자벌레는 기어오르기 전에 먼저 몸을 구부려 앞으로 나아가는 힘을 얻습니다. 흔히 주먹을 거두어들였다가 내뻗을 때 힘이 훨씬 커지는 것을 경험했을 것입니다. 다음의 우화는 이에 대한 또 다른 설명입니다.

용호사라는 사원에서 화가 한 사람에게 용과 호랑이의 싸움을 그린 한 폭의 그림을 청했습니다. 화가는 거침없는 필치로 생동감 있는 그림을 그렸습니다. 용이 구름을 헤치며 빙글빙글 내려오고, 호랑이는 산봉우리에 앉아 뛰어오를 기세였습니다. 용이 입에서 구름을 품어내는 모습과 호랑이가 바람을 가르는 모습이 마치 살아 있는 듯 생생해 분명 잘 그린 그림이었습니다. 그런데 전체 화폭을 조합하자 오히려 생기가 부족하고 용호쟁투의 기세가 드러나지 않는 느낌이었습니다. 여러 차례 수정해보았지만 효과가 없자 화가는 어쩔 수 없이 무덕대사無德大師에게 가르침을 청했습니다. 무덕대사는 그림을 보고 말했습니다.

"당신은 용과 호랑이의 습성에 대해 얼마나 알고 있습니까? 용은 구부려 돌수록 앞으로 빠르게 도약하고, 호랑이는 낮게 엎드릴수록 더 높이 도약합니다. 이것이 용과 호랑이의 특성입니다. 그대는 용은 더 구부려 돌고 호랑이는 낮게 웅크리는 모습을 그려야 할 것입니다."

화가는 순간 깨달았습니다.

"아, 용과 호랑이를 뒤로 조금 물려야 되겠구나!"

무덕대사는 대답했습니다.

"맞습니다. 사람의 처신과 참선도 마찬가지입니다. 몇 발자국 뒤로 물러나 준비를 한 후에 더 멀리 도약할 수 있는 것입니다. 겸손한 반성을 거쳐야 훨씬 멀리 나갈 수 있는 것입니다. 그래서 내려가는 것이 오르는 것이고, 뒤로 물러나는 것이 앞으로 나가는 것임을 꼭 기억해야 합니다."

일을 할 때는 거두어들이는 것도 있고 내려놓는 것도 있어야 합니다. 싸우러 나갔으면 돌아와 거두어야 합니다. 일의 속도를 잘 조절하는 것이 매우 중요합니다. 조조가 큰 싸움을 치른 뒤 병사를 쉬게 하고 정돈한 것은, 훗날 더 힘 있게 내뻗기 위해 주먹을 거두어들인 아주 훌륭한 조치였습니다.

닭의 배를 갈라 달걀을 꺼내지 않는다

우리는 있는 힘을 다해 주먹을 뻗을 줄만 알지 주먹을 거두고 힘을 축적하는 방법은 알지 못하는 경우가 아주 많습니다. 칼을 가는 행동이 장작 패는 속도를 지체시키지 않는 것처럼, 거두어들이는 것을 자유자재로 하면서 준비를 해두면 오히려 순조롭고 효율적으로 일을 진행할 수 있습니다. 자는 것과 먹는 것을 거르고 일을 할 때가 있으면 느긋한 마음으로 놀면서 몸과 마음에 휴식을 주어야 할 때도 있습니다. 이것을 장구지계長久之計 · 상승지도常勝之道라고 합니다. 속도 조절 없이 오로지 소모만 하는 것은 닭을 죽여 뱃속의 달걀을 꺼내는 것[殺鷄取卵]처럼 눈앞의 이익에 급급해 앞날의 큰 이익을 버리는 것입니다.

조조가 일의 속도를 잘 조절해 싸움을 끝낸 후 군대를 정돈한 것은 그가 확실히 관리의 고수고 전체 대국을 고려해 합리적으로 조직을 잘 안배했음을 설명해줍니다. 조조는 일의 속도에 신경을 쓴 것 외에도 이후 북방을 평정하는 전투에서 몇 가지 아주 효과적인 기교를 안배했는데, 이 또한 우리가 분석할 만한 가치가 있습니다.

조조의 책략
나설 때와 굽힐 때를 판단해 판의 승세를 다지는 지혜

첫 번째 책략 | 적의 분열로 추세가 넘어오길 기다린다

건안 8년(203) 봄 2월, 조조는 여양으로 진공해 원담·원상과 성 아래에서 싸웠습니다. 원담과 원상은 패주해 업성으로 물러나 지켰습니다. 여름 4월, 그들을 추격하던 조조는 업성에 이르러 그곳의 보리를 수확했습니다. 여러 장수가 승세를 타 계속 공격하고자 했으나, 5월에 조조는 허도로 돌아가고 장수 가신賈信을 여양에 주둔하게 했습니다.

조조는 원담·원상과의 전투에서 절대적으로 우세했음에도 갑자기 싸움을 그만두었습니다. 혹시 측은지심이 동했거나 전쟁에 염증을 느꼈기 때문일까요? 물론 그럴 리는 없었습니다. 여기에는 조조의 고차원적인 전략이 숨어 있었습니다.

아시다시피 젓가락은 낱개일 때는 쉽게 꺾을 수 있지만 한데 합치면 누구도 꺾을 수 없습니다. 그래서 단결은 생존발전의 관건입니다. 애석하게도 원소의 세 형제는 단결이 가장 필요한 순간에 그렇게 하지 못했습니다.

《삼국지》〈원소전袁紹傳〉에 따르면 원소에게는 세 명의 아들, 원담·원희·원상이 있었습니다. 원담은 크고 지혜로웠고 원상은 어리며 예뻤습니다. 원소의 처 유씨劉氏는 막내 원상을 사랑해 자주 그의 재능을 칭찬했고, 원소 또한 그의 용모를 기특히 여겼습니다. 원소는 그를 후계자로 삼으려 했으나 이 생각을 드러내기 전에 죽고 말았습니다. 유씨의 성품은 모질고 질투가 심해 원소의 장사를 지내기도 전에 원소의 애첩 다섯 명을 다 죽였습니다. 그것도 모자라 그들이 죽은 뒤에도 원소와 만날까봐 머리를 자르고 얼굴에 묵형을 가해 시체를 훼손시키기까지 했습니다. 원상 역시 죽은 자의 가족을 다 죽였습니다.

당시 원소의 수하에는 네 명의 모사, 심배·봉기逢紀·신평·곽도가 있었습니다. 심배와 봉기는 원상을 지지하고 신평과 곽도는 원담을 지지했습니다. 모두가 장자 원담이 원소의 후계자가 되어야 한다고 여겼지만, 심배 등은 원담이 후계자가 되면 신평·곽도가 자신을 해칠 것이 두려워 원소의 유언을 사칭해 원상을 후계자로 세웠습니다. 당시 청주자사였던 원담이 업성에 이르렀을 때에는 이미 원상이 권력을 장악해버린 후였습니다. 원담은 어쩔 수 없이 스스로 거기장군을 칭하고 여양에 주둔했습니다.

하지만 원담이 많은 수의 병력을 거느리는 것을 두려워했던 원상은 아주 작은 부대만을 내주고 심복인 봉기에게 원담을 감독하게 했습니다. 병력을 더 파견해달라고 청했으나 거절당한 원담은 노해 봉기를 죽였습니다. 이런 내부투쟁이 만들어낸 모순은 조조의 대군이 쳐들어오자 잠시 완화되었지만 조조는 예리하게 상황을 파악하고 있었습니다. 모사 곽가도 다음과 같이 말했습니다.

"원소는 두 아들을 사랑했으나 (후계자를) 적절히 세우지 못했습니다. 현재 두 아들의 권력이 비슷해 각자 당을 만들어 다툼을 벌이고 있는데, 우리가 급하게 몰아붙이면 힘을 합쳐 대항하겠지만, 늦추면 서로 다투는 마음이 생겨날 것입니다. 그러니 남쪽 형주로 가는 척하며 그 변화를 기다림만 못합니다. 변화가 생긴 후에 공격하면 가히 일거에 평정할 수 있습니다."

이 계책은 공격을 늦추고 적들이 권력다툼으로 자중지란에 빠지도록 시간을 주는 것이었습니다. 조조도 곽가의 생각과 일치했습니다. 우세를 취하고도 잠시 진공을 멈춘 이유였습니다. 이 계책은 과연 주효해 얼마 되지 않아 원담과 원상은 반목했습니다. 다음은 《후한서》〈원소열전袁紹列傳〉의 기록입니다.

> 원담이 원상에게 말했다.
> "우리 부대의 갑옷이 좋지 않아 지난번에 조조에게 크게 패했다. 지금 조조가 퇴각하고 있으니 우리에게 새 갑옷을 준다면 조조가 황하를 건너기 전에 습격해 반드시 승리를 거둘 것이다. 이 기회를 놓쳐서는 안 된다."
> 원상이 이를 의심해 병사를 증원해주지도 않고 갑옷을 바꾸어주지도 않았다. 크게 화가 난 원담은 곽도와 신평의 부추김에 즉시 원상을 공격했다. 업성 밖에서 치열한 전투를 벌였으나 원담은 원상에게 패해 남피南皮로 후퇴했다. 별가 왕수王脩가 청주의 관원들을 이끌고 급히 달려와 원담을 구했다. 원담이 다시 원상을 공격하려 하

자 왕수가 말했다.

"형제란 좌우의 손과 같은 것입니다. 비유해서 말하자면 어떤 사람이 싸우려고 하면서 '오른손을 자르고 나는 반드시 이길 것이다'라고 말하면 그것이 가당키나 하겠습니까? 형제조차 버리고 친하게 지내지 않는데 세상의 그 누구와 친하게 지낼 수 있겠습니까? 참언으로 골육을 이간하는 자들은 단지 하루아침의 이익을 구하는 자들일 뿐이니, 원컨대 귀를 닫고 듣지 마십시오. 만약 간신배 몇몇을 참한다면 형제간에 다시 화목해져 사방을 방어하고 천하를 호령할 수 있을 것입니다."

하지만 원담은 그의 말을 듣지 않았습니다. 얼마 후 다시 공격해 온 원상에게 패한 원담은 남피에서 평원平原으로 도망쳤습니다. 원상은 추격을 멈추지 않고 평원까지 쫓아가 성지를 겹겹이 포위했습니다. 궁지에 몰린 원담은 조조에게 화친을 청하고 원상을 공격하도록 도와달라고 청했습니다. 이 얼마나 어리석은 생각입니까? 원담은 오직 명리를 위해 형제와 반목해 원수가 되었고, 나아가 적과 결탁해 자신의 형제를 공격하게 했으니 이는 사리사욕에 이성을 잃은 행동이었다고 할 수 있습니다.

조조는 애초의 목적이 달성된 것을 기뻐하고는 한편으로는 원담을 위로하고 한편으로는 정예병을 보내 원상을 맹렬히 공격했습니다. 건안 9년(204) 7월, 조조는 원상을 궤멸시키고 심배의 목을 벤 뒤 일거에 원씨의 본거지 업성을 점령했습니다.

두 번째 책략 | **대접받고 싶은 대로 대접한다**

업성을 점령한 후 조조는 원씨를 위로하는 태도를 취했습니다. 《삼국지》〈무제기〉에는 "공이 원소의 묘에 가서 제사를 지내고 곡을 하고 눈물을 흘렸다. 원소의 처를 위로하고 그 가인家人들과 보물을 되돌려 보내고, 잡다한 비단과 솜을 내리고 관에서 양식을 공급하도록 했다"고 기록되어 있습니다. 이에 대해 어떤 사람은 조조가 원소를 위해 운 것은 고양이가 쥐를 생각하며 운 것처럼 거짓된 행동이었다고 이야기합니다. 사실 조조가 원소를 위해 운 이유에는 세 가지 요인이 있었습니다.

조조가 운 첫 번째 이유는, 앞서 살펴보았듯이 어린 시절에 두 사람은 함께 못된 장난을 칠 정도로 친밀했습니다. 훗날 조조가 기반을 닦던 과정에서 원소는 조조에게 크게 도움을 주기도 했습니다. 조조가 원소를 위해 울었던 이유에는 확실히 감정적인 요인이 있었을 것입니다.

두 번째 이유는 민심을 안무하기 위한 것이었습니다. 원소는 줄곧 아랫사람에게 널리 은혜를 베풀어 업성과 기주에 그를 지지하는 사람이 많았습니다. 조조는 감정적인 방식으로 그들을 감화시키기 위해 울었던 것입니다.

그 밖에 조조는 많은 원소의 신하를 임용했습니다. 모사 곽가가 청주·기주·유주·병주의 명사를 불러 속관[掾屬]으로 삼아 인심을 끌어모으라고 간하자, 조조는 이를 따랐습니다. 그렇게 임용된 가장 전형적인 사람이 진림이었습니다. 관도대전 당시에 원소는 진림에게 조조를 토벌하는 격문을 쓰게 했습니다. 그는 조조의 죄상을 일일이 열거하고 이를 조조의 환관집안 내력과 연계해 악랄하게 헐뜯었습니다. 원소가 패하고 진림이 조조에게 불려 오자 조조가 물었습니다.

"경은 과거 원본초(원소)를 위해 나를 토벌하는 격문을 지었는데, 나 자신의 죄상에 대한 것은 좋지만, 선조까지 끌어들인 것은 하지 말았어야 하는 것이 아닌가!"

놀란 진림이 연이어 사죄하자 조조는 그를 용서한 뒤 기록을 관리하며 자신이 쓴 원고를 책임지게 했습니다.

이 외에도 조조에게 임용된 사람으로 이부李孚·왕수·최염崔琰·견초牽招 등이 있었습니다. 조조의 이 조치는 오랫동안 원씨집안의 근거지였던 기주를 안정시키는 데 커다란 역할을 했습니다.

심리학자 호먼스George Casper Homans의 교환이론에 따르면 교류의 본질은 사회적 상호작용입니다. 인간관계에서 좋고 싫음, 친근함과 소원함은 상호적인 것으로 일반적인 상황에서 나를 좋아하는 사람은 나도 좋아하고 나와 친하고자 하는 사람은 나도 친하고자 한다는 것입니다. 반면 나와 소원하거나 좋아하지 않는 사람은 이에 상응해 나도 소원하고 싫어진다는 것입니다.

학생이 좋아하는 선생이 되려면 먼저 학생에게 미소를 보여주어야 하고, 가장으로서 아이들이 존경하고 철이 들도록 하려면 먼저 가장의 말과 행동이 합리적이어야 한다는 것이지요. 리더로서 부하의 추대를 받으려면 먼저 부하에게 관심을 갖고 이해하려고 노력해야 합니다.《격언연벽格言連壁》에 언급되는 "다른 사람의 탓하는 마음으로 자기를 탓하고, 자신을 용서하는 마음으로 다른 사람을 용서해야 한다"라는 격언은 이를 두고 한 말입니다. 교환이론은 인간관계의 황금법칙으로, 핵심은 "자신이 대접받고 싶은 대로 다른 사람을 대해주어라"는 것입니다. 조조는 바로 이 원칙을 운용해 지지를 얻고 인심을 안정시켰습니다.

조조의 지혜

교환이론은 인간관계의 황금법칙이다. 핵심은 "자신이 대접받고 싶은 대로 다른 사람을 대해주어라"는 것이다.

세 번째 이유는 아마도 강대한 적수인 원소를 격파했으니 인간적으로 감개무량한 마음 때문이었을 것입니다. 《장자莊子》〈서무귀徐無鬼〉에 나오는 이야기입니다.

> 장자莊子가 혜자惠子의 무덤을 지나다가 눈물을 흘리자 누군가 물었다.
> "혜자와는 서로 앙숙이었는데 왜 그렇게 상심하십니까?"
> 장자가 말했다.
> "초나라에 도끼를 쓰는 기술이 신의 경지에 이른 사람이 있었다. 영郢 땅에 사는 사람이 코끝에 흰 흙을 파리 날개만큼 바르고서 석수石手에게 그것을 깎아내게 했다. 석수는 바람을 휘날리면서 도끼를 휘둘러 흰 흙을 다 깎아냈다. 코끝에 있던 흙이 다 없어졌지만 코에는 아무런 상처 하나 나지 않았고, 그 사람은 선 채로 얼굴빛 하나 변하지 않았다. 송나라 원군元君이 그 이야기를 듣고 석수를 불러 기술을 보여달라고 청했다. 그러자 석수가 말했다.
> '전에는 할 수 있었지만 지금은 불가합니다. 제가 기술을 발휘한 바탕이었던 동료가 죽고 없습니다. 더는 코끝에 흰 흙을 묻히고 코를

깎게 하는 사람을 찾을 수 없습니다.'

내가 바로 도끼를 잘 휘두르는 석공이고, 혜자는 기꺼이 자신의 코에 흰 흙을 바르고 나에게 그것을 깎아내라고 했던 사람이다. 그가 죽고 없으니 더는 내 이론을 상대할 이를 만날 수 없게 된 것이다."

1등은 2등이 만들어낸 것입니다. 2등의 강한 압박이 없으면 1등의 신기록은 있을 수 없습니다. 경쟁이 있어야 진보가 있고 압력이 있어야 동력이 생기는 법입니다. 천리마는 채찍질이 있어야 나아가는 것입니다. 우리의 상대가 바로 그 채찍입니다. 한 사람의 성공은 상대의 성과와 뗄 수가 없습니다.

세 번째 책략 | **전략적 안배로 판세를 견고히 다진다**

조조는 건안 9년 7월, 원상을 업성에서 무찌르고, 건안 10년(205) 정월, 남피에서 원담의 목을 베었습니다. 건안 11년(206), 춘삼월 호관에서 고간을 베었습니다. 2, 3년 동안 조조는 동에서 서로 기주·청주·유주·병주 네 주를 휩쓸었습니다.

원상과 원희는 북쪽으로 잔여병력을 거느리고 오환烏桓의 경내로 진입했습니다. 오환을 정벌할 것인지에 대해 조조의 군대 내부에서 논쟁이 발생했습니다. 한 조직에서 중요한 결정을 내려야 할 때 각 방면의 다양한 목소리를 들을 수 있다는 것은 아주 좋은 일입니다. 조직이 건강하고, 그 구성원이 책임감이 있다는 뜻이기 때문입니다. 그래야 전방위로 중요한 문제들을 검토할 수 있습니다. 중요한 결정을 내리는 시기에 다른 의견이 나오지 않고 오직 한 목소리만 들리는 상황에서는 종종 의사결정에서 중대한 오류가 생기곤 합니다.

조조의 조직은 아주 건강해 중요한 의사결정시 다른 목소리와 관점이 맞붙는 논쟁이 있었습니다. 오환을 정벌하는 문제에서 다수의 사람이 생각한 것은 '오환을 정벌하러 북쪽으로 갈 때 유표가 허창을 습격하면 어떻게 할 것인가'였습니다. 사람들은 대부분 이렇게 말했습니다.

"원상은 도망간 적에 불과하고 이적夷狄들은 탐욕스러울 뿐 친애하지 않으니 어찌 원상이 그들을 능히 부릴 수 있겠습니까? 지금 깊이 들어가 정벌하면 유비가 필시 유표를 설득해 허도를 기습할 것입니다. 만에 하나 변고가 생기면 후회해도 소용없을 것입니다."

이들의 주장은 "머리와 꼬리가 서로를 돌보지 못하면 큰 문제가 생길 수 있다"는 병법의 상식을 이야기한 것으로 나름의 일리가 있었습니다. 하지만 군사 곽가는 그 말이 간과한 점을 예리하게 지적했습니다.

첫째, 유표는 말만 좋아하는 사람으로, '의자에 앉아서는 좋은 생각이라고 말해도 행동으로 옮기지는 못한다'는 것을 지적했습니다. 북쪽 오환을 정벌하러 가도 감히 습격하지 못할 뿐더러, 지금 그는 유비를 관리할 수 있을지를 걱정하고 있으니, 분명 둘 사이의 모순이 해결될 때까지 공격을 개시할 겨를이 없을 것이라고 생각했습니다. 둘째, 오환은 길이 멀고 험해 조조군이 출병하지 않으리라 여겨 분명 아무런 방비도 하지 않았을 테니 상대의 허를 찔러 불시에 공격하면 한 번의 싸움으로 적을 패배시킬 수 있어 더없이 좋은 기회라고 생각했습니다. 만약 원상·원희가 오환과 연합하도록 내버려두면 원씨의 세력이 분명 다시 살아날 텐데, 그때가 되면 조조군이 앞서 세운 공도 다 사라지게 될 것이었습니다.

곽가의 관점은 전략적 안배에 관한 두 가지 중요한 요점을 이야기하고 있습니다. 하나는 방향의 문제이고 다른 하나는 주도권의 문제입니다. 고금을 일컬어 모든 중요한 전략적인 결정과 안배의 핵심은 이 두 가지 문제였습니다.

조조는 곽가의 의견을 듣고 오환을 정벌하기로 결정했습니다. 북정하는 과정에서 두 사람이 결정적인 작용을 했습니다. 한 사람은 전주田疇입니다. 전주는 일전에 원소 밑에서 얼마간 일하다 장래가 밝지 않음을 깨달은 뒤 사직하고 낙향한 사람이었습니다. 조조는 전주를 자신의 길잡이로 삼았습니다. 그는 친히 전주에게 500명의 군사를 주고 앞에서 길을 인도하게 했습니다. 당시 도로는 매우 험난해 나가기가 어려웠습니다. 게다가 큰 홍수가 나서 길이 막히고 지름길은 적들이 지키고 있어 군대가 나갈 수 없었습니다. 결정적인 순간, 전주가 평강平岡 구도를 따라 희봉구喜峰口로 나가 승덕承德을 지난 뒤 직접 조양朝陽으로 가는 새로운 노선을 제안했습니다.

조조는 한편으로는 새로운 길을 개척하고 다른 한편으로는 길가에 목판을 세워 "지금은 여름이어서 덥고 길이 통하지 않으니 가을·겨울을 기다린 후 다시 진군할 것이다"라는 글을 써 붙여 적이 경계를 늦추기를 기대했습니다. 이렇게 물러난 것처럼 위장한 계책이 통해 조조는 대군을 이끌고 비밀리에 오환의 땅으로 들어갈 수 있었습니다.

원상·원희와 오환 수령은 이렇게 오환의 본거지 유성柳城에서 200여 리에 이르렀을 때 비로소 조조의 대군이 도착한 것을 알아챘습니다. 그들은 황급히 기병 수만을 조직하고 조조의 군대를 맞으러 나왔습니다. 이때 조조의 부대는 1,000리를 달려오느라 모두 피로했고, 치중도 후방에 있고, 전방 부대에 갑옷을 입은 자가 매우 적었습니다. 조조의 군대는 적 기병 수만의 진세와 마주치자 어쩔 줄 모르고 허둥대는 사람이 생겨나기 시작했습니다. 결정적인 순간, 조조는 높은 곳에 올라 적의 진지가 정돈되지 못한 것을 보고는 또 다른 핵심인물 장료를 투입했습니다.

장료는 칼을 빼들고 말에 올라타 용감하게 앞으로 돌진했습니다. 그는 바람이 초목을 휩쓸 듯 마치 무인지경에 들어가는 것처럼 일거에 오환과 원씨의 연합군을 쳐서 승리를 거두었습니다. 장료는 조조가 북방을 평정하는 마지막 단계에서 일거에 승기를 잡는 결정적인 역할을 했습니다. 이 싸움에서 항복한 사람이 20여만 명에 달했다고 합니다. 오환 수령과 원상·원희는 패잔병을 거느리고 요동태수遼東太守 공손강公孫康에게 달아났습니다.

모두가 기세를 몰아 적들을 추격하려고 준비할 때 조조는 오히려 대군을 정돈하고 남쪽으로 철군했습니다. 모두가 왜 추격하지 않는지 의아해하자 조조는 미소를 띠고 말했습니다.

"공손강은 평소 원상 등을 두려워했으므로, 내가 급히 공격하면 서로 힘을 합칠 것이고 느슨하게 하면 서로 다툴 것이니, 형세란 그러한 것이오."

이 또한 군대를 천천히 움직여 적이 자중지란에 빠지게 만드는 교묘한 책략이었습니다. 상황은 과연 조조가 예측한 대로였습니다. 공손강은 재빨리 원상과 원희를 베었습니다. 이렇게 북방은 완전히 평정되었습니다.

여기서 우리는 조조가 결정적인 순간마다 결정적인 인사를 정확하게 선택해 목적을 달성했음을 알 수 있습니다. 이런 조조의 용인 능력은 감탄스럽기만 합니다. 《자치통감》에는 과거 원소와 조조의 사적인 대화를 기록하고 있는데, 이 대화는 원소와 조조가 천하를 두고 다툰 싸움에 대한 가장 좋은 주석일 듯합니다.

> 처음 원소가 조조와 함께 거병했을 때 조조에게 물었다.
> "만약 이번 일이 성공하지 못한다면 어느 곳을 근거지로 삼을 만하오?"
> 조조가 말했다.
> "그대의 생각은 어떻습니까?"
> 원소가 말했다.
> "남쪽 황하에 근거지를 두고 북쪽으로 연과 대에 의지해 융적의 무리를 아울러 남쪽으로 향해 천하를 다투면 거의 성공할 수 있을 것이오!"
> 그러자 조조가 말했다.
> "천하의 지혜롭고 용기 있는 자를 모아 도로써 통솔하면 하지 못하는 바가 없을 것입니다[吾任天下之智力, 以道御之, 無所不可]."

원소는 먼저 요지를 점거하고 지리적인 우위를 갖추는 것을 생각한 반면, 조조는 현명한 인재를 모아 도로써 통솔하면 하지 못할 일이 없다고 했습니다. 이것이 진정으로 조조가 원소보다 뛰어난 점이었습니다. 원소는 제일 먼저 물질적인 조건을 생각했지만, 조조는 인재를 임용해 포부를 펼치는 것을 우선으로 두었습니다.

전략적 안배의 가장 중요한 점 가운데 하나가 핵심부서의 인원 배치입니다. 이것을 "사람 하나를 얻으면 천하가 편안하게 되고, 사람 하나를 잃으면 천하가 어지러워진다"고 하는 것입니다. 흥망과 성패는 전적으로 용인에 달려 있습니다. 이러한 역사적 경험은 일을 할 때 깊이 생각해야 할 내용입니다.

207년 11월 초 겨울, 조조가 대군을 이끌고 개선하다 남쪽 발해만 부근에 있는 갈석산碣石山에 이르렀습니다. 여기서 조조는 유명한 《보출하문행步出夏門行》이라는 연작시를 썼습니다. 그 가운데 가장 유명한 시가 〈관창해觀滄海〉입니다.

> 동쪽 갈석산에 이르러 푸른 바다를 바라보니
> 물이 어찌 조용하랴, 섬이 우뚝 솟아 있는데.
> 수목이 울창하고 백초가 무성한데
> 가을바람 소슬하니 큰 파도가 용솟음치네.
> 해와 달도 그 속에서 나오고
> 찬란한 은하수도 그 안에서 일어나는 듯
> 행운이 이러하니 노래로써 그 뜻을 읊노라.
>
> 東臨碣石, 以觀滄海, 水何澹澹, 山島竦峙
> 樹木叢生, 百草豐茂, 秋風蕭瑟 洪波涌起
> 日月之行, 若出其中, 星漢燦爛, 若出其裡.
> 幸甚至哉, 歌以詠志.

이 시의 행간에서 우리는 작자의 드넓은 마음과 원대한 이상, 그리고 득의양양한 활기를 느낄 수 있습니다.

북방을 통일하는 전쟁을 전체적으로 살펴보면 조조는 사전에 교묘하게 안배하고 주밀하게 배치했습니다. 주요 시점마다 재능 있는 인재를 임용하고, 상대의 내부모순을 충분히 활용해 최종적으로 원소의 세력을 철저하게 소탕하고 북방을 통일했습니다. 시를 통해 스스로 묘사한 것처럼 당시 조조에게는 화북을 통일한 웅대한 뜻이 있었습니다. 하지만 음양의 이치는 차면 기울고 한쪽이 없어지면 다른 쪽이 자라는 법입니다. 계속된 승리로 조조가 득의양양하게 술잔을 기울일 때쯤, 거대한 위기가 부지불식간에 그를 엄습했습니다. 그 위기는 무엇이고, 조조와 그의 조직은 새롭게 다가온 시련을 어떻게 극복해냈을까요?

제12강

위기를 통제해 권세를 세운다

인생이란 위험으로 가득한 여정이다. 우리가 하는 일은 모두 위험이 따르게 마련이다. 옛말에 "하늘에는 예측할 수 없는 풍운이 있고, 사람에게는 아침저녁으로 화와 복이 있다"고 했다.
지모가 뛰어난 조조는 비록 여러모로 신중하게 생각을 했지만, 위험을 사전에 방비하지 못해 참담한 패배를 당하고, 그 생전에 천하를 통일할 수 있는 절호의 기회를 놓쳤다. 도대체 어디서 잘못된 수를 두었을까? 우리는 그로부터 어떤 깨달음을 얻을 수 있을까? 예견할 수 없는 위험에 어떻게 방비하는 것이 가장 좋을까?

위험 관리를 위한 지침

두려움은 왜 생기는 것일까요? 바로 위험이 있기 때문입니다. 위험을 회피하려는 것은 사람의 본능입니다. 하지만 성공이 있으면 실패도 있고, 좋은 것이 있으면 반드시 나쁜 일도 있게 마련입니다. 위험은 마치 그림자처럼 우리의 삶을 따라다닙니다. 인생에는 크든 작든 여러 위험이 존재합니다. 이 때문에 우리는 위험이 경고하는 충고를 들어야 합니다. 인생을 살아가는 과정에서 진지하게 위험 관리를 해야 한다는 뜻입니다.

형세가 좋은 것만을 믿다가 방심하고 무심코 내린 선택으로 인해 실패하는 사람이 꽤 많이 있습니다. 최고의 성공은 자칫하면 실패할 뻔했던 일이고, 최악의 실패 또한 거의 성공할 뻔한 일이었다는 사실을 알아야 합니다. 가까스로 성공에 이르렀는데, 최후의 순간에 무너진다면 그 고통은 정말 뼈에 사무칠 것입니다.

적벽대전 당시의 조조가 그랬습니다. 건안 13년(208) 겨울은 조조가 평천하의 꿈에 가장 근접했던 해였습니다. 이해 조조는 북방을 통일하고 병사를 형주와 양양襄陽에 보내 유종劉琮의 항복의 받았고, 5,000명의 기병으로 장판長阪에서 유비를 일격에 궤멸시키는 등, 하는 일마다 아주 순조로운 결실을 얻는 듯 보였습니다. 그는 이번 남방 원정도 원소를 평정할 때와 같은 상황이 재연되리라 생각했습니다. 승리에 도취되어 득의양양하고 있을 즈음 거대한 재난이 한 발 한 발 그와 그의 수륙 대군을 향해 다가왔습니다.

순조로울 때
방심은 금물이다

건안 13년 겨울 10월의 늦은 밤, 적벽의 강물은 하늘에 뜬 달빛을 받아 반짝이며 출렁거리고 있었습니다. 이때 반짝이는 강물 위로 한 무리의 선단이 빠르게 물결을 헤치며 달려오고 있었습니다. 뱃머리에는 황黃이라는 글자가 쓰인 깃발이 높이 걸려 있고, 깃발 아래에는 갑옷을 두른 예순 살 전후에 수염과 머리털이 이미 백발인 노장군이 칼을 빼들고 있었습니다. 그러나 이 장수의 근골은 튼튼하고 강해보였습니다. 그는 바로 동오의 장군 황개黃蓋였습니다.

황개가 이번 적벽의 강물 위에 나타난 것은 역사책에 기록될 임무를 완수하기 위해서였습니다. 그의 목적은 바로 조조의 전선을 불태우는 것이었습니다. 그는 사전에 동오 대도독 주유와 상의를 마치고 투항한다는 거짓 서신을 조조에게 미리 보냈습니다. 그리고 지금 투항하는 척하며 조조의 수군 본영에 접근해 선단에 불을 붙이기 위해 오는 것이었습니다. 화공을 위해 황개는 적지 않은 준비를 했습니다. 특별히 열 척의 가볍고 날랜 배를 준비하고 배에 건초와 기름을 가득 싣고 붉은 휘장으로 덮은 뒤 위에 군기를 꽂아 위장을 했습니다. 마침 동남풍이 불어 열 척의 배는 바람을 받아 순조롭게 앞으로 나아갔습니다. 황개는 손에 횃불을 들고 수하의 병사를 거느리며 크게 소리쳤습니다.

"항복합니다."

조조군의 관병은 아무런 경계도 하지 않고

> **황개(?~?)**
> 자는 공복公覆이며, 영릉零陵 천릉泉陵 사람이다. 손견에서 손책·손권 형제까지 대를 이어 섬겼으며, 적벽대전에서 화공火攻을 건의해 승리를 거두는 데 큰 공을 세웠다. 《삼국지연의》에서는 황개가 적벽대전 당시 조조를 속이기 위해 주유에게 살이 터지도록 곤장을 맞았다고 전해진다. 이 고사에서 고육지책苦肉之策이라는 말이 비롯되었다.

모두 목을 길게 빼고 관망하며 황개가 항복하러 왔다고 말할 뿐이었습니다. 황개는 배가 조조의 군선과 가까워지자 건초에 불을 붙이라고 명했습니다. 불은 바람을 타고 화살처럼 맹렬하게 조조의 군선으로 옮겨갔습니다. 일순간에 조조의 수군 본영은 타오르는 불길 속으로 빠져들었고, 이어 불길은 강가에 있던 육군의 영채에까지 번졌습니다. 바람과 불이 서로 도와가며 기세와 맹위를 떨치자 화염은 하늘로 치솟으며 조조군의 인마를 불태웠습니다. 이에 불을 피해 강물에 뛰어들어 익사한 사람이 셀 수 없을 정도였습니다. 동오의 부대는 불길을 틈타 돌격해 강물 위를 휩쓸고 다녔습니다. 앞에는 네 명의 맹장, 장흠蔣欽·주태周泰·진무陳武·한당韓當이 있었고, 뒤에는 주유·정보程普·정봉丁奉·서성徐盛이 중군을 감독하고, 해안가에서는 감녕甘甯·능통凌統·반장潘璋·동습董襲이 유비의 부대와 호응해 돌격하니 조조군의 전선은 곧바로 붕괴되고 말았습니다.

적벽에서의 전투는 아주 처절했고, 황개도 하마터면 죽을 뻔했습니다.《삼국지》〈오서〉의 기록에 따르면, 황개는 조조의 진영에 불을 지른 뒤에 화살에 맞아 물에 빠졌습니다. 오나라 병사가 그를 구조했으나 황개인 줄 모르고 방치하는 바람에 죽을 지경에 이르렀다가 남은 힘을 다해 한당을 불러 간신히 목숨을 구했다고 합니다.

▍순간의 이익에 취해
▍눈을 감지 않는다

황개의 계책은 멋지게 성공했습니다. 꾀가 많기로 유명한 조조도 그의 속임수에 완벽하게 걸려들었습니다. 조조는 간웅으로 불릴 정도로 보통 사람을 뛰어넘는 심계로 유명한데, 어떻게 병법에서 흔하디흔한 '거짓 항복'이라는 평범한 속임수에 넘어가게 되었을까요? 이 점은 분석할 만한 가치가 있습니다.

흔히 경험이 없을 경우에 속임수에 쉽게 넘어갑니다. 요즘의 전화사기가 그 단적인 예입니다. 하지만 경험이 있어도 여전히 속임수에 넘어갈 수 있습니다. 조조는 간교한 술책을 잘 쓴다고 해서 간웅이라는 칭호까지 얻을 정도로 심기가 깊고 경험이 풍부했습니다. 평소에는 그가 다른 사람을 속일지라도 다른 사람이 그를 속이지는 못했습니다. 조조는 어떻게 그리 쉽게 속아 넘어갈 수 있었을까요?

사실 조조는 황개의 거짓 항복의 가능성을 생각했습니다. 《삼국지》〈주유전周瑜傳〉에는 "황개가 먼저 조조에게 거짓으로 항복하고자 한다는 서신을 보냈다"고 기록되어 있습니다. 이어 《삼국지》〈강표전江表傳〉에 따르면 조조가 특별히 서신을 가져온 사람을 만나 자세히 캐묻고 "하지만 속임수가 있는 것이 걱정된다. 황개가 정말 편지에서 밝힌 대로라면 그에게 후한 상과 작위를 내린다고 전해라. 지금까지 하사했던 상들 가운데 가장 큰 상을 내릴 것이다"라고 했다고 합니다.

속임수의 가능성을 염두하고 있었으면서도 어떤 이유로 속절없이 당했을까요? 여기서 단적인 예를 하나 들어 이를 설명하고자 합니다. 세 개의 상자가 있는데, 갑에는 1,000원이 들어 있고 을에는 1만 원, 그리고 병은 비어 있습니다. 여기서 두 가지 선택이 가능한데, 하나는 직접 갑을 선택해 1,000원을 얻는 것이고, 두 번째는 눈을 감고 을과 병 가운데 하나를 선택하는 것입니다. 두 번째를 선택하면 1만 원을 얻거나 아무것도 얻지 못할 가능성이 있습니다. 만약 여러분이라면 갑을 선택하겠습니까, 아니면 눈을 감고 을과 병 가운데 하나를 선택하겠습니까? 많은 사람들은 최소 1,000원이라도 가질 수 있는 갑을 선택할 것입니다. 두 번째 방안에는 아무것도 얻지 못할 위험이 있기 때문입니다.

여기서 돈의 액수를 바꾸어봅시다. 갑 상자에는 그대로 1,000원을 두고 을 상자에 100만 원을 넣고, 병은 그대로 비어 있습니다. 1,000원을 가질 것인지 아니면 눈을 감고 100만 원이 들어 있을지도 모르는 상자를 고를 것인지 생각해보십시오.

누군가는 그래도 갑을 선택하겠다고 할 것입니다. 그러면 다시 액수를 바꾸어보겠습니다. 을 상자에 1,000만 원이 있다면 어떻게 하시겠습니까? 그러면 분명 한 푼도 얻지 못할 위험을 감수하고 눈을 감고 을과 병 가운데 한 상자를 고르는 것을 선택할 것입니다. 비록 위험이 있지만 1,000만 원을 획득할 확률이 50퍼센트이기 때문입니다.

결론은 아주 간단합니다. 거대한 이익의 유혹 아래에서 사람들은 종종 깊이 생각하지 않고 모험을 선택하곤 합니다. 바로 조조가 그랬습니다. 동오를 손쉽게 얻을 수 있다는 유혹이 너무 커서 다른 위험을 등한시했던 것입니다. 황개의 거짓 항복의 가능성을 생각하고도 위험을 무릅쓴 도박을 했던 것입니다.

자만심이
판세를 흔든다

거대한 유혹이라는 외재적인 요인 외에도 내재적인 요인이 조조를 실패로 이끌었습니다. 그것은 바로 지나친 자신감이었습니다. 그 자신감이 조조를 자만 혹은 안하무인으로 만들었던 것입니다. 지난 몇 년 동안 조조는 가장 강력한 적수였던 원소와 싸울 때마다 큰 문제없이 거의 다 승리했고, 이는 형주를 접수할 때도 마찬가지였습니다. 그에게는 적군의 장수가 싸우기도 전에 투항하는 경우가 빈번해 이상하지도 않은 일이었습니다. 멀리까지 갈 필요도 없이 형주의 장수 문빙文聘이 귀순한 예가 그 전형이었습니다.

문빙은 원래 유표 수하의 장수였는데, 유종이 조조에게 항복한 후에도 바로 항복하지 않았습니다. 그는 조조가 한수漢水를 건넜을 때 비로소 항복을 표했습니다. 조조가 왜 그렇게 늦게 항복하러 왔는지를 묻자 문빙은 다음과 같이 대답했습니다.

"저는 전일에 능히 유표를 보필해 국가를 받들지 못했습니다. 형주는 비록 함락되었지만 항상 한천漢川을 지키며 영토를 보전해, 살아서는 고아가 된 유약한 유종에게 짐이 되지 않고 죽어서는 지하에서 부끄럼이 없고자 했지만, 그 계책을 이룰 수 없어 여기에 이른 것입니다. 실로 비참한 마음을 품고 있어 일찍 뵐 낯이 없었습니다"

그는 마침내 흐느끼며 눈물을 흘렸습니다. 조조가 그의 충성스러운 마음에 감동해 예를 다해 후히 대우했습니다. 그러고는 문빙에게 병사를 주어 당양当陽 장판에서 유비를 추격해 토벌하도록 했습니다.

유표 수하의 충성스러운 문빙도 투항했으니, 손권 수하의 황개가 투항하는 것은 이상한 일이 아니었습니다. 게다가 문빙의 귀순 외에도 과거에 여포와 싸울 때에는 장료가 귀순했고 원소와 싸울 때에는 장합이 귀순한 예가 있었습니다. 그들처럼, 이번에는 황개의 투항으로 손쉽게 승리를 거머쥘 수 있으리라는 것이 조조가 생각한 셈법이었습니다.

꿈을 꾸고 자체 셈법을 하는 것은 좋습니다만, 황개가 거짓으로 투항할 위험에 대해서는 반드시 방비를 취해야 했습니다. 예를 들어 항복을 받으면서 가장 긴급히 해야 할 일은 행동의 주도권을 쥐는 것이었습니다. 시간과 장소, 그리고 과정을 자신의 방식대로 선정하고, 나아가 사람과 무기를 분리하거나, 핵심적인 진지 또는 군영에서 멀리 떨어진 곳에서 먼저 장수의 항복을 받고 이어 부대를 접수하는 등의 조치를 취해야 했습니다.

조조는 이런 조치 가운데 어느 것도 취하지 않았습니다. 황개가 시기와 장소를 정해 장강을 건너 직접 본영으로 오도록 내버려둔 잘못을 범했던 것입니다. 조조의 이런 잘못은 치명적이었습니다. 거절할 때에도 여지가 있어야 하지만, 받아들일 때도 위험을 방비하는 것은 통수권자라면 응당 취해야 할 조취였습니다. 황개의 투항사건에 대한 조조의 태도를 분석해보면, 조조는 이전에 벌어진 원소·여포와의 싸움에서처럼 시세가 불리해지면 장수가 싸움을 앞두고 귀순하리라고 여겼음을 알 수 있습니다. 황개도 그들과 같으리라 여기고, 어떤 문제가 생기리라고는 생각하지 않았던 것입니다. 황개가 거짓 투항할 가능성은 아주 적었습니다. 잠시 조조가 이렇게 생각한 것이 옳았다고 전제해봅시다. 황개가 거짓 투항할 가능성이 아주 적었다고 해도, 만일 그것이 거짓이라면 그 손해는 어느 정도가 될까요? 하늘만큼 큰일이었습니다.

조조의 지혜

거절할 때에도 여지가 있어야 하지만, 받아들일 때도 위험을 방비해야 한다.

조조가 황개의 투항을 받아들이는 것에 문제가 없었다고 해도, 만에 하나 그가 거짓 항복을 했을 경우 발생할 손실의 크기를 고려할 때 조조는 이에 상응하는 대비책을 심어놓았어야 합니다. 예를 들어 정예병을 보내 도중에 황개를 영접하면서 검사와 통제를 하는 등의 조치를 취해야 했습니다.

조조의 생각은 너무 단순했습니다. 만약 황개를 받아들이지 않으면 100퍼센트 거절하는 것이고, 받아들이면 100퍼센트 신임하는 것으로만 생각했습니다. 조조는 자만과 요행심리로 직접적으로 중대한 위험을 간과했고 형세를 잘못 판단해 의사결정을 내렸습니다. 적벽대전의 실패는 근본적으로 통수권자가 자만해 적을 경시하고 적절히 위험을 관리하지 못한 것 때문에 기인했다고 말할 수 있습니다. 조조의 위험관리는 사전·사중·사후 세 방면으로 나누어 분석할 수 있습니다.

조조의 책략
현명한 의사결정으로 판의 위기를 통제하는 자세

첫 번째 책략 | **교만과 자만은 조직을 열세로 몰아넣는다**

사실 형주 정벌을 떠나기 전, 조조는 후방에 대한 걱정이 컸습니다. 당시 그의 주의력은 전적으로 내부를 향해 있었습니다. 바로 서북 군벌 마등과 명망가 공융 때문이었는데, 조조에게 마등은 군사적인 측면에서 공융은 여론 측면에서 근심이었습니다.

　무엇보다 군사적으로 마등을 통제할 방안을 찾아야 했습니다. 과거 마등과 한수韓遂는 의형제를 맺었으나 후에 부곡部曲끼리 싸우다가 원수가 되었습니다. 조정에서는 사예교위 종요, 양주자사 위단韋端을 보내 둘을 화해하게 했습니다. 이후 마등을 전장군前將軍에 임명하고 괴리槐里에 주둔하게 한 뒤 괴리후槐里侯에 봉했습니다. 조조가 형주를 정벌하려 할 때 장기張旣를 보내 마등에게 조정으로 들어오라고 하자 마등이 마지못해 그렇게 했습니다. 그 후 마등과 한수는 조정으로 자신의 아들을 출사시키고 가족을 인질로 업鄴에 보냈습니다. 다만 장남인 마초는 양주에 편장군偏將軍으로 임명되어 마등이 거느리던 부곡을 통솔했습니다.

　그 다음은 여론 측면의 근심인 태중대부太中大夫 공융을 죽인 것이었습니다. 건안칠자建安七子의 한 사람으로 당대의 명망가인 공융은 황제를 옹립하며 점차 야심을 드러내고 있던 조조와 자주 대립했습니다. 그는 여러 차례 글을 올려 조조의 정치를 비판하고 망신을 주었습니다. 공융은 상소로 "고대의 왕기王畿제도에 따라 수도를 중심으로 사방 1,000리 내에는 제후를 봉하지 못하도록 해야 한다"

는 주장을 올려 조조의 미움을 샀습니다. 후에 순욱 역시 제후를 봉하는 일로 조조와 의견을 달리해 죽었는데, 이를 볼 때 조조는 제후를 봉하는 일을 모두에게 금기시했음을 알 수 있습니다.

조조는 그 일로 더욱 공융을 꺼렸습니다. 공융의 지명도가 워낙 높았으므로 겉으로는 용인하는 것처럼 행동했지만, 속으로는 그와 정론을 펼치는 것을 기피했습니다. 조조는 공융이 대업을 달성하는 데 방해가 될 것이라 생각을 했습니다. 공융이 조조의 형주 정벌을 비판하자 마침내 구실을 만들어 공융을 처형하도록 했습니다.

조조가 공융을 죽인 사건은 정치적인 반대파를 숙청한 일이었습니다. 이 시기에 조조는 군사적 맞수보다 조직 내의 정치적 반대파를 더 걱정했습니다. 공융은 학식과 명망이 높은 반대파였습니다. 기본적으로 조조의 인재에 대한 태도는 능력이 있으면 쓰고, 쓸 수 없으면 죽이는 것이었습니다. 그는 재주를 사랑하는 측면도 있었지만 마음이 독하고 악랄한 측면도 있었습니다.

이렇게 뒷걱정을 마무리하고 형주로 내려간 조조는 전쟁 시작 전부터 적을 경시하고 있었습니다. 그에게는 손권·유비·제갈량·주유는 안중에도 없었습니다. 특히 손권과 주유는 조조가 보기에 어린아이일 뿐이었습니다. 싸움을 시작하기 전에 조조는 손권에게 자신감을 드러내는 서신을 한 통 보냈습니다. 《삼국지》〈강표전〉에 실린 이 서신에는 "최근 황제의 명을 받들어 죄지은 자를 토벌하고자 군기를 남쪽으로 향하니 유종이 손을 묶고 항복했습니다. 지금 수군 80만을 훈련시키고 있으니, 조만간 장군과 오 땅에서 사냥이나 할까 합니다"라고 씌어 있습니다. 손권이 이 서신을 신하들에게 보여주자 서로 놀라 낯빛을 잃지 않은 자가 없었다고 합니다.

서신의 내용을 보면 조조는 손권이 안중에도 없었음을 알 수 있습니다. 그리고 이 선전포고가 사람의 마음을 뒤흔드는 힘이 있었음을 인정해야 합니다. 몇 마디 말로 읽는 자들을 대경실색하게 만든 것은 조조가 군림천하의 기세와 패기를 드러낸 것이라 할 수 있습니다. 중신들 모두 손권에게 항복을 권했습니다.

"조공은 표범과 호랑이 같은데, 한의 승상이란 이름에 의탁해 천자를 끼고 사방을 정벌하며 조정의 뜻이라 하고 움직이고 있습니다. 지금 그에게 대항하는 일은 순조롭지 못할 것입니다. 또 조조를 막을 수 있는 장군의 큰 세력은 장강長江인데, 지금 조조가 얻은 유표의 수군과 조조의 보병이 수륙 양면에서 내려온다면, 이것은 장강의 험난함을 우리와 함께 짊어지는 셈입니다. 그리고 세력이 중과부적이니, 또한 논할 수 없습니다. 그를 영접하는 것이 제일 좋은 계책이라고 봅니다."

하지만 주유와 손권은 생각이 달랐습니다. 주유는 항복하자는 중신들의 말을 반박하며 조조에 대해 다음과 같이 분석했습니다.

"지금 북쪽 땅은 아직 평안치 못하고, 게다가 마초와 한수가 여전히 관서關西에 있어 조조의 후환거리가 되고 있습니다. 또한 안장과 말을 버리고 전함에 기대어 오월과 싸우는 것은 본시 중원의 장기가 아닙니다. 지금 추위가 성해 말이 먹을 풀이 없고, 중국의 병사들은 멀리 강호江湖 사이를 건너온데다가 물과 땅에 익숙하지 않으니, 반드시 질병이 생길 것입니다. 이 네 가지는 용병의 걱정거리인데, 조조가 함부로 이를 행하고 있으니 장군께서 조조를 붙잡을 때는 마땅히 지금입니다."

이에 손권도 거들었습니다.

"노적老賊(조조)이 한을 폐하고 자립한 지 오래되었는데, 다만 저 두 원씨와 여포·유표와 나만을 꺼려했을 뿐이오. 지금 여러 영웅은 이미 멸망하고 오직 나만 남았는데, 나와 노적은 세력이 양립할 수 없소. 마땅히 공격해야 한다는 그대의 말은 나의 뜻과 합치되오. 이것은 하늘이 나에게 그대를 준 것이오."

사자는 쥐를 사냥할 때에도 전력을 기울인다고 합니다. 아무리 작은 일도 모든 역량을 기울여 최선을 다해야지, 그렇지 않으면 낭패를 볼 수 있습니다. 모든 일을 대수롭지 않게 여기고 상대를 가볍게 생각하다가는 큰 코 다칠 수 있습니다. 교만과 자만은 실패로 가는 지름길입니다. 《공자가어孔子家語》〈삼서三恕〉에는 교만과 자만을 경계하는 글이 있습니다.

> 공자가 제자들과 함께 노魯 환공桓公의 사당에 참배하러 갔다가 탁자 위에 놓인 괴이한 그릇을 발견했다. 공자가 사당을 지키는 관리인에게 무슨 그릇인지 묻자, 관리인은 군주가 곁에 놓고 자신을 깨우치는 그릇이라고 대답했다. 공자는 그 말을 듣고 "이 그릇은 속을 비워두면 기울어지고 중간쯤 채워놓으면 반듯하게 되고 가득 채우면 자빠지게 된다고 들었다"라고 말하며, 제자들에게 시험 삼아 물을 부어보라고 말했다. 제자들이 물을 떠와서 서서히 그릇에 부었다. 물이 중간쯤 찼을 때 기울어진 술병이 바로 섰다가 물이 다 차자 그릇이 자빠졌다. 공자가 탄식하며 말했다.
> "아아! 세상에 어찌 가득 차고도 엎어지지 않는 것이 있겠는가?"
> 이에 자로子路가 물었다.
> "가득 차고도 유지할 방법은 없습니까?"

"왜 없겠느냐? 아무리 총명하고 박학하더라도 어리석은 것처럼 하고, 아무리 공이 높더라도 겸양을 유지하고, 아무리 용력을 세상에 떨쳤다 하더라도 두려워하며, 아무리 세상의 재산을 다 차지했다 하더라도 검소함을 지키면 된다. 이것이 이른바 겸양하고 또 겸양하는 도리인 것이다."

무지는 고집이고, 중화는 안정이며, 자만은 전복이다. 이것이 공자가 일깨워주는 교훈입니다.

조조의 지혜

무지는 고집이고, 중화는 안정이며, 자만은 전복이다.

두 번째 책략 | 고정된 사고는 감옥과 다름없다

리더는 지략이 뛰어나고 판단이 정확해야 합니다. 지략이란 창의적인 사유를 검증하고 판단은 위험관리를 시험합니다. 《삼국지연의》를 보면 적벽대전에 앞서 방통龐統이 조조에게 연환계連環計를 제시하는 대목이 나옵니다. 하지만 이는 《삼국지》 정사에는 기록되어 있지 않습니다. 《삼국지》는 단지 조조가 전선을 함께 묶었다고 기록하고 있습니다. 이는 주유가 화공을 벌이는 데 아주 유리한 조건을 만들어주었습니다. 《삼국지연의》에는 방통이 연환계를 내고 제갈량이 동풍을 빌려 조조의 80만 대군을 불귀의 객으로 만들었다고 묘사되어 있지만, 사실 동풍은 소설 속의 묘사로 《삼국지》에는 단지 "동풍이 불었다"고만 기록되어 있습니다. 다만 조조의 전선이 불에 탄 것만은 역사적 사실입니다.

그렇다면 우리는 물을 수밖에 없습니다. 만약 방통이 계책을 낸 것이 아니라면 조조는 왜 배를 묶었던 것일까요? 뛰어난 군사전략가인 조조가 배를 함께 연결하면 화공을 당했을 때 피할 방법이 없다는 사실을 몰랐을까요? 사실 이 점에 대해 조조도 생각을 하고 있었습니다.

《삼국지》에서는 누군가 화공의 문제를 제기하자 조조는 "지금이 겨울철이라 동남풍이 아닌 서북풍이 분다"고 대답한 것으로 기록되어 있습니다. 조조는 적이 화공을 실행할 조건을 갖추기 어렵다고 본 것이었습니다. 바람을 안고 불을 붙이는 것은 자기 자신에게 불을 붙이는 것과 마찬가지였기 때문입니다. 여기서 조조의 요행 심리를 엿볼 수 있습니다.

하지만 조조의 판단은 북방에서의 경험에 의지한 것이었습니다. 이 경험이 적벽 현지에서도 똑같이 유효했을까요? 이는 의심해볼 만한 것이었습니다. 심리학에서는 이를 '전이'라고 합니다. 이전에 누적된 경험을 새로운 상황에 직접 운용하는 것을 말합니다. 그는 적벽 현지에서는 겨울에도 동남풍이 분다는 사실을 예상하지 못했습니다. 조건과 실제상황을 고려하지도 않고 주관적으로 과거의 경험을 토대로 한 사유방식이 조조와 그의 대군에게 재난을 가져왔던 것입니다.

만약 전선을 서로 연결하고자 했다면 적어도 지난겨울에 동남풍이 불었는지 여부를 조사했어야 합니다. 이런 정보는 아주 쉽게 모을 수 있는 것입니다. 조조는 이를 행하지 않았습니다. 경험에 의지한 고정된 사고방식으로 판단하고 있었던 것입니다. 판단을 할 때는 불리한 정보를 홀시하고 유리한 정보만을 주목하는 것을 피해야 합니다.

주변에서 발생할 수 있는 위험에는 확률과 위험한 정도 등에 근거해 폭탄·폭죽·가스통·소행성, 이 네 가지 유형으로 위험을 분류할 수 있습니다. 유형에 따라 그 통제의 정도와 방식이 달라질 수 있습니다.

첫 번째는 폭탄의 위험입니다. 폭탄은 터질 경우 손해가 아주 크기 때문에 단호하게 피하는 것이 상책입니다. 예를 들어 우유에 좋지 않은 성분이 들어 있다면 그 즉시 마시던 우유를 버리고 혹여 요행심리를 갖지 말아야 합니다. 두 번째는 폭죽의 위험입니다. 자주 발생하고 주변에서 흔히 볼 수 있지만 위험이 작기 때문에, 우선 받아들이되 감당할 능력을 키우고 안전하게 사용하는 지식을 갖추면 됩니다. 세 번째는 가스통의 위험입니다. 자주 사용하고 가까이에 있지만 위험이 크기 때문에 위험을 전이시키는 전략을 채택해야 합니다. 안전한 곳에 두고 사전에 전문가의 검사를 받으며 전문지식을 숙지한 뒤 사용해야 하며, 가능하면 보험 같은 것을 가입해두는 것이 최상입니다.

네 번째는 소행성의 위험입니다. 소행성이 지구와 충돌할 가능성은 적지만 일단 발생하면 위험은 매우 큽니다. 반드시 신중히 방비하는 전략을 택해야 합니다. 요령은 '예방이 모든 것이고 반드시 별것 아닌 것도 큰일처럼 처리해야 한다'는 것입니다. 어떤 요행심리도 없게 매일·매월 엄격하게 살펴보고 방비해야 하는 것입니다.

분명 동남풍과 연환계의 위험은 소행성 유형에 속하는 위험이었는데, 조조는 폭죽을 대하는 전략을 취했습니다. 보이지 않는 위험을 가볍게 여기고 자신이 위험을 통제할 수 있으리라 판단하고, 어떤 방어조치나 예방수단을 취하지 않았던 것입니다. 조조는 전적으로 위험을 과소평가해 그저 수용하는 전략을 선택했던 것입니다.

조조는 당연히 승리하리라 예상했기에 퇴로의 문제도 고려하지 않았습니다. 《삼국지》 주에 실린 〈산양공재기山陽公載記〉에는 조조가 적벽에서 대패하고 달아나는 여담이 실려 있습니다.

> 공의 함선이 유비에 의해 불타버리니, 군대를 이끌고 화용도華容道에서 걸어 돌아가는데, 진창길을 만나 길이 통하지 않고 하늘에는 또한 큰 바람이 불었다. 야윈 병사들을 시켜 초목을 짊어지고 이를 메우게 해 겨우 기병이 통과할 수 있었다. 야윈 병사들은 사람과 말에 밟혀 널브러지고 진흙탕에 빠져 죽은 자가 매우 많았다. 군대가 다 빠져나오자, 공이 크게 기뻐했다. 여러 장수가 그 이유를 묻자 공이 말했다.
> "유비는 나와 같은 무리다. 다만 계교를 얻음이 적고 늦을 뿐이다. 앞서서 일찍 불을 놓았다면 우리는 기댈 만한 것이 없었을 것이다."

세 번째 책략 | 넘어졌다면 다시 일어나면 된다

공자의 제자 자유子遊가 무성武城의 관리로 있던 시절, 성문 옆 작은 언덕에 살던 황새가 갑자기 비석 위로 둥지를 옮기는 것을 본 묘지기가 자유에게 보고했습니다.

"황새는 장차 비가 내릴 것을 아는 새입니다. 새가 미리 둥지를 높은 곳으로 옮기는 것을 보니 큰비가 내릴 것입니다."

이를 들은 자유는 즉시 주민 모두에게 배를 준비하게 해 만일에 대비했습니다. 며칠이 지나 과연 큰비가 내려 성문 옆의 언덕이 물에 잠기고 묘지의 비석까지 차올랐습니다. 둥지가 위태로워진 황새는 이리저리 날아다니며 울 뿐 어디로 둥지를 옮겨야 할지 몰랐습니다. 이를 본 자유가 탄식하며 말했습니다.

"정말 가련하구나! 저 황새는 홍수가 날 것을 알고도 안타깝게 멀리 내다보지는 못했구나!"

이 이야기는 "판단만 하고 행동하지 않고, 알고도 행하지 않는다"는 상황을 이르는 말입니다. 성공한 사람은 행동하는 사람으로, 문제를 보면 즉시 움직입니다. 조조는 적벽에서 대패하고 후퇴하는 과정에서 어떤 조치를 취해 위험에서 벗어났을까요? 먼저 《삼국지》〈조인전曹仁傳〉의 기록을 살펴보겠습니다.

조인에게 정남장군의 직을 주어 강릉江陵에 주둔하며 오의 주유를 막게 했다. 주유가 수만의 군사를 거느리고 공격하러 왔는데 그 선봉 1,000여 명이 막 다다르자, 성 위에서 이를 본 조인이 우금에게 군사 300명을 주고 적을 막게 했다. 오나라 군은 수가 많고 우금의 군사는 적어 마침내 포위되었다. 조인은 장사長史 진교와 함께 성 위에서 우금 등 300명이 위태로운 상황에 처하는 것을 지켜보았다. 주변에 있던 사람 모두 안색을 잃고 두려워했으나, 오직 조인만이 의기충천해 시종을 불러 말을 가져오라고 했다. 진교 등은 조인이 성을 나가 우금을 구원하려는 것을 알고 조인을 붙잡고 말했다.

"적이 강성해 기세를 당해낼 수 없습니다. 가령 저들 수백 명을 버릴지언정 어찌 장군께서 몸소 나가려 하십니까?"

조인이 이에 응하지 않고, 마침내 갑옷을 입고 말 위에 올라 휘하의 장사將士 수십 기를 거느리고 성을 나갔다. 적에게서 100여 보 떨어진 도랑에 근접했다. 진교 등은 조인이 응당 도랑가에 머물고 우금을 지원하는 체할 것이라 여겼는데, 조인은 도랑을 건너 곧장 적의 포위망으로 돌진했다. 이에 우금 등은 포위를 뚫고 나올 수 있었다. 나머지 군사들이 아직 다 빠져나오지 못하자, 조인은 곧장 되돌아 돌격해 병사들을 포위에서 구해내고 적 수십 명을 죽이니, 적군이 이에 퇴각했다. 처음에 진교 등은 조인이 적진에 뛰어드는 것을 보고 두려워했지만, 조인이 돌아오는 것을 보고는 감탄하며 말했다.
"장군은 참으로 하늘이 내려주신 사람[天人]입니다."
삼군이 그 용기에 감복했다.

조조 수하의 장수 가운데 지략과 용맹함을 갖춘 장수를 세 명만 꼽으면 조인·서황·장합이라 할 수 있습니다. 조조는 조인에게 퇴로를 맡겨 형주 전선을 안정시키고 손권과 유비의 연합군이 북쪽으로 전세를 확대하지 못하게 했습니다.

패배한 후 조조의 행적을 《삼국지》〈무제기〉의 기록을 통해 살펴보겠습니다.

건안 14년(209) 봄 3월, 군대가 초현에 이르자, 가벼운 배를 만들어 수군을 훈련시켰다.
가을 7월, 와渦로부터 회수로 들어가서 비수肥水를 나와, 합비合肥에 진을 쳤다.
신미일, 영을 내려 "근자 이래로 군대가 여러 번 정벌을 나가, 혹 역질을 만나 관리와 군사들이 죽어 돌아가지 못하니, 집안에 원망이 가득하고, 백성은 떠돌게 되었는데 인자仁者가 어찌 즐거워하겠는가? 이는 부득이한 것이다. 영을 내려 죽은 자의 집안 가운데 기업基業이 없거나 능히 스스로 보전하지 못하는 자가 있으면, 현관縣官은 양곡을 끊이지 않게 하고, 장리들은 그들을 구휼하고 어루만져 내 뜻에 부합하게 하라"고 했다. 양주 군현에 장리를 두고, 작피芍陂에 둔전을 개설했다.

12월, 군대가 초현으로 돌아왔다.

이 구절들은 세 가지 정보를 포함하고 있습니다. 첫 번째는 조조가 수군을 재건했고, 두 번째는 합비로 진군해 오나라에 군의 위엄을 보여주는 동시에 변경을 공고히 했던 것입니다. 세 번째는 전사한 병사의 가족을 돌보는 보훈정책을 시행했던 것입니다. 이렇게 조조는 적벽에서 대패한 후유증을 최소화하고 전선을 안정시켰습니다.

아울러 조조는 전쟁에서 패하고 돌아오면서 곽가의 죽음을 애통해 하며 슬프게 울었습니다. 조조가 화용도의 위험에서 벗어나 안전지대로 들어오자 조인은 조조의 기분을 전환해주기 위해 연회를 준비했습니다. 그런데 연회 도중에 조조는 갑자기 하늘을 쳐다보며 울기 시작했습니다. 주변 모사들이 이유를 묻자 조조가 말했습니다.

"내가 우는 것은 곽가 때문이다. 곽가가 있었다면 결코 오늘과 같은 처지에 이르지 않았을 것이다."

이렇게 말하고는 곽가의 이름을 부르고 가슴을 두드리며 통곡했습니다.

곽가는 원술·여포·원소·오환과 싸우며 북방을 통일하는 과정에서 여러 차례 묘책을 내는 등 중요한 역할을 했습니다. 조조가 곽가를 생각하며 운 것은 더는 곽가와 같은 우수한 모사가 없었기 때문에 적벽대전에서 참패했음을 말하기 위함이었습니다. 또 조조가 사람들 앞에서 통곡했던 것은 주위의 모사와 장수를 간접적으로 비평하기 위한 것이라 할 수 있습니다. "중요한 시기에 왜 곽가와 같은 좋은 의견을 내지 않았는가"라고 비판했던 것이지요.

그렇다면 왜 조조는 직접적으로 비판하지 않았을까요? 조조는 대리강화Vicarious Reinforcement의 책략을 사용했습니다. 대리강화란 다른 사람의 행동을 관찰하고 그 결과를 알게 됨으로써 같은 행동을 할 확률이 증가되는 것을 말합니다. 다른 사람의 행위가 장려되거나 비판받는 것을 본 사람은 그 영향으로 유사한 강화효과가 생긴다는 것입니다.

예를 들어 선생님이 질문을 잘하는 학생을 칭찬하면 옆에 있던 학생들도 칭찬을 받기 위해 질문을 시도합니다. 청소년들이 자신의 우상을 모방하는 것도 이 이론으로 설명할 수 있습니다.

조조가 운 것은 전형적인 대리강화 수법입니다. 하지만 조조는 주위 신하들의 체면을 생각해 직접적으로 말하지 않고 곽가에 대한 그리움을 표하는 것으로 곽가를 높여 스스로 반성하도록 했던 것입니다. 책망하는 것도 일종의 격려입니다. 동시에 조조는 자신의 잘못된 행위에 대한 반성을 보여주기 위해 운 것이기도 했습니다.

적벽대전에서 조조는 우세를 점한 상황이었음에도 교만과 자만 때문에 승리의 기회를 놓치고 말았습니다. 아울러 용인에서 실수를 했고 천시도 불리하게 작용해 전염병이 유행하는 등 다양한 요인으로 인해 실패했습니다. 한마디로 외부요인은 조건이고 내부요인은 근거입니다. 조조가 적벽에서 실패한 근본적인 원인은 연이은 승리로 인해 이성을 잃고 교만하게 적을 경시해 전술에서 오류를 범했기 때문이었습니다. 조조가 비록 수많은 전장에서 많은 승리를 거두었어도 자아관리와 정서를 통제하는 과정에서는 여전히 문제를 노출했습니다. 실패하면 한을 품고 마구잡이로 사람을 죽이고, 승리하면 판단력이 흐려져 자만하는 고질병을 줄곧 떼어버리지 못했던 것이지요. 적벽대전은 침통한 교훈을 주었습니다. 그간의 승리로 달아오른 조조는 차가운 물벼락을 맞고 마침내 냉정해졌습니다. 조조는 남정南征의 조건이 아직 성숙하지 않았음을 또렷하게 인식했습니다. 대신 손권과 유비의 동맹이 형주의 문제로 파열음이 생긴 기회를 틈타 남쪽에서 손을 떼고, 오랫동안 서량에 웅거하던 한수와 마초의 군사집단의 문제를 해결하기로 결정했습니다. 그렇다면 조조는 어떻게 이 전쟁을 조직했고 어떤 어려움에 직면했을까요?

제13강

승세보다 사람의 마음을
잡는 것이 먼저다

공동의 이상과 목표가 있는 조직은 구성원의 마음과 역량을 한곳으로 모을 수 있다. 하지만 그 전에 관리자가 어떤 행동을 취하느냐에 따라 조직구성원들이 서로 단결하고 협력하는 데 지극히 중요한 영향을 끼친다. 서량을 정벌하는 싸움에서 삼군의 통수로서 조조는 놀랍게도 기꺼이 위험을 무릅쓰고 스스로 후방을 엄호했다. 그가 이렇게 한 목적은 무엇이었을까? 현대인은 그 속에서 어떤 깨우침을 얻을 수 있을까?

승리를 예측하는 기본 원칙

《손자병법》은 승리를 아는 다섯 가지 조건을 강조합니다.

가히 싸울 수 있는지 없는지를 아는 자는 이기고, 우세할 때와 열세할 때의 용병을 아는 자는 이기고, 상하가 같은 마음을 가지면 이기고, 깊은 사려로써 생각 없는 적을 맞는 자는 이기고, 장수가 유능하고 임금이 간섭하지 않는 자는 이긴다[知可以與戰不可以與戰者勝, 識衆寡之用者勝, 上下同欲者勝, 以虞待不虞者勝, 將能而君不御者勝].

오늘날 용어로 말하면, 형세판단을 정확히 하고, 전략을 적절히 운용하며, 동기관리를 잘하고, 상대를 응대할 준비를 철저히 하고, 충분하게 권한을 위임하면 승리를 예측할 수 있다는 이야기입니다. 그 가운데 상하가 같은 마음을 갖는 것[上下同欲]은 상급자와 하급자, 리더와 부하의 동기가 동일한 것을 의미합니다. 내가 우리가 되고, 내가 생각하는 것이 우리 모두의 생각이 되고, 내가 할 수 있는 것이 우리 모두가 할 수 있는 것으로 변하고, 내가 해야 할 일이 우리 모두가 해야 할 일이 되는 것입니다. 상하동욕上下同欲의 본질은 동기관리라 할 수 있습니다.

동기관리란 무엇일까요? 속담에 "돈이 있으면 귀신도 부린다"는 말이 있습니다. 귀신도 돈이라는 동기가 있으면 무슨 일이든 시킬 수 있다는 뜻입니다. 동기관리는 한마디로 '적절한 추동은 적절한 행동을 만들어낸다'는 것입니다. 조조는 동관전투潼關戰鬪에서 마초를 격파하면서 교묘하게 동기관리의 기교를 사용했습니다.

때로는 아랫사람을 위해 위험을 자처한다

건안 16년(211) 가을, 조조는 대군을 독촉하며 동관潼關 밖의 황하를 건너 우회해 서량의 마초와 한수의 부대를 측면에서 공격할 준비를 하고 있었습니다. 조조는 서량 기병들의 전투력이 대단히 뛰어나다는 사실을 동탁과 싸울 때 이미 겪은 바가 있었습니다. 이후 거의 30년이 지난 지금, 조조의 나이가 쉰여섯에 이르렀지만, 그는 당시의 패배로 5,000여 명의 자제병이 서량 기병에 의해 전멸당한 장면을 오랫동안 기억하고 있었습니다.

그래서 조조는 이번 서량 원정에서는 예봉을 피하고 우회하는 전략을 택했습니다. 대부분의 인마가 강을 건너고 황하 남쪽에는 조조와 호위부대 100여 명이 남아 부대의 후방을 엄호하고 있었습니다. 조조가 마침 몸을 일으켜 도하를 준비하려 할 때 먼 곳에서 홀연히 흙먼지가 일어나고 대지를 진동하는 말발굽 소리가 들려오더니 서량의 기병이 온 천지를 뒤덮으며 부챗살처럼 돌격해왔습니다. 누군가 깜짝 놀라 소리쳤습니다.

"마초가 왔다!"

조조는 침착하게 의자에 앉아 조금도 움직이지 않고 "놀라지 말고 진지를 벗어나지 말라!"고 소리쳤습니다. 바로 그때 100보 앞에서 한 마리의 전마가 나는 듯이 다가오는 것이 보였습니다. 말 위에는 소년 장군 한 명이 타고 있었는데, 그가 바로 서량의 대장 마초 맹기孟起였습니다. 은의마초銀衣馬超라는 외호를 가진 마초는 얼굴에는 분을 바르고 입술은 붉게 칠하고, 은색 갑옷에 꽃 전포를 입고 손에는 은창을 들고 입으로 연신 "조적曹賊은 도망가지 말라!"고 소리치며 조조를 향해 달려왔습니다.

생각해보십시오. 100보를 미터로 환산하면 200미터도 채 되지 않을 텐데, 정말 순식간에 조조는 제대로 싸워보지도 못하고 사로잡힐 위기에 처하고 말았습니다. 조조의 신변 경호를 책임지던 허저는 깜짝 놀랐습니다. 마초가 두려운 것이 아니라 마초가 조조를 해하는 것이 걱정되었습니다. 허저가 큰소리로 "승상, 빨리 피하십시오!"라고 소리치고는 조조의 의사와는 상관없이 조조를 안아 강가를 향해 나는 듯이 달려가 곧바로 배에 올라탔습니다. 하지만 서량 기병의 기세는 막을 수가 없었습니다. 조조의 나머지 군사들은 분분히 후퇴하다 모두 강물에 뛰어들어 배에 오르려 했습니다. 병사들이 배를 잡자, 조조를 태운 작은 배는 흔들거리며 앞으로 나가지를 못했습니다. 다급해진 허저가 칼을 빼 적과 아군을 가리지 않고 배에 오르려는 사람 몇몇을 베자 비로소 배가 움직이기 시작했습니다. 갑판 옆은 잘린 손가락으로 가득했습니다.

하지만 조조 일행은 곧바로 강가에 있던 마초에게 따라잡혔습니다. 불행히도 강폭이 넓지 않아 서량의 말을 탄 궁수들이 강을 따라 추격하며 집중해서 활을 쏘자 노를 젓던 병사들은 곧 고슴도치가 되고 말았습니다.

위기의 순간, 허저는 왼손으로는 말안장을 집어 날아오는 화살을 막고, 오른손으로는 배를 저었습니다. 허저가 주군을 보호하기 위해 온 힘을 다한 결과, 배는 속도를 회복했습니다. 그들은 강물을 따라 4, 5리를 간 끝에 마침내 적군의 사정거리에서 벗어날 수 있었습니다. 서량 기병들의 갑작스러운 공격에 군대가 패배하고 조조가 보이지 않자 군영에 있던 여러 장수가 놀라 당황했습니다. 그러다 때마침 조조가 보이자 슬퍼하다 기뻐했으며 혹자는 눈물을 흘리기도 했습니다. 이에 조조가 호탕하게 웃으며 말했습니다.

"오늘 하마터면 도적들의 포로가 될 뻔했다."

군주의 태도가 부하의 태도를 결정한다

그렇다면 조조는 왜 위험을 무릅쓰고 친히 후방을 엄호했을까요? 사실 삼군의 통수권자인 그는 첫 번째로 강을 건너 안전지대에서 전군을 지휘할 수 있었습니다. 그런데도 후방을 엄호한 것은 군의 사기를 높이고 군심을 안정시키기 위한 행동이었다고 할 수 있습니다. 관리학에서는 이를 '우두머리 양의 효과'라고 합니다. 양 떼가 우두머리 양의 행위에 근거해 자신의 행위를 결정하는 것처럼, 조직의 구성원도 리더의 행위에 근거해 자신의 행위를 결정한다는 것입니다.

이와 관련된 춘추시대 안영晏嬰의 고사가 있습니다. 당시 제나라 군주는 붉은색 옷을 좋아했습니다. 그러자 위의 상대부부터 아래의 일반 백성에 이르기까지 전국적으로 붉은색 옷이 유행했습니다. 붉은색 옷은 만들기가 복잡하고 제작단가가 많이 들기 때문에 제나라 군주는 일반 백성이 붉은색 옷을 입는 것을 금지하고 이를 위반하면 엄벌에 처한다는 포고령을 내렸습니다. 하지만 1년이 지나도 붉은색 옷을 입는 사람이 줄어들지 않았습니다. 결국 제나라 군주는 재상 안영에게 가르침을 구했습니다. 안영이 말했습니다.

"군주께서 붉은색 옷을 입기 좋아하면 아랫사람들이 당연히 모방하려 할 텐데, 어떻게 그것을 막을 수 있겠습니까? 만약 군주께서 붉은색 옷을 입지 않고 그런 사람들을 미워하면 그것을 제지할 수는 없어도 붉은색 옷을 입는 사람들이 줄어들 것입니다."

다음날 제나라 군주는 소박한 옷으로 갈아입었습니다. 조회에 나가 붉은색 옷을 입은 신하들을 멀리하며 자신은 붉은색 옷을 싫어한다고 공언하고, 간소한 옷을 입은 신하들을 칭찬했습니다. 한 달이 지나자 붉은색 옷을 입는 사람들이 거의 사라지고 가격도 대폭 떨어졌으며, 근검절약하는 사회기풍이 점차 형성되었습니다.

이 고사에서 볼 수 있듯이 리더의 말과 행동은 집행력에 영향을 미치는 중요한 요소입니다. 처음 제나라 군주가 자신은 붉은색 옷을 입고 다른 사람이 붉은색 옷을 입는 것을 막은 것처럼, 직원들에게 업무 집행력을 높이라고 요구하면서 자신은 도리어 신문을 보거나 차를 마시며 일을 전가한다면 직원들이 진지하게 일하거나 문제를 해결하려 하지 않을 것입니다. 말할 필요도 없이 업무 집행력은 크게 떨어지고 직원들은 아주 피동적인 자세로 일하게 될 것입니다.

그래서 먼저 상사의 문제를 해결해야 직원의 문제도 해결되는 것이고, 태도의 문제가 먼저 해결된 후에 방법의 문제도 해결될 수 있는 것입니다. 조조는 지휘경험이 풍부한 리더였습니다. 그가 두려워한 것은 군대가 강을 건널 때 질서 없이 한데 엉키는 것이었습니다. 우두머리인 자신이 강을 먼저 건너 안전한 곳으로 갔을 때 아직 강을 건너지 않은 병사들이 적의 공격에 노출되면 어찌할 바 모르고 서로 앞다투어 도망갈 것이고 그러면 현장을 통제할 수 없다는 사실을 아주 잘 알고 있었던 것입니다.

반면 리더가 앞에서 고생을 하고 뒤에서 즐기며, 병사와 함께 호흡하고 운명을 같이하며, 모두가 안전하게 강을 건너기를 기다린 뒤 자신은 마지막에 건넌다면, 그것은 병사들에게 안정제를 주는 것입니다. 그들은 '봐라, 대장도 건너지 않았는데 우리가 급할 게 뭐가 있나'라고 생각했을 것입니다.

대장이 친히 후방을 지키고 있으니 마음이 가라앉고 더는 허둥대지 않아 도하작전이 빠르고 원만하게 끝날 수 있었습니다.

스스로 선택하게끔 격려로써 도와야 한다

용기와 공헌정신은 어디서 비롯될까요? 바로 리더의 다양한 격려에서 비롯됩니다. 입으로 격려하는 것보다 더 중요한 것은 행동으로 격려하는 것입니다. 리더가 몸소 후방을 엄호하는 과정에서 조조는 아주 적절하게 행동했습니다.

물론 조조의 이런 행동의 전제는 허저 등의 보호가 있었기 때문입니다. 그렇지 않았다면 조조의 리더십 예술은 오히려 대장이 어리석게 죽음을 자초한 일이 되었을 것입니다. 책략은 반드시 자원과 인력으로 성공을 보장해야 합니다. 조조도 허저·장합 등 장수들의 보호를 받으며 감히 경군으로 후방을 엄호할 수 있었던 것입니다. 앞서 주위 사람들을 잘 활용해 위험을 방비한다는 주제를 이야기했습니다. 여기서 한 걸음 더 나아가 '허저 등의 업무 적극성은 어디서 기인한 것일까'를 생각해볼 수 있습니다. 그들은 도전적이고 위험한 임무를 어떤 이유로 그렇게 용감하게 수행할 수 있었을까요?

조직을 이끄는 세 가지 수단으로는 의미·이익·감정이 있습니다. 그래서 뛰어난 리더는 머리로는 이상의 깃발을 세우고 입으로는 감정을 이야기하며 손으로는 실질적인 이익을 주는 사람입니다. 이상과 가치관이 없으면 뛰어난 인재를 격려할 수 없고, 실익과 대우가 없으면 보통 사람을 격려할 수 없고, 감정이 없으면 주위 측근을 격려할 수 없습니다.

이외에도 합리적으로 권한을 위탁해야 부하들이 자발적으로 행동하게 됩니다. 흔히 엄마가 밥을 먹으라고 하면 아이들은 무턱대고 먹지 않겠다며 청개구리 같은 반응을 보이곤 합니다. 사실 이 원리는 간단합니다. 아이나 어른이나 주체적·자발적으로 일하는 것은 좋아하지만 통제나 지휘를 받는 것은 싫어하기 때문입니다. 그렇다면 밥을 먹기 전에 아이에게 먼저 손을 씻게 하려면 어떻게 말해야 할까요?

"애야, 어서 가서 손 씻어! 손이 왜 이리 더러워. 손을 씻지 않으면 밥을 먹지 못할 줄 알아!"

이럴 경우 아이는 오히려 "그럼 나 손 씻지 않을 거야!"라고 반응할 것입니다. 이런 역반응 심리의 본질은 그동안 통제된 행위양식에서 자주적인 행위양식으로 발전하는 과정이라 할 수 있습니다. 역반응 심리는 아이가 각성하고 있다는 표시고 성장과 성숙의 단계에 들어가고 있다는 표시입니다. 명령하지 않고 깨우치고, 핍박

하지 않고 격려하는 것은 아이 스스로 일을 하게 만드는 아주 좋은 방법입니다. 훌륭한 가장은 아이가 선택할 수 있도록 기회를 제공하는 사람입니다. 아이를 통제하는 것이 아니라 한편으로는 시범을 보이면서 한편으로는 선택항목을 주는 것이 기교입니다.

"애야, 밥 먹자. 엄마가 먼저 손을 씻을게. 비누로 씻을지 손세정제로 씻을지는 네가 선택해라. 밥을 먼저 먹을지 죽을 먼저 먹을 것인지 결정하렴. 무엇을 먼저 먹든 상관하지 않는다."

때로는 역으로 아이를 따라하며 그의 선택을 칭찬해야 합니다.

"애야, 죽을 먼저 먹기로 했구나. 죽이 특히 위에 좋다고 하던데 훌륭한 선택이다. 정말 맛있어 보이네. 나도 너처럼 죽 한 그릇 먹어야겠다."

시범을 보여주고 선택지를 제공하며 행동을 칭찬하고 모방하는 것은 자주성을 북돋우기 위한 기본적인 동작입니다. 자주성이 있어야 자발적·주도적으로 자신의 역량을 투입할 수 있는 것입니다. 교육이든지 관리든지, 이 점에서는 모두 같습니다. 자발성을 이끌어내는 리더야말로 진정 수준 있는 리더라 할 수 있습니다. 이것을 동기관리라고 합니다. 좋은 관리자는 언제 어디서나 동기관리에 신경을 써 직원들이 마음을 다해 업무에 열중하도록 만드는 사람입니다.

조조는 이 부분에서 고수였습니다. 그는 조직을 이끄는 과정에서 내부관리뿐 아니라 적과의 투쟁에서도 동기관리를 아주 중시했습니다. 여기서 마초와 싸우기 전후에 그가 운용한 효과적인 방법 몇 가지를 이야기하고자 합니다.

조조의 책략
마음을 사로잡아 승세를 얻는 기술

첫 번째 책략 | **아랫사람에게 긍정의 동기를 부여한다**

마초를 토벌하기 1년 전인 건안 15년(210), 쉰여섯의 조조는 〈양현자명본지령〉이라는 글을 발표해 자신의 인생을 총괄했습니다. 혹자는 이 글을 조조의 업무총결 혹은 업무상황 보고서라고 이야기합니다. 첫 번째는 국가를 위해 온 힘을 기울인다는 '소년입지少年立志'입니다.

> 이 때문에 사시四時로 향리로 돌아가 초현 동쪽 50리 되는 곳에 정사精舍를 세웠다. 가을과 여름에는 독서하고 겨울과 봄에는 사냥하며 밑바닥으로 내려가 진흙탕 물로 스스로를 가리고 빈객이 왕래하는 것을 끊고자 했으나 뜻대로 되지 않았다. 그 뒤 도위가 되었다가 전군교위로 올랐는데, 마침내 국가를 위해 적을 토벌해 공을 세우려는 뜻을 세웠다. 후侯에 봉해지고 정서장군에 임명되어 죽은 뒤 내 묘 앞에 "한나라 고 정서장군 조후의 묘"라 쓰이길 바랐으니, 이것이 내 뜻이었다.

두 번째는 비록 실력은 있으나 결코 반역을 꾀하지 않는다는 내용입니다.

> 만약 내가 나라에 없었다면 몇 사람이 칭제하고 칭왕稱王했을지 알 수 없다. 혹자가 내가 강성한 것을 보고 또 심성이 천명天命의 일을

믿지 못해, 사사로운 마음으로 서로 평하기를 (내게) 불손한 뜻이 있다고 하며 망령되이 억측하니, 나는 이것이 늘 근심스럽다.

제 환공과 진 문공이 오늘날까지 칭송받는 이유는 강력한 군사력을 가지고도 오히려 주 왕실을 받들어 섬겼기 때문이다. 《논어》에서 이르기를, "천하의 3분의 2를 차지하고도 은殷나라를 복종하며 섬겼으니 주나라의 덕은 가히 지극한 덕이라 이를 만하다"고 했으니, 무릇 큰 것으로 작은 것을 능히 섬길 수 있는 것이다.

세 번째는 진심에서 우러나 한실에 충성한다는 내용입니다.

내 조부부터 내 자신에 이르기까지 모두 친중親重의 임무를 맡았으니 가히 신임을 받았다 할 만하고 아들 조비의 형제까지 3대에 이르렀다. 나는 다만 제군들에게만 이런 이야기를 하는 것이 아니라 항상 내 처첩들에게도 말해 모두 마음 깊이 이 뜻을 알게 했다. 또 "내가 죽고 만년 뒤에라도 너희 조씨들은 출가하게 되면 모두 내 마음을 전해 다른 사람들에게도 알리고 싶다"고 말했는데, 나의 이런 말은 마음에서 우러난 참된 말이다.

조조가 〈양현자명본지령〉을 쓴 시기는 동한 건안 10년이었습니다. 애초에 그는 북방통일의 대업을 달성한 후 정권을 공고히 하면서 계속해서 천하를 통일하려고 남하하다 손권·유비 양대 연합세력의 도전을 만나 적벽에서 커다란 실패를 경험했습니다. 손권과 유비는 군사적으로도 조조에게 대항했으며, 정치적으로도 조조를 "한나라 재상의 이름을 빌리고 있지만 실제로는 한나라 도적이다"

혹은 "한나라를 폐하고 자립하고자 한다"는 등의 말로 비난했습니다. 이 외에도 마초를 영수로 하는 관중의 세력이 조조를 향해 군사적인 위협을 조성했고, 동한 정권 내부에서도 이런 여론을 빌려 조조를 규탄하자, 안팎으로 궁지에 몰린 조조가 자신의 입장을 표명했던 것입니다.

조조를 비난하던 사람들은 모두 세 부류가 있었습니다. 한 부류는 유비와 손권의 세력 안에 있던 조조의 적대세력이었고, 두 번째 부류는 동한 왕조의 구신들이었으며, 세 번째 부류는 조조 진영의 내부사람이었습니다. 본래 조조는 북방을 평정해 건안 13년, 동한 정부의 승상으로 임명되었으나, 1년도 되지 않아 적벽대전에서 군사적으로 커다란 손실을 입었습니다. 이후 1년을 견뎌냈으나, 자신을 둘러싼 이런저런 구설수들을 견디지 못하고 210년에 결국 〈양현자명본지령〉을 발표했던 것입니다.

이 글의 핵심은 충군보국과 한실부흥의 결심을 표명하고, 가치관과 원칙을 분명하게 이야기함으로써 자신을 중상모략하는 사람들에게 반격하고자 한 것이었습니다. 아마도 조조가 한편으로는 나라를 도적질하면서 도적을 몰아내자 하고, 다른 한편으로는 권력을 빼앗으면서 충심을 표명했다고 말하는 사람이 있을 것입니다. 〈양현자명본지령〉은 전적으로 그 간사한 마음을 담아 정치적인 수완을 부린 표현이라는 것입니다. 사실 그의 글에서 정치적인 요소를 배제할 수 없지만, 동시에 우리는 이 글과 조조의 관리성향이 일치한다는 것을 알 수 있습니다. 바로 내부에 쟁의가 생기거나 중대한 결정을 내릴 때 조조는 항상 일어나서 이상·신념·가치관의 문제를 이야기했는데, 이 글은 관서의 마초집단을 정벌하기 전의 1차적 정신교육이면서 동기부여였다고 할 수 있습니다.

예를 들어보겠습니다. 한 노인에게 고민이 생겼습니다. 매일 오후 낮잠을 좀 자려고 하는데 창밖에 아이들이 놀러와 장난치며 시끄럽게 해 잠을 잘 수가 없었습니다. 그래서 며칠을 견디다 참지 못하고 아이들에게 1,000원을 주면서 말했습니다.

"너희가 이곳을 아주 활기차게 만들었다. 이 돈으로 가서 과자 사 먹어라."

아이들은 기뻐하며 돈을 받고 떠났습니다. 다음 날 아이들이 여전히 계속 창밖에 와서 시끄럽게 놀았습니다. 노인은 다시 나와 각각 100원을 주며 수입이 없어 조금밖에 줄 수 없다고 설명했습니다. 그래도 쏠쏠해서인지 아이들은 기뻐하며 떠나갔습니다. 셋째 날 아이들이 또 오자, 노인은 각각 50원을 주었습니다. 그러니 아이들은 뜻밖에 화를 내며 "하루에 50원이라니요. 우리가 얼마나 고생하는지 모르지요?"라며 노인에게 다시는 오지 않겠다고 맹세했습니다. 아이들이 사라지자 창밖은 다시 고요함을 회복하게 되었고 노인은 이후 편안하게 낮잠을 즐길 수 있게 되었습니다.

사람의 동기는 내재동기와 외재동기 두 가지로 나눌 수 있습니다. 외재동기란 돈·물질·지위·대우 등으로 외부의 자극요인을 가리키고, 내재동기는 신념·흥미·성취감·호기심 등으로 내부의 자극요인을 가리킵니다. 내재동기가 행동하게 만들면 자신의 주인이 될 수 있고, 외재동기가 행동하게 만들면 노예가 되는 것입니다.

노인의 계산은 아주 간단했습니다. 그는 아이들의 내재동기인 "자신들끼리 즐겁게 논다"를 외재동기인 "돈을 받고 논다"로 변하게 하고는, 돈이라는 외부요인으로 아이들의 행위를 조정했습니다. 이 노인이 혹시 여러분의 사장이나 상사와 유사하지 않습니까? 돈은 여러분의 월급이나 상여 등과 같지 않습니까?

만약 일에서 외부의 평가만을 참고로 삼으면 정서는 아주 쉽게 흔들릴 수 있습니다. 외부요인은 통제할 수 없고, 내부의 기대를 벗어나기 쉬워 불평과 불만으로 이끌기 때문입니다. 불평과 불만 등의 마이너스 정서는 사실 우리를 고통스럽게 하고, 일에 집중할 수 없게 만듭니다.

우리는 '사기'라는 단어를 자주 이야기하곤 합니다. 사기의 본질은 개인 혹은 조직의 내재동기입니다. 신념·흥미·성취감·호기심 같은 내재동기는 황금처럼 아주 귀중한 것입니다. 일을 하면서 내재동기가 없다면 오래 지속하기도 어렵고, 높은 성취를 이루기도 어렵습니다. 만약 내재동기를 끌어내지 못한다면 조직의 안정성과 전투력에는 반드시 문제가 생기게 될 것입니다.

훌륭한 선생은 내재동기를 잘 이끌어내는 선생이고, 훌륭한 가장은 내재동기를 잘 이끌어내는 가장이며, 훌륭한 리더는 내재동기를 잘 이끌어내는 리더임을 알아야 합니다. 실생활에서 아이의 동기는 고려하지 않고 통제하는 것에만 신경을 쓰는 부모가 많습니다. 통제가 오래 지속되면 아이는 자신의 흥미나 기호 등의 동기를 잃게 되고, 무엇을 해도 외부의 평가에만 연연하게 되어 공부도 싫고 학교도 싫은, 심지어 공부를 적대시하는 심리적인 왜곡에 이르기도 합니다. 일도 마찬가지입니다. 내재동기가 없으면 상사의 평가와 수입의 기복이 일의 가장 큰 즐거움과 고통의 근원이 되어, 월급을 위해 종일 리더의 주위를 맴돌고, 기분이 좋았다 나빴다 하다가 열정이 점차 감소해 결국에는 일하는 동력을 잃어버리는 지경에 이르게 되는 것입니다.

조직을 제도적인 측면에서 이끄는 것은 기술이지만, 마음의 측면에서 이끄는 것은 예술이 되는 것입니다. 작은 일은 기술이 있으면 되지만 큰 그릇이 되려면 반드시 예술이 있어야 합니다.

두 번째 책략 | 기이한 계책으로 상대의 기세를 꺾는다

처음 조조가 마초의 반란을 진압하기 위해 서쪽으로 향할 때 많은 사람들이 "관서의 병사는 강성하고 긴 창[長矛]을 쓰는 법을 익혀, 정예병을 선발해 선봉으로 보내는 것이 아니면 당해낼 수 없습니다"라고 했습니다. 그런데 조조가 여러 장수에게 말했습니다.

"전투는 나에게 있지 적에게 있지 않다. 적들이 비록 긴 창 쓰는 법을 익혔다고 하지만 장차 찌르지 못하게 할 것이니, 제군들은 다만 지켜보라."

조조가 생각한 전술은 무엇이고 조조는 어떻게 전쟁의 주도권을 확보했을까요?

먼저 조조가 마초를 상대하며 선택한 전술은 직접 싸우는 것을 피하고 느긋하게 군사를 움직이는 완군지계緩軍之計였습니다. 조조는 서량 기병의 무서움을 익히 알고 있었습니다. 그래서 처음 마초가 반란을 일으켜 동관에 주둔했을 때 조조는 여러 장수를 경계시키며 말하기를 "관서의 정예병들은 사나우니 성벽을 굳건히 해 더불어 싸우지 말라"고 했습니다. 이는 이후 동관전투의 기본전략이 되었습니다.

그래서 정면으로 상대하지 않고 측후방으로 돌아 상대의 이목을 어지럽혔습니다. 그리고 몰래 서황·주령 등을 보내 밤에 포판진蒲

阪津을 건너 하서河西를 차지하게 했습니다. 그러고는 북쪽으로 황하를 건너고, 이어 서쪽으로 황하를 건넌 후 다시 위수渭水 남쪽으로 건너가 적들의 시야를 어지럽혔습니다. 마초 등이 여러 차례 정면 도전했으나 조조는 대응은커녕 지키기만 하고 별다른 공격을 하지 않았습니다. 결국 둔병이 길어지자 마초 등은 사자를 파견해 하서를 할양하는 조건으로 화친을 제안하기에 이르렀습니다. 조조는 그 제안을 거절했습니다. 조조가 채택한 완군지계의 핵심은 싸움을 질질 끌며 적의 예봉을 피하는 동시에 적의 사기를 와해시키는 것이었습니다.

다음은 적에게 위무를 드러내 사기를 꺾는 진군지계震軍之計를 사용했습니다. 위수를 건넌 후 조조의 대군은 선봉부대 서황의 군대와 합쳐 강을 따라 남쪽으로 움직이다가 위수 입구를 막고 있는 마초 연합군과 조우했습니다. 당시 조조는 한수·마초와 홀로 말을 타고 만난 적이 있었는데, 좌우에 장수들 없이 오로지 허저만이 조조를 시종할 때였습니다. 마초는 자신의 무예를 믿고 암암리에 앞으로 다가가 조조를 붙잡으려고 했습니다. 하지만 마초는 위수에서 조조를 구한 사람이 바로 허저라는 것을 알고 있었기에 시종하러 온 기병이 허저인지 궁금했습니다. 이에 조조에게 군중에 '호치'라 불리는 사람이 있다던데 누구인지를 물었습니다. 조조가 허저를 가리키자 허저는 눈을 부릅뜨고 마초를 쳐다보았습니다. 허저가 이미 그의 의도를 꿰뚫어보고 있다는 것이 분명해지자 마초는 감히 움직일 생각을 하지 못했습니다. 그 일이 일어난 이후 조조는 허저를 칭찬하며 "도적들조차 호치가 있다는 것을 알 줄은 생각하지 못했다"고 말했습니다.

며칠 후 조조는 많은 의병을 풀어놓고, 몰래 배에다 병사를 실어 위수로 진입했습니다. 부교를 만들고 밤에 병사를 나누어 위수 남쪽에 진영을 쌓았습니다. 그런데 강을 건넌 후 조조의 영채는 번번히 마초의 기병에게 돌파되어 곤란을 겪고 있었습니다. 진영을 세우려 해도 강가라 땅에 모래가 많아 보루를 쌓을 수가 없었습니다. 그때 누자백婁子伯이 조조에게, 지금은 겨울이라 모래에 물을 뿌리면 하룻밤 안에 성을 쌓을 수 있다고 제안했습니다. 조조가 그 건의를 받아들여 성을 쌓았더니 과연 밤중에 얼음성이 쌓였습니다. 다음 날 마초 연합군은 그 광경을 보고 깜짝 놀라 신령이 조조를 돕는다고 생각했습니다. 진군지계의 핵심은 자신의 자원과 실력을 보여줌으로써 상대의 동기에 영향을 주고 상대의 투지에 동요를 일으키는 것입니다.

세 번째 선택한 전술은 군사를 움직이지 않고 상태가 지치기를 기다리는 온군지계穩軍之計였습니다. 조조는 위수 남쪽에서 축성에 성공하자 험지에 의지해 지키며 서량의 기병과 야전을 피했습니다. 이렇게 시간이 흐르자 한수와 마초는 견디지 못하고 어찌할 수 없어 화해를 청했습니다. 조조는 화해 요청을 받아들이는 척해 적들을 안심시키고, 적이 방비를 게을리한 틈을 타 불시에 공격해 무찔렀습니다.

세 번째 책략 | **적이 이길 수 없는 판을 만든다**

관중에 나가 마초와 싸울 때 조조는 적들이 한둘씩 모일 때마다 기뻐하는 모습을 보였습니다.

'적이 모이면 더 강해질 텐데 승상은 왜 기뻐할까?'

여러 장수가 이상하게 생각하는 것을 느낀 조조는 다음과 같이 설명했습니다.

"만약 적들이 각자 자신의 기반에서 험지에 의지해 굳게 지키면 우리가 하나하나 찾아가 소멸하기가 아주 어렵다. 그런데 지금 적들이 한곳에 모여 있으니 비록 그 무리가 많아도 서로 복종하지 못하고 군에는 마땅한 대장이 없기 때문에 한 번의 출정으로 일거에 궤멸할 수 있어 공을 이루기 쉽다. 이 때문에 기뻐했다."

토끼는 굴을 세 개 만든다고 합니다. 토끼가 굴속에 숨어 있으면 굴 하나하나를 찾아 토끼를 잡아야 하니 무척 번거로워집니다. 그런데 토끼가 한곳에 모여 있으면 일망타진할 수 있으니 얼마나 효율적이겠습니까! 조조는 적이 한곳에 모여 있다 해도 그것은 단지 사람이 많을 뿐이라고 생각했습니다. 관중의 병사들은 연합군이라 결속이 부족하고, 지휘체계가 통일되어 있지 않으니 사람 수가 많다고 우세를 이루기는 어렵다고 판단했던 것입니다.

조조는 확실히 똑똑한 사람이었습니다. 그의 형세 분석력과 판단은 아주 적절했습니다. 서량 기병들은 병사 수에서 우위였지만, 통일된 지휘체계가 없어 힘을 집중하지 못하고 각자 싸운다는 것이었습니다. 조조는 이 점을 이용해 교묘하게 이간계를 사용했습니다.

관서 연합군은 후방이 공격받자 땅을 주고 자식을 인질로 보내는 조건으로 화해를 청했습니다. 모사 가후賈詡는 그들의 조건을 받아들이는 척하라고 말했습니다. 조조가 그에게 어떤 계책이 있는지를 묻자, 가후는 이지이이離之而已, 즉 그들을 이간시키면 될 것이라고 말했습니다. 관서 연합군의 두 기둥 마초와 한수 사이를 이간시켜 각개격파하는 전략을 제시했던 것입니다. 조조는 그 말을 금방 알아듣고 연합군의 요구를 승낙했습니다. 그렇게 한수가 대표로 조조와 만났습니다.

조조는 한수와 만나 화해의 조건이나 군사적인 일은 일체 이야기하지 않고 단지 낙양에서 알고 지냈던 지난 일에 대해서만 이야기하며 손을 부여잡고 즐겁게 웃었습니다. 또한 철기병 5,000명으로 10중의 진을 만들어 위세를 보여주었습니다. 적들이 두렵기도 하고 호기심도 생겨 조조가 어떤 사람인지를 보러 나왔습니다. 조조는 웃으며 그들에게 말했습니다.

"그대들이 나 조조를 보고자 하는구나! 나 또한 그대들과 다를 게 없다네. 눈이 네 개 달린 것도 아니요, 입이 두 개가 있는 것도 아닐세. 단지 지혜가 조금 많을 뿐이네!"

조조와 만나고 돌아온 한수에게 마초가 조조와 무슨 이야기를 나누었는지 물었습니다. 한수는 사실 그대로 별다른 말이 없었다고 했습니다. 이에 마초를 비롯한 주위 장수들은 한수가 조조와 암암리에 내통하는 것은 아닌지 의심했습니다. 다음날, 조조는 일부러 글자를 없애거나 고친 편지를 한수에게 보냈습니다. 이 서신을 본 마초 등 주위 사람들은 한수가 조조와 내통한다고 더욱 의심하게 되었습니다.

이간책이 어느 정도 효과를 얻고 있다고 여긴 조조는 마침내 결전의 날을 정했습니다. 조조는 먼저 가볍게 무장한 병사를 보내 연합군을 도발하고, 전투가 혼전을 계속하자 최종적으로 정예부대인 호표기를 출동시켜 연합군을 협공해 크게 무찌르고 성의成宜 · 이감李堪 등을 베었습니다. 한수와 마초는 양주로, 양추楊秋는 안정安定으로 달아났습니다. 동관전투는 그렇게 끝이 났습니다.

마초와 한수의 조합은 '사나운 말의 조합'처럼 처음에는 조조가 직접 맞상대하기 꺼려할 정도로 위풍당당했는데 왜 이간계 하나로 취약하게 깨졌을까요? 여기에는 이 둘 사이의 과거가 연관되어 있었습니다. 과거 서량의 장수였던 마등과 한수는 이각과 곽사의 난리를 틈타 양주涼州지역에서 각자 패자 노릇을 하고 있었습니다. 하지만 지반과 이익을 분배하는 과정에서 두 사람 사이에 갈등이 생겨 몇 차례 싸우다 한수가 마등의 처를 죽이는 일까지 생겼습니다. 마등의 가족이 한수에게 살해되었으니 연맹이 튼튼하지 않았음은 금방 알 수 있을 것입니다. 두 사람의 연맹은 임시였을 뿐 어떤 운명공동체라는 감정적 기초가 없었습니다. 조조는 이 점을 정확하게 간파했던 것입니다.

불과 다섯 달도 되지 않아 조조는 대승을 거두었습니다. 그는 관중에서 할거하던 강력한 군벌을 격파해 그들이 더는 연합해 반항하지 못할 정도로 세력을 크게 삭감시켰습니다. 훗날 조조는 한 발짝 더 나아가 양추의 항복을 받았으며, 하후연을 보내 장안을 지키게 하고, 서황·장합을 보내 한수를 평정하게 했습니다. 비록 마초가 끊임없이 사람들을 모아 군사를 일으켰으나 하후연에 의해 매번 진압되었습니다. 결국 마초는 한중의 장로에게 도망가 객장 신세로 전락하고 말았습니다.

이후 조조도 건안 17년(212) 5월, 일찍이 업성에 연금하고 있던 마등 일가를 살해했습니다. 이로써 관중지역은 완전히 평정되었고 더는 조조를 상대할 적수가 없게 되었습니다.

마초의 관점에서 한수와 마초 연합이 패배한 주요원인을 분석해 봅시다. 첫째, 서량지역의 연합군에는 핵심적인 리더와 통일된 지휘체계가 없어 군령이 혼란스러웠습니다. 둘째, 작은 승리로 적을 경시하다 제대로 방비를 하지 못했습니다. 셋째, 연맹의 가장 중요한 기초인 상호신뢰가 부족했습니다. 물론 이런 요인은 한수와 마초 연합의 문제이기도 했지만 사실은 조조가 조장한 것이기도 했습니다. 《삼국지》〈무제기〉에는 마초와의 전투에서 사용한 변화무쌍한 전술에 대한 조조의 설명이 기록되어 있습니다.

여러 장수 가운데 하나가 조조에게 물었다.
"처음 적들이 동관을 수비하느라 위수 북쪽의 수비가 뚫려 있었는데, 하동에서 풍익馮翊을 치지 않고 도리어 동관을 수비하며 많은 날을 허비하다 북으로 황하를 건넜으니 어찌된 일입니까?"
조조가 대답했다.
"적들이 동관을 지키고 있을 때 우리가 하동으로 들어갔다면 적들은 필히 나와서 모든 나루터를 지켰을 테니, 그랬다면 우리는 서하西河를 건너지 못했을 것이오. 그래서 정예부대를 이끌고 동관으로 향했던 것이오. 적들의 모든 군사를 동원해 남쪽을 수비하느라 서하의 방비가 허술해지자 서황과 주령 두 장수를 보내 서하를 공격해 차지하게 한 것이오. 그런 연후에 군대를 이끌고 북으로 황하를 건넜는데도, 적들이 능히 나와 서하를 다투지 못했던 것은 두 장수의 군대가 서하를 이미 차지하고 있었기 때문이오. 수레를 연결하고 목책을 심고 남쪽으로 향함으로써 적이 싸움에서 이길 수 없는 상황을 만들고, 동시에 약함을 보여 적을 방심하게 만드는 전략示弱을 보여준 것이오. 위수를 건너 견고한 보루를 쌓은 후에 적들이 와도 나가지 않은 것은 적들이 교만한 마음을 품게 하기 위함이었소. 그래서 적들은 진영과 보루를 쌓지 않고 땅의 분할을 요구한 것이오. 내가 그 말을 받아들인 이유는 저들이 안심하고 대비하지 않도록 하기 위함이었소. 이 때문에 병사들이 사줄들의 힘을 축적해 단번에 공격했더니 이른바 '갑작스러운 천둥소리에는 귀를 막지 못한다'는 형세를 만들었소. 군사에서 전술은 변화무쌍하니 결코 한 가지 방법만 있는 것이 아니오."

서량을 평정하는 전투에서 조조는 준비부터 전략을 실천하고 최종적인 승리를 거두기까지, 상대의 약점을 파악하고 충분히 이용했습니다.《손자병법》에 공심위상攻心爲上이라는 말이 있습니다. 가치관을 내세워 내적 동기를 부여하는 것은 물론이고, 교란작전으로 적의 의도를 혼란스럽게 하고, 이간작전으로 적의 연맹을 와해시킨 것은 모두 공심위상의 높은 수준을 체현한 것이었습니다. 동관전투에서 마초를 격파한 조조는 한중을 취할 유리한 조건을 만들어냈습니다. 그렇다면 이어진 한중에서의 전투에서 조조는 승세를 몰아 계속 앞으로 나갔을까요?

제14강

그 어떤 판세도
뒤집을 여지가 있다

세상을 살아가는 것은 바둑을 두는 것과 같다. 고수는 첫수를 둘 때 항상 다음 수를 어떻게 둘 것인지 생각한다. 현실에서도 우리는 무슨 일을 하든 항상 다음 수를 생각하고 여지를 남겨두어야 한다. 이렇게 해야 순식간에 변하는 세상에서 패하지 않고 살아남을 수 있다. 조조는 무슨 일이든 끝까지 밀어붙이는 것이 좋지 않다는 이치를 깊이 깨닫고 있었다. 전장에서 진격할 때 혹은 거듭된 승리를 거두었을 때 그는 어떤 선택을 했을까? 우리는 이와 같이 심계가 깊은 사람으로부터 무엇을 배울 수 있을까?

나무가 아닌 숲을 보는 자세

노래는 여운이 있어야 듣기 좋고, 음식은 뒷맛이 있어야 먹을 만하며, 물은 여지가 있어야 흐르고, 꽃은 공간이 있어야 핍니다. 마찬가지로 처세와 처신에서도 여지를 남겨두는 것이 필요합니다.

어느 날 여우 한 마리가 포도밭 안에 있던 윤기가 자르르한 포도를 보고 침을 흘렸습니다. 하지만 포도밭은 가시로 막혀 있어 들어갈 수 없었지요. 여우는 마음을 모질게 먹고 사흘을 절식해 살을 뺀 후 포도밭에 들어갈 수 있었습니다. 여우는 마음껏 포도를 먹었습니다. 하지만 포도밭을 떠나려 할 때는 너무 배가 불러 어떻게 해도 울타리를 빠져나갈 수 없음을 깨달았습니다. 여우는 마침내 사냥꾼에게 잡히고 말았습니다. 이 이야기는 우리에게 퇴로 또한 출구처럼 중요하고, 일을 할 때는 충분히 고려해 여지를 남겨야 한다는 사실을 깨우쳐줍니다.

중국에는 처세와 처신에 여지를 남겨야 한다는 것과 관련된 많은 고전적인 구절이 있는데, 예를 들면 "손을 떼야 할 때는 반드시 손을 떼야 한다", "양보할 수 있는 만큼 양보하라", "한순간 참으면 풍랑이 잠잠해진다", "한 보 물러나면 광활한 바다와 하늘을 볼 수 있다" 등이 그것입니다.

전반적으로 고려한 뒤 여지를 남기는 것은 전략적 안목과 전체를 총괄하는 능력을 드러내는 일입니다. 조조는 한중에서 군사적 수단으로 장로집단을 제거할 때 여러 방면에서 통일적으로 계획하고 살피는 데 뛰어난 능력을 보여주었습니다.

알맞은 인재를
알맞은 자리에 쓴다

동한 건안 20년(215) 가을 8월, 손권이 10만 군사로 합비를 포위했다는 급보가 도착했습니다. 당시 합비를 지키던 장수는 장료·이전·악진으로, 그들이 이끄는 병사는 모두 합해야 7,000여 명에 불과했습니다. 공수의 병사 수를 비교하면 14대 1로, 수적으로 열세에 처한 합비성에는 순식간에 폭풍전야의 전운이 감돌았고 인심은 불안에 떨고 있었습니다.

합비 수뇌부 대책회의장에서는 문신과 무장이 모여 적군을 막을 대책을 논의하고 있었습니다. 체구는 작지만 성정이 강직하고 성격이 급한 악진만 서서 왔다 갔다 하고, 이전은 비교적 진중하게 앉아서 한마디도 하지 않았습니다. 주장인 장료는 손으로 수염을 비비며 미간을 찌푸리고는 호랑이 같은 눈으로 한 사람을 뚫어지게 바라보고 있었습니다. 그는 누구였을까요?

그는 조조가 특별히 파견한 호군護軍 설제薛悌였습니다. 호군이란 장수들이 변경에서 군대를 움직일 때 장수들을 지도·감독하기 위해 중앙에서 파견한 관리로, 장수는 병사를 거느리고, 호군은 장수를 관리하게 하는 직책입니다. 마치 훗날의 감군監軍과 같은 역할이라 할 수 있습니다. 설제는 조조의 명을 받고 장료·이전·악진의 업무를 지도·감독하기 위해 왔던 것입니다.

장료와 이전의 사적인 관계는 아주 엉망이었습니다. 두 사람 다 서로를 아니꼽게 여기고 있었는데, 이 점은 조조의 진영에 있는 사람이라면 모두가 아는 일이었습니다. 게다가 악진은 표범과 같은 성격으로 한 번 화가 나면 불같이 성질을 내는 다혈질이었습니다. 개성이 강한데다 사이까지 좋지 않은 세 사람이 합비에 함께 배치되었으니 그들을 지도·관리하는 것은 정말 쉬운 일이 아니었습니다. 그래서 조조는 침착하고 대범한 성격에 일처리 또한 공명정대한 설제를 특별히 호군으로 안배했던 것입니다.

손권이 대군을 거느리고 합비를 공격하자 설제는 장수들에게 한 가지 비밀을 알려주었습니다. 그 비밀이란 조조가 이미 손권이 공격해올 것을 알고 오래전에 특별히 자신에게 금낭묘계錦囊妙計를 주고는 반드시 손권의 대군이 왔을 때 열어보라고 지시했다는 것이었습니다. 장료 및 군영을 가득 채운 장수들은 이 사정을 알지 못했습니다. 그래서 설제가 금낭묘계를 꺼낼 때 모두들 조조가 도대체 무엇을 써놓았는지 궁금해했습니다. 조조는 하얀 비단 위에 글을 남겼는데,《삼국지》에 그 내용이 기록되어 있습니다.

> 만약 손권이 쳐들어오면 장료와 이전 장군이 출정하고, 악진 장군이 수비를 맡고, 호군은 전투에 나서지 말라.

조조의 의도가 무엇인지 바로 깨닫지 못해 아무도 말을 하지 않자, 성질 급한 악진이 나서서 말했습니다.

"적은 10만이고 우리는 7,000명인데, 성을 나가 적을 맞이하는 것은 계란으로 바위를 치는 격이니, 이렇게 해서는 안 됩니다!"

옆에 있던 사람들도 제각기 악진의 말에 맞장구를 쳤습니다. 설제는 난처했지만 그는 군사 일에 관여해서는 안 된다고 씌어 있어 악진의 의문에 일순간 어떻게 대답해야 할지 알지 못했습니다. 그

순간 장료가 단호하게 손을 크게 휘두르며 벌떡 일어서서 몇 마디를 말했는데, 이 몇 마디가 합비에서의 승리를 결정했습니다.

"조공께서 멀리 원정을 나가셨으니 지원군을 기다리고 있다가는 적에게 패할 것이 분명하오. 그래서 적이 아직 우리를 포위하지 못했을 때 역으로 선제공격해 그들의 기세를 꺾어 병사들의 마음을 안정시킨 연후에 성을 방어할 수 있을 것이오."

이 방안에는 피로한 적을 기다린다[以逸待勞], 준비되지 않은 적을 선제공격한다[功其不備], 먼저 적들의 사기를 꺾는다[先聲奪人]는 세 가지 책략이 담겨 있었습니다. 하지만 장료의 말은 사람들의 호응을 얻지 못했습니다. 여러 장수가 고개를 숙이고 아무 말도 하지 않자 장료는 급해졌습니다. 장료가 화를 내며 말했습니다.

"승패의 관건은 바로 선제공격에 있소. 제군들이 나서지 않는다면 혼자라도 출정하겠소."

장료는 정말 용감한 장수였습니다. 혼자 나가 적을 상대하기로 한 것이었습니다. 그 순간 장료의 의견은 이전의 지지를 얻었습니다. 이전이 일어나 격앙되어 말했습니다.

"문원文遠 장군, 나는 사사로운 은혜나 원한으로 국가대사에 영향을 미치지 않을 것이오. 당신의 말은 이치에 맞으니 그대를 따라 성을 나가 적들과 결전을 벌이겠소."

이어 삼국에서 사람들의 피를 들끓게 하는 단락이 출현했습니다. 《삼국지》〈장료전張遼傳〉의 해당 대목입니다.

> 이에 그날 밤 장료는 감히 따라나설 병사 800명을 모집해 소를 잡아 배불리 먹이고, 다음 날 목숨을 건 전투를 준비했다. 동이 트자

장료와 이전이 선봉에서 맹렬한 기세로 출격했다. 갑옷과 창을 쥔 장료가 앞장서서 자신의 이름을 크게 외치며 돌진해 삼시간에 적군 병사 수십 명을 죽이고 장수 둘을 베고는 보루를 치고 들어가 손권의 대장기 아래까지 이르렀다. 손권은 갑작스러운 공격에 대경실색했고, 장수들은 어찌해야 할 바를 모르고 산 위로 달아난 뒤 올라가 지킬 뿐이었다. 장료가 손권에게 어서 내려와 한판 겨루자고 외쳤으나, 손권은 감히 움직이지 않았다. 그러다가 장료가 이끄는 병사들이 적음을 보고, 병사를 불러 장료를 여러 겹으로 포위하게 했다. 장료가 이리저리 뛰어다니며 포위망을 치자 포위망이 열리면서 갇혀 있던 수십 명이 빠져나올 수 있었다. 여전히 포위망에 갇혀 있던 나머지 병사들이 "장군, 어찌 우리를 모른 척하십니까!"라고 소리쳤다. 장료가 다시 포위망에 돌진해 나머지 병사들을 데리고 나왔다. 장료가 지나는 곳마다 손권 부대의 인마들은 나뭇잎처럼 다 쓰러져서 감히 당해낼 자가 없었다. 아침부터 정오까지 싸웠는데, 오나라 사람들은 기세를 읽고 사기도 크게 떨어졌다. 이에 장료가 돌아와 수비를 보완하도록 하자 성안 사람들의 마음은 다 안정되었고, 장수들이 모두 복종했다.

손권은 합비를 약 열흘 동안 공격했으나, 성을 함락시키지 못하고 결국 퇴각했습니다. 조조는 장료의 공을 치하하고 정동장군征東將軍에 배수했습니다.

안배가 적절해야
열세에서도 승리를 이끌어낸다

후세 사람들은 합비전투合肥戰鬪에서 조조의 용인술에 대해 특히 감탄하는데, 비교적 일치된 의견은 장료는 싸움을 잘했고 조조는 군대를 잘 이끌었다는 것입니다. 합비전투에서 조조군이 승리할 수 있었던 관건은 조조가 사전에 역할분담과 기본전법을 안배해두었기 때문입니다. 피로한 적을 기다리다 준비되지 않은 적을 선제공격해 사기를 꺾는다는 책략은 아주 적합했습니다. 더 절묘했던 것은 장수들의 안배가 적절했다는 점입니다. 정치를 관할하는 호군 설제에게는 군사를 관할하지 않게 하고, 성질이 급하고 수성 경험이 있는 악진에게는 성을 책임지게 하며, 장료와 이전에게는 성 밖으로 나가 적을 격퇴하도록 협력하게 했던 것이 그것입니다.

조조는 악진이 병력 수에 차이가 큰데 밖으로 나가 주도적으로 공격하는 것에 의문을 품으리라 생각해 그에게 성을 지키도록 안배했던 것입니다. 또한 장료가 선제공격으로 상대의 기를 꺾는 선성탈인先聲奪人 전술의 의도를 가장 잘 이해하고 과감하게 실행하리라 예측했습니다. 이 점은 일찍이 오환을 정벌할 때 조조가 직접 목격했던 것입니다. 장료가 진정 용맹과 지모를 갖춘 장수임을 알았던 것입니다. 조조는 또 비록 개인적인 감정이 있더라도 이전이 결정적인 순간에는 분명 장료의 주요 지지자가 되리라 생각했습니다.

이번 안배에서 가장 정교했던 점은 조조가 호군 설제에게 전투에 관여하지 말고 일상적인 관리업무만 맡도록 특별히 강조했던 것입니다. 사실상 권한이 가장 큰 호군 설제가 전투에 관여할 수 없게 되자 군사 지휘권이 모두 장료에게 집중되어 비전문가가 전문가를 간섭하는 현상이 발생하지 않았던 것입니다.

이들 모두는 조조가 군대를 통솔하는 데 탁월했다는 점을 잘 보여줍니다. 장료는 합비전투의 영웅이지만, 이런 영웅이 출현할 수 있던 배후에 분명 탁월한 리더와 상황에 걸맞은 정책이 있었음을 알아야 합니다. 그렇지 않았다면 아마 영웅은 없었을 것입니다. 능력 있는 사람을 선발해 적절하게 쓰는 조조의 능력에는 확실히 탄복할 점이 많습니다. 그의 지인선임은 배울 만한 가치가 있습니다.

리더의 수준을 보려면 그가 무슨 일을 하는지를 보지 말고, 그가 어떤 사람을 써서 일을 하는지를 봐야 합니다. 예를 들면 업무감사를 위해 현장조직의 장의 보고를 들을 때, 구체적인 일은 이야기할 필요가 없습니다. 문을 닫고 10분 정도 수하에 어떤 인재가 있는지, 업무의 핵심은 누구이고, 어떻게 안배하고 있는지를 물어 명쾌하게 이야기하면 합격, 그렇지 않으면 불합격입니다. 업무상의 일은 일을 가장 잘 아는 담당자와 구체적으로 이야기해보면 됩니다. 이를 "책임자와는 사람에 대해 이야기하고, 나머지와는 일을 이야기한다, 또는 문을 닫고 사람을 이야기하고, 문을 열고 일을 이야기한다"고 하는 것입니다.

조조가 합비전투에서 보여준 리더십은 아주 뛰어났습니다. 수하 간부의 특성을 정확히 파악해 적절한 위치에 안배하고 그들이 자신의 역할에 최선을 다할 수 있게 했습니다. 그 결과, 합비전투는 수적으로 열세했음에도 조조의 승리로 끝났습니다.

정성 들여 이해하고
신뢰로써 등용한다

삼국 시기 각 나라의 역량을 비교해보면, 조조의 조직이 수와 장비, 그리고 후방보급과 훈련수준에서 일정한 우세를 점하고 있었습니다. 하지만 조조집단이 지켜야 하는 전선이 넓고 길어 절대적으로는 우세해도 국부적으로 취약한 부분이 있었습니다.

합비전투는 전체에서는 절대적으로 우세하던 조조집단이 상대적인 약세로 치른 첫 번째 전투였습니다. 손권집단과 조조집단 쌍방의 병력을 비교하면 14대 1로 군사력에 차이가 컸습니다. 왜 이런 상황이 생겨났던 것일까요? 원인은 조조의 주력부대가 장로와 마초를 정벌하기 위해 모두 서쪽 전선에 가 있었기 때문입니다.

조조가 장로를 정벌하기 위해 장안에 진주한 시기가 건안 20년 3월이었습니다. 그해 8월, 손권이 합비를 공격할 때 조조의 주력부대는 한중 깊숙이 들어가 막 양평관陽平關에서의 전투를 끝마친 후였습니다. 장료가 말한 것처럼 지원군을 기다리며 수비만 하다가는 패할 것이 분명했습니다. 손권도 이 점을 주목해 10만 대군을 이끌고 공격을 했던 것입니다.

조조는 한중으로 출병하기 전에 이미 동부전선에 문제가 생길 것을 예상하고 설제에게 대책을 적은 금낭묘계를 주었던 것입니다. 결국 조조는 "먼저 적군을 두려움에 떨게 해 그 예기를 흐트러뜨리고 여유롭게 지킨다"는 전체적인 전술을 수립했고, 이 전술을 장료가 절묘하게 수행해냈던 것입니다.

모든 일은 사전에 잘 계획하고 준비해야 합니다. 조조는 서쪽 장로를 정벌하기 위한 준비를 아주 잘했습니다. 한편으로는 눈앞의 승리를 쟁취하고 다른 한편으로는 천리 밖의 적이 공격하는 것을 방비했습니다.

현실에서 많은 조직과 리더가 한 개의 전선 혹은 한 영역에서 투지만만하게 전진하다 종종 다른 영역의 업무를 소홀히 하거나, 심지어 과도하게 눈앞의 성공에 매달리느라 뒤에 있는 위험을 고려하지 않아 결과적으로 재난을 초래하는 경우를 종종 보았을 것입니다. 예를 들어 중국에서 우체국 다음가는 한 유명한 배송업체는 시장상황이 아주 좋을 때 성장에만 집중하고 그에 걸맞은 내부관리를 홀시해 결국 한순간에 무너지고 말았습니다. 이는 마치 낡고 고장이 난 차에 비행기 엔진을 달고 순간가속을 하다 펑 하고 부서져버린 것과 같았습니다.

일을 할 때에는 반드시 앞을 내다보면서도 뒤를 고려해 전체적으로 안배하고, 사전에 이를 분명하게 생각해두는 것이 필요합니다. 일을 할 때에는 항상 여지를 두고 불시에 필요할 때를 준비해야 하는 것입니다. 21세기는 위험과 도전으로 가득한 시대로, 우리의 생활·직업·오락·사유방식 모두에서 크게 변화하고 있습니다. 이러한 환경에서 생존하려면 깊고 멀리 생각해 위험을 미연에 방지하는 법을 배워 실천해야 할 것입니다.

《좌전左傳》에 "형세가 아주 좋을 때 비상상황에 대비해 응변할 수 있는 계획이 있으면 화를 면할 수 있다[居安思危, 思則有備, 有備無患]"라는 이야기가 있습니다. 이를 "형세가 아주 좋을 때 총괄적으로 계획해 여지를 남긴다"고 합니다. 조조는 이 방면에서 비교적 적절하게 행했습니다.

조조의 책략
앞을 내다보면서도 뒤를 고려해 판세를 읽는 방안

첫 번째 책략 | 다음 수를 생각하며 판세를 읽는다

전쟁터는 우연적인 요소가 충만하기에 반드시 임기응변이 필요하고 사전에 어떤 계획을 세우더라도 조정할 여지를 남겨두어야 합니다. 건안 20년, 조조는 장로를 정벌하기 위해 산관散關에서 무도武都로 나가 양평관에 이르렀습니다. 장로는 한중을 바치고 투항하려 했지만, 그의 동생 장위張衛는 수긍하지 않고 수만 군대를 지휘해 양평관을 방허하며 견고하게 지키고 있었습니다.

이 싸움은 조조에게도 쉽지 않은 싸움이었습니다. 처음 양주종사凉州從事가 무도에서 항복한 사람의 말을 듣고 "장로는 공격하기 쉽고 양평성 밑의 남쪽과 북쪽의 산은 서로 멀리 떨어져 있어 지키는 사람들이 수비에 어려움을 겪고 있다"고 조조에게 이야기했습니다. 그러나 직접 지형을 본 조조는 들은 것과 상황이 너무 다르자 "다른 사람의 헤아림은 내 뜻에 맞는 경우가 드물구나!"라고 탄식했습니다.

결국 양평산 위의 둔영들을 공격했지만 함락시키지 못하고 오히려 사상자 수만 늘어나 조조는 퇴각할 생각까지 했습니다. 하지만 전투는 뜻밖의 상황에서 뜻밖의 결말을 맺었습니다. 다음은《삼국지》〈장로전張魯傳〉주에 나와 있는 동소의 표에 기록된 내용입니다.

> 무황제武皇帝는 상심해 군대를 데리고 후방을 막으면서 돌아가고자 하후돈과 허저를 보내 산 위의 병사들에게 소리쳐 돌아오도록 했

다. 전군이 다 돌아오지도 못했는데 밤중이라 길을 잃어 적의 군영으로 잘못 들어갔고 적들은 (기습이 있는 줄 알고) 흩어져 물러갔다. 시중 신비辛毗와 유엽劉曄 등이 군대의 후방에 있으면서 하후돈과 허저에게 "관병이 이미 적군의 둔영을 점거했고 적들은 흩어져 도망갔습니다"고 하자 그 둘은 믿지 않았다. 하후돈이 친히 나아가 이를 확인하고 마침내 돌아와 무황제에게 병사를 진군시켜 평정했는데 운이 좋게 이긴 것이라 보고했다. 이는 가까운 일이므로 관리들이 알고 있는 것이다.

또 다른 기록인 《세어世語》에는 다음과 같이 기록되어 있습니다.

장로가 5관 연속을 보내 항복했지만 동생인 장위는 산을 가로질러 양평성을 쌓고 저항하니 조조군이 나아갈 수 없었다. 장로가 파중巴中으로 도망가고 군중의 식량이 떨어지니 태조는 장차 돌아가려 했다. 서조연西曹掾 동군 사람 곽심郭諶이 "(퇴각하는 것은) 불가합니다. 장로가 이미 항복했고 남은 관리들도 반역하지 않으니 장위가 비록 그들과 같지 않으나 비주력 부대는 공격할 만합니다. 현군을 동원해 깊이 들어가서 전진하면 반드시 이길 것이지만 물러나면 패배를 면할 수 없을 것입니다"라고 하자 태조가 이를 의심했다. 밤중에 야생 사슴 수천 마리가 장위의 군영에 돌입하자 군대가 크게 놀랐다. 밤에 고조高祚 등의 사람들이 장위의 군대와 잘못 만났는데 고조가 북을 울리며 무리를 모으자 장위가 대군이 급습한 것으로 여기고 두려워 끝내 항복하게 된 것이다.

이를 보면 우연적인 요소가 조조의 이번 승리를 이끌었다고 할 수 있습니다. 자세히 생각해보면, 조조가 철수할 때 응변이 없었거나 유리한 시기를 놓치거나 적절한 시기에 공격을 펼치지 않고 계획대로 철수했다면 아마도 기회를 잃었을 것입니다. 《한비자》〈설림說林〉 하편에 나오는 내용입니다.

> 환혁桓赫이 말하기를 "새기고 깎는 방법은 코는 크게 하는 것이 가장 좋고 눈은 작게 하는 것이 가장 좋다. 큰 코는 작게 만들 수 있지만 작은 코는 크게 만들 수 없고, 작은 눈은 크게 만들 수 있으나 큰 눈은 작게 만들 수 없다"라고 했다. 일을 일으키는 것 또한 이러하니, 후에 다시 돌이킬 수 있는 일을 하면 망치는 경우가 적다.

일도, 살아가는 지혜도 마찬가지입니다. 무릇 모든 일에는 여지를 남겨야 하고, 다음 수를 생각하고 있어야 합니다.

두 번째 책략 | 우세를 점한 자의 여유를 보여준다

장로는 양평관이 이미 함락되었다는 소식을 듣고 땅에 무릎을 꿇고 배례하며 투항하려 했습니다. 이때 염포閻圃가 다른 의견을 제시했습니다. 《삼국지》〈장로전〉에 기록된 내용입니다.

> "지금은 추격당하는 상태이므로 공로는 반드시 크지 아니할 것입니다. 두호杜濩를 달아나게 해 박호朴胡와 항거하도록 한 이후에 귀순하면 공로는 반드시 많을 것입니다."
> 이에 장로는 남산으로 달려가 파중으로 들어갔다.

후퇴하기로 결정하자 한 측근이 진귀한 보물을 쌓아놓은 창고를 불태우자고 건의했습니다. 하지만 장로는 이를 거부하며 다음과 같이 말했습니다.

"나는 원래 조정에 돌아가고자 했으나 그 바람을 이루지 못했다. 지금 도망가는 것은 조조군의 예봉을 피하고자 함일 뿐, 다른 악의는 없다. 보물 창고는 조정에 속하는 것이니 그대로 두어라."

그러고는 창고를 봉쇄하고 성을 나섰습니다. 과연 장로가 창고를 불태우지 않은 행위는 조조의 인정을 받았습니다. 조조는 장로를 크게 칭찬했습니다. 또 장로는 본래 귀순할 마음이 있었으므로 사람을 보내 위로하고 설득했습니다. 장로는 가족들을 데리고 나왔고, 조조는 그를 영접해 진남장군鎭南將軍으로 삼아 빈객의 예우를 했으며, 낭중후閬中侯에 봉하고 식읍 1만 호를 준 뒤 장로의 다섯 아들과 염포 등을 열후列侯로 삼았습니다.

이렇게 조조는 한중을 정벌하는 과정에서 '군사작전으로 조건을 만들고, 정치적 귀순으로 국면을 타개한다'라는 기본원칙을 견지했습니다. 무릇 투항하는 사람은 모두 받아들이고, 과거의 잘못을 묻지 않고 관작에 봉했던 것입니다. 《위략魏略》에 이와 관련된 재미있는 이야기가 실려 있습니다.

유웅명劉雄鳴은 남전藍田 사람이다. 젊어서 약을 캐고 사냥을 하는 것을 업으로 삼았는데, 복거산覆車山 아래에 있으면서 매번 새벽같이 구름과 안개 속으로 나가면서도 길을 알고 헤매지 않았다. 이로 인해 사람들은 그가 능히 구름과 안개를 다룬다고 말했다. 이각과 곽사의 난 때 많은 사람이 그에게 갔다. 건안 연간에 주군에 복속했고 주군에서 표를 올려 소장小將으로 삼았다. 마초 등이 모반했을 때 (마초를) 따르지 않아 마초가 그를 격파했다. 후에 태조에게 가자 태조가 그의 손을 잡고 말했다.

"내가 바야흐로 관중으로 들어가려는데, 꿈에서 한 신인을 얻었소. 그게 바로 경이구려!"

이에 후히 그를 예우하고 표를 올려 장군으로 삼고 그의 도당을 맞아들이도록 했다. 그의 무리가 항복하기를 원치 않아 마침내 그를 겁박해 모반하니 여러 망명자가 모두 그에게 의지했고, 군사가 수천 명에 이르렀다. 그들이 무관의 길을 점거하자 태조가 하후연을 보내서 격파했고 유웅명은 남쪽 한중으로 도망갔다. 한중이 격파되어 갈 곳이 없어 궁해지자 다시 돌아와 항복했다. 태조가 유웅명의 수염을 잡고 말했다.

"늙은 도적놈아, 이제 진짜 너를 얻었구나!"

그의 관직에 복직되었고, 발해로 옮겨졌다.

정은程銀·후선侯選·이감은 모두 하동 사람인데, 이각과 곽사의 난 때 각자 수천 가를 영유하게 되었다. 건안 16년, 마초와 연합했다가 마초가 격파되어 도망갈 때 이감이 전장에서 죽었다. 정은·후선은 남쪽 한중으로 들어갔는데, 한중이 격파되자 태조에게 항복했고 모두 그 관직을 회복했다.

조조는 왜 그들을 받아들였을까요? 첫 번째는 조조가 이미 군사적·정치적 우위를 점하고 있었고, 이런 우세를 점한 상황에서 투항자에게 여유를 보이고 그들이 다시 반란을 일으키는 것을 두려워하지 않았기 때문입니다.

두 번째로 조조는 가능한 빨리 한중을 평정할 필요가 있었습니다. 그는 상대를 귀순시키는 것이 가장 쉽고 빠르게 통일하는 길임을 알고 있었습니다. 절대적인 우위를 점한 상황에서 개정할 기회를 주었던 것입니다. 우선 개정할 기회를 주고, 첫 번째로 깨우치고, 두 번째로 경고하고, 세 번째로 징벌하는 것입니다.

조조는 장로를 본보기로 후하게 대우함으로써 다른 할거세력에게 메시지를 주었습니다. 또한 한중은 지세도 험해 차지하기도 힘들고 지키기도 힘든 곳이었습니다. 그곳을 다스리는 이들에게 과한 상을 내려 인심을 얻고 훗날 유리한 상황을 점하기 위한 일종의 포석이었다고 할 수 있습니다.

《삼국지》에 주를 단 배송지裴松之는 장로에게 원래 투항할 의사가 있었다 해도 결국 전쟁에 지고 난 뒤 투항한 것인데 조조가 그를 만호후萬戶侯에 봉하고 그의 다섯 아들 모두 후로 봉한 것은 과한 면이 있다고 평가했습니다. 이에 반해 동진의 역사가로《한진춘추漢晉春秋》를 지은 습착치習鑿齒는 다른 의견을 제시했는데 음미할 만한 가치가 있습니다.

> 이전에 장로가 왕을 칭하고자 할 때 염포가 간언해 멈추었고 지금은 그를 열후에 봉했다. 무릇 상벌이라는 것은 권선징악을 근본으로 하고, 진실로 법도를 밝힐 수 있다면 가깝고 먼 것과 궁벽한 것이 없는 것이다. 지금 염포가 장로에게 간쟁해 왕을 칭하지 말도록 했으니 태조가 이를 추봉했던 것이다. 장래의 사람 가운데 누가 이에 따르지 않을 것을 생각하겠는가! "근원을 막으면 말류는 저절로 그친다"는 것은 이를 두고 말한 것인가!

만약 이를 밝히지 않고 초란焦爛(불을 끄기 위해 분투하다 몸이 타는 것)의 공로를 무겁게 여긴다면 풍부한 작위와 후한 상이 싸우다 죽은 병사들에게 미칠 것이고, 곧 백성은 난리를 이롭게 여기며 풍속이 앞다투어 살벌하게 될 것이니 무력분쟁이 끊이지 않을 것이다. 태조가 이를 봉한 것은 가히 상벌의 근본을 알았다고 할 만하니 비록 탕왕湯王이나 무왕武王이 같은 상황에 처했더라도 이보다 더 잘할 수는 없었을 것이다.

관리자가 되면 평소 사용하는 말에도 여지를 두어야 합니다. 사람을 비평할 때 기교에 신경을 쓰고 극단적으로 말하지 말아야 합니다. 비평의 기교로 '샌드위치 법칙'이라는 것이 있습니다, 비평할 내용을 칭찬할 내용 두 가지 사이에 끼어 넣어 비평을 받는 당사자가 유쾌하게 받아들이게 하는 것입니다.

처음에는 상대의 장점과 적극성을 인정하고 칭찬하면서 중간에 건의나 비평 혹은 다른 관점을 끼어 넣고 마지막으로 희망·신임·지지·격려를 해 생각할수록 의미심장하게 하는 것입니다. 이런 비평법은 비평당하는 사람의 자존심과 적극성을 손상시키지 않을 뿐 아니라 그가 적극적으로 비평을 받아들여 부족한 면을 스스로 고칠 수 있게 합니다.

샌드위치 법칙의 첫 번째 단계는 방어심리를 제거하는 작용을 합니다. 비평을 하기 전에 먼저 배려하고 칭찬해 우호적인 소통의 분위기를 만들고 상대방이 평온한 마음으로 이야기할 수 있게 돕습니다. 만약 처음부터 엄격한 말투에 직접적으로 비평을 하면 상대에게는 자연스럽게 자아를 보호하려는 마음이 생기게 마련입니다. 일단 이런 방어심리가 생겨 비평을 들으려 하지 않으면, 설령 그 비평이 아무리 옳다고 해도 헛수고가 될 뿐입니다. 샌드위치 법칙의 첫 번째 방법은 이런 방어적인 심리상태를 제거해 비평을 받는 사람이 즐겁게 비평자의 말에 귀 기울이도록 하는 작용을 합니다.

두 번째, 샌드위치 법칙은 걱정을 제거하는 작용을 합니다. 수많은 파괴적인 비평자는 늘 몇 번이고 되풀이해 비평함으로써 듣는 사람의 마음에 두려움을 남겨, 자신이 비평을 받는지 아니면 벌을 받는지 구분하지 못하게 합니다. 때문에 항상 걱정이 남는 것입니다. 그리고 샌드위치 법칙의 마지막 단계도 걱정을 제거하는 작용을 합니다. 이 단계에서는 항상 비평자에게 격려·희망·신임·지지를 주어 비평을 받는 자의 정신을 진작시키고 더는 수렁에 빠지지 않게 합니다.

세 번째, 샌드위치 법칙은 비평자의 체면을 살려줍니다. 사람의 감정을 상하게 하지 않고 자존심을 지켜주어 좋은 쪽으로 적극적인 행위를 이끌어냅니다. 예를 들어 지각했다고 나무랄 때 샌드위치 비평은 이렇게 진행됩니다.

"지금까지 잘했는데 요즘 몸이 안 좋은 것인가? 그렇지 않고서야 자네가 지각할 리가 없네. 지각은 회사규정에 따르면 징계를 받아야 하는 것이지 않은가? 몸이 좋지 않다면 빨리 가보게. 만약 집에 일이 있다면 나를 불러도 되네. 우리 모두 자네를 도와줄 수 있네. 그럼 가서 열심히 일하게!"

하지만 파괴적인 비평은 처음부터 끝까지 화약 냄새가 납니다. 똑같이 회사에 지각했을 때 파괴적인 비평은 이렇게 진행됩니다.

"버릇없는 녀석일세. 지금 몇 시인 줄 아는가? 회사 그만두고 싶은가? 똑똑히 기억해라. 이후 또 한 번 나와 마주치지 마라. 그러려면 더는 회사에 나오지 말라!"

이런 비평을 받으면 상대가 어떻게 고개를 들 수 있겠습니까?

세 번째 책략 | 득세할 때조차 실세할 때를 잊지 않는다

한중의 전투에 조조는 두 명의 모사를 데리고 갔는데, 한 명은 사마의고, 한 명은 유엽이었습니다. 이 두 모사는 한중을 얻은 조조에게 승세를 타고 계속 촉을 공격할 것을 건의했습니다. 승상 주부 사마의가 조조에게 말했습니다.

"유비는 기만과 무력으로 유장을 포로로 잡고 있어 촉 사람들은 아직 귀부하지 않았는데도 멀리 있는 강릉을 빼앗으려 하니 이번 기회를 놓쳐서는 안 됩니다. 지금 우리가 한중으로 가 진열을 갖추고 위엄을 보이면 익주益州는 깜짝 놀라게 될 것입니다. 이 기회를 틈타 군사를 출병하면 세는 반드시 와해될 것입니다. 이런 기세를 이용하면 쉽게 공업을 이룰 것입니다. 성인은 천시를 거슬러서는 안 되고 시기를 잃어서도 안 됩니다."

유엽도 말했습니다.

"유비는 인걸로서 도량도 계략도 있지만, 촉을 수중에 넣은 지 얼마 되지 않았으므로 촉 사람들은 아직 그를 믿고 의지하지 않고 있습니다. 이제 한중을 깨뜨렸으므로 촉 사람들이 놀라고 두려워할 테니 형국은 자연스럽게 기울어지게 될 것입니다. 귀신과 같은 명공의 통찰력을 이용해 그들이 기울어지는 것을 틈타 무너뜨리면 이길 수 있습니다. 만일 그들을 조금이라도 느슨하게 두면, 제갈량은 다스리는 데 밝아 재상이 되고 관우와 장비는 삼군을 뒤덮을 만한 용맹으로 장군이 되어 촉나라 백성을 안정시킬 것이고, 그렇다면 험준한 곳을 거점으로 해 요충지를 지켜도 이길 수 없습니다. 지금 공격해서 취하지 않으면 나중에 반드시 근심거리가 될 것입니다."

이에 조조가 후한 광무제의 득롱망촉得隴望蜀의 고사를 인용해 말했습니다.

"사람이 고생스러운 것은 만족을 모르기 때문이다. 이미 농隴의 오른쪽을 얻었는데 다시 촉을 얻으려 하는구나!"

조조는 왜 전과를 확대하려 하지 않았을까요? 조조는 당시 예순 살로 더는 스무 살 때 오색봉을 휘두르거나 마흔 살에 원소를 멸하고 오환과 싸울 때처럼 원기왕성하거나 호방하지 않았습니다. 이 밖에도 조조는 더 큰 모험을 감수하려 하지 않고 이기고 있을 때 군대를 거두고 자신에게 변통의 여지를 남겨두었습니다. 당시 조조는 내부관리와 권력을 공고히 하는 것에 더 관심을 가졌습니다. 그의 뒤에 있는 조정에서는 그가 대응해야 할 더 큰일들이 기다리고 있었습니다.

여지를 남기는 예술은 깊이 생각해볼 만한 가치가 있습니다. 화가가 그림을 그릴 때는 여백을 이해해야 합니다. 여백이 바로 여지입니다. 감상자에게 생각할 여지를 주는 것이지요. 컴퓨터에 있는 중요자료는 백업을 해 바이러스에 감염되어 자료가 먹통이 되는 것을 막아야 합니다. 집의 열쇠는 여분을 만들어 잃어버렸을 때를 준비해야 합니다. 나무와 나무 사이에 적당한 간격이 있어야 굵고 단단하게 자랄 수 있습니다. 사람과 사람 사이에는 상응하는 거리가 있어야 마찰과 분규를 피할 수 있습니다. 빌딩 숲 도심도 어느 정도 푸른 나무와 화초, 햇빛과 맑은 공기가 있어야 합니다. 고속도로에는 일정한 거리마다 휴게소가 있어야 고장이 난 차량을 응급 처치할 수 있는 것입니다. 꾀 많은 토끼는 굴을 세 개 가지고 있다고 했습니다. 득세할 때는 실세할 때를 잊지 말고 후퇴의 여지를 남겨 두어야 합니다. 강성할 때는 쇠퇴할 때를 잊지 말아야 하고, 부유할 때는 몰락할 때를 잊지 말아야 합니다. 심지어 세상물정과 시비에도 모두 여지가 있어야 합니다.

조조는 철군 후 측근 하후연에게 관중을 지키게 했습니다. 하후연은 기대를 저버리지 않고 마초와 한수를 격파하고 송건宋建을 소멸해 관중지역을 평정했습니다. 이에 대한 조조의 언행이 《삼국지》에 기록되었습니다. 조조는 하후연에게 상을 내리면서 "송건이 반역을 일으킨 지도 30년이 넘었다. 하후연이 일거에 그들을 제거하고 관우關右(관서)를 제패하니 아무도 그를 막을 수 없다. 중니仲尼가 '나와 네가 모두 그보다 못하리라'고 말한 바와 같다"고 할 정도로 기뻐했습니다. 그러면서 동시에 조조는 하후연에게 무턱대고 용기만 뽐내고 위험을 무시하지 말라고 타일렀습니다.

"장수가 된 자는 응당 겁을 내고 나약해야 할 때가 있는 법이다. 자신의 용맹만 믿고 항상 나서서는 안 된다. 장수는 용맹을 근본으로 삼아야 하지만 움직일 때는 지략을 잘 활용해야 한다. 용맹함만 믿고 날뛴다면 결국 필부의 적수밖에 되지 못할 것이다!"

이처럼 하후연이 과도하게 호기를 부리는 것을 걱정하고 냉정하게 경계했습니다.

조조의 사람 보는 눈은 비교적 정확해 그가 걱정하던 일이 결국 일어났습니다. 건안 24년 정월, 유비는 양평관에서 나와 면수沔水를 건너 한중으로 들어가는 길목인 정군산定軍山에 주둔하며 하후연과 대치했습니다. 이 전투에서 하후연은 조조의 충고를 귀담아 듣지 않고 결국 자신의 용맹함만 믿고 적을 얕잡아보다 황충黃忠의 화살에 목숨을 잃고 패하고 말았습니다. 결국 조조는 애써 얻은 한중을 잃게 되었습니다.

"어리석음은 지혜의 여유이고, 겁은 일을 할 때의 여유이고, 한가함은 근면함의 여유다"라는 고사가 있습니다. 노력하지만 모든 힘을 다 쓰지 않는다는 의미입니다. 춘추 시기 제 환공이 자신의 마부에게 물었습니다.

"그대는 말을 다루면서 어떤 깨달음을 얻었소?"

마부가 답했습니다.

"저는 말 한 마리 한 마리가 자신의 잠재력을 끌어내 최대한의 능력을 발휘하도록 할 수 있습니다. 그래야 마차가 가장 빨리 달릴 수 있지요."

이 대답에 만족한 제 환공은 고개를 돌려 관중에게 이 일을 이야기했습니다. 그런데 관중이 낯빛을 엄숙하게 하며 말했습니다.

"주공, 더는 그 마부가 모는 마차를 타지 마십시오. 머지 않아 뒤집힐 것입니다."

오래되지 않아 그가 모는 마차가 전복되어 결국 마부가 죽는 일이 발생했습니다. 제 환공이 신기해 관중에게 어떻게 그 일을 미리 알 수 있었는지 물었습니다. 그러자 관중이 의미심장하게 대답했습니다.

"말은 비록 동물이지만 일할 때 외에는 쉬어야 하고 체력과 정신을 회복할 시간이 필요합니다. 또한 말에게도 욕망과 감정이 있습니다. 예를 들어 어미 말은 새끼 말에게 젖을 먹이고 돌보아야 합니다. 때문에 말들에게도 감정을 교류하고 서로를 돌볼 수 있도록 시간을 주고 원기를 회복하도록 해야 합니다. 그 마부는 말을 재촉해 일하게 할 줄만 알았지, 이런 이치를 알지 못했으니 언젠가 사고가 일어날 줄 알았던 것입니다."

관중이 말과 마부에 대해 말한 것은 자신의 생활을 잘 관리하라고 말한 것과 같습니다. 일을 잘하려면 정력과 시간을 합리적으로 배분할 필요가 있고, 체력을 단련하고 휴식을 취하며 기력을 회복해야 합니다. 또한 학습과 충전이 필요하고, 나아가 가정의 따뜻함과 지지를 필요로 합니다. 있는 힘을 다해 일을 하는 것은 장구한 계책이 아닙니다. '노력'은 있는 힘을 다 쓴다는 것이 아닙니다. 매일매일 야근하고 밤낮을 가리지 않고 일하는 것은 장구한 계책이 될 수가 없습니다. 노력은 뛰어남을 드러내지만 전력을 다하는 것은 재난을 숨기고 있는 것입니다.

조조는 관중과 농서에서 두 단계로 나누어 용병을 진행했습니다. 첫 번째는 마초를 격파하고 한중으로 진격해 장로의 항복을 받아들인 단계입니다. 이번 정벌은 아주 순조롭게 진행되었고 전략·전술의 운용도 적절했으며 눈에 띄는 실수 또한 없었습니다. 두 번째는 한중에 군사를 주둔해 지역을 안정시키면서 유비에게 대항하는 단계입니다. 그는 줄곧 친히 대군을 이끌고 서쪽 원정을 계속하면서 총괄적으로 계획하고 교묘하게 사람을 안배했으며, 사람을 쓰고 일을 처리하는 과정에서 충분한 여지를 두어 적벽대전과 같이 거대한 위험을 감수하지는 않았습니다. 하지만 동시에 용인 측면에서 장수의 재능을 통솔자의 재능으로 여긴 잘못도 했습니다. 용병의 관건은 장수를 쓰는 데 있습니다. 장수를 잘못 써서 한중 전선이 피동적인 국면에 빠져들자 결국 진창陳倉으로 퇴각해 방어선을 안정시킬 수밖에 없었습니다. 한중에서 패배의 그림자가 아직 흩어지지도 않았을 때 새롭고 큰 시험이 다가왔습니다. 그 시험은 무엇이고, 조조는 어떻게 대응했을까요?

제15강

위세를 만들고, 따르며, 끝내 장악한다

조직의 리더가 산업발전 추세를 제대로 예측하지 못해 잘못된 의사결정을 내리면 작게는 좌절을 겪거나 심하면 무너져 다시 일어나지 못할 수도 있다. 그래서 리더에게는 형세를 판단하는 능력이 아주 중요하다. 물러나야 할 때와 나아가야 할 때를 잘 살피고, 직접 나서야 할 때와 남의 힘을 빌려야 할 때를 고려해 다음 착수를 두어야 한다.

건안 24년, 맹장 관우가 북진하며 조조군에게 중대한 타격을 주자 허창은 다급해졌고 형세는 심상치 않았다. 이 위급한 시기에 조조는 복잡한 국면에서 교묘하게 세를 빌려 위험한 상황을 벗어날 수 있었고, 결국 조위 정권 수립의 견고한 기초를 만들어냈다. 조조가 세력을 빌려 발전할 수 있었던 묘수는 무엇이었을까? 우리는 그로부터 어떤 도움을 얻을 수 있을까?

세에 의지해 승리를 얻는다

옛말에 "때를 기다리느니 승세를 타는 것이 낫다"라는 말이 있습니다. 물이 흐르는 대로 따르고 세에 따라 행하는 것은 언제나 가장 빠르고 가장 효과적인 방법입니다. 해결하기 매우 어려운 수많은 일도 일단 기세를 타고 오르면 물 흐르듯 순조롭고 신속하게 성공에 이르게 됩니다. 이런 국면을 옛 사람들은 "좋은 바람 불면 바람 타고 곧장 푸른 구름에 오르리라", 또는 "양쪽 언덕 원숭이 우는 소리 그치지 않는데, 가벼운 배는 어느덧 만 겹의 산을 지나왔네"라고 읊었습니다. 그래서 중국인들은 일을 할 때 '세勢' 자를 특별히 강조했습니다. 성어 가운데 파죽지세·대세소추·승세이상·인세이도 등이 있는데, 여기서 세란 무엇을 말하는 것일까요? 간단하게 말하면 그것은 일종의 외부 조건의 구비와 성숙을 말합니다. 《손자병법》〈세편〉에는 "전쟁을 잘하는 자는 전쟁의 승패를 기세에서 구하지 일부 병사에게 책임을 묻지 않는다"라는 유명한 명언이 있습니다.

　세에 의지해 승리를 얻는 것이 진정으로 최고의 고수인 것입니다. 세 자에는 응당 네 가지 요점이 포함되어 있어야 합니다. 첫 번째는 형세를 확실하게 이해할 수 있어야 합니다. 두 번째는 성세를 만들어낼 수 있어야 합니다. 세 번째는 국세를 통제할 수 있어야 합니다. 네 번째는 추세를 이끌 수 있어야 합니다. 성공한 사람은 반드시 세를 따르고 세를 빌리며 세를 만들어내는 방면에 고수입니다. 조조가 바로 이런 사람이었습니다. 그는 결정적인 순간에 종종 다른 사람들보다 훨씬 빨리 형세를 파악하고 더욱 주도면밀하고도 원대하게 전체 국면을 기획했는데, 그에게는 특별한 방법이 아주 많았습니다.

적을 이기기 위해
또 다른 적과 손을 잡는다

동한 건안 24년 가을 8월, 번성 이북의 한수가 범람해 번성 북쪽에서 방어하는 조조의 칠군이 물에 잠겼습니다. 고개를 들어 바라보니, 두 군대가 홍수 속에서 치열한 전투를 벌이고 있었습니다. 강의 제방 외곽에는 전선이 정박해 있고, 뱃머리에 한 사람이 단정하게 앉아 있었는데 그가 바로 유비의 오호대장五虎大將 관우였습니다. 그리고 맞은편 멀리 떨어진 제방 위에는 청포와 은색 투구를 쓴 건장한 체구의 장수가 손에 강궁을 들고 서 있는데, 등 뒤의 깃발에는 "남안南安 방덕龐德"이라고 씌어 있었습니다. 그는 조조군의 선봉 방덕으로, 소규모 부대를 이끌고 관우부대의 맹렬한 공격에 완강하게 저항하고 있었습니다.

방덕은 선봉으로서 손색이 없었습니다. 전투가 시작되자 방덕은 연이어 활을 쏘아 공격해오던 10여 명을 순식간에 쓰러뜨렸습니다. 이에 뒤따르던 관우군의 공세가 비로소 조금씩 완화되기 시작했습니다. 하지만 조조군의 칠군이 머물던 영채는 계속해서 함락되고, 관우의 부대는 사방으로 배를 휘젓고 다니며 포로들을 붙잡고 있었습니다. 방덕은 이미 궁지에 몰렸습니다.

> **방덕**(?~219)
> 자는 영명令明이며, 남안 환도獂道 사람이다. 원래 마초 휘하의 장수였으나 조조에게 투항해 그를 섬긴 뒤에는 신의를 지켜 절개를 굽히지 않았다. 건안 24년, 번성에서 관우와 싸우다가 사로잡혀 목숨을 잃었다.

칠군의 영채는 조조군의 번성을 방위하는 핵심으로, 주장은 우금과 방덕이었습니다. 건안 24년 초가을, 형주에 주둔하던 관우가 정예부대를 이끌고 번성을 공격하자, 번성의 주장 조인은 좌장군 우금과 입의장군立義將軍 방덕을 급파해 북쪽에서 번성의 측후방을 보호하도록 했습니다.

관우는 번성을 포위하고 다시 우금과 방덕의 영채를 공격했습니다. 《자치통감》에는 "8월 큰비가 연일 내려 한수가 범람해 평지를 덮어 우금 등 칠군이 다 물에 잠겼다"고 기록되어 있습니다.

관우는 물살의 도움을 받아 전선을 타고 조조군의 영채로 진격했습니다. 주장 우금은 어쩔 수 없이 투항했지만 방덕은 필사적으로 저항하며 항복하지 않았습니다. 전투는 아침부터 시작되어 정오에 이르렀습니다. 관우 측 병사들은 서로 돌아가며 싸웠기에 쉬면서 밥을 먹었지만, 방덕 측 병사들은 연이은 공격에 아무것도 먹지 못해 이미 기진맥진한 상태였고 병사의 수도 갈수록 줄어들었습니다.

점심을 배불리 먹고 형세를 살피다 전쟁이 막바지에 다다랐다고 여긴 관우는 병사들에게 맹공을 퍼부을 것을 명령했습니다. 일순간 전선에서 벌 떼처럼 쏟아진 관우의 병사들이 방덕의 화살을 아랑곳하지 않고 함성을 지르며 강둑 위로 올라갔습니다. 방덕은 앞서 오는 병사를 향해 화살이 다 떨어질 때까지 계속해서 쏘았습니다.

대세가 기울자 주위에 있던 조조군은 분분히 무기를 버리고 투항할 준비를 했습니다. 방덕은 이를 악물고 단도를 뽑아 혈로를 뚫고 근처의 작은 배로 뛰어올랐는데 얼마 가지도 않아 그만 물살에 배가 뒤집히고 말았습니다. 결국 방덕은 물속에서 산 채로 붙잡혔습니다. 관우가 항복을 권했으나 방덕은 무릎을 꿇지 않고 큰소리로 욕을 퍼붓다가 결국 죽임을 당했습니다. 전투는 관우의 대승으로 끝났습니다. 이 전투가 삼국 역사에서 유명한 조조의 칠군을 수장시킨 유명한 전투입니다.

우금과 방덕의 부대를 제거한 관우는 병력을 집중해 번성을 맹렬히 공격하고, 한편으로는 번성을 겹겹이 포위해 성을 고립시켰습니다. 번성과 강 하나를 사이에 둔 양양에 별장을 파견해 그곳을 막고 있던 여상呂常까지 포위했습니다. 이에 조조가 임명한 형주자사荊州刺史 호수胡修, 남향태수南鄕太守 전방傳方이 관우에게 투항했습니다. 《삼국지》에는 "허도 이남이 모두 관우에 호응하자 관우의 위세가 화북을 진동했다"고 기록되어 있습니다.

관우의 연이은 승리로 조조는 좌불안석했습니다. 조조는 심지어 관우의 예봉을 피하기 위해 수도 허도를 다른 곳으로 옮길 생각까지 했습니다. 결정적인 순간, 사마의와 장제가 조조에게 의견을 피력해 조조로 하여금 피동적인 국면에서 형세를 전환할 아이디어를 냈습니다. 그 내용이 《자치통감》에 기록되어 있습니다.

"우금 등의 부대는 홍수에 의해 패배한 것이지 공격을 받아 잃어버린 것은 아닙니다. 국가의 대계로 보면 아직 잃은 바가 없습니다. 손권과 유비는 겉으로는 친한 듯해도 내심 소원하니 관우가 승리해 뜻을 이루는 것은 손권이 바라는 바가 아닐 것입니다. 손권에게 사람을 보내 그로 하여금 관우의 후방을 공격하라 하고 강남을 떼어내 손권에게 봉하는 것을 허락하면 번성의 포위는 자연히 풀릴 것입니다."

조조는 이 의견을 따라, 적벽대전 당시 자신을 처참하게 무너뜨렸던 손권과 함께 관우에게 대항하기로 했습니다. 손권도 조조의 제안에 머뭇거리지 않고 동의했습니다.

손권은 왜 조조의 요구에 선뜻 동의해 맹우盟友의 등에 칼을 들이댔을까요? 이를 위해서는 먼저 당시의 형세를 살펴볼 필요가 있습니다. 이 형세는 여섯 가지로 개괄할 수 있습니다. 첫째, 북쪽 서주로 진격하는 것은 공격하기는 쉬워도 지키기가 어려워 얻는 것보다 잃는 것이 많았습니다. 둘째, 조조의 강력한 군대는 싸워 이기기 어려웠습니다. 셋째, 형주는 전략적 요충지로 반드시 빼앗을 필요가 있었습니다. 넷째, 손권에 대한 관우의 태도가 오만해 손권을 격노시켰습니다. 다섯째, 관우의 주력이 번성에 있어 후방이 비어 있으므로 이런 기회는 다시 오기 어려웠습니다. 여섯째, 손권의 무장 여몽呂蒙이 비교적 성숙한 기습방안을 갖고 있었습니다.

이 여섯 가지 형세를 고려해 손권은 관우의 배후를 공격해 형주를 빼앗기로 결심했습니다. 물론 그의 이러한 결정은 조조가 아닌 자신의 이익을 위한 것이었습니다. 이는 "이익은 우정의 시험을 이겨낼 수 있지만, 우정은 이익의 시험을 이겨내지 못한다"는 외교상의 말에 해당하는 것이라 할 수 있습니다.

손권이 형주를 급습하는 것과 동시에 조조도 서황을 보내 조인을 구원하도록 했습니다. 서황은 이후의 전투에서 결정적인 역할을 했습니다. 먼저 서황은 첫 전투에서 작은 승리를 거두었습니다. 《삼국지》〈서황전徐晃傳〉의 해당 기록입니다.

> 관우가 언성에 주둔하자 서황이 도착해 거짓으로 언성 남쪽에 참호를 파고 퇴로를 막는 척하자 관우군이 놀라 진영을 불태우고 도망치기에 바빴다.

서황이 진격을 준비할 때 참군 조엄趙儼이 말했습니다. 조엄은 조조가 부대의 움직임을 조율하도록 파견한 사람으로 상황에 따라 결정을 내릴 지휘권이 있었습니다. 《삼국지》〈조엄전趙儼傳〉에 기록된 내용입니다.

"지금은 적의 포위가 견고하지 않고 홍수가 다 가시지도 않았으며 우리의 병력 또한 부족합니다. 조인도 적에게 포위되어 연락되지 않으니 함께 힘을 모을 수 없습니다. 이러한 때 최대한 성에 가깝게 다가가 우리가 지원군으로 왔다는 사실을 알려 사기를 진작시키는 것이 가장 좋은 방법입니다. 허창 북쪽의 지원군이 열흘도 안 되어 도착할 것이니 그때까지는 성을 지킬 수가 있을 것이고, 그 후에 안과 밖에서 함께 공격하면 틀림없이 적을 물리칠 수 있습니다. 만약 공격을 늦춘 것에 대해 죄를 묻는다면 제가 책임을 지겠습니다."

이에 서황은 지하에 굴을 파 최대한 성 가까이 간 후 화살에 편지를 매달아 조인에게 보내고 원군이 도착했다는 소식을 전했습니다. 조엄이 결정적인 순간 내놓은 의견은, '사람은 적고 세가 고립되어 있으니 격전을 피하고 지공을 펴며 변화를 기다리자'는 것이었습니다. 어떤 변화였을까요? 당연히 손권의 변화를 기다리는 것이었습니다. 이때 손권이 비밀리에 조조에게 보낸 서신에도 연합해서 관우를 토벌할 뜻을 전하고, 조조에게 비밀을 엄수할 것을 청했습니다. 많은 사람이 손권의 말에 동의해 비밀을 유지해야 한다고 말했지만 동소만이 다른 의견을 보였습니다. 《삼국지》〈동소전〉에 기록된 내용입니다.

"겉으로만 비밀을 유지하는 척하고 몰래 이 내용이 새나가게 해야 합니다. 관우가 이 사실을 알면 군사를 돌려 후방을 지원할 테니 번성의 포위가 풀리는 것은 당연합니다. 그런 후 관우와 손권이 서로 싸우기를 기다렸다가 어부지리를 취하면 되는 것입니다. 비밀을 지켜 손권이 뜻을 이루도록 돕는 것은 좋은 방법이 아닙니다. 또한 번성의 포위된 군사들이 곧 구원되리라는 사실을 모르는 상황에서 식량부족을 걱정하다 공포심에 다른 생각을 품게 된다면 그 결과는 예측할 수 없게 됩니다. 만약 관우가 강릉·공안公安 두 성의 수비가 견고한 것을 믿고 쉽게 군사를 돌리지 않는다 해도, 손권의 형주 습격 계획에 차질을 줄 일은 없을 것입니다."

조조는 즉시 이 의견을 받아들여 손권의 편지를 여러 장 베껴 번성과 관우의 진영에 화살로 쏘아 보내도록 했습니다. 예측대로 번성에 있던 군사들은 이 소식을 듣고 사기 백배했으나, 과연 관우는 주저하며 나서지 못했습니다. 이로써 조조는 피동적 위치에서 벗어나 주도권을 장악하게 되었습니다.

강 건너 불구경을 즐긴다

이번 전투에서 조조가 수세에서 공세로 전환할 수 있었던 가장 결정적인 요인은 정세를 살펴 손권과 연합해 관우를 공격하는 국면을 만들어냈기 때문입니다. 손권이 관우의 배후를 공격하도록 유도해 형세를 피동에서 주동으로 바꾸고 자신을 유리한 위치에 처하게 하는 것이었습니다. 형세를 이용한 것이 관우라는 강적과 싸워 이길 수 있던 결정적인 요인이었습니다.

이러한 전략적인 사고는 일찍이 《전국책戰國策》〈연책燕策〉에 기록된 어부지리 고사와 관련되어 있습니다. "다투고 있던 조개와 황새를 어부가 다 거두어 어부만 이롭게 한다"는 뜻으로, 이 계책의 특징은 조용히 관찰하고 있다가 변화에 따라 움직이며 적들 사이에 모순이 생겨 쇠약해지기를 기다리다 자신에게 유리한 상황이 왔을 때 즉시 움직인다는 것입니다.

훗날 삼십육계에서 이런 사유는 격안관화隔岸觀火, 즉 강 건너 불구경이라는 책략으로 발전했습니다. 그 의미는 적의 내부가 분열로 모순이 격화되면 조용히 그 변화를 살피면서 성급하게 일을 도모하지 않고 시기가 성숙되었을 때 손을 쓴다는 것입니다. 이 책략의 묘미는 일부러 한 발 늦추고 고의로 한 발 양보하는 데 있습니다.

비즈니스 현장에서는 이런 책략을 흔히 볼 수 있습니다. 한 박물관에서 홍목紅木 가구를 대량으로 구입할 계획을 세우고 있었는데, 이 소식을 들은 관장의 친한 친구 둘이 관계를 이용해 영업을 하러 왔습니다. 거절하기도 어렵고 값을 깎기도 난감해 관장은 의도적으로 두 사람에게 저쪽 상대도 주문을 받으려 한다는 사실을 흘렸습니다. 그러자 관장의 마음은 훨씬 가벼워졌습니다. 일부러 의사결정을 반 박자 늦추고 좀더 생각해보자고 말하자 두 친구는 경쟁하느라 서로 가격을 깎고 상대방 가구의 문제점을 이야기했습니다. 그 결과, 박물관장은 자신이 필요로 하는 좋은 제품을 합리적인 가격으로 구입할 수 있었습니다.

연애를 하는 것도 마찬가지입니다. 여자가 자신을 따라다니는 남자친구에게 ○○○가 장미를 보내고 같이 영화를 보자고 한다는 것을 이야기하면 곧이어 두 남자의 경쟁이 시작됩니다. 꽃을 보내고 선물을 보내고 케이크를 보내고 더우면 더울세라 추우면 추울세라 정성껏 보살핍니다. 그러면 여자는 한편으로는 이를 즐기며 다른 한편으로는 두 사람이 보여준 태도를 잘 관찰해 자신에게 더 어울리는 남자친구를 선택할 수 있습니다. 이것이 이른바 "비교를 하지 않으면 뛰어남도 드러나지 않고, 경쟁이 없으면 발전이 없다"고 이르는 것입니다.

적당할 때 기꺼이 멈춘다

《삼국지》에 따르면 조조는 관우가 칠군을 물로 몰살한 후 친히 대군을 이끌고 조인을 구하러 남하해 마피摩陂에 주둔하며 계속 은서殷署·주개朱蓋 등을 보내 서황을 지원하게 했습니다. 전투과정은 이랬습니다. 관우는 번성을 포위하는 데 다섯 개의 둔영이 있었는데, 서황은 표면적으로는 정면의 핵심진영을 공격하고 암암리에 부대를 보내 뒤에 있던 네 개의 작은 고지를 공격했습니다. 다급해진 관우가 군사 5,000명을 이끌고 출전했습니다. 이에 서황은 정면에서 관우의 공격을 격퇴하고 승세를 몰아 열 겹으로 둘러싼 포위망 속으로 들어가 포위망을 부수었습니다. 관우는 번성의 포위를 풀 수밖에 없었습니다. 이렇게 번성의 포위가 풀리고 서황과 조인의 두 군대가 합치자 조조군의 군사력이 크게 증대해 사기가 고양되었습니다. 병사 모두 승세를 몰아 추격할 것을 요구했습니다. 하지만 호군 조엄은 군사를 거둘 것을 주장했고 결정적인 순간에 조조도 사람을 보내 추격하지 말라고 전했습니다. 이에 대한《자치통감》의 기록을 살펴보겠습니다.

관우는 남군이 무너졌다는 소식을 듣고 곧바로 남쪽으로 퇴각했다. 조인이 장수들과 논의한 후 큰소리로 말했다.

"지금 관우가 두려워하고 있으니 추격하면 사로잡을 수 있다."

조엄이 말했다.

"손권은 관우가 양번(양양과 번성)을 공격하는 틈을 노려 그의 후방을 습격했습니다. 손권은 관우가 강릉을 구하러 간 틈에 우리가 그를 공격할까 우려했기 때문에 편지를 보내 우호를 청했던 것입니다. 그는 또한 우리가 관우를 물리치기를 바라고 있습니다. 지금 관우는 이미 모든 세력을 잃었으니 손권과 싸우도록 놔두어야 합니다. 만약 관우를 끝까지 추격해 형주까지 간다면 손권의 의심을 사게 될 것이고, 이는 전혀 이롭지 않습니다. 위왕께서도 틀림없이 이 문제를 걱정하고 계실 것입니다."

조인은 조엄의 말을 곧 알아차렸다. 조조도 관우가 퇴각했다는 소식을 듣고 장수들이 추격할까 염려되어 즉각 사람을 보내 추격하지 말 것을 전했는데, 그 이유는 조엄이 말한 계책과 똑같았다.

조조는 왜 추격을 하지 말라고 했을까요? 전과를 올리는 것은 좋은 일이지요. 사실 조조의 심기는 매우 깊었습니다. 그는 관우의 후방이 여몽의 백의도강白衣渡江에 의해 점령되어 세가 이미 기울었기 때문에 그냥 손권과 싸우도록 했던 것입니다. 둘 중에 누가 패배해도 그것은 조조의 승리였지만, 일단 승기를 잡고 추격하면 서로를 보호하기 위해 손권과 관우가 다시 연합할 수 있었습니다. 조조는 제2차 적벽의 국면이 조성되면 얻는 것보다 잃는 것이 많음을 알았습니다. 추격하지 않는 것이 추격하는 전략에 비해 이익은 더 크고 효과는 더 좋은 것이었습니다. 이것이 조조의 심기와 원견입니다. 적당한 정도에 그만두는 것은 원견의 구체적인 체현이었던 것입니다.

이렇게 적당한 단계에서 멈추는 것을 투자학에서는 이익제한과 손실제한이라고 부릅니다. 이를 이해해야 투자를 할 수 있습니다. 이익제한은 일정한 액수를 벌면 그만두고 시기적절하게 몸을 빼는 것입니다. 절대 더 많이 벌려고 계속 투자하지 마십시오. 욕심과 만족하지 못하는 마음은 항상 투자의 양대 함정으로 모든 도박꾼의 최대 재난이며 인생의 시험입니다. 욕심도 버리고 만족하지 못하는 마음도 버려야 계속 성공할 기회가 생기는 법입니다.

예를 들어 금에 투자한다고 해봅시다. 금 가격이 현재 그램당 320원인데 5킬로그램을 샀습니다. 그런데 330원으로 올랐습니다. 이때 팔면 5만 원을 법니다. 만약 더 오를 것이라고 생각이 들면 기다립니다. 얼마 뒤 그램당 360원으로 올랐습니다. 이때 판다면 15만 원을 벌게 됩니다. 그러나 가격이 상승하는 곡선을 보니 더 벌 욕심이 생겼습니다. 그런데 다음날 316원으로 떨어지고 말았습니다. 이후 금 시세가 계속 떨어지고 마니 그때가 되면 후회막급입니다.

그래서 사는 것을 아는 사람은 학생이고 파는 것을 아는 사람은 선생이며, 투자에서 가장 뛰어난 기교는 적당한 곳에서 멈추는 것임을 수많은 사례가 증명했습니다. 모든 투자의 실패는 적당한 정도에서 멈추는 법을 알지 못하기 때문에 발생한 것입니다.

조조가 유비와 한중을 다툴 때, 하후연이 죽고 정군산에서 참패한 후 조조는 진창으로 물러나 더는 나아가지 않았습니다. 이것이 바로 손실제한으로, 얻지 못한 대로 인정하고 다음을 기약하는 것을 말합니다. 또 조조는 양번전투에서 번성의 포위를 풀고 관우를 추격해 적진에 깊숙이 들어가지 않았습니다. 이는 이익제한으로, 적당한 지점에서 멈추고 이후의 일을 관우와 손권에게 넘긴 것입니다. 이것이 바로 조조의 전략적인 안목입니다. 그는 예민하게 형세를 판단했던 것입니다.

조조는 사람을 꾀하는 것은 세를 꾀하는 것만 못하고, 힘을 빌리는 것은 세를 빌리는 것만 못하고, 마음을 따르는 것은 세를 따르는 것만 못하다는 것을 깊이 깨닫고 있었습니다. 양번의 싸움에서 관우가 칠군을 수장해 화북을 진동시킨 이후 조조는 최전방을 안정시키면서 승리를 얻었는데, 그 핵심은 바로 형세를 정확히 판단한 데 있었습니다. 손권과 관우의 모순을 이용해 어부지리를 취해 싸우지 않고 이기는[不戰而屈人之兵] 최상의 병법을 실행했던 것입니다.

조조는 진정 세를 만들어내는 전문가였고 세를 빌리는 데 고수였습니다. 이런 전략적인 안목은 군사상에도 체현되었지만 더 나아가 정치와 내부관리에서도 체현되었습니다.

조조의 책략
세를 만들어 세를 빌리는 장악술

첫 번째 책략 | 스스로 명성과 위세를 만든다

먼저 성세에 대해 이야기해봅시다. 요즘 유행하는 드라마의 공통적인 인상은 바로 광고가 너무 많다는 것입니다. 이전에는 드라마 사이에 광고가 있었는데, 요즘은 광고방송 사이에 드라마가 있는 듯한 느낌입니다. 사실 광고의 홍수는 일종의 성세를 만들어내는 전형적인 수단이기도 합니다. 오늘날은 지명도가 없으면 아무것도 할 수 없는 시대이기도 합니다.

조조는 자신을 효과적으로 광고할 줄 아는 사람이었습니다. 삼봉삼양三封三讓, 즉 세 번 봉하고 세 번 사양한 것은 조조의 광고 수단이었습니다. 동한 건안 21년(216) 여름 5월, 한 헌제는 조서를 내려 조조를 위왕으로 책봉했습니다. 《삼국지》에는 "위왕이 상소를 올려 세 번 사양했으나 세 번 조서를 내려 허락하지 않았다[魏王上書三辭, 詔三報不許]"라고 기록되어 있습니다. 조조가 세 차례 사양했으나 한 헌제가 받아들이지 않았다는 이야기입니다. 조조가 계속 사양하자 결국 급해진 헌제는 친필로 조조에게 글을 썼습니다.

> 큰 성인은 공덕을 높고 아름답게 여기고 충화忠和를 가르침으로 삼아, 그런 연유로 사업을 창업해 명성을 드리워 백세百世에 가히 보기 드물 정도가 되었고, 도의를 행하고 바로 세우는 일을 힘써 행해 가히 본보기가 되었으니, 이로써 큰 공훈이 무궁하도록 빛나고 무성하게 드러났던 것이다. 후직后稷과 설契은 군주의 총명에서 비롯되었고, 주공周公과 소공召公은 문왕文王과 무왕의 지혜로운 쓰임에 말미암았다. 비록 뭇 관원들이 일을 해나가고 있으나 우러러 탄식하고 곰곰이 생각해도 어찌 그대와 같은 자가 있겠는가?
> 짐이 고인古人들의 공을 생각함에 아름다움은 저와 같고, 그대의 충성스럽고 근후한 공적을 생각해보면 무성함이 이와 같으니, 이 때문에 매번 부신符信을 새기고 서훌瑞物을 쪼개어, 예를 펼쳐 책봉을 명해 자나 깨나 탄식하며 스스로 선대의 제업을 이어받아 천하를

다스리는 일에 있어 짐의 부덕함을 잊었던 것이다. 지금 그대가 거듭 짐의 명을 거스르고 굳이 간절하게 고사하는 것은 짐의 뜻에 부합하지 않고 후세를 훈도하는 바가 아니다. 지조와 절개를 누르고 다시는 굳이 사양하지 말라.

대체적인 내용은 '조조의 총명함은 고대의 현인 직과 설을 넘어서고, 공로는 주공과 소공을 넘어서니, 충성과 근면한 모습을 생각하면 임명장 앞에서 잠을 이룰 수 없다. 만약 사양한다면 그것은 자신의 마음을 저버리는 것이고 나아가 천하 사람들을 저버리는 것이니 사양하지 말라'는 것입니다.

진상을 모르는 사람은 이상하게 생각할 수도 있을 것입니다. 한 헌제는 조조를 임명하면서 지나치게 겸손하고 낮은 자세로 조조에게 무릎을 꿇고 머리를 조아리지 못하는 것을 한스러워하는데 이는 보통 생각할 수 없는 일입니다. 사실 이 모두는 조조가 연출한 연극이었습니다. 임명장의 원고와 겸양의 원고 모두 조조의 막료들이 사전에 쓴 것이고, 세 번 봉하고 세 번 사양하는 과정 또한 준비한 순서대로 일을 처리한 것일 뿐이었습니다.

이 대목만 보면 누군가 조조를 비웃을 수도 있습니다. 분명 자신이 권력을 빼앗아 위왕이 되었으면서도 거짓으로 연기를 한 것은 남의 물건을 빼앗아놓고 가식적으로 자선사업하듯 가장하니 그 속마음이 너무 음흉하다는 것입니다.

조조는 성인군자가 아니라 정치가였습니다. 그렇게 한 데에는 깊은 뜻이 숨어 있었습니다. 삼봉삼양을 통해 조조는 세 가지 목적을 달성했습니다. 첫째, 천하 사람들에게 자신은 권력을 찬탈한 것이 아니라 천자가 친히 상을 내린 것이고, 게다가 자신은 겸허하게 사양했다고 알리기 위해서였습니다. 둘째, 한나라 천자가 자신을 인정해 발탁하지 않으면 잠을 이루지 못할 정도임을 밝혔습니다. 셋째, 이것이 가장 중요한데, 세 번 봉하고 세 번 사양하는 글을 통해 객관적인 각도에서 조조의 재주와 공헌을 보여주었던 것입니다.

삼봉삼양은 조조의 개인적인 이미지를 만들기 위한 방안이었고, 조조가 기획한 전방위 광고 선전이었습니다. 조조는 '이미지란 설득력이고 영향력이다'라는 관리원칙을 아주 잘 이해하고 있었습니다. 리더는 자신의 눈을 보호하는 것처럼 이미지를 보호해야 합니다. 이미지를 잃는 것은 민심을 잃고 미래를 잃는 것이기 때문입니다.

조조의 지혜

이미지는 설득력이고, 이미지가 영향력이다. 리더는 자신의 눈을 보호하는 것처럼 이미지를 보호해야 한다. 이미지를 잃는 것은 민심을 잃고 미래를 잃는 것이다.

세 번 봉하고 세 번 사양하며 오고 간 문서에는 조조에 대한 긍정과 찬양으로 가득 차 있고, 사용한 용어 모두 최상의 광고언어였습니다. 한 헌제가 내린 위왕으로 봉하는 조서를 간단하게 보면 이런 포장효과를 충분히 감상할 수 있을 것입니다.

> 그대의 근면함은 후직과 우禹를 뛰어넘고, 충성은 이윤伊尹과 주공을 닮았으며, 겸양과 공손함으로 이를 감추니, 이 때문에 지난날 처음으로 위국魏國을 열어 그대에게 땅을 하사했다. 그러나 그대가 명을 거스르고 사양할까 염려해 내 품은 뜻을 굽혀서 그대를 상공上公

으로 삼아 그대의 높은 의로움을 공경이 받들고 공훈을 세우기를 기다렸던 것이다. 한수와 송건이 남으로 파巴·촉蜀과 연계해 반역의 무리가 합종合從해 사직을 위해하려 도모하니, 그대가 다시 장수들에게 명해, 용처럼 뛰어오르고 범처럼 분노해 그 우두머리를 효수하고, 소굴을 도륙했다. 서방을 정벌함에 이르러 양평陽平의 전역에서는, 친히 갑옷을 두르고, 험난한 땅에 깊이 들어가, 버러지 같은 적들을 멸하고 흉악한 무리를 다 없애 서쪽 모퉁이를 평정하고, 만리 밖까지 천자의 깃발을 내걸어 명성과 교화를 멀리 떨쳐 중화의 강역을 편안하게 했다. 무릇 요임금과 순임금의 성세盛世에는 삼후三后가 공을 세웠고, 문왕과 무왕이 흥할 때는 단공旦公과 석공奭公이 보좌했고, 두 선조(전한의 고조, 후한의 광무제)가 대업을 이룰 때는 영웅호걸들이 천명을 보좌했다. 무릇 성철聖哲한 군주는 일을 자기의 임무로 삼아 오히려 땅을 나누어주고 서옥瑞玉을 나누어주어 공신들에게 보답해야 되는데, 어찌 짐의 덕이 적게 하는 일이 있겠는가! 그대에게 의지해 세상을 구제했는데, 포상과 의전이 풍성하지 않다면, 어찌 장차 신령에게 응답하고 만방萬方을 위로하겠는가?

조조는 삼봉삼양을 통해 명성과 위세를 만들어 권력의 합법성을 과시하고 사람들의 인정을 높였습니다. 조조는 매번 한 헌제의 인장을 빌려 자신의 브랜드와 주장을 홍보했습니다. 그는 이런 방법에 아주 능숙했습니다. 첫 번째로 조조는 충군보국이라는 금으로 새긴 간판을 내세웠습니다. 두 번째로 그는 자신의 존재감을 만들어냈습니다. 이는 세를 빌리는 가장 기초적인 수단이었습니다. 한편으로는 외부위기를 강조하고 다른 한편으로는 한 헌제가 자신을 발탁하기 위해 보여준 간절함을 내세웠습니다.

세 번째는 명인효과를 만들었습니다. 이는 세를 빌려 세를 만들어내는 가장 효과적인 수단으로, 한 헌제라는 온 세상이 다 아는 사람이 조조 자신이 하기에 적합하지 않은 말을 대신하게 했습니다. 매번 피 끓는 심정으로 조조의 은혜에 감사하다고 말하게 했던 것입니다. 네 번째로 조조는 매번 삼봉삼양을 떠들썩하게 알려서 모든 사람이 다 알게 했습니다. 이런 노력을 통해 조조는 시종 여론을 선점하고 강대한 성세와 성망을 유지하며 이후 권력찬탈을 위한 초석을 깔았습니다.

두 번째 책략 | 두 가지 수단으로 국세를 통제한다

조조는 음과 양 두 가지 수단으로 국세를 통제했습니다. 먼저 음의 사건을 살펴봅시다.

> 건안 24년, 조조는 손권의 도움으로 양번에서 대승을 거두고 표를 올려 손권을 표기장군驃騎將軍·가절加節·형주목荊州牧·남창후南昌侯로 봉했다. 손권은 조조에게 서신을 보내 하늘의 뜻이라고 일컬으며 조조가 황제의 자리에 오르면 자신은 기꺼이 신하가 되겠다고 권했다. 조조가 서신을 읽고 나서 대신들에게 보여주며 말했다.
> "이 애송이 놈이 나를 화덕 위에 앉히려 하고 있구나!"
> 시중 진군陳群 등 모두가 한 왕실은 이미 기울었으니 지금이 제위에 등극할 시기임을 진언했다. 그러자 조조가 말했다.
> "만약 나에게 천명이 있다면 나는 주 문왕으로 족하오!"

손권의 말에 조조는 "이 애송이 놈이 나를 화덕 위에 앉히려고 하고 있구나!"라고 말했습니다. 설마 조조가 권력을 싫어했을 리는 만무하고, 그는 왜 시세에 따라 직접 황제가 되려 하지 않고 주 문왕으로 족하다고 말했을까요? 여기에는 우리가 주목할 만한 한 가지 중요한 원인이 있습니다.

전문가가 사람을 두 개 조로 나누어 보통 사람의 생활을 반영한 비디오를 보여주었습니다. 첫 번째 조는 비디오를 본 후 주인공의 키를 추측하게 하고, 두 번째 조는 연구자가 주인공을 재능과 능력이 뛰어난 리더라고 소개한 뒤 키를 추측하게 했습니다. 그 결과, 두 번째 조의 예상치가 첫 번째 조보다 훨씬 높았습니다. 바꾸어 말하면 일단 그 사람이 리더임을 인식하자 키가 더욱 크다고 느꼈던 것입니다. 이는 전형적인 심리현상으로 사람들은 뛰어난 사람을 훨씬 크게 느끼는 경향이 있습니다.

여기서 한 발 더 나아가 다른 연구에서는 이런 심리가 지도자의 신체평가에만 존재하는 것이 아니라 사상평가에도 존재할 수 있음을 보여주었습니다. 대중은 지도자의 생각이 훨씬 뛰어나다고 믿기 때문에 만약 지도자가 뛰어난 사상을 갖추지 못했다면 곧 실망하고 지도자에 대한 지지를 버릴 수 있습니다. 신체에 대한 실망은 용인될 수 있지만 사상의 경지에 대한 실망은 결코 용인되지 않습니다.

조조는 이런 효과 때문에 기병 이래 변수에서의 싸움, 허창 천도, 북쪽의 오환을 정벌하는 일부터, 원소와 서량 평정까지, 한실 부흥과 충군보국의 깃발을 내걸었습니다. 이러한 깃발은 많은 사람을 끌어들이고 격려하는 역할을 했으나 이후에는 그 자신을 묶는 속박이 되었습니다.

정말 황제가 되려는 야심을 갖기 시작했을 때 그는 자신이 이전에 주장했던 말에 구속되었음을 깨달았습니다. 그동안 충군보국을 수없이 이야기했는데 이제 와서 황위를 찬탈한다면 이는 스스로 자기의 입을 때리는 것과 같은 일이었습니다. 그렇게 되면 천하의 신임을 잃고 명성은 땅에 떨어지고 조조를 지지했던 많은 사람이 반대파가 될 수가 있었습니다. 그래서 조조는 손권이 자신을 뜨거운 화롯불 위에 올려놓는 것이라고 말했던 것입니다. 이전에 한 조조의 도덕적 포장이 너무 두꺼워 쉽게 위반할 수 없었습니다. 그래서 그는 황제에게 권력은 빼앗지만 자리는 빼앗지 않았던 것입니다. 이는 과거의 맹세가 자신의 발목을 잡게 된 것이라 할 수 있습니다. 브랜드가 좋고 이미지는 너무 긍정적이어서 격을 벗어난 일을 감히 벌일 수 없었고, 만약 격을 벗어나면 그 손실이 너무 크다는 것이 조조가 내린 마음의 결론이었습니다. 손권은 바로 이런 계산 하에 조조를 음해하려 했던 것입니다.

자신의 명성을 보전하기 위해 조조는 표면상으로는 여전히 충군보국의 깃발을 내걸고 황제에 충성하고 한실을 바로잡는다는 태도를 표명했습니다. 이것이 국세를 통제한 양의 한 면이었습니다.

동시에 권력을 탈취하는 과정에서 조조는 음의 한 단면을 통제했습니다. 이는 그의 심기와 수완, 그리고 태도를 보여주었습니다. 바로 순욱의 죽음에 관한 내용입니다. 순욱이 어릴 때 남양의 하옹이 순욱을 기이하게 여기며 다음과 같이 말했습니다.

"왕을 보좌할 재능이 있구나!"

순욱은 중평 6년, 동탁이 정권을 장악하자 천하에 변란이 있을 것을 알고 관직을 버린 뒤 고향으로 돌아가 종족을 이끌고 원소에게 의탁했습니다. 하지만 원소가 끝내 대망을 이룰 수 없다고 여긴 그는 당시 분무장군奮武將軍이던 조조의 수하로 들어갔습니다. 조조가 크게 기뻐 "나의 장자방이로다"라며 사마로 삼으니, 이때의 나이가 스물아홉이었습니다.

이후 순욱은 조조를 따르면서 여러 차례 그를 구해냈고, 나아가 결정적인 순간마다 조조에게 수많은 전략과 묘책을 제공했습니다. 진궁과 장막의 반란에 대항해 연주를 지켜내고, 황제를 허도로 맞이하고, 장수를 받아들이고, 여포를 멸하고, 관도대전의 승리로 북방을 평정해 조조가 삼국의 주도권을 쥐는 데 결정적인 역할을 했습니다.

아울러 그는 조조를 위해 많은 인재를 추천했습니다. 그 가운데 고향 사람으로는 순유·종요·진군이 있었습니다. 또 당대에 이름난 사람으로는 치려郗慮·화흠·왕랑·순열荀悅·두습杜襲·신비·조엄과 같은 사람도 있었습니다. 《삼국지》〈순욱전〉에는 "이들 가운데 공경의 반열에 오른 사람만 열 명이 넘었다"고 기록되어 있습니다.

하지만 마지막에 조조가 위공魏公으로 작위를 올리자 순욱과 조조 사이에는 엄중한 분기分岐(분기점)가 생겼습니다. 《삼국지》〈순욱전〉은 다음과 같이 기록하고 있습니다.

> 건안 17년, 동소 등은 조조의 작위를 국공國公으로 올리고 구석九錫을 갖추어 남다른 공훈을 표창해야 한다고 생각해 은밀히 순욱에게 자문했다. 순욱은 "조조가 본래 의병을 일으킨 것은 조정을 바로잡고 나라를 편안히 하기 위함이기에 진심으로 충정을 간직하고

물러나 겸양하는 내실을 지켜야 하므로, 군자는 덕으로써 남을 사랑해야지 이와 같이 하는 것은 마땅하지 않습니다"고 했다. 조조가 이로 인해 마음이 평안할 수 없었다. 손권을 정벌할 때, 표를 올려 순욱이 초 땅에서 군사를 위로하기를 청하자 문득 순욱을 머무르게 하고 시중 광록대부光祿大夫 지절持節로서 승상의 군사에 참여케 했다. 태조의 군대가 유수濡須에 이르렀을 때 순욱은 병이 걸려 수춘壽春에 남았는데, 걱정 때문에 죽으니, 이때의 나이가 쉰이었다.

지난날 허창으로 수도를 옮길 때 순욱은 조조에게 "천자가 몽진蒙塵하고 있으니 장군은 진실로 앞장서 의병을 일으켜 천자를 받들어 중망을 따라야 합니다"라고 진언했습니다. 그는 국난에 직면한 상황에서 조조가 앞장서 한 헌제가 정상적인 국가의 관리질서를 회복하고[漢室修復], 불복종하는 군벌을 토벌하는 것[征討不庭]을 도와 입덕立德·입공立功하는 대영웅이 되기를 희망했습니다. 천자를 받들고[奉] 제후를 호령하는 것과, 천자를 끼고[挾] 제후를 호령하는 것은 비록 글자 한 자 차이지만 천양지차입니다. 최종적으로 권력을 빼앗는 것과 권력을 건네주는 문제에서 순욱과 조조 사이에 근본적으로 틈이 발생했던 것입니다. 일설에는 조조가 순욱에게 빈 찬합을 보내 자진하게 했다고도 합니다.

만년의 조조는 권력을 탈취하는 길에 방해물을 놓은 것을 어느 누구에게도 허락하지 않았습니다. 설령 순욱과 같이 커다란 공이 있는 사람일지라도 가차 없이 제거했습니다. 순욱의 죽음은 다른 사람들에게 학습효과를 주었습니다. 모두가 조조의 한계를 깨닫게 되었고, 어느 누구도 조조가 왕으로 작위를 높이는 일에 나서서 이러쿵저러쿵하지 않았습니다. 조조는 한편으로는 명성을 유지하면서 다른 한편으로는 점진적으로 권력을 탈취하는 등 음양 두 가지 수단을 서로 결합해 확실하게 국세를 장악했습니다.

세 번째 책략 | **리더의 행동 가운데 사소한 일은 없다**

조조는 특별히 절검을 강조했는데, 이렇게 모범을 보인 것이 효과를 보아 당시 간부의 기풍과 민간풍속에 직접적인 영향을 미쳤습니다. 《삼국지》〈위서〉는 조조를 다음과 같이 평하고 있습니다.

> 고아한 성정으로 절검하며 화려한 것을 좋아하지 않았으니 후궁들은 비단으로 수놓은 옷을 입지 않고 곁에서 시중드는 이들은 두 가지 이상 채색된 신을 신지 않았으며, 휘장과 병풍이 헐면 기워서 쓰고 이부자리는 따뜻함을 취할 뿐 장식하는 일은 없었다. 성읍을 함락하면 좋은 물건은 모두 공을 세운 자들에게 내리니, 공훈과 노고가 있는 사람에게는 의당 상을 주며 천금을 아끼지 않았고, 공이 없으면서 시혜를 바라는 자에게는 한 오라기 털조차 나누어주지 않았으며, 사방에서 진상한 물건은 여러 신하와 함께 나누었다.

조조는 화려한 것을 좋아하지 않았을 뿐더러 자녀나 후궁에게 검소하고 소박한 생활을 하게 했습니다. 또 딸을 시집보낼 때는 모두 검은색 휘장을 쓰고 시종은 열 명을 넘지 않았다고 합니다. 조조 부인 변씨는 친척들을 만날 때마다 항상 "사는 곳이나 하는 일에서 모두 근검절약하는 모습을 보여야 한다. 상 따위는 바라지 말고 스스로 숨어 지낼 생각이나 해라", "나는 무제를 40~50년 모시면서 근검절약이 몸에 배어 사치할 수 없게 된 것이다"라고 말했습니다. 《삼국지》〈후비전后妃傳〉에는 조조가 변부인의 동생 변병邊秉에게 집을 지어주었던 기록이 있습니다. 동생 집을 다 지은 후 친척을 불러 식사를 했는데, 상에는 나물과 조밥뿐 어육이 놓이지 않았다고 합니다. 그녀 또한 검소하기가 이와 같았습니다.

《삼국지》〈위기전衛覬傳〉에는 조조의 손자 조예가 위 명제明帝가 되었을 때 상서 위기衛覬가 올린 상소의 내용이 기록되어 있습니다. 그는 "지금의 임무는 군신과 상하가 함께 주의해 방책을 생각하고, 국고의 재산을 계산하고, 수입을 헤아려 지출하는 것입니다"라고 하며 특별히 "무 황제(조조) 때 후궁의 식사에는 고기반찬이 한 가지뿐이었고, 의복은 비단을 사용하지 않았으며, 자리(방석의 한 종류)는 수식(장식)을 하지 못했고, 기물에는 붉은색 칠을 하지 않았는데, 이로써 천하를 평정하고 자손에게 복을 만들어주었습니다. 이러한 것은 모두 폐하께서 직접 보셔야만 되는 것입니다"라고 했습니다.

《자치통감》의 저자 사마광은 "풍속은 천하의 대사다"라고 했는데, 절검은 지금도 제창할 가치가 있는 좋은 풍속입니다. 검소함은 덕을 기르고 사치를 방지하지만, 욕심은 반드시 사치를 야기하기 때문에 검소함과 사치는 대립되는 것이고, 사치와 욕심은 가까운 것이기 때문입니다.

조조 수하의 중신 명장 가운데 많은 자가 "절검하고 청렴했다"라고 기록되어 있습니다. 예를 들어 대장군 하후돈은 "성격이 청렴하고 검소해 남는 재물이 있으면 곧 사람들에게 베풀었고, 부족하면 관청에서 도움을 받았으며, 재산관리를 일로 삼지 않았다"고 하고, 시중 광록대부 순욱과 그 조카 순유는 모두 고관 중신이었지만 "한

결같이 겸허하고 검소하며, 봉록을 친지와 친구들에게 모두 나누어주어 집에는 남은 재산이 없었다"고 합니다. 동조연東曹掾 모개는 "중요한 직위에 있으면서도 항상 베옷을 입고 채소만 먹으면서, 형의 외로운 아들을 어루만지고 매우 독실하게 교육시켰으며, 하사받은 상은 빈곤한 씨족에게 베풀었으므로 집안에 남아 있는 것이 없었다"고 합니다.

이 외에도《삼국지》〈위서〉에 기록된 조조 수하의 관리들에 대한 열전에는 이와 같은 이야기가 한둘이 아닙니다. 그들의 청렴결백은 조조가 솔선수범해 엄격하게 절검을 시행했던 것과 깊은 관련이 있습니다. 또한 조조의 간부들은 청렴한 정치로 행정효율이 높고 부정한 기풍이 적었는데, 이 역시 엄격하게 절검을 시행한 것과 큰 관련이 있습니다.

"성공은 근검에서 비롯되고 실패는 사치에서 비롯된다"는 말이 있습니다. 왜 그럴까요? 여러분에게 관리학의 "큰일을 하는 사람은 몸에 지니고 다니는 물건을 간소하게 해야 한다"는 주장을 제안하고자 합니다. 여기에는 세 가지 이유가 있습니다. 첫 번째 간소함은 이미지입니다. 리더가 너무 사치스럽고 화려하게 차려입고 다니면 사람들은 힘들게 번 이익을 모두 그가 가져갔다고 여기고 싫어하기 때문입니다. 그래서 사치품은 몸에 지니고 다니기에 적합하지 않습니다. 간부로서의 이미지에 손상이 갈 것입니다.

두 번째 간소함은 기풍입니다. 상나라 주왕은 꽃이 새겨진 상아 젓가락을 썼는데, 이는 상나라 정권이 곧 무너지리라는 것을 알려주었습니다. 작은 변화도 전체 소비에 연쇄적인 변화를 야기하기 때문입니다. 리더는 하루 세 끼의 밥을 맛있게 먹어야 합니다. 한 끼는 고향집 밥입니다. 고향집 밥은 단출하지만 달고 맛있습니다. 이는 근본을 잊지 않고 자신이 누군지를 알게 해줍니다. 다른 한 끼는 회사의 식당밥입니다. 회사 식당밥의 맛은 평범하지만 동료와 함께 경쟁하듯 한 끼를 먹을 수 있습니다. 이것을 동고동락이라 합니다. 세 번째 끼니는 부인이 해준 밥입니다. 부인의 솜씨가 그리 좋지 않아도 향기가 진동하는 이 밥을 먹으면 가정이 화목하고 집안에 갈등이 생기지 않습니다. 입에서 일어나는 것 가운데 사소한 일이란 없습니다. 말하는 것은 사상을 대표하고 먹는 것은 기풍을 대표합니다. 무엇을 말하고 무엇을 먹는지를 살펴보면 그 조직의 기풍과 전투력을 알 수 있습니다. 입을 잘 관리하고 발을 내딛으면 건강에 좋을 뿐 아니라 사업도 발전할 것입니다.

세 번째 간소함은 효율입니다. 우리는 일의 주인이 되어야지 노예가 되어서는 안 됩니다. 몸에 지니는 물건이 너무 사치스럽고 화려하면 주의력이 분산되어 일의 효율을 떨어뜨립니다. 이런 관점에서 보면 성공은 근검에서 비롯되고 실패는 사치에서 비롯된다고 할 수 있습니다. 이 말은 정말 예리하고 심각한 내용을 담고 있습니다. 우리 개개인 모두 반성하고 생각해볼 만한 구절입니다.

조조는 남다른 안목과 수단으로 자신에게 유리한 분위기를 조성하고 국세를 통제해 추세를 이끌어내며 한 발 한 발 자신의 권위를 강화하고 권력의 정점을 향해 나갔습니다. 손권과 연합해 양번의 위기에서 벗어나 관우를 격퇴하고, 위왕의 작위를 받았습니다. 하지만 그의 생명도 다 끝나가고 있었습니다. 다년간에 걸친 두통은 매일 그를 괴롭혔고 몸이 갈수록 나빠져 그는 시간이 얼마 남지 않았음을 느꼈습니다. 정치·경제·군사·외교 각 방면의 도전에 대응하면서 조조는 자신의 인생에서 가장 중요한 일에 온 마음을 기울였는데, 그것은 권력을 인계하고 후계자를 선정하는 것이었습니다. 이 일은 조조가 최후로 심혈을 기울인 것이었습니다. 그러면 조조는 어떻게 후사를 안배했고, 권력을 인계하는 과정에서 어떤 문제에 마주했을까요?

제16강

후임에게는
판 자체를 넘긴다

사업이 오래 지속되기 위해서는 뒤를 잇는 사람이 매우 중요하다. 기업관리에서도 후계자를 선택하는 것은 매우 중요하다. 뛰어난 후계자는 사업을 새로운 높이로 끌어올릴 수 있지만, 이와 반대로 부적합한 후계자는 사업에 재난을 초래할 가능성이 매우 높다. 건안 25년(220), 조조의 파란만장했던 인생은 막바지를 향해 달려갔다. 이 시기에 그가 가장 노심초사했던 문제는 '누구에게 사업을 계승시켜야 조직을 잘 이끌어갈 수 있을까'라는 것이었다. 죽기 전에 그는 자식들의 자질을 교묘한 방법으로 살펴 결국 후계자를 선정했다. 조조가 후계자를 선택하는 데 귀감으로 삼을 만한 방법과 책략은 무엇일까?

리더의 마지막 책임

자식을 낳고 가르치지 않는 것은 부모의 잘못이고, 가르치지만 엄격하지 않은 것은 스승의 나태함이다.

《삼자경》의 이 구절은 자녀교육의 중요성에 관한 내용입니다. 평생 하는 일마다 성공한 사람도 한 가지만 실패하면 죽어서도 눈을 감지 못하는 일이 바로 자녀교육이고, 평생 모든 일에 실패한 사람이라도 한 가지만 성공하면 죽어도 안심하는 일 또한 자녀교육입니다. 자녀교육은 전략관리이며 행복관리의 핵심입니다.

《삼국지》에서 내가 탄복하는 사람은 세 사람입니다. 첫 번째는 손견입니다. 손견은 영웅이었고 그의 아들 손권과 손책도 영웅이었습니다. 두 번째는 사마의입니다. 사마의는 비범했고 아들 사마사와 사마소도 매우 뛰어났습니다. 세 번째 탄복하는 사람이 바로 조조입니다. 그는 바쁘고 업무 스트레스가 크며, 매일 전장에 나가 싸우면서도 때와 장소를 가리지 않고 자녀교육을 잊지 않았습니다. 조조의 자식들의 면면을 보십시오. 문文에는 다재다능한 조식이 있었고, 무武에는 당대 최고의 무공을 지닌 조창이 있었습니다. 관리에는 사람을 잘 알아보고 그 재능을 적재적소에 쓰는 데에 뛰어난 조비가 있었고, 수학에는 총명하기가 보통을 넘어 어떤 문제도 다 풀어내는 조충이 있었습니다. 그래서 조조가 뛰어나다고 하는 것입니다.

  우수하다거나 탁월하다는 것은 무엇을 말하는 것일까요? 그것은 주위 사람들보다 우월하다는 것을 말합니다. 집안이 전도양양하다는 것은 무엇을 이르는 것일까요? 그것은 자식들이 다른 사람의 자식보다 뛰어난 것을 말합니다. 조조의 자녀교육은 상당히 뛰어났습니다. 하지만 그것은 번뇌를 동반한 것이었습니다. '이렇게 우수한 아들이 많은데 누구를 후계자로 삼아야 하는가'에 대한 번민이었습니다. 오늘 강의는 조조가 후계자를 선정할 때 마주했던 번민과 해결방법에 대한 것입니다.

자애롭고 현명한자를 아낀다

사료에 따르면 조조에게는 세 명의 부인이 있었고, 스물다섯 명의 자식을 낳았다고 합니다. 이 자식들 가운데 가장 전기(傳奇)적인 색채가 강하고 조조가 제일 아꼈던 자식이 천재 소년 조충이었습니다. 조충이 코끼리의 무게를 잰 이야기를 잘 알고 있을 것입니다.《삼국지》에는 조충이 어려서부터 총명해 대여섯 살부터 생각과 지혜가 거의 어른과 같았다고 기록되어 있습니다. 일찍이 손권이 커다란 코끼리를 보냈는데, 조조가 그 무게를 여러 사람에게 물었지만 아무도 답을 내지 못했습니다. 그런데 뜻밖에 어린 조충이 해결책을 내놓았습니다.

"코끼리를 큰 배에 태워 그 물이 차는 곳을 칼로 새긴 다음 다른 물건을 넣어 비교하면 가히 알 수 있습니다."

이외에도 조충이 백성을 구한 아주 유명한 고사가 있습니다. 그의 총명함과 심성을 잘 보여주는 일화입니다. 당시 조조는 군중에서 형벌을 매우 엄격하게 집행했습니다. 한번은 조조가 타는 말의 안장을 창고에 넣어두었는데 쥐가 갉아먹은 일이 일어났습니다. 창고를 지키던 관리는 대경실색해 곧 죽게 되리라 생각하며 걱정했습니다. 집에 가족도 있는데 한낱 말안장 때문에 목숨을 잃는다는 생각에 슬퍼져 몰래 울고 있었습니다. 마침 길을 지나던 조충이 그 모습을 보았습니다. 조충이 내막을 이해하고는 곧 안장을 관리하던 관리에게 자신이 구해줄 테니 상심하지 말라고 했습니다. 그는 관리에게 그냥 막사 밖에서 기다리다가 부르면 바로 들어와 사실대로 말하면 된다고 이야기해주었습니다.

당부가 끝나자 어린 조충이 옷에 칼로 쥐 이빨 자국처럼 구멍을 뚫은 후 근심 가득한 얼굴로 눈물을 머금고 조조를 찾아갔습니다. 조조는 애지중지하는 자식이 상심한 모습을 보자 참지 못하고 무슨 근심이 있는지 물었습니다. 조충은 "몸에 지니는 물건을 쥐가 갉아먹으면 주인이 불행을 당한다고 들었는데, 내 옷을 쥐가 밤에 갉아먹었습니다. 그래서 부친께 작별인사를 드리러 왔습니다. 조만간 일이 생길 것이 너무 걱정되기 때문입니다"라고 하소연했습니다. 이에 조조는 큰소리로 웃으며 타일렀습니다.

"아들아, 그 사람들의 말은 믿지 말거라. 그건 모두 헛소리다. 그런 일은 결코 일어나지 않을 것이다."

조충이 정말이냐고 묻자 조조는 그렇다고 말했습니다. 조충은 다시 주위를 둘러보며 말했습니다.

"삼촌 아저씨, 우리 아버지가 하신 말씀이 맞지요?"

주위의 문무대신 모두 "승상 말씀이 다 맞습니다. 그런 말은 다 쓸데없는 소리입니다. 그런 일은 없을 것입니다"라고 이야기했습니다. 이윽고 조충은 울음을 멈추고 웃었습니다. 조금 후에 말안장을 관리하는 관원이 들어와 "승상, 말안장을 쥐가 갉아먹었습니다"라고 보고했습니다. 조조는 눈을 부라리다가 크게 웃으며 말했습니다.

"아들의 옷도 갉아먹었는데 하물며 말안장이랴?"

그리해서 그 관리는 목숨을 구할 수 있었습니다.

《삼국지》의 기록에 따르면 조충은 형을 받는 사람을 볼 때마다 항상 올라가 억울한 점이 없는지, 너무 과중한 처벌은 아닌지 물었다고 합니다. 만약 그렇다고 하면 구명하거나 감형하기 위해 온갖 방안을 마련했습니다. 부지런하고 일을 잘하는 관리가 조그만 과실이나 잘못으로 법을 어겼을 때면 친히 조조에게 가 인정에 호소하며 관대하게 처리해줄 것을 부탁했습니다. 사서는 조충을 "분별력과 관찰력, 어짊과 자애로움이 타고난 성품에 배어 있고, 용모와 자태가 아름다워 무리에서 남달랐기에, 특히 총애를 받았다"라고 기록하고 있습니다.

만인 앞에서 승낙을 유도한다

조충은 특수한 심리적인 기교를 사용해 관리의 생명을 구했습니다. 이 기교를 '승낙일치'라고 합니다. 이는 소통심리학 가운데 가장 강력한 설득책략입니다.

사람은 말한 바에 따라 행동하는 본능이 있습니다. 이른바 자신이 뱉은 말에 대한 약속을 실행하려는 심리로, 실제 약속을 실행할 때 설령 조건에 약간의 변화가 있고, 나아가 처음 승낙한 사람의 의향에 분명하게 위배되더라도 실행하려 합니다. 한 번 내뱉은 말은 어린아이든 어른이든 남자든 여자든, 위력이 크다는 것입니다. 특히 신분이나 지위가 높을수록 약속을 실현하려는 동력은 커지고 자신이 한 말을 위반하지 않으려 합니다. 승낙일치의 절묘한 부분은 일단 상대가 승낙하면 이후에 속으로는 원하지 않더라도 그가 한 말을 이행하려 한다는 것으로, 특히 공개된 약속은 더욱 그런 경향이 큽니다.

한번 예를 들어볼까요? 유치원의 어린 친구들은 낮잠을 자기 전에 동화책 이야기를 듣곤 하는데, 선생이 동화책을 읽어줄 때마다 한 말썽꾸러기 친구가 소란을 피우며 여기저기 뛰어다니고 다른 친구들을 방해하거나 소리를 지른다고 합시다. 경험이 부족한 선생이라면 아이를 꾸짖지도 못하고, 더욱이 화가 난다고 해서 체벌을 할 수도 없습니다. 하지만 경험이 풍부한 교사는 이럴 때 승낙일치의 기술을 사용합니다.

먼저 선생은 미소를 띠고 말썽꾸러기 아이에게 일어나라 하고는 묻습니다.

"선생님이 한 가지 물어볼게. 수업을 할 때 우리 친구는 어떻게 해야 되는지 말해보겠어요?"

그러면 어떤 친구가 곧바로 "조용히 해야 합니다"고 말합니다. 그 말썽꾸러기 아이도 "조용히 해야 합니다"라고 대답하지요. 이때 선생이 그를 격려하며 큰소리로 말해보라고 하면, 그 아이는 큰소리로 다시 한 번 말할 것입니다.

이때 선생이 다른 친구들에게 "여러분, 우리 친구가 한 말이 맞습니까?"라고 물으면 모두가 "맞습니다"고 이야기하겠지요. 그럼 선생은 "좋습니다. 그러면 우리 친구에게 박수를 한 번 쳐줍시다"라고 칭찬합니다. 어린 친구들이 열심히 박수를 치는 사이에 선생이 계속 "우리 친구는 수업 중에 조용히 하고 규칙을 잘 지키는 어린이가 맞지요?"라며 다시 한 번 강조해줍니다. 아이가 "네, 그렇습니다"라고 하면, 선생은 다시 또 "친구들, 친구가 규칙을 지킨다고 합니다. 그럼 모두 박수를 쳐줍시다"라고 격려를 해줍니다. 아이들이 모두 다시 한 번 박수를 치면, 선생은 쇠뿔도 단김에 뺍니다.

"그럼 여러분은 우리 친구가 공부하기를 원하고 규칙을 지키기를 원하나요?"

모두 한목소리로 "그렇습니다"라고 하면 이때 선생이 말합니다.

"좋습니다. 그러면 우리 모두 자신을 위해 박수 한번 쳐봅시다."

세 차례의 박수로 말썽꾸러기는 원래 자리에 돌아가 앉고 선생은 계속 동화책 이야기를 들려줍니다. 시간이 조금 흐르면 아마 말썽꾸러기의 표정에서 조금 이상한 점을 발견할 것입니다. 그 아이는 예전처럼 주위의 다른 친구들을 방해하고 싶어 하지만 이번에는 참고 있을 것이기 때문입니다. 그 아이는 방금 선생님과 친구들 앞에서 적극적인 승낙을 했기 때문입니다. 이것이 승낙일치의 위력입니다. 아동교육뿐 아니라 기업관리에서도 아주 효과적이며 생활의 각종 거래에서도 효과적으로 사용할 수 있는 원리입니다.

▍칭찬은 공개적으로 한다

시장에서 판매사원들은 이 승낙일치의 전략으로 영업실적을 올리곤 합니다. 예를 들어 자동차 영업사원은 열정적으로 이번에 나온 신차가 동급의 다른 차보다 가격이 15퍼센트 낮다고 알려줍니다. 그리고 시승을 시키고 같이 점심도 먹으며 신차의 여러 장점을 토론하고, 차가 가져다줄 편의를 예측합니다. 만약 고객이 신차에 관심을 가지고 시승했다면 느낌이 어떤지를 묻고 평가를 하게 합니다. 그러면 고객은 차도 괜찮고 서비스도 좋기 때문에 결국 그 신차가 바로 사고 싶은 차라고 말할 것입니다. 그리고 계약서에 사인을 하고 마지막 돈을 지불할 때가 되면 다시 한 번 꼼꼼히 따지며 차의 옵션을 고려하게 됩니다. 결국 옵션을 다 더하다보면 실제로는 처음부터 어떤 혜택도 없었다는 것을 알게 될 것입니다. 이때 재미있는 사실은 상당수의 고객이 결국 자신의 결정대로 계약서에 사인을 한다는 점입니다.

때문에 많은 상품을 구매할 때는 신중한 태도를 유지해야 하고, 특히 쉽게 무료혜택을 누리려 하지 말아야 합니다. 특히 많은 사람들 앞에서는 너무 긍정적인 평가를 내리지 말아야 충동구매의 위험에서 벗어날 수 있습니다.

생활에서 승낙일치의 전략은 매우 유용합니다. 예를 들면 구애를 할 때 큰소리로 사랑한다고 외쳐 주위의 많은 사람이 증인이 되게 한다면 변심할 가능성은 상당히 줄어듭니다. 사람들 앞에서 이미 승낙했기 때문에 잠재의식에 자아를 구속하는 힘이 있는 것입니다. 이것을 '선서효과'라고도 합니다. 선서만 해도 충성도가 상승해 곧바로 행동에 몰입하게 된다는 것이지요. 많은 조직에서 새로운 성원을 맞이하거나 공동의 목표를 향해 행동할 때 사람들 앞에서 선서하게 하는 것은 바로 이런 효과를 기대하기 때문입니다.

칭찬은 공개적으로 하고 가입은 선서하게끔 하고 계약서는 사람들 앞에서 사인하게 하고, 대답은 큰소리로 하게 하는 것, 이 모두가 아주 효과적인 책략입니다.

조충은 어린 나이에 이런 복잡한 심리기교를 사용해 인간관계의 충돌문제를 처리할 줄 알았습니다. 바로 이런 이유로 조조는 항상 조충을 주변에 두고 총애했습니다. 《삼국지》는 조조가 조충이 자신의 뒤를 잇게 할 뜻을 군신들에게 여러 차례 이야기했다고 합니다. 그런데 애석하게도 조충은 건안 13년, 겨우 열세 살 나이에 돌연 병이 들어 사망했습니다. 조충이 죽은 후 조조는 매우 비통해했습니다. 조비가 아버지 조조를 위로하자 이렇게 말했습니다.

"조충의 죽음은 나에게는 불행이지만 너에게는 큰 행운이다."

조비는 즉위 후 항상 신하들에게 "만약 조충이 있었다면 나에게 천하는 없었을 것이다"라고 말했다고 합니다. 이로 보건대 조충의 죽음은 객관적으로 조비에게 왕위를 쟁탈하는 과정에 거대한 장애가 제거된 것이라 할 수 있습니다.

조충이 죽고 후계쟁탈은 조비·조식·조창 세 사람에게 집중되었습니다. 여기서 조조는 자신의 후계자를 어떻게 결정했을까요?

조조의 책략
현명한 후계자를 골라 판을 넘기는 방안

첫 번째 책략 | 속마음을 꾸밀 줄 아는 자를 주목한다

조조는 수많은 처와 첩을 거느리고 있었지만 이 가운데 기록에 분명하게 남아 있는 사람은 변씨와 정부인丁夫人입니다. 조조의 첫 번째 부인인 정부인은 자식이 없었습니다. 그녀는 죽은 첩 유씨劉氏가 낳은 아들 조앙을 친아들처럼 키웠고, 변씨는 조비·조창·조식·조웅을 낳았습니다. 조앙이 장수와의 싸움에서 일찍 죽자 정부인은 마음에 상처를 입고 울면서 조조를 책망하고 원망했다고 합니다.

기록에 따르면 "조조가 정부인을 조앙의 어머니로 삼았는데, 조앙이 양에서 죽자 정부인이 울다가 절도를 잃어버려 조조가 노해 쫓아내어 변씨가 정실이 되었다"고 합니다.

변씨가 정실이 되자 그녀가 낳은 네 명의 아들이 자연스럽게 조조의 후계자 후보가 되었습니다. 네 아들 가운데 조웅은 나이가 어려 계위할 능력이 없었고, 조창은 군사를 부리는 것을 좋아해 태자 지위에 관심이 없었기 때문에, 남은 조비와 조식 두 사람이 태자 자리를 놓고 각축을 벌였습니다.

건안 21년, 조조가 위왕으로 봉해지자 조비와 조식의 태자 자리 쟁탈전은 결정적인 단계로 접어들었습니다. 조조는 누구를 후계자로 삼을지 결정하지 못했습니다. 그가 망설이며 비교하고 관찰하자 계위 쟁탈은 더욱 격렬해졌습니다.

처음 우위를 점한 사람은 조식이었습니다. 조식은 기민하고 총명했고 재주도 넘쳤습니다. 소문에 그는 어린 시절의 조조를 꼭 닮았다고 합니다. 커서도 문학적 재능이 두드려져 그의 문재는 당시 비교될 사람이 없을 정도였습니다. 조조가 세심하게 안배한 여러 차례의 문장 대결에서도 조비보다 훨씬 뛰어났고 대신들의 칭찬과 조조의 사랑을 듬뿍 받았습니다.

승상주부 양수楊修는 당시 유명한 총명재자로서, 조식과 항상 함께하며 시를 읊고 부賦를 지으며 문장을 다듬었고, 조식이 태자의 자리에 오를 수 있도록 계책을 세우는 등 최선을 다해 그를 보좌했습니다. 또 다른 재주꾼 정의丁儀도 자못 명성이 높았는데, 조조는 원래 그에게

양수(175~219)
자는 덕조德祖이며, 홍농弘農 화음華陰 사람이다. 동한 말기 문학가이며 태위 양표의 아들로 학식이 깊어 이름이 널리 알려졌다. 건안 연간 효렴으로 등용되어 낭중郎中에 임명되었고, 후에 승상 조조의 주부가 되었다. 조조에 의해 죽임을 당했을 당시의 나이가 마흔다섯이었다.

딸을 시집보낼 생각을 하고 있었습니다. 그런데 정의의 한쪽 눈이 좋지 않은 것을 탐탁지 않게 여긴 조비가 극력 반대하자 조조도 어쩔 수 없이 혼사를 거둔 적이 있었습니다. 정의는 이로 인해 조비를 원망했습니다. 그와 동생 정이丁廙는 기회가 있을 때마다 조조의 면전에서 조식의 재능을 칭찬하고 조식을 후사로 정하도록 권했습니다.

조식은 비록 기민하고 재주 면에서는 번번이 조비를 넘어섰지만 관건이 되는 경쟁에서는 항상 패배했습니다. 조비는 연장자로서의 우위 말고도 두 가지 중요한 우세가 있었습니다. 첫째, 그의 심기는 조식보다 훨씬 깊었습니다. 뛰어난 글을 짓는 데 열중하던 조식은 재주가 넘쳐났지만 너무나 예술적이고 천진해서 모략과 계책 면에서 조비의 상대가 되지 못했습니다. 둘째, 조비는 뛰어난 모사를 거느리고 있었는데, 흔히 태자사우太子四友라 불리는, 진군·오질吳質·주삭朱鑠·사마의는 경험이 풍부하고 심계가 남다른 사람이었습니다. 반면 조식의 주변인들은 비록 당시의 일류 재자들로 총명하기는 했지만 문인 기질이 너무 강해 자존감이 세고 정서가 예민해 제멋대로 행동하는 경향이 있었습니다. 이들은 문장을 다듬는 전문가였지만 참모로서 계략을 사용하는 데 능숙하지 못해 결국 결정적인 기회를 놓치고 말았습니다.

몇 차례 중요한 사건을 통해 우리는 조식이 조조의 총애를 잃은 원인을 분석할 수 있습니다. 첫 번째로, 재주를 자랑하다가 정반대의 결과를 초래한 점입니다. 조조가 군대를 이끌고 출정할 때 문무대신과 조비·조식 형제가 모두

> **오질**(177~230)
> 자는 계중季重이며, 정도 사람이다. 삼국시기의 저명한 문학가이며 위나라의 대신이다. 줄곧 권귀權貴와 사귀는 것을 좋아했고, 조씨 부자의 권세에 의지해 세도를 부려 사람들의 반감을 불러일으켰다. 230년 여름에 병으로 죽자 추후醜侯라는 시호가 내려졌다. 오질의 아들 오응吳應이 재차 상소를 올려 부친의 억울함을 주장하자 사후 20년에야 비로서 시호가 위후威侯로 바뀌었다.

나와 송별식을 열었습니다. 조식은 송별장에서 화려한 문장을 사용해 아버지 조조의 공덕을 노래했는데, 그 표현이 매우 뛰어나 현장에 있던 대신들 가운데 탄복하지 않은 이가 없을 정도였고, 조조도 매우 기뻐했습니다. 이에 긴장한 조비는 어떻게 해야 할지 알지 못했습니다. 그때 오질이 그의 귀에 대고 조용히 말하기를, "왕이 가시는 길에 눈물만 흘리면 됩니다"라고 했습니다. 총명한 조비는 즉각 깨닫고는 출정하는 조조 앞에서 무릎을 꿇고 눈물을 흘리며 헤어지기 아쉬워하는 부자의 정을 표현했습니다. 조비의 효성스러운 마음에 조조와 주위 사람들은 모두 감동해 눈물을 흘렸습니다. 이 일로 그 자리에 참석했던 사람들은 비록 조식이 겉으로 보이는 재주는 뛰어나지만 조비가 더 효성스럽다고 생각하게 되었습니다.

두 번째로, 술을 마신 후 추태를 부리다 조조의 노여움을 샀던 점입니다. 조식은 술에 취해 마차에 올라 업궁의 사마문에서 큰소리로 수문장에게 문을 열라고 명령한 적이 있었습니다. 사마문은 조조가 출입할 때만 여는 특별한 문이었습니다. 조식이 멋대로 사마문으로 출입한 것을 안 조조가 대노해 심하게 나무랐습니다.

한번은 조조가 변경에서 경험을 쌓게 할 요량으로 조식에게 장군 한 명과 함께 출정하라고 명한 적이 있었습니다. 그런데 출발 하루 전 저녁에 조비가 조식에게 개선해서 돌아오기를 기대한다며 계속 술을 먹였습니다. 술에 취한 조식은 다음 날 출정 대오가 밖에서 이미 점고를 마치고 출발하려는데도 여전히 잠을 자느라 출정시간을 어기고 말았습니다. 이는 군법상 대죄에 해당하는 것이었습니다. 조조는 이를 알고 난 후 크게 실망해 조식의 군사통솔권을 취소하고 재주 넘치는 아들이지만 큰일을 감당하기는 힘들겠다는 생각을 갖게 되었습니다.

마지막으로 가정을 엄격하게 다스리지 않으면 주변사람을 잘 관리할 수 없다고 여겼던 점입니다. 조조는 일관되게 절검을 제창하고, 여자들이 화려하게 장식한 비단옷을 입는 것을 허락하지 않았습니다. 한번은 조조가 동작대銅雀臺에서 조식의 처가 비단 옷에 꽃으로 장식한 옷을 입고 산책하는 것을 보고 엄령을 내려 벌했습니다. 조조는 조식의 처가 금령을 어긴 일을 조식이 가정을 엄격하게 다스리지 않은 것으로 보았습니다.

조식은 재주가 넘치는 사람으로 행동거지에 거리낌이 없고, 자기 식대로 하며, 규칙을 따르는 것을 좋아하지 않았습니다. 이는 시단이나 문단에서는 참신한 생각을 표현하는 장점으로 작용했지만 정치에서 시인 기질은 적절하지 않은 것으로 드러났고, 심지어 조정을 거스르고 반란을 일으키는 것으로 인식되기도 했습니다. 이 재주꾼 조식은 삼국 문단에서 재주와 학문이 뛰어나 아버지 조조의 높은 평가를 받았지만, 실질적인 정치투쟁에서는 정치적 소질이 훨씬 뛰어난 조비의 상대가 될 수 없었습니다.

조조가 후계자를 선정할 때 가장 신경을 쓴 핵심자질은 멀리 내다볼 줄 알고, 절제가 뛰어나고, 정서적으로 안정되었으며, 정치경험이 뛰어나고, 관리수완이 탁월한 점 등이었는데, 이런 방면에서 "속마음을 숨기고 자신을 꾸미는 기술[御之以術, 矯情自飾]《삼국지》〈진사왕식전陳思王植傳〉)"에 뛰어난 조비가 조식보다 앞섰기 때문에 조조는 결국 조식이라는 패를 버렸던 것입니다.

두 번째 책략 | 후임의 판을 위해 위험을 미리 제거한다

새로운 리더를 선정하고 그에 맞는 모델이 있어야 한다는 것은 예나 지금이나 신·구의 관리 그룹의 성공적인 교체사례가 증명하는 사실입니다. 조조도 이 점에서 아주 뛰어났습니다.

후계자를 선정하는 것과 관리업무는 국가나 기업에서 가장 중요한 문제로, 이 계승문제를 잘 처리하지 못하면 조직은 지속적으로 발전할 수 없습니다. 역사를 살펴보면 후계관리는 예나 지금이나 다음 네 가지 문제에 직면합니다. 첫 번째 문제는 '주인이 떠난 집에는 우두머리가 없다'는 것입니다. 그리하여 골격을 이루는 근간들이 서로 권력과 이익을 다투며 패싸움을 벌입니다. 뛰어난 조직도 이렇게 되면 바로 무너집니다. 두 번째 문제는 "촉나라에 대장이 없어 요화廖化가 선봉이 되었다"는 것처럼 인재를 키우는 일에 소홀하면 적절한 후계자를 찾기 힘들다는 점입니다.

세 번째 문제는 후계자를 선정했어도 그가 싫어하는 일을 억지로 강요하면 어려움을 면하기 어렵다는 점입니다. 능력과 흥미 면에서 후계자로 적합하지 않은 사람을 선발하면 결국 근본적으로 일에 마음이 있지 않아 해야 할 일을 하지 못하고, 하지 말아야 할 일을 오히려 잘하는 경우가 많습니다. 예를 들어 송나라 휘종徽宗은 시문과 서화에 뛰어났고, 특히 그림은 전문가의 경지에 달해 풍류천자風流天子라는 칭호를 얻었지만, 결국 나라를 망하게 하고 말았습니다. 이런 사람이 후계자가 되면 국가적인 측면에서 결코 좋지 않습니다.

네 번째 문제는 위신이 부족해 사면초가에 빠져드는 것입니다. 말해도 듣는 사람이 없고 일하는 사람이 없으며 결국 정권이 흔들려 무너지는 것입니다. 후한 말기에 어린 황제가 즉위해 외척이나 환권이 전횡을 일삼았던 경우가 그 예입니다.

이러한 모든 난제가 반영하는 것은 후계자 육성에 대한 계획이 사전에 충분히 마련되지 않았다는 점입니다. 후계자를 육성하지 않는 것은 결혼식을 성대하게 준비하면서 신부는 잊어버리는 것처럼, 가장 중요한 일을 잊고 있는 것과 같습니다. 이는 사고방식에 문제가 있는 것입니다.

때문에 후계자의 선발과 육성은 일을 맡는 순간부터 정식으로 생각해야 하는 일입니다. 중국의 역사에는 비교적 전형적인 후계자 모델이 있습니다. 이들은 기업의 후계자 계획을 세우는 데 많은 참고가 될 것입니다. 첫 번째 모델은 고명대신顧命大臣에게 자식을 부탁하는 것입니다. 가장 전형적인 사례가 주周 무왕이 주공에게 자식을 부탁했던 것입니다. 무왕은 주紂를 정벌한 다음해에 세상을 떠났습니다. 주를 정벌한 일은 문왕와 무왕 양대가 심혈을 기울여 만들어낸 것이었지만, 두 지도자는 목적을 달성한 후 승리의 열매를 맛보지도 못하고 몸이 먼저 무너지고 말았습니다. 무왕의 아들 주 성왕成王이 등극할 때 주공이 그를 왕의 자리에 앉혔던 것입니다. 주공이 곁에서 그를 보좌하며 천하대사를 모두 처리했고 성왕은 단지 부호일 뿐이었습니다.

고명대신의 장점은 지위가 높고 권력이 강한 사람이 어린 후계자가 가능한 빨리 본연의 역할을 맡을 수 있도록 도우며 과도기를 책임진다는 것입니다. 하지만 거대한 위기도 잠복해 있습니다. 후계자가 어려 도와줄 사람도 없고 대신은 다 어른들로 세력과 도당을 가지고 있어 정변 혹은 탈권의 가능성이 크다는 점입니다. 그래

두 번째 책략 | 후임의 판을 위해 위험을 미리 제거한다

새로운 리더를 선정하고 그에 맞는 모델이 있어야 한다는 것은 예나 지금이나 신·구의 관리 그룹의 성공적인 교체사례가 증명하는 사실입니다. 조조도 이 점에서 아주 뛰어났습니다.

후계자를 선정하는 것과 관리업무는 국가나 기업에서 가장 중요한 문제로, 이 계승문제를 잘 처리하지 못하면 조직은 지속적으로 발전할 수 없습니다. 역사를 살펴보면 후계관리는 예나 지금이나 다음 네 가지 문제에 직면합니다. 첫 번째 문제는 '주인이 떠난 집에는 우두머리가 없다'는 것입니다. 그리하여 골격을 이루는 근간들이 서로 권력과 이익을 다투며 패싸움을 벌입니다. 뛰어난 조직도 이렇게 되면 바로 무너집니다. 두 번째 문제는 "촉나라에 대장이 없어 요화廖化가 선봉이 되었다"는 것처럼 인재를 키우는 일에 소홀하면 적절한 후계자를 찾기 힘들다는 점입니다.

세 번째 문제는 후계자를 선정했어도 그가 싫어하는 일을 억지로 강요하면 어려움을 면하기 어렵다는 점입니다. 능력과 흥미 면에서 후계자로 적합하지 않은 사람을 선발하면 결국 근본적으로 일에 마음이 있지 않아 해야 할 일을 하지 못하고, 하지 말아야 할 일을 오히려 잘하는 경우가 많습니다. 예를 들어 송나라 휘종徽宗은 시문과 서화에 뛰어났고, 특히 그림은 전문가의 경지에 달해 풍류천자風流天子라는 칭호를 얻었지만, 결국 나라를 망하게 하고 말았습니다. 이런 사람이 후계자가 되면 국가적인 측면에서 결코 좋지 않습니다.

네 번째 문제는 위신이 부족해 사면초가에 빠져드는 것입니다. 말해도 듣는 사람이 없고 일하는 사람이 없으며 결국 정권이 흔들려 무너지는 것입니다. 후한 말기에 어린 황제가 즉위해 외척이나 환권이 전횡을 일삼았던 경우가 그 예입니다.

이러한 모든 난제가 반영하는 것은 후계자 육성에 대한 계획이 사전에 충분히 마련되지 않았다는 점입니다. 후계자를 육성하지 않는 것은 결혼식을 성대하게 준비하면서 신부는 잊어버리는 것처럼, 가장 중요한 일을 잊고 있는 것과 같습니다. 이는 사고방식에 문제가 있는 것입니다.

때문에 후계자의 선발과 육성은 일을 맡는 순간부터 정식으로 생각해야 하는 일입니다. 중국의 역사에는 비교적 전형적인 후계자 모델이 있습니다. 이들은 기업의 후계자 계획을 세우는 데 많은 참고가 될 것입니다. 첫 번째 모델은 고명대신顧命大臣에게 자식을 부탁하는 것입니다. 가장 전형적인 사례가 주周 무왕이 주공에게 자식을 부탁했던 것입니다. 무왕은 주紂를 정벌한 다음해에 세상을 떠났습니다. 주를 정벌한 일은 문왕과 무왕 양대가 심혈을 기울여 만들어낸 것이었지만, 두 지도자는 목적을 달성한 후 승리의 열매를 맛보지도 못하고 몸이 먼저 무너지고 말았습니다. 무왕의 아들 주 성왕成王이 등극할 때 주공이 그를 왕의 자리에 앉혔던 것입니다. 주공이 곁에서 그를 보좌하며 천하대사를 모두 처리했고 성왕은 단지 부호일 뿐이었습니다.

고명대신의 장점은 지위가 높고 권력이 강한 사람이 어린 후계자가 가능한 빨리 본연의 역할을 맡을 수 있도록 도우며 과도기를 책임진다는 것입니다. 하지만 거대한 위기도 잠복해 있습니다. 후계자가 어려 도와줄 사람도 없고 대신은 다 어른들로 세력과 도당을 가지고 있어 정변 혹은 탈권의 가능성이 크다는 점입니다. 그래서 역사상 고명대신과 그 집안이 좋은 결말을 맞은 경우는 많지 않습니다. 한나라 때 곽광霍光, 청淸나라 때 오배鰲拜, 그리고 명明나라의 장거정張居正이 바로 그러했습니다.

두 번째 모델은 수렴청정垂簾聽政입니다. 모계가족의 힘에 의지해 모친 혹은 조모가 황제를 보좌하는 것입니다. 예를 들면 한 무제武帝와 청 강희제康熙帝의 조모, 광서제光緖帝·동치제同治帝와 서태후西太后는 전형적인 수렴청정입니다. 수렴청정의 장점은 가족같이 혈육의 정이 있는 사람에게 감정상 더 의지할 뿐 아니라 피차가 서로 잘 이해하고 소통하기가 쉽다는 점입니다. 수렴청정의 가장 큰 위험은 두 가지가 있는데, 첫 번째는 비록 친어머니라 해도 친정이 있어 외척에 의해 권력을 빼앗길 수 있다는 것입니다. 외가 쪽 사람도 무섭습니다. 한 사람이 정인군자라고 그의 일가족과 친지 모두가 정인군자라 보증할 수 없기 때문입니다. 두 번째 위험은 수렴청정의 수렴이 일단 내려오면 권력을 거두어들이려 하지 않는다는 점입니다. 청정이 결국에는 정치를 장악하는 것으로 변하게 되는 것입니다. 권력을 계속 유지하기 위해 수렴 뒤에 있는 사람은 수렴 앞에 있는 사람이 영원히 성장하지 않기를 희망할 수도 있습니다.

세 번째 모델은 경쟁방식입니다. 예를 들어 청나라 강희제에게는 각기 다른 장점을 가진 아들이 많았습니다. 선택의 폭이 클수록 더 나은 사람을 뽑아 천하를 관리할 가능성이 높습니다. 말을 판별하는 데 경주만한 것이 없습니다. 경기장에 나와 뛰게 하면 누가 가장 뛰어난지 금방 알 수 있습니다. 하지만 문제도 생깁니다. 아들들이 각자 파벌을 만들어 자리를 다투면 조정에 당파끼리의 싸움과 암투가 생깁니다. 자기 사람들끼리 싸우다가 후계자로 선택되지 않으면 그 조직에 가장 먼저 문제가 생깁니다.

조조는 절충방식으로, 자식을 고명대신에게 부탁하는 것과 수렴청정을 결합하는 방식을 선택했습니다. 먼저 변씨를 왕후로 봉하며 건안 24년 7월, 책서를 반포했습니다.

"부인 변씨는 여러 아들을 돌보며 어머니로서의 덕이 있다. 지금 왕후로 즉위시키니 태자와 제후, 배석한 여러 경은 모두 헌수獻壽하라. 그리고 나라 안의 사형죄를 진 사람을 한 등급 감한다."

비천한 출신의 변씨는 정식으로 고귀한 위왕의 왕후가 되었습니다. 이해에 그녀는 쉰여덟 살이었습니다. 조조가 큰 아들 조비를 후계자로 삼자 당시 좌우 시자들이 변왕후에게 축하인사를 건네며 창고를 열어 재물과 비단을 사람들에게 하사할 것을 청했습니다. 하지만 변왕후는 냉정하게 말했습니다.

"조비는 형제들 가운데 나이가 가장 많소. 그래서 위왕께서 그를 후계자로 삼은 것이오. 나는 아들교육이 잘못되지 않았다는 것에만 축하를 할 뿐이오. 태자로 책봉된 것이 무슨 큰 상을 내릴 일이란 말이오!"

조조도 이 이야기를 전해 듣고는 기뻐하며 말했습니다.

"화가 나도 의연함을 잃지 않고, 기뻐도 절제를 잃지 않는구나. 이는 행하기 아주 어려운 일이다."

변씨의 지혜로움에 관한 이야기가 《삼국지》〈위서〉에 실려 있습니다. 조조가 이름난 명주 귀걸이 몇 개를 가져와 변씨에게 먼저 하나를 고르라고 했는데, 변씨는 중간급의 귀걸이를 골랐습니다. 진귀한 보물을 앞에 두고 보통 사람이라면 분명 최고 등급의 물건을 고를 텐데, 변씨는 오히려 중급을 고른 것이었습니다. 조조가 이유를 물었습니다. 이에 대한 변씨의 대답은 아주 절묘했습니다.

"제일 좋은 것을 취하는 것은 욕심이고, 가장 나쁜 것을 취하는 것은 위선입니다. 그래서 그 중간을 취한 것입니다."

그녀는 욕심을 부리는 사람이 될 생각도 없었고 마음에 없는 소리를 하는 위선자가 될 생각도 없어 그런 선택을 했던 것입니다.

변씨는 왕후가 되었지만 그 일가친척이 권세를 얻지는 않았습니다. 친척을 만날 때마다 그들에게 절검의 도를 이야기하고 호화스럽고 사치스러운 생활에 빠지지 말라고 훈계했습니다. 그뿐 아니라 친척들을 초빙해 식사를 할 때에도 특별한 고급음식을 내놓지 않고 집에서 먹는 평범한 음식으로 대접했습니다. 그러자 암암리에 변왕후의 사람됨이 너무 박하다는 의론이 생겨나기도 했습니다. 이에 대해 변왕후는 아무렇지도 않은 듯이 여겼습니다.

조조의 부인은 원래 정부인이었고, 변왕후는 조조가 맞아들인 첩이었습니다. 때문에 그녀는 항상 정부인에게 시달림을 당했는데, 훗날 정부인이 쫓겨나고 안방마님이 되었던 것입니다. 하지만 명분과 도리를 아는 왕후는 옛날의 악감정을 돌아보지 않고 오히려 정부인을 항상 예로써 대했습니다. 변왕후의 넓은 아량은 정부인을 괄목상대하게 했을 뿐 아니라 많은 사람에게 자연스럽게 탄복하는 마음이 생기게 했습니다.

조조는 건안 25년에 세상을 떠났는데, 세상을 뜨기 1년 전, 건강이 날로 나빠지는 상황에서 변씨를 왕후로 책립한 의도는 아주 분명했습니다. 바로 장래에 변씨가 나서서 대국을 주관하기를 희망했던 것입니다. 결국 조비가 조조의 지위를 이어받아 변왕후는 대국을 주재해 인심을 안정시키는 역할을 했습니다.

두 번째는 조비를 부승상으로 임명해 그에게 발전할 무대를 제공했던 것입니다. 조비는 자신의 소규모 그룹을 만들었는데, 그 핵심에 태자사우가 있었습니다. 이 외에도 여러 조정 중신이 조비를 지지하는 입장을 밝혔습니다. 설령 고명대신을 특별히 안배하지 않았더라도 조비를 보좌하는 사람은 이미 충분했고 지지자도 적절했습니다. 동시에 조조는 한 가지 일을 더했는데, 경쟁자 조식의 날개를 제거하는 것이었습니다. 조조는 조식의 가장 주요한 지지자인 양수를 죽였습니다. 그를 죽인 것에는 여러 원인이 있지만 조비를 위해 반대파의 역량을 감소시켜 장애를 제거했던 것이 중요한 요소인 것은 확실합니다.

세 번째 책략 | 동조와 지지를 얻은 후 판을 넘긴다

태자를 세우는 문제에서 조조는 특별히 비밀리에 주변 중신들의 의견을 구했습니다. 상서 최염은 "《춘추春秋》의 도의는 장자를 태자로 삼는 것입니다. 조비는 어질고 효성스러우며 총명하니 마땅히 정통을 이을 만하고 저 염은 죽음으로써 그를 지킬 것입니다"라고 했고, 상서복야 모개는 "근자에 원소가 적서를 분명하게 하지 않아서 종실이 엎어지고 나라가 멸망했으니, 폐하고 세우는 대사는 참고할 바가 아닙니다"라고 했으며, 동조연 형옹邢顒은 "서자로 정통을 잇는 것은 선조들이 경계한 것입니다. 원컨대 전하께서는 깊이 살피소서"라고 하며 조비를 지지했습니다.

조조는 지낭이라고 칭하던 태중대부 가후賈詡를 특별히 불러 좌우를 물리고 진지하게 누구를 태자로 세우는 것이 좋은지 물었습니다. 지략이 뛰어난 가후는 묵묵히 있을 뿐 아무런 대답을 하지 않았습니다. 성미 급한 조조가 "경에게 물었는데 대답하지 않는 것은 무슨 연유인가?"라고 하자 가후는 "제가 지금 어떤 일을 생각하고 있느라 듣지 못했습니다"라고 대답했습니다. 조조가 곧바로 "어떤 생각인가?"라고 묻자 가후가 힐문하듯 말했습니다.

"원본초와 유경승景升(유표) 부자의 일을 생각하고 있었습니다."

조조는 이를 듣고는 크게 웃었습니다. 시세를 파악하고 있는 정치가로서 조조는 가후의 주장을 마음으로부터 이해했던 것입니다. 원소는 사세삼공의 가업을 계승해 한때 온 천하에 이름을 날리던 때가 있었습니다. 그는 원담·원희·원상 세 명의 자식 가운데 막내인 원상을 편애했습니다. 앞서 언급했듯이 원소는 후사를 세우지 않고 죽었습니다. 그러자 봉기·심배는 원담과 불화해 유언을 위조해 원상을 후계자로 세웠고 형제의 분열로 원담·원상이 싸운 결과, 결국 강력하던 원씨 가문이 조조에게 패하고 말았습니다.

유표에게는 유기劉琦와 유종 두 아들이 있었는데, 유표는 처음에는 유기를 편애하다 후에는 그를 싫어하고 죽기 전에 유종을 후사로 세웠습니다. 유기는 크게 낙담해 유비에게 의탁했고, 유종은 조조가 남하하자 형주를 바치고 투항하고 말았습니다. 이 두 형제가 제 갈 길로 나감에 따라 유표가 형주에서 일구었던 사업은 철저하게 무너졌습니다. 가후는 원소와 유표의 후계 선정의 문제를 들어 지난 일의 교훈을 상기시켰던 것입니다. 그 교훈이란 적시에 후계를 세우고 적장자로 자리를 잇게 하는 것이 지극히 중요하고, 그래야 과거와 같은 재난과 쇠퇴를 면할 수 있다는 것이었습니다. 모략가 조조는 당연히 이에 대한 계산이 있었습니다.

가후는 역사적 경험과 교훈에 비추어 조조에게 장자로 자리를 잇게 하라고 설득했습니다. 중요한 시기에 이런 중신들의 조비에 대한 지지와 태도표명은 조조로 하여금 후계구도를 설정하는 일에 전적인 자신감을 갖게 만들었습니다. 건안 25년 정월, 조조는 낙양으로 돌아와 당월 예순여섯의 나이로 세상을 마쳤습니다. 죽기 전에 조조가 남긴 유언은 《삼국지》에 기록되어 있습니다.

> 천하가 아직 안정되지 않았으니, 옛 법식을 따를 수 없다. 장례가 끝나면 모두 상복을 벗어라. 병사를 거느리고 군영을 지키는 자는 모두 주둔지를 떠나지 말라. 일을 맡은 관리는 곧장 자신의 직무를 따르라. 염할 때는 평상시 복장으로 하고, 금이나 옥, 진기한 보물을 묻지 말라.

대국을 내다보고 사전에 후계자를 지정하고 후계자를 위해 장애를 제거해 자연스럽게 일을 할 조건을 만든 것은 조조의 정치적 원견이었습니다. 겉치레와 낭비를 하지 않고 검소하게 상을 치르게 한 것 또한 사치를 좋아하지 않는 일관된 기품을 드러낸 것이었습니다. 조조는 마지막 순간에 대사와 대국에서 어리석은 일을 범하지 않았고, 결국 권력의 순조로운 교체를 보증해 조비가 한 헌제를 대신해 조위 정권을 수립할 기초를 마련했습니다. 진수는 《삼국지》〈무제기〉 끝부분에 다음과 같이 조조를 평가했습니다.

> 한나라 말, 천하에 대란이 일어 영웅호걸들이 아울러 봉기하니, 원소가 북방의 사주(四州)에서 범처럼 노려봄에 강성해 대적할 자가 없었다. 태조가 계략을 세우고 지모를 내어 천하를 채찍질(평정)했다.

신불해申不害와 상앙商鞅의 법술法術을 취하고, 한신과 백기白起의 기묘한 계책을 갖추었고, 관직은 재능에 따라 수여하되 각각 그 그릇에 맞게 썼으며, 사사로운 감정을 억제하고 냉정한 계산에 임해 옛 허물을 염두에 두지 않았다. 마침내 황제의 일을 총괄하고 다스려 대업을 이루어낸 것은 그의 밝은 지략이 가장 뛰어났기 때문이니, 가히 비상한 인물로 초세지걸超世之傑이라 이를 만하다.

조조가 세상을 떠나고 사마의·진군·가목賈穆·진교 등의 도움으로 조비는 순조롭게 위왕의 자리에 올랐고, 그해 10월, 한을 대신해 황제를 칭하고 국호를 '위'로 정하고 조조를 태조 무황제로 추존해 중국역사의 새로운 장을 열었습니다.

조조는 중국인이라면 남녀노소 할 것 없이 모두가 익히 아는 역사적인 인물입니다. 지난 수천 년 동안 조조에 대한 평가는 하나로 통일되지 않았습니다. 그를 칭찬하는 사람은 세상의 영웅이라고 하고 나쁘게 말하는 사람은 난신적자亂臣賊子라고 욕합니다.

사실 완벽한 순금이 없듯이 완벽한 사람도 없었습니다. 조조는 난세의 영웅이지만 결점 또한 있었고 역사적인 한계가 있던 사람입니다. 그는 교활하고 의심이 많았으며, 마음이 독하고 잔인했습니다. 하지만 이러한 단점이 그의 재능과 공적을 덮을 수는 없습니다. 그가 크고 뛰어난 재능과 지략으로 북방을 통일했으며, 둔전을 통해 생산력의 발전을 꾀했고, 민생을 안정시켰으며, 인재를 적재적소에 쓰는 데 능숙했고, 문무에 뛰어난 팔방미인의 재능을 갖추었던 점은 지워지지 않는 역사적 사실입니다.

어떤 꽃이 완전무결할까요? 답은 조화입니다. 어떤 사람이 완전무결한 사람일까요? 답은 허구의 인물입니다. 진실한 것은 모두 결함과 문제가 있게 마련입니다. 단지 우리는 한 가지 원칙, 즉 "먼저 진실을 구하고 이어 진리를 찾는다", "먼저 정상적인 것을 연구하고 이어 정확한 것을 연구한다"는 원칙을 받들어야 합니다. 조조의 인생은 진실하고 다채로웠습니다. 그의 인생은 별 볼일 없던 인물이 위대한 인물로 성장하기 위해 분투하는 역사이고, 사냥을 일삼던 불량소년이 웅재대략을 갖춘 관리자로 성장하는 개인의 발전사입니다. 조조에게 우리는 많은 것을 보고 배울 수 있으며 생각할 수 있습니다. 역사는 사실을 반복하지는 않지만 규칙은 되풀이됩니다. 과거를 알아야 미래를 도모할 수 있습니다. 우리 모두 관리학·심리학·게임 이론·조직행동학의 관점 등을 통해 전방위로 역사를 대했으면 합니다. 모두가 다시 한 번 과거의 사람과 일을 자세히 살펴, 역사 속에서 더 많은 원리를 배우고 경험을 쌓아 이런 고귀한 자산을 현실에서 실천할 수 있기를 바랍니다. 우리 모두의 아름다운 미래를 추구하고 창조할 수 있기를 희망합니다.

| 부록 |

조조 연보

- 155년(1세) 조조 출생.
- 159년(5세) 외척인 대장군 양기楊琦가 반란을 모의하자 환제가 환관과 결탁해 그를 죽임. 환제가 다섯 환관을 열후에 봉했고, 이로부터 환관이 정권을 잡음.
- 161년(7세) 유비 출생.
- 166년(12세) 사예교위 이응李膺 등 200여 명의 사대부가 환관에게 당인으로 모함을 받아 하옥된 제1차 당고의 화가 일어남.
- 168년(14세) 대장군 두무竇武와 태부太傅 진번陳蕃이 이응 등 당인을 등용하고 환관 세력을 제거하려 했으나 비밀이 누설되어 죽임을 당함.
- 169년(15세) 환관들이 이응 등이 당을 결성한다는 상소를 올려 대대적으로 당인을 잡아들인 제2차 당고의 화가 일어남.
- 174년(20세) 효렴으로 천거되어 낭郎이 되었고 낙양 북부위에 임명됨.
- 177년(23세) 돈구령과 의랑으로 임명됨.
- 178년(24세) 조조 사촌누이의 남편 송기가 환관에게 피살됨. 이 사건과 연루되어 관직에서 물러난 뒤 고향 초현으로 돌아가 은거함.
- 180년(26세) 조정의 부름을 받아 의랑에 제수됨.
- 181년(27세) 제갈량 출생.
- 182년(28세) 손권 출생.
- 184년(30세) 2월, 황건적의 난 발생. 기도위에 임명됨.
  4월, 황보숭·주준과 함께 영천의 황건적을 진압. 이 공으로 제남상에 오름.

- 185년(31세) 동군 태수에 제수되었으나 병을 핑계로 사직하고 고향으로 돌아감.

- 187년(33세) 조조의 부친 조숭이 태위의 직을 삼.
  아들 조비 출생.

- 188년(34세) 자사가 주목州牧으로 개칭. 왕분王芬이 영제를 폐위하고 조조와 함께할 것을 권했으나 거절함.
  8월, 전군교위에 임명됨.

- 189년(35세) 영제 사망. 소제少帝가 즉위하고 하태후가 수렴청정을 함. 대장군 하진이 환관을 죽이려고 모의함. 원소의 건의로 태후를 위협하기 위해 동탁에게 군사를 이끌고 도성으로 오라는 명을 내렸으나 조조가 이를 반대함. 환관 장양 등이 역으로 하진을 죽이자, 원소가 군사를 이끌고 궁에 들어가 환관들을 모조리 살해함. 동탁이 낙양에 들어와 실권을 장악하자 원소는 기주로 달아남. 동탁이 헌제를 세우고 조조를 끌어들이려 효기교위로 천거했으나 조조는 관직을 버리고 달아난 뒤 진류에서 동탁을 토벌하기 위해 군사를 일으킴.

- 190년(36세) 정월, 원소를 맹주로 반동탁 연맹 결성. 조조는 분무장군의 직함으로 연맹에 가입. 동탁이 헌제를 위협해 낙양을 불태우고 장안으로 천도함. 원소 등이 동탁의 군사력에 겁을 먹고 공격하지 않자 조조가 단독으로 출

격했다가 형양 변수에서 동탁의 부장 서영에게 대패함. 원소가 유주목 유우劉虞를 황제로 추대할 것을 제안했으나 조조가 거절함. 이로 인해 원소가 조조에게 원한을 품게 됨.

- 191년(37세) 원소가 한복을 위협해 기주목冀州牧 자리를 빼앗음. 흑산적이 위군·동군을 공격함. 조조가 동군에서 흑산적 10만여 명을 격파함. 원소가 표를 올려 조조를 동군태수로 천거함. 순욱이 원소 진영을 떠나 조조에게 귀의함.
- 192년(38세) 4월, 사도 왕윤과 여포가 동탁을 암살함.

  6월, 이각과 곽사 등이 장안성을 공격해 왕윤을 살해함. 황건적이 연주를 공격해 자사 유대를 죽임. 포신 등이 동군으로 가 조조를 연주목으로 영접함. 조조가 군대를 이끌고 흑산적과 흉노를 대파함.

  겨울, 투항한 황건적 30여만 명 가운데 정예병을 골라 청주병으로 편성함.

  조식 출생.
- 193년(39세) 봄, 광정匡亭의 전투로 600리를 추격해 원술 군대를 대파함.

  조숭이 도겸의 부하에게 살해됨. 조조가 아버지의 원수를 갚기 위해 서주를 공격해 10여 개 성을 정복함.
- 194년(40세) 봄, 다시 서주로 가 도겸을 대파하고 백성을 도살함. 수하인 장막과 진궁이 조조가 서주로 출정한 것을 틈타

배반하고 여포를 연주로 불러들이자 여러 군과 현이 반란에 호응함. 연주의 80개 현성에서 순욱과 정욱, 하후돈이 지키는 세 개의 성만 남음. 조조가 연주로 돌아와 복양에서 여포와 100여 일을 대치하다 마침내 식량이 떨어져 각자 철군함.

도겸 사망. 유비가 서주목이 됨.

- 195년(41세) 세 차례 여포군을 격파하고 연주를 평정함. 여포는 유비에게 도망침. 이해 장안에 난리가 일어나 헌제가 낙양으로 다시 돌아옴. 천자가 조조를 연주목으로 임명함. 조충과 조표曹豹 출생.

- 196년(42세) 정월, 조조가 헌제를 맞이하기 위해 조홍을 보냈지만 저지당함.

2월, 여남의 황건적을 진압. 천자가 조조를 건덕장군建德將軍으로 임명함.

6월, 진동장군으로 승진하고 부친의 직위를 물려받아 비정후가 됨.

7월, 천자를 맞아들여 조정을 장악하고, 동소의 건의를 받아들여 허도로 천도함.

9월, 대장군·무평후武平侯로 봉해짐. 대장군 직을 원소에게 양보함.

11월, 사공司空·거기장군으로 임명됨. 조지棗祗와 한호韓浩의 건의를 받아들여 둔전을 시행함.

유비가 여포에게 패해 조조에게 의탁함. 표기장군 장제가 죽자 장수가 그의 군대를 이어받음.

- 197년(43세) 군대를 거느리고 장수를 공격함. 장수가 항복했다가 다시 반란을 일으킴. 이때 맏아들 조앙과 조카가 전사함. 다시 장수를 공격하자 장수가 도망쳐 유표와 연합함.

  9월, 원술이 수춘에서 황제로 즉위함. 조조가 토벌하러 오자 원술은 군사를 버리고 회하로 도주함. 조조가 남은 원술의 장수 네 명을 격파함.

  11월, 다시 장수를 정벌함.

- 198년(44세) 3월, 세 번째 장수 토벌에 나섰으나 유표의 구원으로 철군함. 단 기병으로 장수와 유표 연합군을 대파함. 여포가 원술과 연합해 고순을 보내 당시 조조 밑에 있던 유비를 공격함.

  9월, 여포 정벌에 나섬.

  12월, 여포와 진궁을 죽이고 연주를 평정함.

- 199년(45세) 3월, 원소가 공손찬을 멸함. 조조가 유비를 보내 원술을 격파함. 유비가 병사를 얻자 서주자사 차주를 죽인 뒤 정식으로 조조에게 반기를 들고 원소와 동맹을 맺음.

  6월, 원술이 수춘에서 죽음. 원소가 청주·기주·유주·병주를 차지한 후 정예 보병 10만, 기병 1만을 이끌고 허도를 향함.

  8월, 군대를 거느리고 여양으로 감.

	9월, 허도로 돌아와 군사를 나누어 관도를 지키게 함.
	11월, 장수가 투항하자 열후에 봉함.
• 200년(46세)	정월, 조조를 죽이려고 모의한 동승을 죽임. 유비를 공격해 대파하고 그 처자와 관우를 포로로 잡음. 유비는 원소에게 의탁함.
	2월, 원소가 여양으로 진군하고 안량顔良에게 백마白馬를 공격하게 함.
	4월, 장료와 관우가 안량과 문추文醜의 군대를 물리치고 참수함. 조조와 원소가 관도에서 대치함. 원소와의 군사력이 열 배 차이가 나자 조조가 철군하고자 했으나 순욱의 건의를 듣고 계속해서 약한 병사로 강한 병사에 대항함.
	손책이 원소와 조조가 관도에서 대치하고 있다는 소식을 듣고 허도를 습격하려 했으나 자객에 의해 암살당함. 그 뒤를 손권이 이음.
	10월, 원소의 식량 창고인 오소를 야습해 관도에서 원소군을 대파함. 원소와 원담은 소식을 듣고 달아났고 조조군이 7만여 수급을 벰.
• 201년(47세)	4월, 창정에서 원소의 군대를 대파함. 조조가 여남에 이르러 유비를 공격하자 유비가 유표에게 달아남.
• 202년(48세)	정월, 조조가 초현에 진주하고, 준의에 이르러 휴양거를 준설한 다음 다시 관도로 진군함.

	5월, 죽은 원소의 뒤를 그의 아들 원상이 잇고, 원담이 거기장군을 칭함.
	9월 군사를 이끌고 가 원담·원상을 여러 차례 격파함.
• 203년(49세)	3월, 여양을 공격해 원담과 원상의 군대를 격파하고 업성까지 추격함. 원담과 원상 사이에 내분이 일어남. 원담이 싸움이 불리해지자 조조에게 항복을 구함. 조조가 이를 허락함. 순욱의 건의를 듣고 유표 정벌을 그만두고, 계속해서 기주를 먼저 평정하는 전략을 선택. 다시 군사를 이끌고 여양에 주둔함.
• 204년(50세)	2월, 업성을 포위함.
	8월, 업성을 함락하고 심배를 참함. 원상이 중산中山으로 달아남. 업성을 평정한 후 원소의 제사를 지내고 백성을 안무함. 원담이 조조가 원상을 공격하는 기회를 틈타 여러 군을 점령하자 원담과의 관계를 끊고 토벌함. 원담이 평원에서 나와 남피로 도망감.
• 205년(51세)	정월, 남피에서 원담을 공격해 대파하고 원담과 그 처를 참함. 기주를 평정한 후 원소의 부장과 따르던 사람들에게 관용을 베풀고 사적인 복수를 금함. 원희와 원상이 오환으로 달아남.
• 206년(52세)	정월, 고간 정벌에 나섬.
	3월, 호관을 함락하고 병주를 평정함.
• 207년(53세)	2월, 〈봉공신령〉을 반포하고 공신 약 스무 명을 열후로

봉함. 곽가의 건의를 듣고 5월 오환 정벌에 나섬.

8월, 오환을 대파함. 원상과 원희가 요동으로 도망쳤으나 태수 공손강에 의해 죽임을 당함.

유비가 제갈량을 얻음.

- 208년(54세) 1월, 업성으로 돌아와 현무지玄武池를 개통해 수군을 훈련함. 조정에서 삼공을 폐하고 승상과 어사대부를 둠.

6월, 승상의 자리에 오름.

7월, 유포를 정벌하러 남정함.

8월, 유표가 죽고 유종이 후계자가 됨.

9월, 조조가 신야新野에 이르자 유종이 항복함. 조조가 경기병 3,000명으로 유비를 당양에서 대파함. 손권과 유비가 동맹을 맺음.

11월, 유비·주유 등 연합군 5만이 조조의 30만 대군을 적벽에서 대파함. 조조군 반 이상이 죽어 남군으로 철수한 뒤 조인에게 지키게 함. 유비가 기세를 몰아 형주 강남 일대의 군현을 점령해 이후 정족지세鼎足之勢가 형성됨.

- 209년(55세) 초현에 이르러 쾌속선을 제조하고 수군을 훈련함.

7월, 비수를 나와 합비에 주둔함. 양주 군현에 장리를 두어 회남 일대에서 대규모 둔전을 시행함.

- 210년(56세) 봄, 〈구현령求賢令〉을 반포함.

가을, 〈양현자명본지령〉을 발표해 공개적으로 한을 찬

탈할 마음이 없음을 표명함. 동작대를 건립함.
- 211년(57세) 조비를 오관중랑장五官中朗將 및 부승상으로 임명함.

  3월, 장로가 한중을 점거하자 종요에게 토벌하게 함. 관중의 마초·한수 등이 종요가 자신들을 토벌한다고 의심해 10만 대군을 이끌고 반기를 들며 동관에 주둔함. 조인을 보내 성벽을 견고히 하고 싸우지 말라고 명함.

  7월, 친히 마초 정벌에 나서 마초와 한수 연합군을 대파하고 관중을 평정함.

  12월, 하우연에게 장안에 주둔하며 지키게 함.
- 212년(58세) 정월, 업성으로 돌아감. 헌제가 조조에게 구석을 내리고, 절을 할 때 이름을 말하지 않아도 되고, 조정에 들어올 때 서두르지 않아도 되며, 검을 찬 채로 대전에 들어와도 된다는 명을 내림.

  10월, 손권 정벌에 나섬. 순욱이 자살함.
- 213년(59세) 유수구濡須口에 진군해 손권의 강서영江西營을 격파하고 돌아옴.

  5월, 천자가 조조를 위공에 봉하고 조조의 세 딸을 귀인으로 삼음.
- 214년(60세) 3월, 천자가 조조에게 제후왕의 지위를 줌. 유비가 성도에 들어가 익주목을 자임함. 마초가 유비에게 의탁함.

  10월, 하후연이 30여 년 동안 농서에서 군림하던 송건을 죽여 양주를 평정함.

11월, 조조가 복황후伏皇后를 폐위시키고 유폐해 죽음에 이르게 함.

12월, 〈칙유사취사무폐편단령勅有司取士毋廢偏短令〉을 반포함.

- 215년(61세) 정월, 헌제가 조조의 둘째 딸을 황후로 책봉함.

 3월, 장로를 정벌하기 위해 장안에 진주함.

 7월, 장로군을 격파하고 남정에 입성함.

 8월, 손권이 합비를 포위했으나 장료에게 패함.

 11월, 장로가 조조에게 항복함. 파군과 한중이 조조에게 투항함. 장로와 다섯 아들을 열후로 봉함.

 12월, 승세를 타고 아직 안정되지 않은 촉을 취하자는 유엽과 사마의의 건의를 듣지 않고 회군한 뒤 하후연과 장합을 한중에 주둔시킴.

- 216년(62세) 5월, 위왕으로 봉해짐.

 11월, 손권을 정벌하기 위해 직접 군대를 훈련함.

- 217년(63세) 정월, 거소居巢로 진군함.

 2월, 유수구를 공격하자 손권이 패해 후퇴함.

 10월, 헌제가 조조에게 면류관에 열두 개의 옥줄을 드리우고 금은으로 만든 여섯 필의 말이 이끄는 가마를 사용할 수 있다는 명을 내리고 조비를 위왕 태자로 임명함.

- 218년(64세) 유비가 한중으로 진군해 양평관에 주둔하며 하후연·

	장합과 대치함.
	7월, 유비 정벌에 나섬.
	9월, 장안에 이름.
• 219년(65세)	정월, 하후연이 양평관에서 전사함.
	5월, 유비 공격에 성과가 없자 군대를 장안으로 철수시킴.
	7월, 유비가 한중왕을 칭함. 조조가 부인 변씨를 왕후로 책봉함.
	8월, 관우가 북상해 양번에서 우금과 방덕의 칠군을 수장시킴. 조조가 관우를 막으러 남정하는 동시에 손권과 연합함. 오나라 여몽이 형주를 기습해 관우를 사로잡음.
• 220년(66세)	정월, 낙양으로 돌아옴. 23일 병으로 세상을 뜸.
	10월, 조비가 한을 대신해 위 왕조를 세움.
	동한 멸망.